创美工厂

Alfred Hitchcock

希区柯克所贡献给电影艺术的，绝对不仅仅是纯电影的技巧。就像他的电影中的人物往往有多重人格一样，希区柯克的电影人格也是多重的。他是悬念大师，也是心理大师，更是电影中的哲学大师。很少有人能像他那样如此深刻地洞察到人生的荒谬和人性的脆弱。在精心设计的技巧之下，我们看到的是一个在严厉的天主教家教之下饱受压抑的灵魂。希区柯克的电影，是生与死、罪与罚、理性与疯狂、纯真与诱惑、压制与抗争的矛盾统一体，是一首首直指阴暗人心的诗。他被称为“电影界的弗洛伊德”。

完美罪行

品读希区柯克的悬疑电影

雅文 编著

中国友谊出版公司

图书在版编目（CIP）数据

完美罪行：品读希区柯克的悬疑电影 / 雅文编著．—北京：中国友谊出版公司，2009.10（2017.6重印）
ISBN 978-7-5057-2619-2

Ⅰ.完... Ⅱ.雅... Ⅲ.①希区柯克，A.（1899～1980）－电影影片－鉴赏 Ⅳ.K837.125.78 J905.712

中国版本图书馆CIP数据核字（2009）第166640号

书名 **完美罪行——品读希区柯克的悬疑电影**
编著 雅文
出版 中国友谊出版公司
发行 中国友谊出版公司
经销 新华书店
印刷 北京市兆成印刷有限责任公司
规格 710×1000毫米 16开
27印张 274千字
版次 2009年11月第1版
印次 2017年6月第2次印刷
书号 ISBN 978-7-5057-2619-2
定价 49.80元
地址 北京市朝阳区西坝河南里17-1号楼
邮编 100028
电话 （010）64668676

目录

希区柯克个人档案 /1
天才导演的一生历程 /3
希氏悬疑的电影世界 /5

三十九级台阶 /1

◎ 电影赏析 /3

1. 枪响了……/5
2. 亡命苏格兰 /16
3. 半路夫妻 /43
4. 一曲终魂 /63

蝴蝶梦 /69

◎ 电影赏析 /71
1. 依稀的爱 /73
2. 灰姑娘 /84
3. 荒诞新娘 /90
4. 阴谋管家 /113
5. “R”的灰烬 /134

目录

爱德华大夫 /151

◎ 电影赏析 /153
1. 新来的主任 /155
2. 假冒的爱德华 /163
3. 再次重逢 /167
4. 彼特森的老师 /170
5. 现场重现 /174
6. 真正的凶手 /178

火车上的陌生人 /183

◎ 电影赏析 /185
1. 怪人布鲁诺 /188
2. 血案发生了 /193
3. 难缠的布鲁诺 /196
4. 最后的较量 /202

后窗 /209

◎ 电影赏析 /211
1. 暂时的平静 /214
2. 谋杀疑云 /219
3. 扑朔迷离 /225
4. 狭路相逢 /233

目录

完美罪行 /239

◎ 电影赏析 /241
1. 危险情书 /243
2. 杀妻妙计 /247
3. 意外变故 /252
4. 玛格入狱 /256
5. 情人假设 /259
6. 罪行败露 /264

眩晕 /269

◎ 电影赏析 /271
1. 初次邂逅 /273
2. 坠入爱河 /278
3. 再次相逢 /285
4. 永失我爱 /289

西北偏北 /295

◎ 电影赏析 /297
1. 真假特工 /300
2. 致命诱惑 /306
3. 死亡之旅 /310
4. 爱已成伤 /317
5. 决战总统山 /323

目录

精神病患者 /329

◎ 电影赏析 /331
1. 美女行窃 /334
2. 浴室杀人 /338
3. 倒霉的侦探 /345
4. 瞧！他变成母亲 /350

神秘贼美人 /357

◎ 电影赏析 /359
1. 她扯了扯裙子！ /361
2. 四下无人……/373
3. 不许碰我！ /386
4. 马克成了“驯兽师” /390
5. 她杀了水手 /393

希区柯克电影作品名录 /403

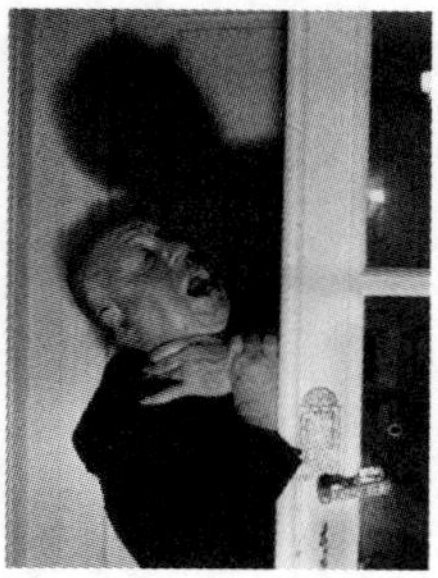

Alfred Hitchcock

希区柯克个人档案

英文名字：Alfred Hitchcock

中文名字：阿尔弗雷德·希区柯克

星　　座：狮子座

身　　高：170cm

地位及评价：空前绝后的悬疑惊悚大师，电影界的弗洛伊德

出生日期：1899 年 8 月 13 日

死亡日期：1980 年 4 月 29 日

出生地点：英国伦敦

逝世地点：美国洛杉矶

个人最尴尬的事：说出自己的腰围和体重，据说有 187 公斤

个人最得意的事：婚姻幸福和开创了惊悚文艺片

癖　　好：喜欢金发女郎，喜欢在影片中以龙套的形式露一小脸儿

人生悖论：作为举世公认的伟大导演，虽数度获得奥斯卡最佳导演提名，然终未能得。1979 年，为表彰他对电影艺术作出的突出贡献，美国电影艺术与科学学院授予其终身成就奖。

天才导演的一生历程

1899 年 8 月 13 日，希区柯克出生于伦敦某小镇一个笃信天主教的蔬菜商家庭，其家属中产阶级。

5 岁的时候，父亲给了希区柯克一张纸条要他交给警察。他走了好远的路才到了警察局，警察接过纸条，只见上面写着“请把这个调皮的孩子关起来 5 分钟”，警察照做了。据说，这是他开创悬疑惊悚的滥觞。

7 岁的时候，希区柯克家附近发生过一起金发女郎中毒命案，他对此事一直记忆犹新。据说，这是他独爱金发美女的原因。

希区柯克家附近有一座法院，他常常去那里旁听谋杀案的审理。据说，形形色色的谋杀故事是他日后电影创作生动而丰富的素材。

9 岁的时候，希区柯克进入教会学校学习，接受的是将罪恶无处不在观念和严密的逻辑性相结合的混合式教育。在那所学校里，所有违反校规的学生都将受到惩罚，但学生有权选择自己受罚的时间，一般为早、午、晚三个时段。因为惧怕，孩子们通常将可怕的惩罚拖延到晚上，而在这之前的一整天里，他们无时无刻不处于焦虑和恐惧之中。据说，这种体验是后来希区柯克在电影中极度重视心理因素，并将弗洛伊德精神分析学引入电影的原因。

希区柯克早年人工程航校学习机械、电力、动力和航海，19 岁时进入一家电报公司担任工程师，同时在伦敦大学进修艺术课程。从他的电影中你会发现他对交通工具和各种电影拍摄、剪辑技巧的探索和热衷，他绝不是一个狭隘的人。

21 岁希区柯克进入英国电影界，历任字幕员、助理导演、制片、编剧、艺术指导和美工等工作。丰富的工作经历为其将来全面细致地把握电影打下了坚实的基础。

23 岁时，身兼字幕员与副导演的希区柯克结识了当时做场记的艾玛·雷维尔(Alma Reville)，两人很快坠入情网。而在此之前，他甚至没有和女孩子出去玩过，没喝过酒。他选在一个海上暴风雨之夜向艾玛求婚，因为他料定那样的天气和氛围使姑娘更不容易拒绝。够狡黠！他的爱浪漫而绵长，是他一生的坚持，这在声色犬马、婚变频繁的好莱坞实属特别。

希区柯克早期执导的影片都是无声片，他通过巧妙的构图、剪辑和文字插入显示了在制造视觉效果方面的非凡才能，代表作是《房客》和《轻浮的德行》。随着声光技术的发展，他开始在电影中谨慎地使用声响。其在英国拍摄的电影作品中最突出的是《三十九级台阶》和《失踪的女人》。

40 岁时，希区柯克进军美国好莱坞，其第一部作品《蝴蝶梦》一举将第 13 届奥斯卡最佳影片金像奖收入囊中，从此一发不可收拾。尽管受到好莱坞制片厂的重重束缚，希区柯克仍能自如地发挥自己的创造力，为惊险、悬念、犯罪片的创作和发展作出重大贡献。希区柯克在他作为导演的 55 年电影生涯中，共拍摄了 53 部影片，其中包括《三十九级台阶》(1935)、《蝴蝶梦》(1940)、《疑影》(1943)、《美人计》(1946)、《后窗》(1954)、《西北偏北》(1959)、《精神病患者》(1960) 和《群鸟》(1963) 等多部电影史上的经典作品。

除《蝴蝶梦》外，《爱德华大夫》、《后窗》、《精神病患者》等多部影片也先后获奥斯卡多种奖项提名并有不俗成绩入账。1968 年，美国电影艺术与科学学院授予他萨尔伯格纪念奖。1979 年，他再次被该机构授予终身成就奖。

1980 年初，身染瘫痪症数年的希区柯克在好莱坞开始拍摄他的最后一部影片《短夜》，不幸中途病情恶化，影片未及拍竣，这位“悬念大师”便于当年 4 月 29 日在洛杉矶辞别人世，享年 80 岁。

希氏悬疑的电影世界

看希区柯克的电影，能“让阿拉伯人忘记了吃花生米，让意大利人忘记了吸烟，让法国人忘记了和邻座搭讪，让瑞典人忘记了和情人亲热……”究竟是什么样的魅力，能够让希式电影跨越国别、语言甚至文化的巨大差别而成为世界性的视听飨宴呢？

观众与导演是“共谋”

希区柯克的成功在于把“悬念”引入电影，发明了“惊悚文艺类影片”这一电影类型。他认为，在现代电影艺术形式当中，营造悬念的关键在于激起观众强烈的好奇心，从而在推进故事发展的进程中，使观众和导演之间形成一种“共谋”关系。他推崇以想象力为基础的讲述及拍摄方式，并对惊骇和悬念的效果做了一个比较：惊骇可以使观众惊慌地跳起来，不过这种感觉可能仅会持续15秒，而悬念却可以使观众处于一种狐疑与焦虑的状态，能够一直有身临其境的焦灼感。后者正是他一生的电影追求。可以说，他的所有作品都是在观众的参与下完成的。自电影诞生以来，只有极少数的电影人能将商业效益和艺术成就进行完美地结合，达到电影艺术的至高境界，而希区柯克就是这寥寥可数的命运宠儿中的一个。

十大关键词揭秘希式电影

希式电影有十大关键词，它们分别是：悬念、麦格芬（Mac Guffin）、金发女郎情结、罪孽转移手法、楼梯与阴影障碍、暗中窥视、线索道具、婚姻危机、黑色幽默和性虐待。这些元素错综缠绕，共同缔造出希式电影独一无二的风格。以金发女郎情结和麦格芬为例：

西谚有云：神奇和美妙，往往是女人造就。固然希氏电影悬疑惊险的情节令人印象深刻，但若缺少那些风情各异、金发碧眼的女主角，则必定会失分不少。相信喜爱电影的人都知道所谓的“邦德女郎”，事实上作为艺术嗅觉高度敏锐的电影大师，希区柯克对女性美的理解更为独到而深刻。他独爱金发女郎，他的女主角百分百是软皮鞋底走路，纯苏打水漱口，轻眉淡目，而且几乎都是冰与火的结合，初见之下，只见她们清丽脱俗的外表、优雅端庄的举止和冷若冰霜的姿态，回味时却发现一种难以捉摸的神秘气质、不流尘俗的素养和火热激情的内心时刻在牵扯着你的情感。在一次公开场合中，他向身边的人们这样解释性感和肉欲的不同：“可怜的玛丽莲·梦露和碧姬·芭铎一样把性随时写在脸上，这是十分粗糙的。而一个古板的英国女教师同样可以在同车的时候和你亲热，这才会让人觉得更有趣。”英格丽·褒曼、琼·方丹以及后来成为摩洛哥王妃的格蕾丝·凯利等众位“希女郎”无疑诠释并代表了希区柯克的审美体验。

只要你细致观看了希式电影，相信你对其他八个关键词不会陌生，那么什么是麦格芬呢？

有这样一个故事：一列英国火车上，面对面坐了两个男人。一个问另一个：“你头上行李架上的是什么东西呀？”对方回答说那是麦格芬，一种用于在苏格兰高地捕狮的装置。问话人不解：“可是苏格兰高地并没有狮子啊？”“那么，麦格芬也就不存在了。”对方回答。

实际上，这个麦格芬是电影大师希区柯克讲述故事的一种方式。我们看他的电影，常常在一开始就得知存在着某种形同麦格芬的可怕机关，比如在《完美罪行》(1954)中，观众很早就知道温斯顿因为经济依赖和嫉妒而怀有杀害妻子玛格之心，所以当他买凶并研究出一个看似天衣无缝的谋杀计划时，观众不禁为毫不知情的玛格担心。深夜里电话铃声骤然响起——危险正在迫近。犯罪正在众目睽睽下实施，只有身处危险漩涡中心的女主人公懵然无知……不过，在慌乱中，凶手反被玛格失手误杀，温斯顿的杀人计划没有得逞。观众刚要松一口气，危险换了一副面孔又再次降临。温斯顿将计就计，巧妙地布置了犯罪现场，使玛格因为谋杀罪而被推上了法庭。此时所有的信息都显示坏人就要得逞，观众陷入一种焦躁，这样也便掉进了希区柯克布置好的陷阱。观众心理上的失望和焦虑正是希区柯克试图达到的效果，在他的观念中，剧情高潮的产生就来自于情节走向与观众预期的落差，落差越大，达到的效果越好。在随后的剧情中，希区柯克缜密的逻辑通过片中玛格的情人马克之口表达出来，而在温斯顿的罪恶计划一步步真相大白之时，观众也为之释然。危险解除了，麦格芬也随之消失。

希式电影的“多棱镜”效果

几乎希区柯克的每部电影是一个综合体，集罪案、感情、世情、人性于一身，不但可以扣人心弦，让人体验到剑拔弩张后的豁然与释然，使人眼光不忍稍离，更可以深思玩味，值得细赏。他的所有影片都格外关注心理因素，更有甚者，将整部电影构架在弗洛伊德的心理学理论之上，如《艳贼玛尔尼》和《爱德华大夫》，剧中主人公的童年阴影使其成年后对红色、暴风雨或者白色线条的恐惧，都是典型的弗式表达。影片的整个架构虽以弗氏心理学理论为支点，但希区柯克处理起来却游刃有余，从而使影片焕发出曲折惊险和冷静解析的双重魅力。可以说，正是他对弗氏理论的运用，推进了普通大众对于原本学理化、艰深的精神分析学的普及。另外，透过影片，观众还能够看到希区柯克对世情观察的冷峻和深刻，他对人性的刻画入木三分，不失真诚的真实往往使人反躬自省，冷汗淋淋。他的电影人物常常充满焦躁不安和恐惧的情绪，即使表面上最彬彬有礼的人，内心也可能隐藏着一个疯狂的世界。工业和科技造就了无数物质“成就”，人们的精神世界越来越多地被外物所异化，在“人”身上，人自身的因素已经备受挤压，剩下的还在挣扎，越来越多的人根本无力守护自己的精神家园。

曾经有诗人发出这样的警告“谁失去家园，谁的内心将永不安”，希区柯克的电影一方面在呈现着这种精神危机，一方面更在努力寻找和开掘救赎的途径。

总之，看希区柯克的电影，观众会有多种情绪可能：惊奇、赞叹、愤懑、恐惧、暴躁、挣扎、惊吓、无助、豁然、释然，暗自神伤或者莞尔一笑……

伴随着一部部精彩影片的诞生，“希区柯克”已经超出了名字本身的意义，而成为一种电影手法与银幕精神，以及画面悬疑惊悚的代名词。它们共同构建了希区柯克的电影世界，并对后起影人如斯皮尔伯格等具有深远的影响。

The 39 Steps

三十九级台阶

——希区柯克英国时期最经典的作品

ROBERT
DONAT
MADELEINE
CARROLL
THE 39 STEPS
with
LUCIE MANNHEIM
GODFREY TEARLE
PEGGY ASHCROFT
DIRECTED BY
ALFRED HITCHCOCK
GB
A GB PRODUCTION

电影赏析

外 文 名：The 39 Steps（1935年）
中 文 名：三十九级台阶、国防大机密
导　　演：阿尔弗雷德·希区柯克
编　　剧：查尔斯·贝内特
　　　　　阿尔玛·雷维尔
领衔主演：罗伯特·多纳特 饰 理查德·哈内
　　　　　玛德琳·卡罗尔 饰 帕梅拉

《三十九级台阶》是希区柯克早期最著名的悬念作品之一。这部影片虽然拍摄于英国，但无论是剧情安排、场面调度还是拍摄手法，都已达到了当时好莱坞的最高水准。该片的剧本是希区柯克从一部文学作品中成功剥离出来的，他用真正的电影语言代替了许多苍白无力的旁白或对话，把同样的故事赋予了全新的表达方式。影片悬念迭出、扑朔迷离，观众被逗引起来的好奇心，在很大程度上造就了影片内在的张力。而主人公哈内的冷静和深沉式的幽默，配上浓郁的人情味，都深刻地反映了希区柯克对英国本土文化的领会和开掘。

从表面上看，那份被盗走的机密情报是整个影片的核心，主人公的入场与追逐的目的皆因此而起。但希区柯克并没有将这个主题放射至整部电影，观众的视线始终追随的焦点只是不停的“追逐”与“逃亡”。机密情报弱化了，最让观众悬在心里的不是情报本身的神秘性和丢失情报将会造成的严重后果，而是主人公哈内的生死。

为了影片主线的这种完美转换，也为了达到最棒的气氛效果，希区柯克曾煞费苦心。他对不同场景的快速跳格处理和镜头的瞬间转移，成功地牵引了观众的视线，制造出绝佳的视觉和氛围效果，就连他自己也对此颇感自豪。例如，哈内手上扣着半副手铐甫从警局逃出，旋即混迹于救世军乐队的行列中，他急速地通过巷道，无意中又闯入了一间众人正在开会的大厅里，急昏了头的会议组织者不由分说地把哈内推上演讲台，骑虎难下的他立即开始做即兴的演说，竟然也获得了观众热烈的掌声。帕梅拉被两个假警察引诱上了黑车，在假象被哈内揭穿以后，镜头快速切换……在本片中，诸如此类的镜头快速转移不胜枚举。这也再次说明了希区柯克不仅仅是一个天才的导演，同时也是一个杰出的剪辑师。

除此而外，本片的音效和视觉技巧搭配堪称完美。主人公哈内骗过间谍逃上火车的同时，饭店侍者进入哈内的房间。视觉画面从侍者发现尸体后的尖叫迅速切到火车鸣笛上，前后的声音几乎合为一体。这个剪辑段落充满独特的风格，侍者、间谍甚至哈内等人不同的心情完全流露出来。尽管只是一些微小的细节，却能见微知著，表现出希区柯克在英国时期的电影语言运用技巧。

本片中最为后人所津津乐道的经典片段是哈内在苏格兰高地农家暂住、后遭出卖被迫逃生的段落。画面不停地在哈内、农庄主以及他的妻子的脸部之间切换，让三人的心理变化与性格特点在这个小小段落中，尽显无遗。表现手法之高妙、电影语言之精练，即使把这个段落看成一部极其精彩的小短片，也丝毫不为过，值得细赏和品评。

在这部影片中，我们可以看到当时好莱坞成功电影的所有元素，机密、警察、美女、无辜、逃亡与追逐等，剧情展现却不落窠臼；希区柯克甚至还为后人留下了一套经典的惊悚片模式——一个平凡人突然被卷入危险之中，警察与歹徒都不能容他，结果主人公在被迫反抗的过程中逐渐彰显智勇双全的特点，甚至还很幽默。运气好的话再遇到一个或敌或友的漂亮姑娘，结尾往往是歹人的阴谋被粉碎，而他也征服了姑娘……

之所以称希区柯克为伟大的导演，就是因为他的开创性！所谓前人栽树，后人乘凉，即使到现在，仍然有大批的导演在追随着希区柯克的脚步。

原来，间谍组织是想利用“记忆先生”梅穆里先生惊人的记忆，将空军机密带出英国。真相在最后一刻揭露，清白在最后一刻洗清，乔丹教授在最后一刻现形，梅穆里先生却在最后一刻用生命保护了国防机密……

1. 枪响了……

距伦敦东区中心不远的一间明亮的剧场。

追光灯将入口上方的一块大招牌映得分外醒目：“杂耍剧场”。门旁边还竖着一块木板，上面写着几行耸人听闻的宣传词：精彩绝伦人间奇观梅穆里先生现场坐镇挑战人类记忆极限，所有关于人类的历史已全然存储在梅穆里先生惊人的大脑之中，信不信由你！招牌周围聚集了几个人驻足观看。其中有一位三十五六岁的绅士模样的人，犹豫了一下还是走到了售票窗口前。

“今晚的票，来一张。”他操着浑厚的带有磁性的男中音对售票小姐彬彬有礼地说道。昏昏欲睡的售票员不太耐烦地扯给他一张票，递给他的时候，不经意地瞥了一眼，眼睛一下子明亮起来：这位绅士的确气度不凡，一顶礼帽、一身风衣再配上那张棱角分明的脸，不由得令人多看几眼。

被看得有点不好意思的这位先生略微颔首，轻轻地重复道："一张，今晚的。"

"噢，是的，5先令"。售票小姐带着有些变调的声音把票交到他手里……

走进剧场，这位先生立即被各种声浪包围。他快速地穿过嘈杂的观众群，在前边的一个空位子上坐下来，随即向四周扫视一番。

正前方的乐池里坐着乐队，乐队指挥正抽空用手绢擦拭额上的汗珠。看起来上一个节目刚完，下一个节目还没出场呢。

不大一会儿，指挥点了一下头，举起指挥棒，乐队开始演奏下一个曲目，场上的观众立刻变得安静。

剧场的灯光暗了下来，只有大幕上还打着灯。

两分钟之后，大幕总算开启了，整个剧场显得灯火通明。观众们开始热烈地鼓掌。报幕员是一位稍有谢顶的中年男子，他将在他身后出场的50多岁的记忆大师梅穆里介绍给喜欢猎奇的观众们：

"女士们，先生们！大家晚上好！请大家注意了，下面我十分荣幸地向诸位介绍一位记忆功能超强的特殊人物，"他回过头做了一个邀请的手势，"他就是我们的记忆之王——梅穆里先生！"报幕员的音调陡然提高了八度。目光深邃、略显肥胖的梅穆里举起双手向全场观众挥手致意。

"记忆之王？他有什么能耐称得上记忆之王？"一名工人打扮的男人尖声叫道。

"对呀，对呀，他杰出在哪里？他记得住他家的门牌号吗？"

"瞧啊，他在冒汗哪！"另外几个观众随声附和道。

全场观众哄堂大笑。梅穆里审视了一下剧场环境，发现体面人太少了，一看打扮就知道，要么是街头流浪汉，要么是刚下班的工人，还有些家庭妇女。不过有一位绅士倒显得鹤立鸡群，他继续饶有兴致地观望着。他就是刚进来的那位绅士，名叫哈内，来自加拿大，临时在伦敦办点事，几个月过后又得重返蒙特利尔了。

又有几个观众跟着瞎起哄，他们纷纷喊道："你女人被押上法庭了。"

"不对，是跟相好的一起跑了。"

场内的哄笑更加起劲了。梅穆里先生尽量耐住性子，渐渐稳住阵脚，他很有礼貌地说："请大家提些严肃的问题吧！"

“1921 年埃普索姆赛马大会的冠军是谁？”观众席上一位高大强壮、运动员模样的男人满怀希望地问道。

梅穆里一下子被这个问题激活，立刻极其自信地说道：“第一名是汉默利斯特，他骑的那匹马叫多诺休。遥遥领先，在六名参赛骑手中奋勇夺冠。第二名是格雷格·安·埃伦。第三名是利奥诺拉。”他俯身向前，夸张地用手朝运动员的那个方向指了指，带着明知故问的神情接着说道：“我没记错吧，先生？”

“没错！“运动员有些惊讶地说道。

场内的观众面面相觑，对梅穆里的表现半信半疑。梅穆里挺直身子，显得容光焕发。

那个家伙又流里流气挑衅道：“那么明年赛马大会的冠军呢？”

梅穆里不屑一顾地回答：“那请您还是等到后年，1937 年再来问我吧。那时候我准会告诉你的，先生。”梅穆里双手背后，颇有风度地一点头。

哈内有些坐不住了，他冲梅穆里喊道：“请问温尼伯和蒙特利尔之间的距离是多少？”

还没等哈内问完，另一个观众就大声打断了他：“1926 年的奖杯是谁赢得的？”梅穆里以幽默的语气回应道：“奖杯？您指的是滑铁卢奖杯还是足球锦标赛优胜杯？甚或是茶杯，先生？”

那位年轻人以简短的回答堵住了梅穆里的表演：“是足球锦标赛，笨蛋！”场内再次爆发出一阵哄堂大笑。

梅穆里对“笨蛋”这句称谓显然有些愤怒，他既想教训一下这个年轻人，又想再次卖弄一下自己的学识，刚要张口，一个坐在酒吧柜台边的老者又向他发问了，“请问罗马城是什么时候被烧毁的？”

梅穆里对这个能显示自己历史学识的问题立刻产生了兴趣，他自信地答道：“公元 64 年，是当着尼禄的面被纵火烧毁的。”老者放下手中的酒杯，很有风度地鼓掌，他对这个回答表示赞赏。

一对老年夫妻，丈夫喃喃咕咕问道：“为什么家禽会害舌尖表皮干燥症？”他的妻子紧张地拽拽他的衣襟，压低嗓门说道：“嘘，别在这儿出丑了。”

“怕什么，咱家的鸡不是刚好害了这种病吗？问问有什么大不了的？”丈夫一脸正气地说道。哈内差点儿笑出声来。

梅穆里对眼前的这种混乱情况明显准备不足。他多么渴望能有人提些可以让他露一手的问题啊。

机会来了。一位规规矩矩的女士腼腆地红着脸问道：“在世界举重比赛中，为英国争得最近一次重量级冠军的是谁？”梅穆里刚抖擞精神准备应答，那些围在吧台周围流里流气的男人们又七嘴八舌地嚷嚷起来：“亨利八世！”

“屁，我老婆！”

“哈哈哈哈……”梅穆里强压下心中的忿恨严正喊道：“是鲍勃·菲茨西蒙斯。1897 年 10 月，他在内华达州卡尔逊战胜了美国重量级冠军詹姆·科贝特。他当时是 34 岁。我记错了吗？”梅穆里眉目含笑地故意问那位女士。

女士大吃一惊，她使劲为梅穆里拍起巴掌来。另外一些循规蹈矩的观众也跟着喝彩。

“下一个问题。请提下一个问题。”梅穆里话音刚落，不知是谁叫道：“梅尔·韦斯特今年几岁？”

梅穆里沉不住气了，心里极端厌恶这些捣乱分子。正犹豫着不知下一步该采取什么措施时，沉默了许久的哈内又发言了：“请问温尼伯和蒙特利尔之间的距离是多少？”

梅穆里的眼睛立刻一亮：“先生，你刚才说什么，温尼……温尼小姐，是吗？”

哈内微笑着纠正道：“不是温尼小姐，我问的是温尼伯和蒙特利尔之间的距离是多少？”

梅穆里用颇有认同感的口气说道：“啊！我明白了，这是一位加拿大先生！对吗？”

哈内不置可否地笑笑。

梅穆里接着说道：“欢迎你，来自加拿大的朋友。如果我没记错的话，温尼伯是加拿大的大城市，马尼托巴省的省会。至于蒙特利尔想来大家早已熟悉了。这两地的距离为 1434 英里。对吗？”

哈内不由得击节赞赏：“完全正确。”说完就带头鼓起掌来。但此时梅穆里对场内的混乱状况已难以忍耐，掌声显然不能调动他的积极性了。

此时的梅穆里觉得这只是一场彻头彻尾的恶作剧。

场内的警察也注意到了这里的混乱，他们向吧台靠拢。一个年轻人从吧台旁的高脚凳上跳下来向门外冲去。

警察立刻向年轻人扑过去，他们在剧场内追逐起来。仿佛故意要“乱上添乱”似的，另外几个游手好闲的人也加入进来。整个剧场顿时乱作一团。

报幕员慌张地从幕后走出。他望了望梅穆里，扭头向观众喊道：“先生们，先生们，请大家，请大家不要……”他的劝阻根本无济于事，剧场的混乱状态已愈益升级。

这时，突然间传来一声沉闷的枪响。所有的人都被这声枪响震呆了。一个大胖子惊得嘴巴都合不拢了，他万分恐惧地扫视周围。

人们惊魂未定，不知从何处又传来第二声枪响。人群立刻四散逃去。窄小的门根本容不下争先恐后的人流。梅穆里在混乱刚开始的时候，就表现出难能可贵的镇定。

哈内在乱作一团的人群中左冲右撞，他得不停抗击来自四面八方的冲击。在哈内奋然前行的时候，一个年轻女子悄悄向他靠拢过来并贴在他的胸前。

她始终紧紧靠着哈内不离半步。哈内莫名其妙地拥着这个女人向出口处挪过去。

当他们终于来到大街上以后，哈内这才意识到他们刚才一直亲密地挤在一起。为了掩饰突然出现的尴尬，哈内主动与她搭讪起来。

“啊，这下我们总算挤出来了。”出乎哈内意料的是，那个女人说道：“我能跟你一起走吗？”

哈内一脸的迷惑。出于本能，哈内说了一句：“好极了。不过你准会失望的。走吧，公共汽车来了。”说罢，两人急步穿过人群，横过马路来到汽车站。一辆汽车到站，他们急忙挤了上去，匆匆而去。

一幢外观庄重典雅的公寓楼。波特兰公寓。

哈内打开门，侧身让女人先进。女人走过哈内面前，进入大楼前厅。哈内领着女人往前台走去。此时已无人值班，哈内径自走到一块挂牌前。

女人充满好奇地向挂牌望去，只见挂牌上整整齐齐地用漆写着各个房客的名字。哈内把手指放在标明他名字的一张硬纸片旁边说道：“我的名字没用漆写，写在硬纸片上，是用射钉钉住的。”

女人若有所悟地点点头："你是这儿的临时房客吗？"

哈内回答说："对，我临时租了一套带家具的房间。我从加拿大来这里办点儿公事，只在这儿住几个月。"

哈内戳戳那张写有："二楼，理查德·哈内先生"的纸条，询问道："能告诉我你叫什么名字吗？"女人稍微迟疑了一下。

瞬间的神情没能逃过哈内的眼神。

"史密斯。"女人小声地说道。

"好吧，就算是史密斯吧。"说罢，他就拉着史密斯向那个装有双门的电梯走去。女人真名其实叫安娜贝拉。她的职业是一名关系极其复杂的间谍。

哈内打开左边的半扇门，安娜贝拉打开右边的半扇门。两人走进电梯，哈内把两扇门合上……

安娜贝拉紧跟在哈内的后面，边走边说："你是不是想……想进一步知道我的事？如果让你猜，你看我是做什么的？"

"你是演员吗？"哈内等安娜贝拉进了门就把门关上了。他有一搭没一搭地说。

哈内稍稍提起了一些兴趣："那你是歌唱家啦？"

安娜贝拉苦笑了一下说道："不是。"

"对不起。那我就不知道了。"

安娜贝拉肃然道："我纯粹是为自己干活的。只为自己。只要钱多我就干。"

哈内这回真来了兴趣："那你一定是在干某种冒险的事？"

安娜贝拉坚定地点点头："对极了。钱不是那么好挣的！"

"走这儿吧。我怕你会觉得我的客厅太乱了。瞧这些！"哈内指着全部都套着白色布套的家具。"什么都还没收拾呢。不过我已经叫人去请了几个房间装饰专家。你待得久的话，这儿就会大不一样了。"

两人说着已走到了客厅的尽头，在房间门口站住，哈内在墙上摸索起来：

"等一等，我在找电灯开关。"

安娜贝拉像受了电击似的猛然喊道："不！等一下。"她迅速穿过房间，站在离门窗都稍远一些的墙角倚墙而立。她这样做是防止开灯后被窗外的人发现。

“行了，现在开灯吧。”安娜贝拉惊魂不定地说道。

安娜贝拉此时又发现客厅的壁炉上方悬挂着一面镜子，她急忙说道：“哈内先生，劳驾，请把那面镜子翻过去面对着墙，好吗？”

哈内放下斟酒的杯子，露出一丝不解的神情。当他看到镜子中安娜贝拉的映像时，心里明白了几分。他把那面镜子翻了个个儿，然后回到酒柜前。

“要是窗上再有个帘子，你就会更高兴了，对吗？”

安娜贝拉稍稍松了口气，回答道：“对了。”就在这时，电话铃声响起。

哈内一边从酒柜旁快步迈向写字台，一边对安娜贝拉解释道：“对不起，是电话，我得接一下。”哈内随手掀开盖在写字台上的布罩，正准备伸手去接，安娜贝拉急促地叫道：“哈内先生，不要接电话！”

“为什么？”

“因为我猜想这电话准是打给我的。”哈内愈益困惑不解了。怎么可能呢？难道有人跟踪我们？哈内感到问题并非如自己想象的那么简单。

哈内不管响着的电话，直接走到酒柜跟前，斟了一杯威士忌：“现在你可以安心坐下了。别老那么肌肉紧张地站着，放松放松吧！”响了半天的电话铃声终于停止了。

安娜贝拉略微松了一口气，她感激地说：“谢谢。请你把那张长凳推给我好吗？”哈内手拿酒杯，边走边用脚把凳子推到安娜贝拉眼前。现在他渐渐产生了一种想要了解这女人的渴望，对这个女人的兴趣越发浓厚了。

安娜贝拉坐在凳子上，接过酒杯，还没等哈内与她并肩坐下，就一仰脖子将酒杯里的酒一饮而尽。

哈内稍稍撇了撇嘴，“看来你确实需要喝点儿酒！”

“是的，的确如此，谢谢。也许我该给你解释一下……”

“啊，你别为我操心，我心理承受能力强着哪。喝点儿酒似乎并不需要太多的理由吧？”

哈内接过空酒杯又向酒柜的方向走去。

安娜贝拉趁此机会仔细环视了一下房间：“我们不能在这儿交谈。”

“那好吧。”他边说边关上灯，把门关上。哈内把她领向一间黝暗的小房间。当他打开门正欲开灯时，安娜贝拉立刻拦住他。

“等一下。”她走到窗前，放下帘子。

等她放好窗帘，他才问道：“可以开灯了吗？”安娜贝拉不放心地点点头。哈内打开灯，原来这里是厨房。

“抽烟吗？”哈内给安娜贝拉递烟。

“不，谢谢。”

恰在此时，客厅的电话铃声又一次响了起来。哈内与安娜贝拉几乎同时一怔。

看来，真有人在监视他们。不然为什么一开灯电话铃声就响呢？为了缓和一下室内紧张的空气，哈内打趣似的说道：“又是你的那些朋友打来的吧！”

安娜贝拉断然答道：“别理他们。”哈内关上厨房门，接着点燃一支卷烟。两人就这么静默地待着，直到电话铃声消失。

“请别见怪，我想向你讨点儿吃的东西。我整整一天没吃一点儿东西。”

“当然可以！”哈内爽快地答应道。哈内打开冰箱门，里面食物丰盛。他端出一大盘黑线鳍鱼给安娜贝拉。要不是出自女性的矜持，安娜贝拉恐怕早就扑上去了。

哈内问道：“喜欢不喜欢吃黑线鳍鱼？”

安娜贝拉毫不掩饰地点头道：“喜欢。”

哈内转过身打开煤气灶，从碗橱里拿出一口平底煎锅来。不一会儿，鱼肉开始“滋滋”作响。

哈内试探性地问道：“我看你不叫史密斯。”

安娜贝拉爽快地承认道：“这得看我在什么地方。不过，你可以叫我安娜贝拉。”

哈内皱了皱眉头：“安娜贝拉？安娜贝拉·史密斯……像是牧师女儿的名字……”

他准备把煤气关小点儿。当他转动旋钮的时候，一下子用力过猛，结果火焰发出“嗡”的一声。

安娜贝拉像是过敏似的，惊恐地叫了一声：“啊！”

哈内调侃道：“怎么啦，漂亮姑娘？是不是对杂耍剧场的枪声还心有余悸？”

安娜贝拉瞟了哈内一眼，冷冷地说道：“是我开的枪。”哈内惊讶极了。他用怀疑的目光，定睛瞧着安娜贝拉。

“是你开的？”他不相信地追问道。

安娜贝拉平静地答道：“对，是的。为了要牵制对方，我必须先发制人。你要明白，当时我必须马上离开剧场。那儿有两个男人想杀我。我必须那样做，否则就只有坐以待毙了。”

哈内不明白，那两个男人为什么要杀一个像安娜贝拉这样的弱女子呢？

哈内打断了安娜贝拉的倾诉：“说真的，往后你交朋友一定得多加小心了。否则一枪接一枪，真让人感到没出路啊！”

“不是的，你没听懂我的话……”她站起身来，面对着他。

“就算你开了枪，这也不能从根本上解决问题。特别是解决不了我的思路混乱。不是吗？一个神秘女人遭到杀手的追杀，看来倒像是个间谍故事！”安娜贝拉轻轻一拍桌面说道：“一点儿不错。不过我更喜欢这个字眼儿——特工。”

“特工？替哪个国家工作？”哈内问道。

“我替给我钱的国家工作。”

这个回答当然不能让哈内满意。他只得换个提法，单刀直入道：“那么你是哪个国家的？”

安娜贝拉无限伤感地答道：“我没有国家。”

“那你是生在气球里的，嗯？别跟我开这种玩笑了！”

安娜贝拉又坐回长凳上。

哈内从橱柜里拿出一副餐具，走回到她身旁，一边收拾桌面，一边继续刚才的话题：

“我猜想，你要把重大的国家机密弄到手之后才肯离开这儿，对吗？”

“不，恰恰相反。我的使命是不让别人盗走这个国家的重大机密。不是因为我爱英国，而是因为他们给了我很多钱。”

哈内耸耸肩，有些不屑地说：“好极了。一个女人准备保护英国，现在却可悲地在伦敦的一间临时寓所里向一个加拿大人寻求庇护。”他边说边俯身向前，伸手到安娜贝拉面前去取一块抹布。

安娜贝拉恳求道：“请你耐着性子听我说，有个外国特工马上就能把一个英国空中防务的重大机密弄到手。为了跟踪他手下的两个人我才去了那个剧场。可惜我被发现了。正因为这样，他们才死死盯着我不放！”

哈内心里开始嘲笑：“就凭你躲避追杀时那慌慌张张的样子，能掌握什么情报？更何况，你的行动对英国政府影响如此深远，为何没有人协助你？一个女人深更半夜东躲西藏吗？有用吗？”

安娜贝拉透露出失望的情绪，她有气无力地说：“你不相信我？”哈内拿起一把刀，开始切面包。

“坦率地说，不相信。你为什么不去找警察或政府机关？那样的话，谁还敢找你麻烦？说不定现在英国王宫里女王正为你举行庆功酒会呢！”

“找到你，也许是上帝的安排。慌乱之中看见你机智而善良的目光，我就觉得可以依靠。我说过我的身份很复杂，现在告诉你也无妨，我是多重间谍。我不能与英国政府在公开场合打交道，甚至私下也不能。否则以后还有哪个国家肯雇我？这次英国政府高薪聘我，但知情者只限于英国政府中的几位要员。我的身份一旦泄露必将引起一连串的连锁反应。这也是我自己要求的合作条件之一。我这样说，你可能不太明白，毕竟你不直接参与政治，一看你的模样就明白。这样吧，你去看看楼下的大街。”安娜贝拉冲窗户看了看。

哈内迟疑了一下，拿着一把面包刀走到门口。他开门出去，在一间阴暗的房间窗户前站定。窗子关着，白色窗帘纹丝不动。哈内手拿面包刀慢吞吞地挑开帘子的一道缝向窗外看去。

一条昏暗的街道。一根电线杆。两个用风衣裹住面颊的人正鬼鬼祟祟地朝哈内这个方向窥探。他真的开始有些茫然不知所措了。

安娜贝拉用询问的目光注视着哈内。

“我相信了。”哈内茫然地点点头。他随手把门关上。

安娜贝拉欠了欠身子问道：“他们是不是在那儿？”

“是的，两个。”安娜贝拉若有所思地长叹一声接着说道：“唉！我还以为我把他们甩了呢！没想到他们还是跟过来了。你听好，告诉你一件你本不该知道的事……最初我到这来并不是想告诉你这件事，只是想暂时躲避一下。现在看来非得告诉你不可了，他们已经跟踪我到了这里，你被牵连进来了。”

哈内问道：“你这是什么意思？”

“你听说过‘三十九级台阶’吗？”安娜贝拉自顾自地问道，并没有正面回答哈内的提问。

哈内摇头：“没有。这是什么？是一家酒店？”

安娜贝拉神情严肃，正色道：“你可以仍然不相信，但你所嘲笑的一切完全是真的！他们什么也不怕！只有我才能抓住他们，不抓住的话，那要不了多久，外国人就会得到英国的重要机密了。”

哈内建议：“还是报告警察局吧。要不然太危险了。”

安娜贝拉斩钉截铁地回绝：“他们跟你一样，都很难相信我。就算相信我了，你想想得花多少时间呢？他们等多久才能开始行动呢？等这边的警察开始行动，那边早就闻风而逃了。”

哈内问：“那些坏蛋的头儿长什么样儿？叫什么名字？”

安娜贝拉说道：“他的名字有很多，他有上百种身份。前一分钟充当瑞典外交官，后一分钟马上成为印度大使，而你则丝毫找不出破绽。不过，有样东西他没法掩盖……这个。他这个小指断了半截。”

哈内望望自己的手指。

“你要是遇见我所说的这个人，那你一定得特别留神，朋友。”安娜贝拉拍拍他的肩膀以示宽慰。

哈内回到煤气灶边扭头冲她说道：“谢谢！我会留神的。你吃什么呢？”

她松口气说道：“吃黑线鳕鱼。然后，要是你不想把我撵出去的话，我就在这儿好好休息一宿。”

哈内略一沉吟，便慷慨应道：“没问题，你可以睡我的床。我睡到长沙发上去。还有什么事要我做吗？”哈内走回到安娜贝拉身旁坐下。

“借我一张苏格兰地图。”

“苏格兰地图？干什么用？”

“因为在苏格兰有个人，我无论如何得先见到他。”哈内站起身来，走开之前犹豫了一下，最后还是决定把脑海里的那个疑问提出来：

“你说的那个‘三十九级台阶’是不是就在苏格兰？”

安娜贝拉犹豫了一下，遗憾地摇摇头，又以安慰的语气说道：“也许我明天可以告诉你。别太贪心，再说你也不应该什么都知道。”

2. 亡命苏格兰

夜正深。一间昏暗的房间。

通过一座铜像身上反射出来的亮光可以看到敞开的窗户，白色窗帘随风飘荡。哈内在沙发上睡得正香。

突然，房间尽头的门被推开了。安娜贝拉披头散发跌跌撞撞地冲进来，面无血色，她向前伸着双臂，手里拿着一张揉皱了的纸。哈内的睡意立刻跑得无影无踪。

安娜贝拉停下脚步，挥动着那张捏在她手里的纸：“快走，哈内！要不然下一个就是你了。”说完晃了晃身子，向前一冲，整个人倒在哈内的膝盖上。哈内俯身查看倒下的安娜贝拉。这一看不打紧，差点没把哈内给吓晕。只见她的肩胛骨中间插着一把切面包的刀。

哈内震惊地望着死去的安娜贝拉，此时电话铃声又响了起来。哈内一步一步紧张而又狐疑地向客厅走去，一点一点逼近电话机旁。

紧张的他拿出手帕不停地擦着渗满汗珠的双手。

电话铃声始终响着。哈内望着眼前的电话机不知道如何是好。他好不容易下定决心，刚想伸手去拿电话听筒，但一触到话筒，又立刻缩了回来。他挨近窗口，悄悄掀起窗帘的一角向街上望去。浓重的夜色笼罩着整个街道。

街边的电话亭里有一个人正拿着听筒。亭子外另一个穿皮大衣的男人正在望风。哈内回过头去看了看桌上的电话，然后又重新向窗外看去。那两个男人还在电话亭内外。恰在此时，哈内的脑海里突然蹦出了晚饭时安娜贝拉对他说的话："……这会儿你所嘲笑的事完全是真的！这帮家伙什么事都干得出来……"

随着安娜贝拉的死亡，自己也开始越来越深地卷入到这一场危险的游戏之中。不管情愿不情愿，从安娜贝拉到他寓所来的那一刻起，他就已与安娜贝拉形成了某种形式的共谋关系。现在，安娜贝拉的死亡清楚表明，另一股势力已不允许这种共谋关系继续存在下去，他们以安娜贝拉之死，向哈内发出了赤裸裸的警告。

哈内把目光从窗口移开。突然间，一件东西吸引了他的注意力。那就是安娜贝拉紧紧攥着的拳头。

她手里仍然紧紧地抓着那张揉皱的纸。他好不容易才扳开安娜贝拉的手，取下那张纸条，然后慢慢直起身来。

一张苏格兰地图。在地图的左上角有一个被铅笔圈着的地名：阿尔特纳切拉奇。

哈内仔细地研究着阿尔特纳切拉奇周围的村庄、地形及人员分布。与此同时，响了大半天的电话铃声终于消失了。哈内的耳旁再次回荡起安娜贝拉的声音："在苏格兰有个人，我无论如何得先见到他……要不了几小时或几天，英国的重要机密就会落到外国人的手里去了……警察局里的人跟你一样不会相信我的……我可警告你，这帮家伙行动可快着哪……快着哪……快着哪……"

哈内急忙捂住自己的耳朵。过了好一会儿才放下双手，重新抬起头来，他的面孔上浮现出一种经过深思熟虑后下定决心的坚毅神态。

波特兰公寓，新的一天开始了。

哈内穿一件深色大衣小心翼翼地下楼，谨慎地四处张望。快到楼梯口的时候，他突然停住了。从这个位置向楼外的街道望过去，透过装有铁栅栏的玻璃大门，可以看见对面的人行道。而此刻的人行道上，正有两个男人在房子前面来回走动。

哈内蹑手蹑脚地猫腰走下楼梯，又转身走到那块写有房客姓名的大挂牌前，在那里踱来踱去，不知如何是好。

恰在此时，一个送奶工人推开玻璃门走了进来。哈内立刻眼前一亮。他急忙拉住了他的手臂。

送奶工人高兴地冲他打招呼道："您好，先生！今儿起得可真早啊！"哈内不想也没有时间跟他唠家常。

"想不想赚点外快？"

送奶工人立刻来了兴趣："怎么回事？怎么个赚法？"

"我想借你的帽子和上衣用一用。"

"你想干什么？"送奶工人有些迷惑不解。

哈内直言相告："我想逃走。"

"你是不是遇到什么难题了？"送奶工人觉得自己成人之美的机会来了。

哈内坦率地承认道："是的。"

送奶工人问："什么事？"

哈内回答："跟你直说了吧，二楼有个人被杀了。"

送奶工人会心地笑了："是被你杀的吧？"

哈内连忙否认："不，不，不！是被外面那两个男人杀的。"

送奶工人一脸鄙夷："哦，哦，我懂了。您太小瞧人了吧！我总不会如此之傻吧？如果他们真是杀人狂，会站在那儿傻等警察来把他们抓走吗？"

哈内急忙辩解："请你别误会，耐心听我把话说完。他们是外国间谍！他们在我屋里谋杀了一个女人，现在他们就要对我下毒手了！"

送奶工人嘲笑地说道："得了，别胡扯了。干吗一大清早就开这种玩笑？"送奶工人准备挨门挨户去送奶了。

哈内眼看着自己招来的嘲弄，立刻对安娜贝拉的苦衷有了深切的理解。

他决定将计就计，顺着送奶工人的思路来。

他装出无可奈何的样子说道："好吧，好吧！我跟您说实话吧，你结婚了吗？"

送奶工人这才又提起了兴趣，他回答道："唉，真可惜，不过我还是结了。不过这跟你有什么关系呢？"

"哎，可我至今还是个单身汉。"

送奶工人来了精神："是吗？"

哈内愈发无奈："嗯！……而二楼……二楼住着一个有夫之妇……"

送奶工人的想象力立即丰富起来："真的？"

哈内装出无助的表情说道："真的。刚才我在和她幽会。现在我想回家去了……"

送奶工人立即接上话茬："那就去吧，有谁拦着你呢？"

哈内不好意思地向楼外指了指："外面那两个人当中，有一个是她的兄弟，另一个是她的朋友。这下你总该懂了吧？"

送奶工人恍然大悟："干吗不早说，老弟！"

他转过身去，脱去自己的上衣："你想想，你刚开始所说的那些怎么能让我相信？什么杀人呀，什么外国间谍啊！那些谎话多么幼稚。你就直接告诉我事实真相，多简单、多省事。"他看着哈内穿上他的上衣。

"还有这个帽子，也戴着吧！"哈内接过送奶工人递给他的帽子，迅速扣到自己头上，并把帽檐压低。

送奶工人欣赏着自己的杰作："好了，真不错。"

哈内从身上摸出一张钞票往送奶工人手里塞去："太谢谢了。拿着！"

送奶工人急忙把钱装进上衣口袋，嘴里却不停地唠叨着："啊，不，先生，你太客气了。天下男人本该惺惺相惜，说不定哪天我也会向你借衣服呢。我的马车停在拐角上，你就甭管它了"。两人边说边走到大门前，"再见，老弟！"送奶工人冲哈内挥挥手。

哈内头也不回地回答道："再见。谢谢。"他打开大门走出去，大门在身后又重新关上。送奶工人在屋里突然发现放在门边墙角处的空奶瓶，于是急忙向外喊道："唉，空奶瓶！"

哈内早已快步消失在晨光中。

车站月台。人来人往。一辆火车正停在月台边。火车头上镌刻着"飞翔的苏格兰人号"几个华丽的大字，车厢外钉着的行车时刻牌上写着"苏格兰线"。

一个金发女郎和女友来到了月台上。女郎长得十分俊俏，再配上一双明澈而天真的大眼睛，任何男人见了都忍不住要多看几眼。

哈内俯身靠在车厢的窗口边，警惕地扫视着月台上走动的人们。他的目光也掠过那位金发女子。如果换了平常，哈内一定会上上下下看个够。不过今天的他似乎缺乏这种闲情逸致，这位女郎在他眼中也仅仅是个女性符号而已，丧失了通常会具有的暧昧含义。哈内的意识深处，时不时地会飘过安娜贝拉肩膀上那把致她于死地的短刀。

月台上的信号灯亮了。

站长来到了火车头的侧前方，他挥动着手里的一面小旗，同时大声吹着口哨。司机看到了站长的发车指令后，转过身去拉响机车的汽笛。那位女郎匆匆与女友吻别后快速登上即将启动的列车。这时，一直坐在车窗口眺望整个月台的哈内才稍稍放宽心一些。他长长地吐出一口气，心想：这下算是安全了吧？刚才一直没发现有人跟踪。想到这儿，哈内把投向窗外的目光收回来，开始默默地思考自己即将面对的一系列问题。就在这时，一辆汽车飞快地驶到了月台尽头。两个男人下车后开始飞快地奔跑，试图赶上火车。火车在一片白茫茫的蒸汽中朝前方呈加速度呼啸而去。那两个人气喘吁吁地赶来了。他们想攀上最末一节车厢。但火车的速度太快了，已经把他俩甩到后面去了。

此时，“飞翔的苏格兰人号”正鸣响着汽笛飞快地钻入一个隧道。当列车钻入黑咕隆咚的深洞时，坐在车厢里的哈内感到自己正逐渐滑向一个无底的深渊。

他将头紧靠着车窗，闭上眼睛，努力强迫自己放松一下紧绷的神经。但坐在他对面的两个喋喋不休的商品推销员却仿佛有意为难似的，从上车伊始便滔滔不绝地谈论起商品行情。一个矮壮型的推销员对同伴说道：“喂，知道吗？我看现在质量可比20年前强多了。”

另一位随声附和道：“是啊，更柔软了。现在是既柔软又实用。”

听到他们的对话，哈内有些不满地睁开眼睛，用眼角的余光狠狠瞪了他们一眼。

两位推销员的谈话声更大了。“提高不了品位就只能以不断提高的声量来掩饰了。”哈内在内心里对这两位商品推销员下了定论。

“你说得太对了。可我真不明白人们怎么会爱那些一点儿也不柔软不实用的老式胸衣？那有多硬啊！”

“可能是因为老式的比较耐用。”另一位接上话茬。“可能是吧！不过我不太确定。”

两个人正大谈特谈女人胸衣，谁也没有留意到不远处的一个牧师。牧师正蜷缩在座位上看报。渐渐地，两人的谈话内容传到了牧师的耳朵里，他的神情逐渐严肃起来。

矮壮男越说越来劲，尽管只有一个听众，他还是手舞足蹈地说道：“我的这批货差不多就能使用一年！好，我给你瞧瞧。”他起身取下行李架上的手提箱。“它们的需求量很大，你知道吗？”他坐下来，把手提箱放在膝盖上打开：“老式的。”

另一位看到，立刻摇头：“哎呀……我的妈呀！”

“现在你看看这个，我们的流线型新产品。”看报的牧师听到了这句话，慢慢放下了手中的报纸，抬头朝两个推销员望去。那人正口若悬河地宣讲着：“我们的第一号式样！就是我刚才跟你说的那种。怎么样，感兴趣吗？女人绝对喜欢它们。戴着它们到处游逛，想想看，那种柔软的抚摸。”

“除了这个，你还有没有别的东西？”他的那位同行兴致勃勃地问。

矮壮男变戏法似的，把吊袜腰带放入手提箱，接着又取出一副胸罩。这副胸罩比刚才看见的胸衣更具诱惑力。背后就一根带子，前面是两个丰满的托起来的圆球。

“我个人觉得它真不错。这个，你瞧。”他指了指胸罩高挺的尖端，“要是给哪位先生买去送给自己的女人，那他们每天晚上一定睡得很香。”他边说边咂吧嘴。

“好极了！妙极了！”另一位推销员高兴得大叫起来。

“最好在姑娘戴上以后，让我看看！”这位说着说着口水都快流下来了。

“行啊！”矮壮男一脸“有艳同猎”的豪情壮志。接着他回头瞥了一眼窗外，懒洋洋地问道：“这会儿我们到哪儿了？是爱丁堡吗？真是快，胸罩看货会才开了这么短一会儿，就已经到达爱丁堡了。剩下的旅程看起来更好打发了。我这儿还有三条衬裙的样子，足够我们研究一阵子了。”这时那位牧师突然站起来向车厢门口走去。一边走一边戴帽子，准备下车。

推销员们这才注意到刚才有个牧师被他们给忽略掉了。

矮壮男尴尬地对牧师说：“请您原谅，先生。我们尽谈生意，太打扰您了。”牧师拿着旅行袋向车门口溜去，倒好像是他做错了什么事似的。火车靠站了。刹车的反作用力将哈内从座位上弹起来，他揉揉睡意蒙眬的双眼，刚好瞥见那位牧师从两个推销员面前走过去。

牧师推开门，快速走下车厢。两个推销员齐声冲牧师的背影说道：“再见，先生，再见！”

在一片车站的嘈杂声中，牧师关上车厢门，同时透过开着的玻璃窗对两个推销员冷冷地看了一眼，说出两个字：“再见！”随即头也不回地离开。

矮壮男把样品统统放入手提箱内，嘟囔道：“少见多怪！”另一位推销员哈哈一笑说道：“不过我敢打赌，他准是个猜谜能手。唉，对了，温莎的这次赛马，不知道谁得了冠军？”

矮壮男又重新把手提箱放上行李架，然后坐回座位上，弯着身子看窗外的风景。

火车在爱丁堡车站上停着。一个小报童正沿着车厢外的石子路一个车厢挨一个车厢地叫卖。“看报啦！看报啦”，他卖力地喊叫着。矮壮男把头伸到车窗外冲小报童点头示意。小报童立刻跑了过来。

推销员叫道：“喂，小孩！有没有《英国人》报？”小报童赶忙递给他一份报纸：“有。在这，您拿好了。”

他开始坐下来翻阅那份《英国人》报。他的同伴正划着火柴点燃烟斗。

突然，他好像被什么东西刺了一下，发出一声惊叫：“啊！”

“怎么了？是不是报上公布中彩号码了？咱俩全都中了？”

“报上说伦敦西区的一幢公寓里，有个女人被谋杀了。”

坐在他对面的哈内立刻被这个消息给镇住了。他紧张地竖起耳朵。推销员开始读报上的文字：

“伦敦西区一公寓里发现一具被人杀害的女尸。”他的同伴咂咂嘴，也不知道是替被害的女人惋惜还是为自己不能亲临现场而遗憾。

矮壮男继续读道：“波特兰大街74号，波特兰公寓。”

“在英国广播公司旁边。这带环境十分清静”。

读到这里，恶作剧似的，他又模仿英国广播公司广播员的声音，拿腔捏调地说道：“晚上好，亲爱的听众，晚上好。”

“早晨7点，女佣伊丽莎白·布里格走进房间……”

“算了，算了，别念了。翻来覆去其实也就是那么回事。这些情杀案，我都听腻了。赶快看看这次比赛的消息。谁赢了？”

矮壮男把目光移到其他版块。他懒洋洋地翻阅着："等会儿啊，我找着呢！哎，在这！巴彻勒·勃特恩，二比一。"

"太好了！"还没等同伴高兴完，矮壮男突然大叫一声："什么，这下完了！"

"又怎么啦？"

"唉！这个世界上还讲不讲诚实？"矮壮男这次是动了真感情了，他的语气里隐隐带着哭腔。

哈内竭力想看清楚报上的标题，但此刻那位绝望的推销员正悲愤地抡着手中的报纸。

"你倒是说说呀！怎么了？"另一位也着急起来。

矮壮型推销员强忍悲痛，开始读起报来："新式女子弹力胸衣从今天起在皮尔米昂大街麦克卡琼兄弟公司出售，售价 17 先令 9 便士。各式胸罩一律定价为 40 先令 11 便士。"

他放下报纸，咬牙切齿地说道："简直不像话，你听到了没有？弹力胸衣！比我们的流线型新产品便宜得多！"他转身对他的同伴叫嚷着："现在没有必要再到阿贝丁去了！"

说完，他一脸的忧伤。这种商业竞争的冷酷无情显然远远超乎他的预料。他一时无话可说。

哈内趁机提出他的请求："我能借你的报纸看一看吗？"矮壮男漠然地把报纸递给他。

"当然可以。"他对这份把他的希望彻底击碎的报纸已无任何兴趣可言。哈内接过报纸，直接翻到第一页社会新闻版。让哈内感到大吃一惊的是：在几行醒目的标题旁边刊登着哈内身穿加拿大农场主服装的一张旧照片，标题上写着："女佣今晨发现一女郎在公寓惨遭杀害。死者背部中刀。一加拿大农场主神秘失踪。"

最让哈内感到恐惧的不是这则报道，而是他的照片。他怎么也料想不到，自己这么快就上报了。

"天啊，这可如何是好？"哈内一想到有许多人正在或已经或将要看到自己的尊容就不寒而栗。而现在，在哈内对面，那两位推销员都不约而同地从报纸上方仔细打量着哈内。哈内抬起头来，放下报纸，发现对方肆无忌惮的目光在他身上来回扫视。

哈内拘谨地说了声："谢谢。"

透过车窗玻璃，可以看到在月台上来回走动的人。哈内打开车门，步履沉重地走下火车来到月台上，朝出口处望去。

那里，一个警察和一个穿便服的人正举着相同的报纸议论着。

哈内在他们跟前停了下来。警察愤怒地指着报纸说道："光凭这些表面的迹象就足够把这个家伙送上绞架！"他的视线离开报纸，发现哈内站在他面前，于是关切地询问道："有什么事吗，先生？"

哈内原本是想来偷听一下人们对这件事的反应，特别是想知道警察们到底对他了解多少。现在经警察这么一问，他倒一时没了主意。

他尴尬地赶紧想出一个问题："请问……请问列车的下一站叫什么？"

刺耳的汽笛声响起。警察不满地说道："你把我当什么啦？我是搬运工吗？下一站叫什么你自己去看吧。"说完又继续去看他的报纸。

哈内碰了一个钉子，转身朝火车车厢走去。这才发现火车正在徐徐开动。于是他急忙飞奔过去，瞅准一个机会，一跃登上开着的车门，并随手把门关上。哈内又走回自己的座位，在两个推销员对面坐下，那两个人正谈得兴起。

"还有个故事更有趣了！"

"是吗？"

"我知道妙龄女郎昂戈的艳史。"与此同时，哈内透过车窗玻璃看到了三个警察出现在月台的尽头。哈内微微欠身向窗外观望。

"啊，是这个！"

"这个年轻的女人……"哈内突然站起身来。两个推销员猛地中止谈话，睁大眼睛看着他。哈内从行李架上取下大衣，准备走出车厢。他一边穿上大衣，一边沿着走廊向前面走去。在一扇打开的车窗前，他把头伸了出去。火车的前半部分已驶入了弯道。哈内又把头缩了回来。他朝前一节车厢望去，有三个警察正探头探脑地向这一节车厢看着。

哈内的心提到了嗓子眼，假装伏在车窗上，心里却老惦记着过道上那些逼近的警察。一个餐车的侍者走到哈内背后，看到哈内伏身在车窗上，便举手往他的肩上一搭。哈内正探头向窗外望去，突然被这么一碰，吓了一大跳，急忙把头缩回窗内。

他还没明白过来，侍者已做了个请他让路的姿势。原来他撅着屁股看窗外，堵住了过道。侍者对哈内说："喝茶吗，先生？"

哈内没说话，只是侧过身子让他过去。火车鸣着汽笛驶上大桥。

过道上的人越来越多了。哈内转过身来，突然发现不远处警察正在搜查。他惊出一身冷汗。他迅速地转过身去，看看过道的另一端。

哈内进退不得，那里也有警察在搜查。情急之中，他看了看眼前的车厢，发现里面有一位年轻的金发女郎正在窗边看报。哈内一眼就认了出来，她就是上车前吸引过无数人的目光，当然也包括哈内本人的那位妙龄女郎。他径直闯进了这位金发女郎的车厢。女郎放下报纸，抬起头来看着哈内。哈内随手关上门，站在门边上。

年轻女人还没明白过来是怎么回事时，哈内已经热情洋溢地扑了上去。

金发女郎非常惊讶，摘下眼镜正准备定睛观瞧时，哈内已不顾一切地将嘴压在了她的唇上。她措手不及，拼命想挣脱，但在哈内铁钳一般的双手、双臂的紧箍下，她只能在座位上扭来扭去。

金发女郎一只手戴着手套，另一只手上还拿着一副眼镜。她的手刚开始攥得很紧，在哈内的热吻下渐渐松弛，眼镜无声地掉落下来。哈内还是紧紧地抓住她的手腕。

此刻，警察们开始陆陆续续经过这里，都忍不住地向玻璃窗内多看几眼，艳羡不已。

一个年轻的警察忍不住笑道："他们正热乎着呢……"等警察们过去之后，哈内松开了金发女郎，直起身来。他抱歉地冲金发女郎说道："对不起，刚才我是急得没有办法了。真对不起！可我只能这么做，你明白吗？我的名字叫哈内。警察们正在追捕我。不过我向你发誓，我是无辜的。你得帮助我。我必须再自由几天，才能证明我的清白。"

正在这时，穿便衣的警长开门走了进来。这令哈内猝不及防。警长盯着女郎问道："帕梅拉小姐，刚才有没有一个男人从这儿过去？"

哈内稍稍侧过身子，不敢直视警长的脸，尴尬地待在那儿一言不发。

被称做帕梅拉的女郎出乎意料的镇静，她推开哈内，从容不迫地对警长说道 ：“我看这个男人就是你们要找的人。”

哈内惊讶得差点儿没跳起来。他一向自恃风流，很少在女人面前丢过丑。实在没有料到，这个金发女郎尽管接受了他的热吻，但却在关键时刻，毫不留情地将他出卖了。警长也觉得有些莫名其妙。他向前跨上一步说道 ：“可是刚才我们从这儿经过的时候……”帕梅拉打断了警长的话 ：

“是啊！那会儿他还没向我坦白他是谁呢。刚才他才向我承认，他说他叫哈内。”这时哈内正向门口溜去。警长抬头向他望过去。两人的目光相遇了。

警长的语气变得严厉 ：“你叫哈内？”

哈内生气地咆哮道 ：“不！”他愤怒的目光向帕梅拉射去。

警长脸上流露出困惑不解的神色。他的几个手下站在他身后。这时餐车侍者在门口出现了。

侍者 ：“要不要喝茶？先生！”哈内趁警长稍稍转头的一瞬间，高喊一声 ：“我一会儿就来！”随即扭开背后的小门，撞开警长，夺路而逃。

火车正全速行驶，一阵疾风把车厢的门完全吹开。

警长仰天一跤，摔在手下人的身上。哈内趁乱冲出车厢。帕梅拉目瞪口呆地看着哈内挂到车厢外。火车飞快地在桥上行驶着，哈内在车厢外一点一点地向隔壁车厢移动。他的手勉强地抓住门把手，小心翼翼地打开小门，将整个身子硬塞了进去。进入车内之后，他随手把门拉上。哈内穿过过道，迅速地向前奔去。

警长怒气冲冲地命令手下人 ：“拉警报！拉警报！”

帕梅拉看着警察们开始了大规模的搜捕，匆匆地从她面前过来过去。一时间，整个车厢乱成一团，警报大作。车厢尽头的一扇门边，哈内出现了。他正想奔进下一节车厢，突然火车紧急刹车了，这使哈内摇晃了一下。接着他继续奔跑，迅速离去。一分钟之后，大批警察也来到了这节车厢。

通道两旁，几个旅客坐在小桌边用茶点。侍者彬彬有礼地指了指旁边的空桌。

进入另一节车厢，哈内发现里面全是密密麻麻的行李，挡住了去路。三条狗在车厢中被拴在一起，一见哈内它们顿时狂吠起来。哈内怔了一下，随后转身隐去。

警长率众冲了进来。他挥手示意，众人在门口站住，警长侧过身子说，“来吧，弟兄们！他大概已通过行李车厢了，没准已下车了……快，快，快，往前走！”

列车现在停在福思河大桥上。警察胆战心惊地走近狂吠的狗，磨磨蹭蹭地想从狗身边溜过去，但它们并不想让路，人与狗形成对峙。几个警察下车来到岔道口。警长走到一排铁栏杆跟前，列车长急匆匆尾随而来。

列车长怒喝道：“哎！你这人！干吗拉警报？”

警长反唇相讥：“你这问题倒问得有意思。当然是要让车停下来。”

列车长咆哮道：“这违反规章！你懂不懂！桥上不能停车！”

警长不慌不忙地说道：“有个杀人犯在这儿跳车了。他在这里下车，我们就必须在这里围捕他。若他跑了你负责？规章？规章能规定犯罪分子不在这里、不在桥上下车吗？规章算什么东西？既然规章都保证不了犯罪分子的行踪，我们当然更保证不了不在桥上拉警报！”说罢警长抛下列车长率众开始搜索。

哈内攀附在大桥的钢梁上，钢梁挡住了警察的视线，他们根本看不到他的存在。警察搜索过去，哈内松了一口气。

他低头向底下望去，只见一艘轮船正静静地驶过去。

列车长看看腕上的手表，语气中有几分焦急：“我怎么没看到他下车？你肯定他下车了吗？不管怎么说，我们得赶快驶离这里！火车是决不允许停在桥上的。”

钢梁上的哈内快坚持不住了，他双手开始打滑，手心不断地往外冒汗，双腿也不停地颤抖。列车长鸣响了火车即将开动的汽笛。警长失望地带领一队人马登车。

突然一个小警察发现了：“在那儿，他在那儿。”

哈内对这一声尖叫非常敏感。他心里一惊，很快地趴下来伏在铁轨上。

列车长：“上车吧！哪有人呀？”

警长只觉得好像有个人影一闪，但他根本就没看清楚。

“算了，上车吧！”警长命令道。

火车又慢慢开动了。那个眼尖的小警察还在悻悻地嘟囔道：“就是他！错不了！”火车白色的蒸汽渐渐消失在原野间。大桥上最后一声汽笛久久回荡。

伦敦。川流不息的人流、车流。

“号外号外，特大新闻！哈内在福思河桥上成功地躲过警察的搜捕。”“杀人狂魔哈内突出重围，是否重新杀回伦敦？众人拭目以待。”报贩子吆喝着。

“哈内在福思河桥上逃脱围捕！”

“千变哈内，诡计多端。化装多多，形象多多，能耐多多，且看伦敦警察如何应对！”报纸铺天盖地地扑来，哈内的照片出现在地铁里、大街上、商店里、长椅上、公园里、公车上……

苏格兰的旷野，风景如画。山谷里，一些稀稀落落的村庄分布在广袤的大地上。

一座石桥跨过一条激流。一个男人大步流星地朝石桥走来。

他就是哈内。

哈内匆匆地走上石桥。远远的地平线上出现了一个农庄的轮廓，哈内看到它立刻加快了行走的步伐。农庄离哈内越来越近了。

沿着山路有一道矮石墙，石墙引领着哈内来到一个建在小山岗上的房屋前。哈内四处张望之际，农庄主正把一群牛往家赶。当哈内走近时，他刚好把最后一头奶牛赶进门去，并顺手关紧围墙的栅栏门。

哈内恭恭敬敬地招呼道：“你好！”农庄主抬头看了看这位不速之客，微微点头说道：“你好！你有什么事吗？”

哈内忙把编好的谎话一口气说出来：“我是汽车修理工。想找活儿干。”

农庄主不无惋惜：“在这儿你可找不到汽修的活儿干。这儿是农庄！”

哈内继续：“可我得找碗饭吃啊！这附近有没有庄园？”

农庄主有些幸灾乐祸：“哦，安德烈家有庄园，不过他们恐怕不需要雇人了。他们家已有个司机，那司机已经在他们那儿干了 40 年了！”

哈内惊异地问道：“40 年前他们就有汽车了？”

农庄主微笑：“安德烈在像你一般大的时候，是个赶马车的。”

哈内点头：“我明白了……噢，那是什么地方？”哈内指了指远处山脚下那幢孤零零的建筑物。

“那是座教堂，不过那个牧师没有汽车。”农庄主扭头看了看。

“这一带有新搬来的人吗？”

“噢，那倒有一个，是英格兰人。我看大概是个教授吧！”农庄主像想起了什么似的回答说。

哈内突然充满希望：“教授？英格兰的？”

农庄主点头，不紧不慢答道：“他住在阿尔特纳切拉奇。”

阿尔特纳切拉奇，哈内犹如被闪电击中一般，冥冥之中那道神秘之门正渐渐向他敞开。

“什么地方？”

“阿尔特纳切拉奇，就在湖对面。”

哈内指着地图上铅笔画圈部分问：“是不是在这个村庄附近？”农庄主看了看地图点头称是。

“谢谢。我想到那儿去试试。”农庄主对哈内的热情有些不解，他不紧不慢地打开木栅门说道：“我劝你今天晚上就别去了。有 14 英里路哪。”

哈内举目四望，有些不甘心。他突然发现了一个目标，兴奋地叫道：“你看这人肯不肯带我去？”哈内指了指小山岗上一辆奔驰的小型运货车。

农庄主耸耸肩，遗憾地摊开双手说：“真不幸，他走的是相反方向。”

哈内赶紧说道：“你说得对。”他跟着农庄主。“那么我能不能在你这儿借住一宿？”

农庄主停下来转过身，嘲弄地说道：“免费吗？”

哈内下意识地把手插入口袋：“不，不，当然不。我可以付钱的。”

农庄主点点头，脸色立刻舒展开来：“那好吧。你吃饭怎么样？我是说挑剔吗？你吃排鱼吗？”

哈内立刻接过话茬儿：“这会儿我能一口气吃上五六条。”

农庄主还是有些不放心地问道：“你睡得惯简易床吗？”

哈内：“试试看吧。”

“2 先令 6 便士”。农庄主冷冷地报出价码。

“我马上交！”哈内赶紧把钱递给他。

农庄主带着哈内回家。一位年轻女子站在家门口迎接他们。

农庄主对她说："玛格丽特，你照料一下这位先生，今晚他在咱家过夜。"

哈内想当然地随口问道："是你女儿？"

农庄主冷漠地看他一眼："是我老婆。"哈内顿时显得十分尴尬。

好在农庄主马上就离开了，当哈内独自一人面对玛格丽特时，他的尴尬才稍稍减轻了一点。他走近玛格丽特，彬彬有礼地一点头。

玛格丽特略带羞涩地邀请："请到屋里来。"哈内说声"谢谢"便跟着玛格丽特进了屋。

农庄的下房。

哈内跟着玛格丽特进屋。房间尽头，一张两用床。玛格丽特一边收起旧床单，一边腼腆地说道："您就睡这儿。我马上给您把这床单换掉。您看，就睡在这上面，行吗？"

虽然两句话，但哈内觉得玛格丽特与她的丈夫简直是天壤之别。农庄主势利而严苛，玛格丽特却这般美丽与温柔。一时间，哈内有些顽皮地反问玛格丽特："你看我行不行？"边说边走到她旁边站住。

"您好像挺累了。"玛格丽特善解人意地说道。

哈内在床上坐下来，略显疲惫地说道："可以这么说！为了找活儿干，我东奔西跑全凭这两条腿。"

玛格丽特亲切地说道："我去把晚饭准备好，您就坐在这儿歇一下，好吗？"

玛格丽特把旧床单放进柜橱。哈内在桌边坐下。一些食品压在一张报纸上。哈内俯身低首，想看一看报上的标题。还没容他读完一行，玛格丽特已关好柜橱向哈内这边走来。哈内急忙抬起头来："你在这个地方住很久了吧？"其实，他想了解一些玛格丽特的过去。

"不，我是格拉斯哥人。您去过那儿吗？"玛格丽特拿着一块台布，边走边把它打开，准备铺在饭桌上。

哈内摇摇头："没有。"

“哎呀，那太可惜了。”玛格丽特把台布铺在桌上，她发自内心地叹息道。她说这话的样子完全像个小姑娘。“在那儿可以看到索希哈尔大街和街上所有漂亮的商店！还有晚上的阿吉尔大街，尽是电车和灯光。”她边说边抬起头向远处眺望，似乎越过苏格兰大平原能见到家乡的繁华美丽。

此刻她眼神里所流露出的纯真将哈内彻底迷住了。他忍不住又看了看玛格丽特那双充满渴望的眼睛。他觉得从这双眼睛里，能读出希冀、向往的同时，也读出了对现实生活的无奈和叹息。

玛格丽特还沉浸在对过去美好生活的回忆之中，她陶醉地诉说着：“还有电影院和人群……人真多啊……今天晚上恰好是星期六……”

哈内问：“所有这些东西，恐怕你在这儿是找不到了吧？”

玛格丽特立即跌入灰暗的深渊。她自嘲道：“是啊！”随后又走向餐具柜俯身打开柜子的下层小门。

哈内小心翼翼地问：“你很想念那些吗？”

玛格丽特顿了顿说：“有时候想。”说着就把一条排鱼放到锅里。

“我从来没到过格拉斯哥，可我去过爱丁堡、蒙特利尔和伦敦。等吃饭的时候，我给你讲讲伦敦吧。”哈内小声地说。

玛格丽特拿了两条排鱼，她绕到哈内的背后，把鱼放下，擦了擦手，又从哈内后面走过去。她兴奋地说道：“伦敦？太好了！不过，我担心……担心我的丈夫约翰不喜欢听。”

“为什么？”哈内吃惊地睁大眼睛。

玛格丽特羞涩地低下了头：“他说那儿是乌烟瘴气的地方。他说最好别去想那些。”

哈内的目光又开始盯着报纸：“趁着约翰这会儿不在，我们干吗不现在讲呢？你想听些什么？”他走到她身边站住。

玛格丽特迟疑着，突然转身面向他，好像聚集起全身力量才敢提出这个埋在她心里很久的问题：“嗯，那我问你，那儿的妇女是不是个个都染指甲？”

哈内立刻明白，眼前这个小妇人的丈夫肯定不同意她染指甲，而在她，这是个多么微不足道的请求。哈内斟酌着词句说道：“有些人染的。”

“伦敦的女人漂亮吗？”

“漂亮！可要是跟你比起来……”

恰在此时，农庄主约翰推开大门，走了进来。哈内看了约翰一眼，坚持把那句话说完：“可是跟你相比，她们就不漂亮了。”农庄主重重地关上门。

玛格丽特急促地说道：“别说这种话！”

哈内站在她身后看她做晚饭，不情愿地闭上嘴。

“别说什么话？”农庄主朝他俩走来。

“我刚才跟你妻子说我喜欢在城市生活，不喜欢在农村生活。”哈内扭过头冲农庄主说道。

农庄主朝餐桌走去：“农村是上帝创造的。晚饭做好了吗？老婆子！”

玛格丽特从哈内身后走过把几只盘子放好，说道：“好了！”

哈内对约翰的粗暴十分厌恶，他压下对约翰的蔑视冲他说道：“我能借你的报纸看一看吗？”

“噢，看吧，看吧！”农庄主递给他报纸，冷冷地说。哈内埋头阅读。

农庄主点上煤油灯，灯光照着两行标题：“波特兰公寓的杀人凶手潜逃到苏格兰。福思河大桥上发生惊人事件。”农庄主眼里的猜疑越聚越浓，他在哈内对面坐下问道：“你还没跟我说过你的名字哪。”

“啊，我叫哈蒙德。”

农庄主严肃起来：“好吧，哈蒙德先生，能不能把报纸搁一下，我们来做个餐前祷告。”

“对，当然要做。”三人都双手合十，低头祷告。

农庄主闭眼喃喃自语道：“感谢上帝，我们聚集在这个桌旁啊，我主赐予我们食物。怜悯我们贫苦的渔夫，我们永世感恩不尽。”

玛格丽特不经意抬起头，突然发现哈内的目光聚焦在报上。她把身子稍稍向前倾了倾，想看得清楚一些。报纸的特大通栏标题“波特兰公寓的杀人凶手潜逃到苏格兰”一下子跃入她的眼帘。

玛格丽特恍然大悟，惊得张口结舌。此时，约翰还在念叨着：“您慈悲行善，保佑我们免受世上恶与邪念的引诱。”

哈内以哀求的目光暗示玛格丽特什么也别说，农庄主此刻微微睁开眼睛，一下子瞥见了哈内和玛格丽特两人在交换眼色。农庄主与哈内的目光相遇了，哈内浑身僵硬，身体怎么摆放都觉得不舒服。

农庄主斜着眼睛念完最后一句：“阿门。”为了掩饰自己的心神不定，玛格丽特拿起自己身边的面包，把它放到桌子中央。

农庄主说：“我忘了关谷仓门了。”

他站起身来，朝门走去，随手把门关上。他一直走到房屋的角上，站立了一会儿，将身子紧贴在墙上。他脸上的神色变得越来越凶恶。

他又探头往里面张望，玛格丽特和哈内两人隔着桌子相对而立。隔着玻璃农庄主显然听不清楚房内的谈话。

夜深了。

玛格丽特躺在床上，两眼凝视着天花板，怎么也睡不着。脑海中哈内的那张善解人意的脸总也抹不去。农庄主的头蒙在被子里，背对着年轻的妻子躺着。

远处传来一阵汽车喇叭声。这声音使玛格丽特从沉思中猛醒过来，她坐起身子，转身向窗口望去。农庄主仍一动不动，装出酣睡的样子，但眼睛却睁得溜圆。

玛格丽特瞟了丈夫一眼，然后慢慢起床。长长的人影遮住丈夫的床头，渐渐向门口移去。

深夜的旷野月朗星稀。远处，在蜿蜒起伏的山路上，一辆汽车疾驶而来。

汽车开到拐角处按响喇叭，接二连三地按着。玛格丽特离开窗口，穿上鞋子，顺手拿了一件大衣披在肩上，奔向房门。她并没有奔向屋外，而是跑到了下房哈内的住处。她弯腰推醒哈内，哈内睡意蒙眬地坐起身子。玛格丽特急促地对他说道：“有一辆汽车开来了。很可能是警察。你得赶快离开这……

哈内顿时睡意全消，他一边穿衣服，一边感激玛格丽特：“谢谢你的关照。我走了，你没事吧？”

“我不愿意让他们把你抓走。”

哈内动情地说：“我永远忘不了你的好意。我该从哪儿出去？”

玛格丽特急急地说道："我给你带路。"正当她拉着他的手，带他朝门口走去时，房里突然亮了起来。

他俩转身向房门口望去，农庄主拿着一支蜡烛进屋了。"啊！真没想到，竟敢背着我干好事！滚出去！"他咄咄逼人地朝前走来，声色俱厉地在妻子身旁站住。

"慢着！"

"你给我马上滚出屋去，马上！要不……"玛格丽特眼泪都快被吓出来了，她低声哀求道：

"你快走吧，哈内！快走吧！"

哈内气呼呼地说道："我能把你这样丢下不管？不行！"

玛格丽特声音发颤道："这是你最后的机会了！"汽车的灯光照射到房里。这时，外面传来很近的汽车喇叭声。

哈内："你不明白，不明白事情的全部真相。"说到这儿，他突然把头转向农庄主："好吧，我把一切都告诉你吧。你完全弄错了，我和你妻子并没有像你想象的那样偷情。她只不过是想帮助我……"

农庄主气冲冲地打断他的话，"她给我带来的是耻辱和祸害！"

哈内急了："我是在躲避警察的追捕！"

农庄主猛然一惊，步步逼近哈内问道："警察？"

哈内缓和了一下，喘口气说道："是的，警察把我当成杀人犯，正在追捕我！"

农庄主追问道："什么？为什么？"

哈内压低声音："警察已经来了！"他继续往后退，"她刚才只是想通知我一下。请你帮个忙吧！不要让他们进来。这时响起了敲门声。屋内所有的人都为之一怔。哈内不得已使出最后一招："你跟他们说我不在这儿。你要多少钱吧？"他伸手去取钱包。

农庄主眼睛一亮，他低声问道："你给多少？"

哈内试探性地说道："5 镑。"

农庄主惊讶不已："你有那么多吗？"

哈内松了一口气："有，没问题。"

"把钱给我！"这时敲门声越来越猛烈，还夹杂有犬吠声。哈内把钞票塞到农庄主手里。农庄主厉声命令道："你回到床上去。"又对妻子说道："把他关在里面。"

哈内走向床前。玛格丽特拉住哈内喊道："别相信他！"

哈内有些吃惊，"他不是收下我的钱了吗？"

"他这个人贪得无厌"，玛格丽特一边冷冷地说一边拉着哈内朝后门走去。

两人蹑手蹑脚地侧耳细听隔壁房间里的讲话，玛格丽特几乎把整个身子都贴在墙壁上。过了一会儿，她对哈内说："我刚才说的没错。他这会儿正在问他们，如果把你逮住，有没有赏金。他在放他们进来之前，一定还会跟他们磨蹭一会儿。他喜欢讨价还价。你赶快走，要不就跑不了啦！噢，你的这件上衣颜色太浅了。我担心他们会发现你。"

"你最好穿上这个。"她从衣帽架上取下一件深色大衣，并帮着哈内穿上。

"这不是你丈夫的大衣吗？"

玛格丽特无奈点头。"我知道，这是他最好的一件，不过顾不了那么多了！"

"那你怎么办呢？"哈内扣上大衣，关切地问玛格丽特。

"嗯，我就说，拦不住你。"

"他不会揍你吧？"

"不会的，他顶多盯得我紧些，除此之外，他也使不出什么别的绝招。"

"你的全名？你家族姓什么？"哈内想起来他还不知道她全名呢，赶忙问道。

"玛格丽特·杜拉斯。"玛格丽特腼腆地笑笑。

哈内的心中产生了一种强烈的冲动，他拥吻了她，然后朝门口走去。

"我永远忘不了你对我的好意。"哈内打开门，立刻就消失在无尽的夜幕里。

玛格丽特无限伤感地倚门而立。

苏格兰的旷野上艳阳高照。

山冈顶上突然冒出了几个警察的影子，毫无疑问他们正在搜捕哈内。

一个便衣警察忽然大叫："他在那儿！"众人的视线被叫声引导着投向远方——有个人影正沿着山冈奔跑。逃跑者不是别人，正是哈内。

便衣警察大声命令："快截断他的去路！"众人分两路追去。

一个僻静的山谷里。远远望去，谷底深处有一座别墅。

哈内沿着斜坡逃向山谷深处。

一条激流从斜坡上向下倾泻。哈内在布满乱石的岸边奔跑。

警察们在上游拼命地追。"啊！"一个警察失足跌入激流。

两个警察站在峭壁前，隐约看到逃跑的哈内离开瀑布三蹦两蹦逃到一座桥上。

哈内茫然四顾，不知道现在身处何处。他突然发现路边有一块路标，急忙跑过去一看，正是"阿尔特纳切拉奇"。哈内大喜过望，急忙越过桥面向不远处的那座别墅跑去。

一座花园别墅。花园的栅栏门敞开着，一块牌子上写着："阿尔特纳切拉奇"。

哈内穿过花园，来到别墅正门前。门关闭着，哈内上前按铃。

一个女佣人为他打开了门，她看上去挺机灵的。

哈内气喘吁吁："主人在家吗？"

女佣反问道："先生，你贵姓？"

哈内苦笑一下："啊，我姓什么无关紧要，你只要问你主人认不认识安娜贝拉·史密斯。"

女佣颔首微笑道："请你在这儿稍等一下，可以吗？"

哈内松了口气说："当然可以。"女佣让门半开着，径自离去。

"这儿看上去很平静。"当警察们来到花园门口的时候，其中一位警察自语道。

警长按了按门铃，其余的人到房屋周围分散搜索。一个警察突然在台阶前停了下来，指着沙砾路面说：

"这儿来过好几辆汽车！"警长转身对他说道："您可真会分析。好极了，这么说，哈内是坐汽车来的！怪了，那我们刚才追的那个在山谷间飞奔逃窜的人是谁？"说完，警长撇撇嘴没再理他。

这时，那个刚刚出现过的年轻女佣又在门口出现了。警长转过头对她说道："你好，有没有看到陌生人来过这儿？"

见多识广的女佣答道："要是你把我们乔丹教授的客人也叫做陌生人的话……当然了，他们不是什么'陌生人'"。警长对她的伶牙俐齿颇感厌恶，他皱皱眉说道："这么说吧，你有没有从窗口看到过形迹可疑的人？有没有可疑的人闯进花园里来？”

女佣迟疑了一下答道：“没有，先生，在这半小时里，我在这儿没见到过任何人……”

乔丹教授家里。今天是个特殊的日子。

哈内在客厅里坐着，身处一大群叽叽喳喳的宾客们中间，他感到特别不自在。

一个男人走近他，此人正是这座别墅的主人——乔丹教授。乔丹教授主动问候道：“你是代表安娜贝拉·史密斯到这儿来的吗？”

哈内点点头。乔丹教授简单地对哈内介绍道：“我们正在欢庆我女儿伊拉丽的生日。我去应酬一下客人。请稍等片刻，让我们好好谈谈。”

哈内客随主便的样子，轻声答道：“好的，您请便。”

乔丹教授对哈内介绍道：“这是我的夫人路易莎。”

“亲爱的，我给你带来了一位新客人。这位先生是……对不起，我忘了请教你的大名了……”

哈内笑着对乔丹教授说道：“哈蒙德。”

“对，哈蒙德先生。他专程从伦敦找我要商量一件事。”

年轻的女佣此刻又走到教授跟前打断了他们的对话：“来了个警察。他想跟您谈谈。”

“在门口？好吧，我这就去。”说完两人一同向门口走去。

“亲爱的，请你招待一下哈蒙德先生，好吗？”乔丹教授边走边对妻子说。路易莎点头微笑。

“来吧，年轻人。”她带着哈内穿梭在一群俊男靓女中间，并不停地介绍道：

“这是帕特里夏……蓓蕾太太……赫特金斯先生……噢，伊拉丽，亲爱的，”路易莎在一个棕发女郎面前站住，“这位先生……对不起，忘了你的姓名了……是…”

“对，哈蒙德先生刚从伦敦来。”路易莎说完就转身离去，留下这两个年轻人面对面地站在那里。

伊拉丽请哈内抽烟。“你好，哈蒙德先生！请原谅，今天过酒神节，怠慢你了。刚才我们都到教堂去了，足足听了三刻钟的布道！”伊拉丽领着哈内穿过客厅，为他引见了多贝维尔上尉和迪利克·斯图亚特。

“那位是郡长先生，对他可要注意礼貌。”两人说着，已经来到了郡长面前。

多贝维尔也过来插嘴道：“他还兼任苏格兰法院代理院长。”

伊拉丽不失时机地恭维着郡长的权势：“他要是愿意，就可以轻而易举地让你坐上半年牢房。”

乔丹教授将手搭到哈内的肩膀上，示意跟着他朝客厅尽头的窗边走去。乔丹教授压低声音：“一切都很顺利，请放心，我已经把警察支开了。”

两人在窗前坐下。

“我说，郡长，你想不想逮住那个杀人凶手？”多贝维尔的声音又从旁边冒了出来。

蓓蕾太太一惊一乍地问：“杀人凶手？哪个杀人凶手？”

伊拉丽绘声绘色地描绘道：“哎哟，亲爱的，你不知道吗？就是上星期，在波特兰公寓，用一把大面包刀从背后杀死一个女人的人。”

蓓蕾太太闻之色变：“亲爱的，这多骇人听闻！那么现在这凶手在哪儿呢？”伊拉丽显得挺神秘地说道：“很可能就在这儿附近！有人在这一带旷野上看到过他。亲爱的郡长，你为什么不逮住他呀？难道您也想让我被人在背上用面包刀捅一下吗？您说是不是？”

“你们要是能抓住他，我一定重办他。”郡长信誓旦旦地保证道。

伊拉丽胡乱打趣道：“有赏金吗？”

蓓蕾太太：“啊，上帝！快中午12点了！我们该走了，让教授一家吃午饭吧！”这边乔丹教授站起身来，哈内随着也站了起来。

教授客套地挽留一番，然后就把众宾客送到了门口，只留下了哈内一个人了。

乔丹教授一边往回走一边远远地喊道：“路易莎，亲爱的，请原谅。在吃午饭之前，我要和哈蒙德先生谈谈。”教授将一只手背在身后悄悄地进门，然后再将门锁上。他走向客厅尽头。哈内坐在那里等他，见他走近，就站起身来。

教授在客厅中央站住。他突然变换了一种腔调，冷冷说道：“哈内先生，请原谅，我想现在可以叫你的真名字了吧？”教授走向哈内，后者惊呆了，一动不动地站着。

教授走到他跟前：“我们两人共同的朋友安娜贝拉怎么样啦？”

哈内冷冷地说："她被人暗杀了！"

乔丹教授撇撇嘴道："被人暗杀了？噢，对了，波特兰公寓惨案！怪不得我们外边的那些朋友都在找你。"

哈内急忙辩解道："这事不是我干的。"

乔丹教授颇为同情地说道："当然不是你，不过你为什么要不辞辛劳，大老远地跑到苏格兰来跟我说这件事？"

哈内解释道："我想她原先是要来看你的。事关空军部的一项重要机密。她是被一个外国特务组织暗杀的，那些人也想弄到这个机密。"

乔丹教授轻蔑地瞥了他一眼，嘲笑道："她有没有跟你说过某个外国特务的外貌特征？"哈内迟疑了一下："她没来得及跟我说……不过，要说特征的话，那倒是有一个——他的小手指少了半截。"

乔丹教授步步紧逼道："哪只手的小手指？"

哈内疑惑地举起自己的左手说："我想大概是这只。"

乔丹教授举起自己的右手说："也许是这一只吧？"

哈内看后，差点儿没昏过去：乔丹教授的小手指缺了半截。哈内目瞪口呆。教授放下自己的右手，安详地微笑着。哈内的思维渐渐恢复了过来，他现在悔得肠子都青了。

谁让他这么冒冒失失地就把"阿尔特纳切拉奇"这个地名与安娜贝拉的同谋划上了等号？！她临死前只是让他到阿尔特纳切拉奇来，也许是让他寻找线索，他却自作多情地把阿尔特纳切拉奇当成她的大本营，把这儿的人都想当然地当成她的"同志"。这下可好……这时传来一阵敲门声，教授走过去开门，是他太太。

"午饭准备好了，亲爱的！快点儿过去吧！"

乔丹教授柔情蜜意地答道："我一会儿就来。"教授太太微笑着离开。

等夫人走后，乔丹教授说："是啊！哈内先生！恐怕这都得怪我自己故弄玄虚。要不就是你搞错了，我记不起来有过这件事。"

窗户旁的哈内一言不发。

乔丹教授假惺惺地说："难题就在这儿……我们怎么办呢？你知道，我在这儿是个受人尊敬的公民，可要是人们得知我并不是他们所认为的教授，而是……怎么说呢，某种表里不一的人，那你应该料想到，我的存在就要成问题了！唉，哈内先生，你为什么要到这儿来呢？你为什么要使我陷入这种为难的局面里呢？”

教授站起身来，走向哈内：“我又不能把你锁在一间屋里，或者用其他类似的办法来处置你……你也知道，我得考虑到我的妻子和两个女儿。”

哈内在门旁的一张安乐椅上坐下，教授则靠在桌沿上接着说道：“我不知道怎么办才好。我真的不知道。最糟的是我又不能放你走，因为我得马上把一些极其珍贵的情报送到国外去。”

听到这，哈内猛地把头转向教授。乔丹略为一惊，幸灾乐祸地说：“噢，忘了告诉你了，情报我已经弄到手了！总而言之，我就怕这个可怜的安娜贝拉来得太晚。”两人相对而坐。

哈内：“行啦，我们说到点子上了！”

乔丹教授点点头道：“是啊，可怎么办呢？”

为了拖延时间，哈内也明知故问了一句：“什么怎么办？”

乔丹教授说道：“就是把你这人怎么办？你听好，只有一个办法！”

哈内显得有些紧张：“什么办法？”

“假定说，我让你一个人待在这儿，同时也把这支枪留在这儿，那么明天各家报纸就会报道波特兰公寓的杀人凶手自杀了。”他从口袋里取出一支手枪。

恰在此时，路易莎在门口细声细气地说：“亲爱的，用午饭的时间到了。我们大家都在等你哪。这位先生也和我们一起用餐吧？”

“我想他不会的，亲爱的。”乔丹教授替哈内做了回答。路易莎转身离开。

教授面无表情地说：“你看怎么样，哈内先生？”

哈内低头俯视地板，后又转身向房门那边看去。门是敞开着的，哈内慢步向出口走近。乔丹教授把枪口对准哈内说：“好吧！恐怕只能这样了。”

“砰”一声枪响。教授手里的枪冒出了白烟。哈内惊恐万状地睁大了眼睛，他应着枪声颤动了一下，然后倒在地上。门大开着。

哈内待过一宿的农庄。

农庄主厉声责问妻子玛格丽特："我那本做祈祷的经书找不着了。你放哪儿了？"

"你原先把它放在哪儿？"玛格丽特怯声怯气地问道。

"放在我那件大衣的上面口袋里。大衣原来是挂在这儿的，这会儿哪去了？"

"约翰，恐怕是我拿给那位昨夜睡在这儿的先生了。"

农庄主勃然大怒，他走上前去，恶狠狠地冲玛格丽特就是一巴掌。随后他解下身上的皮带没头没脑地照玛格丽特全身猛抽下去。玛格丽特绝望地叫喊着、挣扎着。

郡长办公室。

郡长正抚摸着那本经书。继而，他翻开经书，发现一个子弹头儿嵌在书页中。

他发出阵粗俗的笑声："子弹打在香烟盒上，这我听说过，可是我从来没见到过一颗子弹会打在一本做祷告用的经书上。"

"是啊，除非在电影里。"坐在郡长对面的哈内苦笑一下。

郡长仍感叹不已："这颗子弹被经书挡住了。"他向哈内转过身去，"嘿，我对这个并不觉得惊讶，哈内先生！有些经文是很难啃的，我费了好大劲都啃不下来呢！"

"可我得感谢这些经文，郡长。"哈内插嘴道，"它们救了我这条命！"

郡长笑着说："生命是宝贵的，哈内先生。是啊，半小时前，我喝着香槟，享受着人生的乐趣！这下也是给我们大家一个教训，哈内先生。凡是安息日就别跟形迹可疑的人打交道。噢，对了，说说你到底是怎么逃出来的？"

哈内努力回忆着当时的情景："你只要看一看窗外，就明白了。"听到这儿，郡长站起来。

哈内接着说："他们把我的'尸体'放在盥洗室里。当我苏醒过来的时候，我借用了这套衣服穿在身上"。

郡长走到窗前躬身朝玻璃窗外看着，办公室窗下的人行道旁边停着一辆汽车。

"我怕他们中间万一有人认出我来，所以暂时'征用'了教授的汽车。郡长，我丝毫没有催促你草率从事的意思，不过这件事确实刻不容缓。你也知道这件事关系重大。你想想，要不是这样的话，那我不会顶着杀人的罪名跑到你这儿来束手就擒的！"

郡长打断了哈内的长篇大论："别提杀人的事了，哈内先生。我一点儿也不怀疑你能轻易地使伦敦的警察相信你无罪，就像刚才你使我相信你无罪一样。我只希望你作一个简短的陈述，以便我向主管机关呈报。现在我叫隔壁警察分局派个人来给你做笔录。"

哈内感觉曙光就在前头，他高兴地说："谢谢。"

郡长走开去，哈内独自一人站在窗前。

郡长按了他办公桌上的电铃。门开了，进来几个警察。

其中一个警长对郡长毕恭毕敬地说道："你找我吗？郡长？"

郡长说道："当然。你认为我能让一个杀人凶手逍遥法外吗？"

"一个杀人凶手？"哈内吃惊地重复一句。

郡长重新与哈内相对而坐，一副老谋深算的样子说道："当然喽，哈内！你被指控于星期三深夜在伦敦波特兰公寓谋杀一个身份不明的女子！你被捕了。"

"把他押到本郡的监狱去！"

哈内大喊："郡长，我跟你所说的这一切都是千真万确的。"

"哈内，我们苏格兰人可不像某些时髦的伦敦人所想象的那么蠢！你以为我真的会相信你编的那套关于教授先生的荒诞故事？"郡长一脸不屑。他拿起电话听筒，"给我接乔丹教授。"

哈内还想辩解："如果说教授没有向我开过枪，那么这颗子弹从何而来？"

"真幼稚！这是警察在旷野里追捕你的时候打的子弹。对吗，警长？"郡长觉得很有必要戳穿这个人的虚伪面纱。

警长脚跟并拢，立正回答道："对！而且很有可能就是我亲自开的那一枪。"

哈内愤怒地咆哮："我请求你给加拿大驻伦敦的高级专员公署挂个电话……"

"等你到了伦敦之后，再请人挂吧。那时挂也来得及。还可以省点电话费哪。"郡长不耐烦地打断了他。

警长从衣袋里掏出一副手铐，铐在哈内的手腕上。

警察局。街道上人来车往。

一辆汽车正停在警察局的楼门前。一个穿皮大衣的男人从车上下来，他转过身去仔细地察看这座大楼的出入口，俯身对留在汽车里的人说话：

“哈内大概是开着教授的车跑来告密的。”

突然，大楼一层的玻璃窗碎片横飞。哈内从窗内钻出跳到街上，快速逃去。

穿皮大衣的男人愤愤地骂道：“他妈的，等等，他跳窗跑了！”

随后他重新登上汽车。

众警察从大楼里奔出来，叫喊声、警笛声响成一片。

基督教救世军的队伍从远处的街道上走来。哈内混进了救世军的游行队伍，他在队伍中一边走，一边注视着四周动静。他把右手手腕整个塞进口袋，好让那只手铐不被人发现。

警察们在人行道上奔跑，他们一路狂奔却始终没有看见哈内。

3. 半路夫妻

哈内挪向街边，迅速离开队伍，消失在街的一角。

在一条昏暗小巷的尽头，立着一块由灯光照着的牌子，上面写着：“会议厅”。哈内小心翼翼地向会议厅方向走，两名警察在那里停下来巡视，所幸闪身在电线杆后面的哈内并没有被他们发现。哈内在那灯光照着的牌子下面踌躇，等他们走远，才下定了决心走进敞开的大门。

刚进门，一个上了年纪的妇人突然迎面向他跑来。妇人气喘吁吁地说道：“你好，弗拉齐克上尉！我们正在等你哪。帕梅拉还到车站接你去了。快，请这边走。”她拉着哈内穿过大厅不由分说就把他直接推向幕前。

“在这关键时刻，出现一个新的问题。”舞台上一位演讲者正在发表演说。舞台下一片黑压压，哈内突然被人推到了台上，出现在观众与幕布之间。

演讲者继续慷慨激昂道：“一个涉及苏格兰前途的、带有根本性的问题。”哈内莫名其妙地被推上台，现在他只好莫名其妙地扮演别人的角色。

在演讲者的稍后处坐着一个戴眼镜的矮个子先生，他倾身向前，拉了拉演讲者的衣角，演讲者只好转身离去。矮个子先生站起来迈步向前，拿起一个小槌子敲了敲演讲台，示意大家保持安静：“女士们，先生们，现在我请出今晚的演讲者。”矮个子突然打住，卖了一个关子，“我想也不必跟你们说这位曾经征服过英格兰的苏格兰的优秀儿子是谁，但他可以讲一讲伦敦政界杰出人物的辉煌的军事和政治生涯。现在有请他来跟诸位讲话。”

热烈的喊声、欢呼声、鼓掌声充斥了全场。

在一片鼓掌声中，哈内疑惑地向右边看去，想打听谁是弗拉齐克，又向左边望去，坐在他左边的人目不转睛地瞅着他。

一位女士冲她做了一个邀请登台的姿势。哈内明白了，这次又是奇遇。

掌声越来越响，哈内心情沉重而又无奈。

“女士们，先生们，请原谅我犹豫了片刻才站起来说话……不过说真的，刚才我在听主席先生给下一个演讲者作介绍时，我完全被他的溢美之词迷住了，以至说到后来我才恍然大悟，原来他说的就是我！”会场内爆发出一片欢笑声。

哈内为自己临危不乱的能力及临场扯谎的本领暗自窃喜。

“不过我现在同诸位在一起，我应该说从心底里，也就是说由衷地……”说到这里哈内忽然变得犹豫，他突然发现了那个金发女郎！就是在火车上揭发过他的帕梅拉！她正沿着大厅边上的通道带领着一个与哈内身材相仿、嘴上也留着一撮漂亮小胡子的男人走向主席台。看到台上的这位演讲者，她吃惊极了。

观众们开始鼓掌，哈内面对听众，仿佛不太有把握似的接着说：“……感到宽慰，正像我们的朋友刚才所说的那样。因为处于我这种地位的人总是有不少麻烦和忧虑的，可是只要踏上这个讲台，我就能获得片刻的安宁。几天前，我坐‘高地快车’到苏格兰来的时候，穿过雄伟的建筑物——福思河大桥，这是苏格兰工程师的杰作，苏格兰的金属艺术珍品。”说话时候，哈内的视线始终没有离开帕梅拉。

帕梅拉在台边上撩起一点幕帷，也在仔细观察这一切。她身旁站着真正的弗拉齐克上尉，哈内只是长得与他酷似。那个把哈内推上舞台的老妇人与帕梅拉嘀咕着。

哈内接着说道：“当时我没有想到这些，因为我根本不知道几天后的今天，我会在这里参加一个重要的政治会议。”

哈内的视线从舞台后侧转回来，顺势说道：“好吧！具体地说，我拟订了一个与众不同的规划……”帕梅拉离开了会场。

“你是不是想用抽签的方法来决定苏格兰的事？”

哈内答道：“啊，也可以说我想用这方法来选举某一个人！不过我的手气不好。”众人大笑。

大厅尽头敞开着的门同时有两个男人走进来。走在前面的戴着一顶深色毡帽，后面的穿着一件皮大衣。

“不管怎么说，今天晚上我要说几句话，来支持一位出色的青年。”哈内说完又转过身去注视大厅旁边的动静。帕梅拉从大厅通道离去，那两个男人却从相反的方向走近。此时，帕梅拉与那两个男人在通道中间相遇，三人开始热烈地交谈。

“他……他就是我右面的这位先生。”哈内心乱如麻．但他强力挣扎着，竭力平静了一下心态，继续说道：“因此，现在你们要了解的就是怎样才能避免错误的政治选择。换句话说，你们的候选人……噢，等等。”他俯身看了看贴在讲台上的候选人名字。

由于是颠倒的，哈内把名字拼错了：“HU——麦克·鳝鱼先生”。众人大笑。哈内也笑了。

“我相信你们的候选人一定会原谅我对他的失礼，不过通过这个雅号，我可以预先告诉你们，他一定会很快地在威斯敏斯特出名。”在哈内的视线里，帕梅拉和那两个男人在主席台旁的帷幕间出现了。

“现在，我们可以议论几个问题了。议论哪些问题呢？”哈内提问道。

“捕鳝鱼的问题！”一妇人张嘴提议道。

“失业问题！”一个男人低沉着嗓子喊道。

“还有光吃饭不干活的有钱人的问题！”一个小伙子大声喊着。

哈内来了精神：“光吃饭不干活的有钱人的问题！目前，这个问题有点过时了，特别是对我来说，因为我不是有钱人，我也从来不是光吃饭不干活的人！我在生活中一直很勤快，而且我想不久我还要更加繁忙。”两个男人已站在主席台一侧等候哈内。

“你有没有用自己的双手劳动过？”听众中有人接着提问道。

哈内听到这个正对他心思的问题，有些激动：“当然！而且我还懂得什么叫孤独和被人遗弃，我饱尝了遭到全世界反对的滋味，而这一切大概谁也没有经历过。因此，我要求你们的候选人，要求你们大家，要求一切以博爱为宗旨的人来把这个世界改造成为一个能让人们生活得更加愉快的世界。一个国与国之间互不侵犯的世界，一个国与国之间和睦相处的世界。”哈内越说越激动，听众们已经被哈内慷慨激昂的演讲吸引、感染了。

“一个没有迫害、没有追捕的世界，一个人人都是君子，人人都有远大前程的世界。一个人与人之间以相助为乐的世界，一个永远没有互相猜疑、永远没有残暴、永远没有恐怖的世界。”

“这就是我向往的世界！也是你们向往的世界！”哈内的手用力一挥，结束了演讲。他无比的热情感染了所有听众。

“谢谢，祝大家晚安！”哈内站在台上对听众表示感谢，场内爆发出经久不息的掌声。听众们涌到主席台前，将他团团围住，祝贺他演讲成功。他只得放弃了从中央通道溜走的念头。

蜂拥而至的听众们挤得哈内不得不向后退却，他缓慢地退着，突然有一只手抓住了他的胳膊，把他拉向后面。

戴深色毡帽的男人把哈内拉到后台，哈内看到了真正的弗拉齐克上尉。

哈内幽默地说道：“为了让听众等你到来，我已想尽办法把时间往后拖了。”

弗拉齐克上尉高兴地说道：“啊！你真是个难得的人才！”深色毡帽把哈内拉向出口。

哈内挣脱对方朝金发女郎转过身去，狠狠地说道：“你知道不知道，你是个该被诅咒的、傲慢的女人！”帕梅拉装作没听见，她对戴毡帽的人说，“别让他侮辱人！请你执行公务！”

深色毡帽小声喝道：“喂，跟我走！”

“你难道还不相信我在车厢里跟你说的全部实情？现在你都看到了，你总该明白了吧！好，尽管如此，还是请你替我打个电话给加拿大驻伦敦的高级专员公署，告诉他们有一个非常重要的机密……”哈内不理他，继续说道。哈内身后的那两个男人一听“全部实情”几个字，立刻紧张起来，他们使劲地把哈内往后拉，企图阻止他再往下说。

“得了，少废话！”

哈内反抗着。“一个重大的机密马上要被一个外国特务带出英国去了。我本人已经无能为力了，因为这个愚蠢的侦探缠住不放……”

“你已经跟我开过这个玩笑了。收起你这一套吧！”帕梅拉不为所动地说道。

“你到底还有没有头脑！快去打个电话，好不好？”哈内差点儿给气疯了，他一边说一边挣脱着那两人的手。

帕梅拉坚定地说：“不！再见！”

“请原谅，小姐，希望你也去一下。”出人意料地，深色毡帽对帕梅拉说道。

“为什么？”

深色毡帽振振有词：“为了正式鉴明这个罪犯。你不愿到警察分局走一趟吗？”

帕梅拉极不情愿：“要是非去不可的话，也只好同意了。那走吧。”

“只要几分钟就行了。”他俩抓住铐在哈内手腕上的手铐，把他拉走。帕梅拉跟在他们后面。

哈内离开大厅旁边的通道时，听众们站起来向哈内欢呼。哈内不好挥手，只能点头致意。四人出了会议厅。

“你先请吧。”深色毡帽拉开车门，转身对帕梅拉说。

帕梅拉不情愿地说：“要我跟这人一起坐？”

深色毡帽点点头道：“一会儿就到，小姐。”

帕梅拉紧张地说：“啊，请尽可能开快点！”

“走吧！”汽车关上门，消失在无尽的黑夜里。

一个司机开着一辆奔驰的汽车。

那两个人与哈内和帕梅拉面对面地坐着。帕梅拉望着窗外，忽然指着一幢一晃而过的建筑物问道：“这不是警察分局吗？你们开过头儿了！”

深色毡帽冷冷地说道：“恐怕你刚才没听清楚我的话，我们要去的不是这个警察分局。”

“那么我们去哪儿呢？”帕梅拉疑惑地问道。

深色毡帽回答：“去因弗拉里。”

帕梅拉惊讶地问：“因弗拉里？”

“对，小姐。此人得由郡长审讯。我们奉命把他直接押送到那儿去。”

“可是你们把我也带去，难道这也是奉命的吗？”帕梅拉气愤了。

哈内一言不发，一直冷漠地坐着。

“不是的，小姐。可我想你总得去一趟。我保证派人尽早送你回去。”深色毡帽安慰道。

“好吧，那么因弗拉里离这儿有多远？”帕梅拉气馁地说。

哈内开口说道：“40 英里！”

深色毡帽急忙制止：“不许你插嘴！”

哈内撇撇嘴道：“请原谅。”

“在凌晨两点钟以前，我们就可以回来了，小姐。”深色毡帽对帕梅拉说道。

“两点？”帕梅拉惊叫道，“你刚才不是说只要几分钟就完了吗？”

“原来是这样！”哈内若有所悟地点点头，自言自语道。

汽车拐了个大弯，又驶过一座石桥，开上山脚下一条蜿蜒曲折的山路，在一块路标前停住。司机探身看了看那块路标。

“是不是司机开错方向了？这条路是通往南边的。去因弗拉里肯定不是从这儿走的！”帕梅拉左右张望。

深色毡帽渐渐有些沉不住气：“小姐，那条路上有一座桥塌了，我们必须绕道走。司机是决不会走错路的。”

对他的解释，哈内不屑一顾。他随着汽车的颠簸，摇晃着身子。

哈内机智地问那两人道：“我能不能看看你们的警察证章？”

深色毡帽声色俱厉：“住嘴！到了局里自会给你看的。”

对这两个所谓的“警察”，哈内的怀疑越加浓厚。他止不住地吹了一声口哨，对帕梅拉说：“你愿意跟我打个赌吗？”帕梅拉不理睬他。

哈内对深色毡帽说道：“好吧，我来跟你打个赌，你这讨厌的家伙！我敢肯定你的那位郡长就是那个断了半截小手指的大头目乔丹，不错吧……”还没等哈内说完，深色毡帽便狠狠地给了哈内一个耳光。

这一幕让帕梅拉大吃一惊。

“我赢了！”哈内揉揉面颊说道。

几个人各怀心事的时候，没想到汽车在一座桥上被羊群挡住了去路。一个急刹车，车上的人猝不及防，相互冲撞在了一起。

深色毡帽生气地嚷道：“怎么搞的？”

“噢，这叫声就像一群当侦探的老头儿在聚会！”哈内幸灾乐祸起来。

深色毡帽狠狠说道：“下车吧，他妈的笨蛋！到外面去！得把这群羊赶走。”

穿皮大衣的人问道：“那么这两个家伙怎么办？”

深色毡帽自得地说道：“好办。瞧我的。啊，小姐！现在你是警察局的助手了！”他解开铐在哈内手上的一只手铐，又抓住帕梅拉的左手腕，“咔嚓”一下就把两个人铐在一起。

帕梅拉惊恐大叫道：“亏你想得出来……”

深色毡帽奸诈地一笑，然后两个人下车离去。等他们陷入绵羊阵中进退维谷的时候，哈内果断地说：“我们也走。我一走，你就紧跟上。跑吧！”

司机第一眼发现了他俩，并大叫道：“抓住他们！他们逃跑了！”

哈内迎面撞上穿皮大衣的人，他对准那人的下巴猛击一拳，将他直接打到桥栏杆上。那人晃了晃身子，“扑通”一声跌到桥下的溪水里去了。

哈内从地上扶起帕梅拉，强迫她跟上。

“不，我不走！”帕梅拉仍然赌气。

哈内抱起她就走。他从桥的另一头走下河床，躲在后面的拱形桥洞里监视着外面的一切，同时紧紧捂住帕梅拉的嘴。

皮大衣终于从水里站了起来，他开始往斜坡上爬，司机和深色毡帽围拢过来。

皮大衣用手指了指：“他们是朝这个方向跑的！”三人急匆匆朝反方向追去。

哈内扶着帕梅拉离开桥洞，沿着溪水前行。深色毡帽和皮大衣又跑回来，他们站在桥上环顾四周。哈内他们躲到另一个洞里，从这个新的藏身之处注视着石桥那边的动静。

哈内从草丛中站起身来，硬拖着帕梅拉跑。他们爬上斜坡，走到一条路前。帕梅拉绊了一跤，跌倒在地上呻吟。哈内忙扶她起来。他们重新挺起身子，直立在山路中央。

就在哈内刚想往前走时，帕梅拉却转身向后，扯着嗓子大喊："救命！救命！"那三个人朝发出喊声的方向循声望去。哈内拼命捂住帕梅拉的嘴。

不远处有一股银色瀑布倾泻而下，注入一个小小的水潭里。哈内拖着帕梅拉离开山路，他气狠狠地说道："你老实一点！要不，我就先干掉你，然后我再自杀！"他的手放在口袋里，狠狠地握着一件可以置人于死命的家伙顶在帕梅拉的腰部。

追踪者奔到瀑布对面的岩顶上，一点也看不出水帘后面竟然躲着两个人。皮大衣东张西望，但除了瀑布还是瀑布。

"我可以肯定，他们不会打这儿走的。走吧，再从这儿上去！已经浪费不少时间了，快分头去找，一定要把他们抓回来！"

山路蜿蜒于峭壁之间的薄雾中。

哈内和帕梅拉在薄雾中肩并肩地行走着。

"我们已经走了将近一英里了。"哈内气喘吁吁地说。他举起那只戴着手铐的手搭到额前向四周眺望，帕梅拉的一只手也被突然拉了上去。

帕梅拉反抗道："你的手不要这样动！"

哈内不以为然地开始吹起一支曲子，耸耸肩。

"喂，别吹口哨了！现在你打算怎么办？总不能老是这样跑下去啊。再说两人铐在一起，你脱得了身吗？这些警察还会抓到你的。"帕梅拉断喝道。

哈内深思熟虑似的说："也许他们会重新抓到我，但他们决不是警察。"

帕梅拉疑惑地问："你怎么知道不是呢？"

"这是你自己发现的。原先我根本不知道汽车并不开往因弗拉里。他们刚才是想把我们带到他们的头目那儿。要是他们再抓到我们的话，那我们只有求上帝保佑了。"哈内决定启发一下这个笨姑娘。

"我知道了，你又要跟我讲那个动人的间谍故事了！"帕梅拉停下来转身对哈内说。

哈内近乎绝望，他向天空举起双臂。跟他铐在一起的帕梅拉也不得不像他一样举起一只手来，他气愤地喊道："这个岛国上有两千万妇女，而我为什么偏偏会跟你锁在一起！现在，小姐，请你在这儿好好地想一想。我再说一遍，我跟你说的都是事实。

这个，我在火车里已经跟你说过了！现在我第三次跟你说！有人正在策划一个企图危害这个岛国安全的阴谋，而眼下只有我和你，漂亮的美人儿，才能挫败这一阴谋！”

帕梅拉开始讥讽起来：“别来跟我献殷勤了！”

帕梅拉重新站起来走，哈内跟在她后面，俯身向前，以威胁的神态凑近她的肩头。

“好吧！我是个杀人犯。大约在四天以前，我用一把刀从背后捅死了一个无辜的、毫无抵抗能力的女人。你不正是这样认为的吗？我不知道你是不是无辜的，但你是个女人，再说你也没有抵抗能力，你孤单单地一个人在这漆黑一片的旷野上，跟一个杀人凶手铐在一起。”

“他现在控制着你，就是杀了你，他也万无一失。如果你喜欢这样的局面，那太好了，我的美人儿。祝你好运！”

帕梅拉终于走累了，她停住脚步，坐了下来。她轻轻松松地回了一句：“我不怕！”她打起了喷嚏，却不屑接受哈内递过来的手帕。

哈内继续恐吓道：“你当心点！我每星期要杀一个女人。哼，我警告你，从现在开始，不管做什么事，我叫你怎么干，你就得怎么干，而且要干得好而快！”他一把抓住这个年轻女郎的手，威胁地说。

帕梅拉始终拒绝与他合作，她挣脱他的手，站起来气愤地骂道：“你这个野蛮的畜生！”

哈内自嘲地说：“好，我很赏识你的胆量。走吧。”他们重新赶路。哈内再次吹起口哨。

路边有一家客店。

哈内说：“咱们过去。”

帕梅拉高度警惕地问：“去干什么？”

哈内严肃地回答说：“这是我的事。”

帕梅拉难为情地说：“就咱俩……住店？”

哈内打断她的话：“现在，记住我跟你说过的话！你要保持十分自然的态度，不然……”哈内用口袋里的那个家伙顶了顶帕梅拉的腰。

“咱们进去吧，你跟着我，无论做什么和说什么，都得听我的命令。你这顽固的小脑袋都记住了吗？”

帕梅拉倔强地说：“记住也是暂时的。”

哈内无奈地说：“好。镇静一下。把你的手放在我的口袋里，并且要像一对夫妻一样。走吧！”

店主是个坐在柜台后面的中年妇女，见他俩进来，忙起身迎上前去。

“请到里面来！哟，看这位太太浑身都湿了！”她领着他们穿过厅堂来到柜台边。

哈内随口扯谎道：“是啊，我们的汽车在离这儿几英里的地方出了故障。”

女店主热情地说：“你们打算在这儿过夜吗？”

帕梅拉很反感地转过身去。哈内却笑着点点头道：“对！”

女店主抱歉地说：“我们只有一个单人铺房间空着。你们不介意吧？”帕梅拉闻听此言，拼命摇头表示不行。

哈内好像跟她斗气似的对店主说：“啊，没关系，没关系。这样更好。”

“我猜想你们是夫妻俩，对吧？”哈内用肘捅了一下帕梅拉。

帕梅拉也只好不自然地应和道：“对。”

“你们带行李了吗？”

“没带，行李都放在车上了。”

“吉尔斯。”女店主转过身去，“来接待客人”。

女店主又转过身来：“我可以借一件长睡衣给太太。请你们填一下旅客登记册好吗？”

吉尔斯：“哎，来啦！”

女店主又热心肠地对他俩说道：“我这就去房里生火，然后再给你们准备一点晚餐，好吧？你们要吃什么？”

哈内此时确实感到饥肠辘辘：“好，来一杯威士忌苏打和几份三明治”。

帕梅拉拉了拉他的上衣表示抗议，哈内又赶紧补充道：“噢，再来一杯牛奶！”

“好了，没问题！”女店主边说边走开去。帕梅拉倚靠着柜台，哈内紧紧地依偎着她。

哈内用威胁的口吻说：“尽管我的右手不会写字，可我能用左手干掉个女人。听见了吗？”

吉尔斯默默地走过来递给他们登记册。

“你写吧，亲爱的！”

哈内命令帕梅拉：“你得多签签你的新姓氏，要养成习惯，越快越好！”

帕梅拉俯首看登记册，无可奈何地签着哈内的口述：“亨利·霍普金森先生和夫人，来自哈默史密斯城，霍利约尔克斯区。”登记后，吉尔斯领着他们登上楼梯。

哈内强迫帕梅拉上楼。吉尔斯打开灯，黑乎乎的房间立刻变得明亮。哈内轻轻地吹着口哨看着灯光下狼狈不堪的帕梅拉和那双溅满泥浆的鞋子，他俯下身替她擦鞋子，帕梅拉却急忙躲开。

帕梅拉始终对哈内怒目相向。吉尔斯点完火就走了，巧的是女店主又端着晚餐进来。她把盘子放在壁炉上，转过身将炉火拨旺。

帕梅拉被哈内拉着裙子拖到壁炉前。女店主直起身子说：“亲爱的孩子，现在你可以把这件湿大衣脱了吧？我替你拿到厨房去烤！”

帕梅拉窘迫万分地说：“啊，不用麻烦了，我自己会把它烤干的。谢谢你的关心。”

女店主慈祥地对哈内说道：“我相信这位先生一定会很好地照料你的。晚安，先生。”

哈内看看无动于衷的帕梅拉，急忙碰碰她的胳膊，随后彬彬有礼地答道：“晚安！”

帕梅拉勉强应道：“晚安！”

女店主关上房门刚走下楼，她的丈夫吉尔斯在楼梯口等着她。一见到她，就兴奋地问道：“你看她是不是他的妻子？”

女店主同样热情地答道：“不知道，我也不想知道！反正他俩爱得像火一般的热哪！”

吉尔斯无限感慨地说：“就像当年的我们！”

帕梅拉紧紧抓住房间门把手不放，哈内死活拉住她不让出去。

“我不愿再在这房里待下去，我要把这一切全告诉他们。”帕梅拉挑衅地说。

哈内怒火中烧：“我明明没有杀人，可你偏要让人把我当做杀人犯去绞死！”

帕梅拉已厌烦到极点：“就让他们去绞死你吧！至于你是不是犯了杀人罪，我才管不着呢！我受够了！你以为我会在这间房里跟你待上一整夜吗？美得你！”

“瞧瞧，你跑得了吗？”哈内觉得动嘴不如动手，他把她紧紧地按住在房门上。

突然外面传来敲门声，他俩立刻安静。

房门外女店主问道：“我可以进来吗？”

哈内急忙把帕梅拉拖到壁炉前，自己在长凳上坐下，胁迫她坐在他的腿上。

门开了，女店主进来。她看见这对年轻人亲密无间的样子，会心地笑了。她朝他们走去。哈内紧紧地搂着帕梅拉，站起身来微笑道：“我们正烤火取暖呢！”

女店主柔和地笑着：“我也看到了。我想你们的床上大概很需要这个，对吗，先生？”她手里拿着一只用布裹起来的瓷暖脚瓶。

“啊，太谢谢了。你是不是要暖脚瓶？”哈内转身问帕梅拉，“是吗，亲爱的？”

哈内更加用力地搂着帕梅拉，低声说道：“你快说，是的，亲爱的。”

帕梅拉没好气地说：“是的，亲爱的。”

女店主笑笑：“好，我走了，不打搅了。”然后就朝门外走去。

帕梅拉突然大叫：“请你别走！”

女店主吃了一惊，她一动不动地站在房间中央，停了片刻，缓缓地转过身来问道：“怎么啦？有什么不愉快的事吗？”

哈内吓坏了，不过他马上镇定下来，他比前几次更用力地把口袋里那个吓人的东西顶在帕梅拉的腰部。

女店主慢慢走过来，哈内抢先说道：“啊，没什么。她只是想跟你说明白一件事。算了，我们也不隐瞒了。我们是一对儿私奔的情人。”

女店主莞尔一笑：“我刚才也是这么猜想的。别怕，有人迫害你们吗？”

哈内故作惊慌地说：“你不会撵我们出去吧？”

女店主以过来人的口气说：“当然不会。我是最同情、最佩服那些敢于追求自由恋爱的人的。我当年也如此。祝你们晚安。放心吧，没人会来打搅你们的。”说着她走过去把汤婆子放到床上。

知道帕梅拉想叫喊，早有防范的哈内赶紧卡住她的喉咙，使她喊不出声来。女店主退出房去，关上了房门。哈内舒了一口气，说：

“感谢上帝！咱们吃点东西吧。”

“吃吧。”哈内拿起一份三明治放在帕梅拉手里，自己也拿了一份，然后拖着她回到壁炉前的长凳上并肩坐下。

“好，现在该想想，下一个节目是什么？”

帕梅拉指了指手铐，“甩掉这个！”

哈内附和道：“对极了。我也正想这么说。可咱们怎么甩掉这个呢？”说着便开始大口吃起来。

“你包里有什么东西吗？你有没有剪刀之类的东西？”

帕梅拉搜了搜自己的皮包，说道：“有一把锉指甲刀。你看能行吗？”

哈内瞥一眼她：“能行倒是能行，不过得花十年工夫。也许咱们还是试试再说吧。现在，咱们先把衣服宽一宽。你的裙子怎么样？你看，全湿透了。你要是因此而害上肺炎或者诸如此类的病，那我可不负责任。把裙子脱了吧，我不会说你不雅的。”

帕梅拉宁死不屈：“我才不脱呢！”

哈内只好听天由命：“不脱就算了吧。”

他们默默地吃着。

帕梅拉脱掉鞋才发现袜子全湿了，于是她只好给自己找个台阶下：“我的鞋和袜子都湿透了，我想我还是脱了吧。”说罢，她撩起裙子，解下吊袜带。

哈内赞许地点头：“这是我听到你说的第一句通情达理的话。要我帮你脱吗？”哈内的右手和帕梅拉的左手铐在一起，她的左手抬到自己大腿部摘吊袜带的时候，哈内的右手也只能跟着在她的大腿上滑来滑去。

帕梅拉边脱边说：“不，谢谢。”

哈内只能摇头自嘲：“那好吧！”

为防止他偷看，帕梅拉把自己的那份三明治塞到哈内手中：“请拿一下。”

哈内还是那副表情，“噢，好的。”哈内和帕梅拉面朝壁炉坐着。帕梅拉起身走近壁炉。

哈内急忙叫住她：“等一等。”他把皮鞋拿去烘烤，又从地上捡起帕梅拉的袜子放在炉台上烘烤。帕梅拉赤着脚在炉前取暖。

帕梅拉有些不好意思地说道："谢谢。"

哈内觉得备受鼓舞，他打起精神说："别客气。现在你要喝牛奶吗？"

帕梅拉疲倦地说："不，谢谢，我等会儿喝。"

哈内自己举杯喝威士忌："好吧。祝你健康！你的脚烤暖了吗？"

"暖和了，谢谢！"

哈内起身拖着帕梅拉朝床边走去："那么请过来，现在请你到手术台上去好吗？"

听到这些话，帕梅拉转过头来，惊愕地看着他。

哈内却像哄小孩子似的说："上吧，上吧，这儿没人想害你！和解吧！咱们总得休息一下。"

帕梅拉刚产生的一点儿好感顿时踪影全无："你别想让我睡在这张床上！"

哈内只能给她继续摆事实讲道理："可你跟我锁在一起。在这个没解除之前，你睡哪儿，我也只能睡哪儿。咱俩是连体双胞胎。"

帕梅拉无可奈何地上了床，一边上一边厉声斥责他，好像这种斥责纯粹是心理上的一种补偿："唉！别开这种玩笑了。"

哈内上床在她身边躺下："我可没开玩笑啊。明天一早醒来，我准会看到你那张油光发亮的、没洗过的脸在我的旁边。你一定很美！把锉指甲刀给我吧。"哈内开始锉手铐的链子。

哈内吹起口哨，"瞧，我又吹这曲子了。我不知道这支倒霉的曲子叫什么，怎么会钻到我脑袋里去的！我也记不起来我是在哪儿听到的！"他打了个呵欠。

帕梅拉没话找话地说道："你好像很累了。"

哈内锉着手铐："累？这倒是实话！你知道我上一次睡觉是在什么时候吗？在上个星期六晚上，而且是睡在一个特别的地方，只睡了两个小时！"

帕梅拉来了点兴趣："那是什么妨碍你睡觉了呢？是你的梦吗？"

"你说的梦是指什么？"

帕梅拉抓住时机又开始讥讽："我是指杀人犯做的那种可怕的噩梦。"

哈内也顺水推舟地说道："啊，那只是在开始的时候做过，现在我早已超越这一阶段了。那只是我初次犯罪时候的情况了。在那之前，我做的都是好梦。我曾经是个最容易动感情的孩子。”

“你使我感到很惊讶。”帕梅拉不相信他的鬼话，煞有介事地说道。

“当初，我常常在半夜里被噩梦惊醒，梦见警察在后面追我。现在我变得麻木了。”

帕梅拉不知道这个“杀人犯”在她睡着时会对她做些什么，只能强打着精神问道：“你是怎么开始犯罪的？”

哈内发觉自己简直爱上了撒谎，他继续编着故事：“这很简单，我跟我们中间的大多数人一样，是从在学校里偷别人的零钱开始的。起先是掏人家的口袋，接着是偷汽车，然后干脆抢劫，一直到我 19 岁那年第一次杀人。再过几年，你就可以带着你的孩子到伦敦蜡像馆来看我了。”

“在蜡像馆的哪一部分呢？”

哈内呵欠连天：“啊，现在说这些为时过早。我还年轻。不过蜡像馆里将来肯定会有我一席之地的。是啊，到那时，你会一边用手指着我，一边说：‘孩子们，这人我太熟悉了！’”哈内的一席话让帕梅拉忍俊不禁。

哈内和帕梅拉睡在同一张床上，保持着一定的距离。

帕梅拉抱怨道：“你这样拉着手铐链子把我的手腕都夹痛了。”

哈内侧过身来凑近帕梅拉：“这样手铐的链子就松了。”接着，他又胡侃起来，“刚才我们说到蜡像陈列馆。一切都是从那儿开始的……”

帕梅拉疑惑不解地问：“什么从那儿开始的？”

哈内解释道：“我犯罪的癖好。也许这有遗传性。我的大舅是佩努多克……”

“谁？”帕梅拉一头雾水。

哈内：“可怜的姑娘，你从哪儿来的？难道你从来没听说过我的大舅佩努多克？人们管他叫‘蓝胡子’。”哈内把法国一位作家小说笔下的主人公拉到自己的家族里。“我长得非常像他。”

帕梅拉立刻抓住了他的把柄：“我还以为你们家祖祖辈辈都生活在加拿大呢！”

哈内不得不自圆其说：“不，是佩努多克过世以后，我们才到加拿大去的。嘿！他娶了三个妻子，可是每次他都把妻子甩了。不过他的第三个岳母是个原则性很强的女人，她想方设法让人逮捕他。”

“结果她成功了没有呢？没有。我大舅比她先下手。他躲在悬崖上等她。然后把她推下悬崖，掉到大西洋里。现在他的蜡像在伦敦蜡像馆里。”哈内自豪地说着，帕梅拉却已经呼呼大睡了。

“你应该去参观一下，不能错过机会。进门靠左第三个蜡像，秃头，棕红色的鬓角。是啊！女士，这就是我的悲惨经历，一个永远不走运的、可怜的孤儿的悲惨经历。你仍然要到警察局去告发我吗？”哈内回过头，发现帕梅拉已经睡熟，于是稍稍动了动身子，微笑着合上眼睛。

乔丹教授的别墅前。门前停着一辆车。黑夜里看不清楚车的牌子。

乔丹教授站在门口的亮处准备乘车离开，旁边是他的夫人。女儿伊拉丽站在后面。两个女佣从屋里出来，把行李搬到汽车上。

“你肯定一切都会很顺利，对吗？”路易莎不安地说。

“恕我夸口，那家伙怎么也赶不上的，只要我重新找到……这你是知道的，我马上就离开这个国家。”乔丹信心百倍地安慰她道。

路易莎激动地拥抱住他：“你要小心谨慎，给我写信来。”

乔丹点点头，然后再去吻别女儿，转身离去。可怜的路易莎含泪走到门口只能目送丈夫离开。

汽车启动，迅速消失在无尽的黑夜中。路易莎用颤抖的声音对着黑夜说道：“再见，亲爱的！”

哈内与帕梅拉的房间。

蜡烛已快烧尽，他俩酣睡着。帕梅拉动了一下醒过来。她看了看自己那份三明治，还是没胃口。她一遍又一遍地察看那副烦人的手铐，用锉指甲刀撬拨手铐的锁眼，使劲拉，妄图把它拉断，种种的努力只是让手腕被卡得越来越紧，痛得她只好作罢。

帕梅拉喘了口气，开始拼命地硬把手铐拽出手腕。她用力拔着，钢质的手铐深深地勒进皮肉里，痛得她眼泪差点儿掉下来。

让她欢呼庆幸的是，手铐从手掌上通过了！她把手腕凑到嘴边心疼地哈了哈气，轻轻地揉着。

酣睡中，哈内侧过身来抱住帕梅拉，他仍然在她身旁熟睡着。帕梅拉轻轻抽身，悄悄下床。她警觉地俯身看了看他，正准备离开，突然像是想起什么似的，回手摸了摸他的口袋。这一摸差点没让她叫出声来。那个被哈内动不动就当枪使的东西，原来是一只烟斗！帕梅拉觉得自己被耍了，她把它愤愤地扔到床上，提起自己的手提包，绕过床去。

她走到壁炉前去取袜子和皮鞋，坐下来穿好。然后警觉地站起身来，走出门去。

帕梅拉走出房间，悄悄地溜到楼梯平台的暗处往楼下窥视。只见那个深色毡帽正在打电话，帕梅拉屏息靠近过道的栏杆，只听那人说道：“是乔丹教授家吗？那么请乔丹太太接电话。”

深色毡帽在客店柜台前把着一台电话机，而那个皮大衣就站在他身旁。

帕梅拉想悄悄地走过去，只有这样才能穿过客厅的厅堂。

深色毡帽继续说道：“你是乔丹太太吗？噢，教授已动身去伦敦了，是吗？”

皮大衣对站在柜台后的吉尔斯说道：“能给我们来两杯热的格罗格酒吗？”

吉尔斯一边转身离去一边回答道：“我这就给你们做。”

深色毡帽等吉尔斯走了之后继续说道：“我们在旁边的那条街上找着他了。”此时帕梅拉正在楼梯上探出身子，准备叫喊。

“在这之前，他把警察甩了。那姑娘以为我们是警察就把他交给我们了，我们本该把他抓回来的。”帕梅拉听到这儿，脸色陡然大变。她改变主意了。她突然意识到被这两个人欺骗了。

深色毡帽还在说着：“好的，太太，我懂了，是，是，太太。”

他打完电话，把听筒放回到柜台上。皮大衣紧张地问道：“怎么样？”

“老头子离家了，说是准备出远门。”

“什么时候的事？”

躲在楼梯阴影里的帕梅拉全神贯注地听着。

深色毡帽焦急地回答道：“他已经部署了‘三十九级台阶’。全体人员进入戒备状态，因为哈内跑了，此人太危险了。”

皮大衣问道：“老头子是不是带了那个……”

深色毡帽接过他的话：“对，他要路过伦敦帕莱迪姆杂耍剧场，顺便会把我们的那位朋友带上的。”

吉尔斯手里托了一只盘子回到柜台，盘子上面放着两杯热气腾腾的酒。

吉尔斯：“你们的酒来了。”柜台上摊着那本被他们翻阅过的旅客登记册。吉尔斯收起登记册，不满地对他们说道：“这酒是两个半先令。”

“电话费呢？”皮大衣问。

“就算一先令吧。”吉尔斯回答道。然后他收下钱。皮大衣试探地问道：“这儿还可以住宿？”

“是啊！”吉尔斯点点头。

“我正在猜想，这时候会有客人来住？”皮大衣喝了一口酒。

“当然有啊！”吉尔斯觉得他的问题很奇怪。

深色毡帽探寻地问道：“在这个季节里你们的客人不多吧？”他紧紧地盯着吉尔斯，好像害怕他跑了似的。

吉尔斯越发感到困惑：“噢……是啊！”

皮大衣继续追问：“也许今晚上就有客人来住吧？”

躲在暗处偷听的帕梅拉闻听此言，大惊失色。

吉尔斯点点头道：“是啊！”

深色毡帽紧追不舍：“是不是一对年轻人？”

“吉尔斯！”女店主高叫着闯进来。

女店主穿着一身睡衣在楼梯上出现，她边骂边走到柜台跟前：“你真让我觉得自己嫁了个笨蛋！你想让我们坐牢吗？”她指着柜台上的两杯酒，“这酒，你收了多少钱？”

吉尔斯真是丈二和尚摸不着头脑，只能伸开手掌给她看：“两个半先令。”

她从他手里夺过钱，径自把钱还给深色毡帽，然后离开柜台，穿过厅堂，把客店的大门打开：“走，你们俩都走吧！别跟人说我们在关门以后还卖酒！”

把他们一打发走，她就笑盈盈地把门关上，转过身来走向一脸困惑的丈夫吉尔斯，

说道 ：“以前我们也卖过烈酒啊！而且是在关门之后！大傻瓜，这次不一样了。你差点儿把上面那对年轻夫妇的事给捅出去！”

帕梅拉听到这里才放下心来，带着笑容转身回房去，进屋后情不自禁地轻声哼起一首温情脉脉的曲子。她俯身看了看呼呼酣睡的哈内。他的头深深地陷在枕头里，没盖毯子，只是和衣睡着。帕梅拉躬身弯向哈内，拉起毯子很温柔地给他盖上，替他把四边塞好，自己止不住地打了个寒战，呵欠连天，最后就在一张长凳上躺下。

寒冷的空气使她难以入睡。她坐起来，拉了拉连衣裙的下摆盖住膝部，用双手不断搓着大腿取暖……折腾了半天，最终还是不敌冰冷的空气。犹豫了一下，她最终把哈内身上的毯子拉了过去，露出和衣而睡的哈内。她用毯子裹住身子，才重新在长凳上躺下。

哈内睁开眼睛，坐起身来，打着呵欠。他的目光落到自己的手腕上。他愣了一下，突然意识到帕梅拉逃走了。于是，立即转过身去看房门，房门半开着！哈内一时惊恐不已。

帕梅拉满面笑容地立在床头 ：“早！”

哈内将身子挪近帕梅拉，指了指手铐 ：“哎！咱们什么时候打开这玩意儿的？”

帕梅拉纠正道 ：“不是咱们打开的。是我，不是你。我昨晚一个人打开的，后来我就睡到这儿来了。”

哈内颇感意外地说 ：“那你当时为什么不走呢？”

帕梅拉为自己以前的固执和愚蠢带给哈内的伤害有些不好意思 ：“我正想走的时候却发现你跟我说的话全是真的。所以我决定留下了。”她严肃地说道。

哈内还是摸不着头脑 ：“你能告诉我吗，究竟是出了什么奇迹才使你最后擦亮了眼睛？”

“昨天夜里这儿来了两个男人。我碰巧发现他们正在打电话。”

“他们在电话里说了些什么？”

帕梅拉皱皱眉说 ：“噢，说了好多我听不懂的，关于什么‘三十九级台阶’的事。”

“还有呢？”哈内无比紧张。

“说是有人发了警报。可我不明白怎么向台阶发警报呢？”

“接着说下去！”

“等等，我想起来了，还有件事，说是有个人害怕了，所以他走了。噢，对了，他大概要到伦敦的帕莱迪姆杂耍剧场去取什么东西。”

“伦敦的帕莱迪姆……”哈内若有所思地从床上下来。

帕梅拉坐在床档上，看着哈内在房里不停地踱来踱去。

“是不是就是那个断了半截小手指头的教授？他到那儿去干什么？”哈内自言自语。他面朝帕梅拉停下脚步，微笑地走到她眼前，帕梅拉也羞涩地冲他微笑。

“我感到很惭愧，我以前不信任你。”帕梅拉腼腆地说。

哈内低头看了看自己手腕上的那副手铐：“啊，别提这些了。嗯，咱们得走。对了，这两个家伙住在哪一间屋？”

帕梅拉干脆地说：“他们没在这儿住，打完电话就走了。”

哈内沉默了，突然又惊愕地问：“他们走了？”

帕梅拉不以为然地：“我刚才不是跟你说过了吗？走了！”

哈内顿时暴跳如雷：“听了他们这番话之后，你居然就让他们走了？你有头脑吗？真是个小笨蛋！”

帕梅拉也被激怒：“别用这种口气跟我说话！”

哈内气犹未平：“我们已经耽误掉四五个小时了。你为什么不叫醒我？他们说的话非常重要，你怎么会不明白呢？”

帕梅拉委屈地说：“可我凭什么不让他们走呢？”

这句话让哈内同样深感委屈：“我可怜的孩子！我身上还背着杀人的黑锅呢！我只有找人把这些间谍逮住了，才能证明我是清白的。你难道不懂吗？”

帕梅拉反驳道：“只要把帕莱迪姆的那个家伙逮住，也可以证明你无罪！”

哈内无奈地点头道：“是啊，但愿如此。不过我们已经比他晚了五个小时啦！”

帕梅拉站起来走过房间，此时哈内已穿好皮鞋。

对于有些事情，帕梅拉还是有些迷糊：“郡长为什么叫人开枪打你？”

哈内心思没在她的问题上，他随口问道：“什么为什么？”

帕梅拉站在门口说：“真是个疯子！”她转身出去，随手砰的一声把门关上。

4. 一曲终魂

伦敦繁华的皮卡迪利圆形广场。

夜空里明亮的霓虹灯招牌在闪烁。汽车来往穿梭。城市的夜空被巨大的声浪完全淹没。人群川流不息，整夜络绎不绝地游荡。

一盏大的球形壁灯照着墙上的一块牌子，牌子上写着："威斯敏斯特，新伦敦刑警署"。

帕梅拉在刑警署长办公室里踱来踱去，署长坐在办公桌后面。他刚打完电话把听筒放回去："你说的话完全对。空军部确实有几件能引起不少人感兴趣的小玩意儿。不过，他们非常肯定地说，凡是能让间谍感兴趣的任何机密文件一件都没有少。"

帕梅拉焦急地喊道："我告诉你，肯定缺少了！有个人将要在今天夜里带着一件东西离开英国！"

刑警署长辩白道："今天早上我们接到你从苏格兰打来的电话以话，马上就进行详细调查……"

帕梅拉不耐烦地在门口走来走去："我看我在这儿简直是白白浪费时间！"

"噢，小姐，请等一等！"帕梅拉正准备开门离去时，一个警察在背后叫住她。

帕梅拉在门前站住。那个警察走近："有件事，你忘了跟我们说了，哈内在哪儿？"刑警署长也走到她跟前。

帕梅拉勇敢地直视他俩："我一点儿也不知道！"她开门准备走。

刑警署长又追问道："小姐，我能再问你一句话吗？"帕梅拉转身向他。

"你有我们的电话号码吗？"

"有。"

"那好，要是有什么消息，给我们打电话。暂时就这样，谢谢你。"

帕梅拉开门走出去。

刑警署长转身对警察说："别让她溜了，找辆车盯住她。我们回头再见面吧！"

“帕莱迪姆”的霓虹灯招牌在黑夜里熠熠闪烁。一辆出租汽车在台阶前停下，服务员上前开门，帕梅拉下车。不大一会儿，第二辆出租汽车开过来，车里下来两个男人，他们迅速奔上台阶。“爱情就是一首歌”的旋律在大厅里飘荡，剧场内欢声雷动，两个小丑在台上尽情表演。

在观众厅尽头，帕梅拉出现了。

昏暗的小巷，开来一辆警车。

一群警察迅速出现在小丑的表演后台上。

警长厉声命令道：“各个出口都布下岗哨，不准任何人离开杂耍剧场。你们两个去看守好乐池，不得有误。”

三个演员又登台了，他们不知道这里的气氛将要发生改变，仍旧大声地报着幕：“女士们，先生们，现在我们为大家献上一首歌！”乐队开始伴奏。

乐池边上守着两个警察，负责对乐师的监视，还有几个警察死死地守住后台。每当有人想走出去，警察总是凶巴巴地拦住说：“不行，不准出去。”

“连出去喝杯酒都不准吗？”

“我想回家休息了，难道也不行？”

警察根本不理睬他们质疑和不满的问话。

帕梅拉对门口的服务员说道：“我找个人，进去看一看行吗？”

服务员拉开门，对帕梅拉说道：“请进吧！”

两个便衣警察也上了楼。帕梅拉走到楼上，她的目光在楼下的观众里四处搜索，终于发现了要找的目标。她转身离去，接着进入通往出口处的小楼梯。帕梅拉在楼梯上与那两个便衣警察擦肩而过，两个便衣在她身后出去。

另外两个男人登上通往楼厅的楼梯。在楼梯平台上，他们那两个奔下楼来的便衣警察会合。其中一个便衣说道：“她看到他了，这会儿肯定是去乐队那边跟他接头儿去了。”

杂耍剧场入口。

警察一边拉开警戒线，一边驱散街上围观的人群。

台上，几个演员在观众的掌声中结束了他们的节目。小丑蹦跳到舞台一侧，冲下场去。

在冲入后台时，一个刹不住便一头撞在一个警察身上，幸亏后者将他扶住，他才站稳。惊魂未定的小丑抬头一看是个警察，吓得撒腿就跑。

帕梅拉下楼走到场子旁边的通道上。哈内坐在观众中环顾四周。

一个华丽的包厢。坐在这里能够俯瞰整个舞台。

有个人躲在包厢暗处，乍看上去整个包厢似乎空无一人。

“对不起，能把望远镜借我用一下吗？”哈内向一位女观众问道。

“当然没问题。”

哈内接过望远镜，用它观察着那个包厢，他的目光扫过包厢的栏杆，忽然发现了一只手，那是一只缺少半截小手指的手！

哈内放下望远镜，用目光迎接帕梅拉的到来。她与坐在哈内身边的那位女观众换了座位，坐在哈内身旁。

哈内埋怨道：“你来这儿干什么？我看到他了。那家伙在楼上的包厢里。”

帕梅拉悄声道：“现在你不能采取任何行动。我已经去过伦敦刑警署了，他们说空军部里根本没有缺少过一样东西。”

哈内沉思着，自言自语道：“可他就在那儿啊……怎么回事？”

又一个节目结束了，观众席上的哈内在热烈的掌声中继续沉思。

帕梅拉满腹心事，她止不住地问哈内：“如果他们真的没有丢东西，那你打算怎么办？”

此时，场内响起了一支预示着节目即将开始的曲子。哈内忽然觉得非常熟悉，以至不自觉地跟着吹起口哨来，吹着吹着，哈内欣喜而惊讶地转向帕梅拉：

“就是这曲子！就是我怎么也记不起来在哪儿听过的那首曲子！我现在想起来了，现在才发现原来是在这个杂耍剧场里听到的，那次安娜贝拉被……”

报幕员和一位先生出场了。报幕员依然带着富有煽动性的语调说道 ：“女士们，先生们，各位请注意了！现在请允许我荣幸地向你们介绍一位世界上最杰出的人！每天他能在自己的记忆里储存 50 条新闻，而且他能够全部记住永远不会忘记！”

哈内举目看着舞台，忘记了自己刚才还在讲话，他对帕梅拉激动地说 ：“就是这个矮小的家伙！”

报幕员的声音响起来 ：“欢迎梅穆里先生！”

透过望远镜，哈内看到了梅穆里那张熟悉的面孔。

一群警察站在剧场出口处。一个警察问警长 ：“过一会儿，还是现在抓他？”

报幕员继续鼓吹着 ：“总而言之，他是个万事通，他能把天南地北的成千上万件事都记录在脑子里，不论是历史、地理，或者是书报杂志、科学书本上所记载的事，甚至连最小的秘密，他都能过目不忘！女士们，先生们，你们不妨试验他一下！请各位提问题吧！”

此时，尚在迷惑中的哈内透过望远镜忽然发现包厢里的乔丹教授竟然向舞台上的梅穆里打招呼，虽然动作隐秘，还是被发现了。奇怪的是梅穆里也向乔丹教授点头致意。

这一幕让哈内恍然大悟，他放下望远镜，兴奋地对帕梅拉说道 ：“我懂了！懂了！很明显，全部情报都藏在梅穆里的脑袋里了！”

报幕员在观众的鼓掌声中大叫 ：“有请梅穆里先生。”

警察们下楼来到观众厅旁边的通道上。

哈内旁边的帕梅拉百思不得其解，不明白哈内到底是什么意思。

哈内解释道 ：“你马上会懂得的。他们先是把秘密文件偷到手，让这个矮个子家伙把内容统统记在脑海里，然后再把文件放回原处。这样神不知鬼不觉，谁也发现不了他们会用这一手。乔丹教授就是为这个到这儿来的……等这节目演完之后他就准备把梅穆里带到外国。”

“可是……”

这时，一个女领票员走过来，打断了他们的谈话 ：“那边有几位先生想跟你们谈谈。”

台上的节目继续照常进行。女领票员迅速离去后，帕梅拉和哈内离开座位。警察们站在旁边的通道上等他俩。

台上，梅穆里大声鼓动道："请你们提问题吧！"

"帝国大厦的高度是多少？"

"弗洛伦斯·奈廷盖尔，她是什么时候死的？"

一个警察走向哈内："你是不是理查德·哈内？"

哈内点点头："是的，我有件重要的事正要向你们……"

"走吧，哈内，走！"

哈内万分委屈而焦急地说："好，可是请你们看看那儿，舞台上的那个家伙。"

他被另一个警察阻止了："得了，我奉劝你别大吵大闹，以免引起公愤。"

警察们竭力把他拉住，不想让他靠近舞台。哈内拼命挣脱警察的手，对着台上的梅穆里大声问道："'三十九级台阶'在哪儿？"

一听到"三十九级台阶"几个字，梅穆里顿时脸部扭曲，惊慌失措。

"快说！'三十九级台阶'在那儿？"

梅穆里下意识地脱口而出："'三十九级台阶'是一个专门为外国大使馆收集情报的间谍组织，具体地说就是为……"

"砰"一声枪响，梅穆里被击中了。

剧场内乱作一团，观众立刻惊恐万状。

台上。梅穆里双手捂住胸口，跪倒在地上。

乔丹教授握着手枪一步步往包厢门口退去。在他还未到门口之前，门被打开了。一个警察的身影映现在过道的墙上。教授缩了回去，他跨上了栏杆。

在观众的一片惊叫声中，乔丹教授从包厢跳到舞台上，他奔向舞台中央。只可惜警察们在四周出现，把他团团围住，无奈之下乔丹教授束手就擒。

大幕开始闭合。

舞台监督走到台前面向场内乱成一团的观众宣布道："大家请安静，现在没事了！女士们，请你们，请你们大家都坐好！不用害怕了，请你们都坐好了！"

受伤的梅穆里由两个警察扶着走向后台。梅穆里指了指地板，虚弱地说："行了，我就坐在这儿……我不要椅子……”两人小心翼翼地把他平放到地上。

一个警察小心翼翼地说：“轻点儿，轻一点儿！”

梅穆里痛苦地说：“行了……”后台上，哈内、帕梅拉和伦敦刑警署署长向前走来，他们围住梅穆里。

哈内轻声说道：“梅穆里先生，请你把要带到国外的秘密告诉我们。”

梅穆里痛苦地说道：“为了记住这一秘密，我花了很大的心血……我一生中从来没有花过这么大心血，因此……我不愿让这一切跟着我一起离开人间……还需要我把它告诉你吗？”

哈内庄重地说：“需要的。”

梅穆里习惯性地开始背诵：“新式发动机的第一个特点是大幅度增加压缩率……两个汽缸的轴线和这根线构成的角度为65°，我没记错吧，先生？”梅穆里最后一次背诵着这带给他灾难的记忆内容。

哈内称赞道：“完全正确，老伙计！”

“谢谢！谢谢！我很高兴。”梅穆里嘴角上浮现出微笑，他安慰地说道。说完，他的眼睛永远地闭上了。

哈内和帕梅拉缓缓地朝后退去。他们两人的手渐渐相互接近，最后携在一起。手铐还挂在哈内的一只手腕上。

台上的演出照旧进行着。

Rebecca

蝴蝶梦

——希区柯克带给好莱坞的首个惊喜

Could the
Secret of Manderley
destroy their love?
REBECCA
Selznick International PRESENTS
Rebecca
starring
LAURENCE OLIVIER · JOAN FONTAINE
hero of "Wuthering Heights"
in her sensational starring debut
with
GEORGE SANDERS · JUDITH ANDERSON
ALFRED HITCHCOCK
DAPHNE DU MAURIER

电影赏析

外 文 名：Rebecca（1940 年）
中 文 名：蝴蝶梦、丽贝卡
导　　演：阿尔弗雷德·希区柯克
编　　剧：达芙妮·杜穆里埃
领衔主演：劳伦斯·奥利弗 饰 麦克希姆·德文特
琼·方丹 饰 第二位德文特夫人
乔治·桑德斯 饰 杰克·弗兰克

《蝴蝶梦》是希区柯克根据达芙妮·杜穆里埃的小说改编的第二部电影（第一部是1933 年的《牙买加客栈》），也是他由英国进军美国好莱坞后交出的首份答卷。这部影片让好莱坞首次见识了希区柯克作为导演的天才气质、善于制造悬念的独特才能和高超的叙述手法。他在备受好莱坞电影人士赞叹的同时，也深深地吸引了成千上万的观众。在这部电影中，希区柯克首次与好莱坞制片人塞尔兹尼克联手，在影片主题和情感的表现上都开拓了新的视野。对现代电影美学来说，希区柯克在《蝴蝶梦》中大胆地迈出了革命性的一步。因此，无论是商业收益还是艺术成就，《蝴蝶梦》都取得了巨大的成功。

影片在移动镜头、小道具以及画外音等元素的配合下，以舒缓的节奏展开剧情。第一人称的叙述方式，使观众能够借“我”的耳朵来听，借“我”的眼睛来看，如身临其境一般。然而，希区柯克出其不意的场面调度，常似晴空霹雳一般划入观众的视线，让人好奇心陡起，仿佛行进于惊颤的迷宫中。当丹弗斯太太出场时，从没有人知道她从何而来、她所经过的路线，她如同一个黑暗的影子，不期而至，令人害怕而又悬念顿生。

希区柯克深厚的艺术功力不仅表现在导演才能上，其高超的电影技巧还体现在他充满紧迫感的惊险样式和不可思议的剪辑技术上。不过在这部电影中，他却主动放弃了自己惯用的手法，而将刻画重点放在了人物的相互关系上，他将虚实并用的方法运用得出神入化，从而达成了超级神秘的心理效果。影片中的主人公“我”已然相当美丽，然而“我”却仍不能与传说中的丽贝卡相提并论，她比“我”还要美，至于美到何种程度，没有人说得清。丽贝卡，这个贯穿整个故事的中心人物，自始至终却没有一分钟登场，她就如同一个神秘的符号，留给观众的只有揣测，只有想象。

可见，影片“虚”的表现手法直接造就了诸多悬念，丝丝缕缕的神秘感正是恐惧产生的根源。不过，虽然虚写的手法在影片中的分量不可小觑，但若让观众真真切切地拥有实感效果，还必须借助于实物来表达。影片中丽贝卡旧时的住房、随处可见的R字标签、一个个老熟人谈起她时面部各异的神情……这些实实在在的东西仿佛时时刻刻都在诉说着她的存在。影片正是以虚实糅合的方法呈现给观众一种“以假乱真”的视觉效果。

经由希区柯克的一手策划，从观影伊始，观众就会对丽贝卡这个无与伦比的妻子打上大大的问号，而最后，到真相被揭开时，没有人会不感到无比的震惊，仿佛是被希区柯克玩弄了一把，而这正是他所孜孜以求的效果。出乎意料之外，而又在情理之中，剧情发展丝丝入扣，使观众不得不折服于希区柯克的镜头之下。

值得注意的是，原著小说中的黑暗气氛在希区柯克的镜头演绎下，有过之而无不及。这也是本片拍成黑白片的原因。故事发生的背景为20世纪初英国的某庄园，又因希区柯克及大部分演员都是英国人，因此，可看做是希区柯克由英国风格向美国风格的转型之作。影片气质显得典雅庄重、气氛诡异迷人，散发着浓郁的英国风韵。处在荒寂废墟中的古堡、幽灵一般的女管家、开阔阴森的大厅……出色地营造出让人毛骨悚然的曼德利庄园景象。

这部悬疑手法极为高明的心理文艺片，成为世界电影史上永不褪色的影像记忆。在1940年的奥斯卡评选中，它囊获了最佳影片、最佳摄影两项大奖，风光无限，且在西班牙上映取得巨大成功，至今琼·方丹在剧中穿过的那种短上衣“丽贝卡”仍然被用来特指这种类型的衣服。只可惜，这部影片的缔造者希区柯克本人却没有得到相应的奖项。至于个中原因，无人知晓，这也应该算是这位悬念大师的未解之谜吧。他不仅将“悬念”这种特殊的电影结构形式在影视作品中运用得炉火纯青，他本人更给后人留下了许多值得想象和玩味的空间。

典雅庄重、气氛诡异迷人，散发着浓厚的英国风韵，处在荒寂废墟中的古堡，幽灵一般的女管家，开阔阴森的大厅……

1. 依稀的爱

天空，行云，月亮。暮霭中，曼德利山庄的大门依稀可见。

我梦见自己又回到了曼德利，好像是站在通往车道的铁门外，路被割断了，一下子没法进去。

铁门依然紧闭。

我停了一下，忽然觉得自己像所有的梦中人一样拥有了超凡的力量，并且像个精灵一样穿过了前面的障碍。大道在我的面前延伸，同往昔一样曲曲折折。大自然复苏了，她长而顽强的指头们遮盖了车道。

车道的两端已经被部分树木和杂草掩盖。越往曼德利去，路越窄。

我沿着曾经属于他们而如今已变成狭窄小径的车道，终于来到了曼德利——曼德利，神秘而寂静，时间无法损坏墙壁的完美对称。

月光能使幻觉变得更为奇妙——突然之间，那月光像是从窗子里透出来的……

一阵轻风吹开了雾气，渐渐地露出窗台上的灯光。这时，一片乌云遮住了月。回忆着往日的一切，我看到的是荒凉空旷的空屋架——对于曾经发生在那斑驳的城垣内外的故事，它缄默无言。

法国南部。悬崖。

麦克希姆，一个满脸痛苦的男人，凝视着脚下的海水。越过他的肩头，可以清晰地看见大海。

麦克希姆的双脚缓缓地向前移动了两步，靠近了悬崖边缘，看起来非常危险，好像他要跳下去。

“喂！站住！”

麦克希姆吃了一惊，他循声望去。我站在从山坡那边来的小径上，因为没到坡顶，只露出半个身子，像被钉在地上一样，一动不动，手中拿着画夹。

麦克希姆：“你喊什么？你是谁？你这样瞪着看什么？”

我怯生生地说：“我……对不起。我不想瞪眼看着您。我只是以为您……”

麦克希姆：“哦，是这样吗？那么，你在这里干什么？”

“我只是在这里散步。”

麦克希姆显得不耐烦：“那你继续散你的步吧！别没事在这里闲逛尖叫了。”

我转身就跑，脸上带着受惊的表情。麦克希姆目送我离开，回头看着大海，然后向反方向走去。

蒙特卡洛夜景。一片灯火辉煌。

饭店大厅内。范霍珀太太和我坐在沙发长椅上。范霍珀太太一边透过放大镜审视着大厅内三五成群的人一边抱怨。

范霍珀太太：“我以后再也不在旅游淡季到蒙特卡洛来了，饭店里一个名流也看不见，冷冰冰的！招待！招待！让他给我拿点……这不是麦克希姆·德文特吗？”

麦克希姆从外面走进来，朝她这边看着，犹豫着。

范霍珀太太：“您好啊！”

麦克希姆迟疑地朝着她和我走来："你们好！"

范霍珀太太非常殷勤地说："我是丽泰·范霍珀，能在这里碰到你真是太好了。我正为在蒙特卡洛看不见一个老朋友而感到失望呢。你请坐，喝点咖啡吧！"她冲着我："德文特先生要和我一起喝咖啡，去叫那个笨头笨脑的招待再来一杯咖啡。"我预备起身。

麦克希姆："我恐怕有点反对意见，应该是我来请你们二位和我一起喝咖啡才是。招待！"

侍者走过来："是，先生。"

麦克希姆："三杯。"

范霍珀太太拿起香烟递给麦克希姆："吸烟吗？"

麦克希姆："不，谢谢！"

范霍珀太太边说话边拿出一支烟："你知道吗？你一进来我就认出你了，虽然我只在棕榈滩俱乐部赌场的那个晚上见过你一面。"

她挑逗地说："或许你已经不记得我这个老太婆了……你在蒙城也常玩几桌吗？"

我站在后面，对眼前的一切感到不自在。

麦克希姆微微一笑："不，恐怕那类东西几年前就不能引起我任何兴趣了。"

范霍珀太太："我完全理解。如果我有一个像曼德利那样的家，我肯定也不会到蒙城来。我听说曼德利是你们那里最大的庄园之一，而且美得无与伦比。"

麦克希姆没有回答她，而是转向我："你觉得蒙城如何？也许你根本就没想过吧？"

我非常窘迫，声音颤抖地说："呃，我觉得这有点……这有点不自然……"

范霍珀太太生气地打断我："她给惯坏了，德文特先生，这是她的毛病。很多女孩子宁肯牺牲眼睛也要找个机会来看看蒙城。"

我对于话题的转变显得难为情。

麦克希姆："那样不就事与愿违了吗？"

范霍珀太太对于挖苦根本无动于衷："现在我们又碰到一起了，我希望能经常见到你。你一定要到我的房间里喝茶。我希望他们已给你安排了一个好房间，这地方有很多房间空着，如果你觉得不舒服，请你千万挑选一下。我想你的仆人已经替你把行李箱打开了吧？”

麦克希姆：“恐怕我没有仆人。或许你愿意为我代劳？”

范霍珀太太方觉尴尬：“啊！我……这可不行。”她转向我：“也许她能帮你一把，如果德文特先生需要帮忙的话，在很多方面，她都是一个能干的孩子。”

麦克希姆起身，脸上带着不易察觉的嘲讽的微笑：“这是个动听的建议，但我还是愿意恪守一句格言‘单身旅客行程快’。也许你从来没有听说过吧？晚安！”他微微鞠躬，迅速离去。

范霍珀太太惊愕地：“你说他这是什么意思？你认为他这样突然告辞是为了显得有趣吗？”

范霍珀太太起身，恶狠狠地对我说：“来，别傻坐在这里了，我们上楼吧！你带钥匙了吗？”

我紧随其后：“带了，范霍珀太太。”

我和范霍珀太太一边谈话一边穿过大厅走向电梯。

范霍珀太太：“我记得我年轻的时候，有一个著名作家，他总是一看见我走过来就转身往回溜。我想他大概是爱上我了，但对自己又没有把握。啊，这就是生活！”

我们来到电梯外，范霍珀太太转身对我说：“另外，亲爱的，不要怪我对你太严厉。你在德文特先生面前稍稍有点放肆了。我们谈话时你插嘴，使我很难堪，也一定使他很难堪，男人讨厌这种事情。”

我乖乖地听着她的教训。

范霍珀太太：“来，别绷着脸。我毕竟对你在这里的行为负责。也许他并没有注意到。可怜的人啊！我认为他只是无法忘记死去的妻子。”

电梯门开了。我们走了进去。

我看着范霍珀太太，一言不发。

范霍珀太太解释道：“人们说他太爱她了。”

我进入餐厅时，德文特先生正在用午餐。我在餐桌前坐下，笨手笨脚地碰翻了一个小花瓶，于是四下望了望，看招待是否注意到自己。

麦克希姆坐在邻桌，他注意到我这边的情形，微微一笑，起身向我的桌子走来。

“我真是笨手笨脚的。尽干些蠢事！哦！对不起。”

麦克希姆走过来，径直对招待说：“让它去，让它去吧，在我的桌上再加一套餐具，这位小姐和我一同用餐。”

我仍在用餐巾徒劳地弹着身上，很不高兴地：“哦！不！那怎么行！”

麦克希姆突然道：“为什么不行？”

我一时想不出理由：“哦，请别客气，您的心意我领了。只要换块桌布，我就可以在这里吃了。”

麦克希姆：“我不是客气。即使你不是那么毛手毛脚地碰倒花瓶，我也会请你与我一起进餐，请吧！我们可以不说话，如果你不乐意。”

我看着他，他此时显得那么镇定、自然。我们来到麦克希姆的桌前，招待递给我一张菜单。

我摇头：“不用！谢谢。我只要一点炒鸡蛋。”

招待：“是，小姐。”

麦克希姆问道：“你的朋友怎么啦？”

“哦，她患感冒卧床不起了。”

“哦！对不起，我昨天对你很不礼貌。我唯一能找出的借口是‘单身生活使我变得粗鲁起来了’。”

“啊，不，您并没有不礼貌。您只是想一个人清净点，而且……”

“告诉我，范霍珀太太是你的朋友还是你的亲戚？”

“都不是，她是我的雇主。我就是所谓的‘花钱请的伴侣’。”

“我倒不知道，伴侣的情意是可以花钱买到的。”

我微笑道：“有一次我在字典里查到伴侣这个词的解释是亲密朋友。”

麦克希姆反驳道：“我可不羡慕你有这种荣幸。”

“哦，她很好，真的——再说，我需要维持生活。”

麦克希姆接着问道：“你没有亲人吗？”

“没有。我母亲去世好多好多年了。然后就只剩下我父亲——他去年夏天也去世了。之后我就找了这份工作。”

麦克希姆深表同情：“你真不幸！”

“是的，我很不幸，因为我们一直相处得非常融洽，您能理解吗？”

“你和你父亲？”

“是的，他是一个可爱的人——很不寻常。”

“他是干什么的？”

“画家。”

“哦……是个好画家吗？”

“这个嘛……我认为是的，但人们都不能理解他。”

“是啊，事情往往就是这样。”

“他画树，至少那是一棵树。”

“你是说他反复地老画一棵树？”

“是的，是这样的，他有一种理论，如果你发现一个完美的东西、地方或人，那你就应该紧紧抓住它。您是不是觉得这样很傻？”

“一点也不。我也是这种理论的坚定信仰者。你父亲，嗯……画他的树时你在做什么？”

“我陪他坐着，也画点什么，尽管我画得不好。”

麦克希姆问我：“你今天下午去写生吗？”

“是的。”

“到哪里？”

我耸耸肩：“哦，我还没想好。”

招待走进来将一碟炒蛋放在我的面前。

麦克希姆：“我用车送你去。”

我费力地说：“哦，不。我不想让……”

麦克希姆打断我的话，指指鸡蛋：“嘘，傻瓜。你把这吃完了，我们一起去。”原来我一直还没有动过鸡蛋。

“谢谢您，您太客气了，其实我并不饿。”

麦克希姆催促道："来吧，快吃吧，好孩子。"

我腼腆甚至拘谨地盛了一勺鸡蛋送入嘴里，眼睛一直看着麦克希姆。

海滨的一个露台上。从这里可以俯瞰全城。

我低头写生。

麦克希姆转向我："你画了很长时间了，我想我一定会看到一幅真正出色的艺术作品。"

"哦，不行，别看。还没全画好呢。"我不顾麦克希姆的抗议，开始飞快地把画擦掉。

麦克希姆转到我的另一侧："哎，不至于糟成那样吧？别全擦了，让我先看看。"

"不行，不行，问题出在透视法上，我老是弄不好。"

麦克希姆："让我看看，哎呀，天哪！"

我画的麦克希姆的速写出现在画面上。只听麦克希姆说："告诉我，是不是因为透视法，我的鼻子当中才弯曲得那么古怪？"他用手指着画中人的鼻子。

我从他的情绪中得到暗示，报之以微笑："您不是一个很容易画的对象。"

麦克希姆饶有兴趣地问："是吗？"

我为自己辩护道："您的表情总是在不断地变化。"

麦克希姆走过去，俯身在栏杆上："是吗？如果我是你，我就画风景，这更值得一画。这里使我想起家乡的海岸线。你对康沃尔有了解吗？"

我跟过去，和他并肩依着栏杆："有。我和父亲到那里度过一次假。在一家商店看见一张美丽的明信片，上边印着海边一所美丽的房子，我问那是谁的房子，店主太太说'那是曼德利'。当时我感到不好意思，因为连这个也不知道。"

麦克希姆痛苦地说："曼德利是美丽的。但对我来说，它只不过是我出生并一直居住的地方。现在，我永远也不想再看见它了。"很明显地，他的思绪飞到了远方。

在一阵沉默中，我想找些话说。我向海边张望，寻找话题。然后，我转向自己的同伴，搭讪着说："我们真幸运，在坏天气的时候，正好不在英国，不是吗？"

麦克希姆："嗯……"

"我记得6月份以前的英国是不能游泳的，对吗？"

麦克希姆的反应很奇怪。我继续说："这里的水多暖啊！我可以整天待在水里。那边海里很危险，有人说去年有个男人淹死了。我从来不怕淹死，您呢？"

听到这些，麦克希姆猛然转身，走开一段距离。

我一直在眺望着大海。因为没有听到麦克希姆的回答，我转过身去看他，发现他已不在身边。

范霍珀太太的房间。

我打开门进去。

范霍珀太太："哦，是啊，我很熟悉德文特先生，并且认识他夫人。知道吗？结婚以前她是美丽的丽贝卡·希尔德雷斯。可怜的小东西，只可惜在曼德利附近驾船时淹死了。"

范霍珀太太靠在床上喋喋不休，一位护士正倒药。

她继续说道："当然，他从来不与人谈起这事。他的心碎了。"

"哦，看来只好吃药了，真苦！给我一块巧克力，快！"

夜晚。我的房间。我在床上辗转反侧，范霍珀太太的话在耳边一遍又一遍地回响。

范霍珀太太的房间。她躺在床上，对着小镜子，修饰自己的脸，护士正在房间的角落里忙碌。我拿着网球拍走进来。

"你好。"

护士："你好。"

范霍珀太太审视着我："你上哪里去？"

"嗯，我想去学打网球。"

范霍珀太太："我想你也许见过那教练。他英俊极了，你准备像女学生那样去追求他。好，去吧，好好利用机会。"

我听完，迅速离开，向转门走去。

麦克希姆："下班了？"

我转过身来：“嗯，是的。范霍珀太太的伤风已经转为流行性感冒了，所以她请了一位专业护士。”

麦克希姆：“我为那位护士感到惋惜。你喜欢打网球？”

“不，不是特别喜欢。”

麦克希姆从我的手中拿过球拍：“那太好了，我们坐车去兜兜风吧。”

乡间公路。麦克希姆和我驾车沿路行驶着。我回想起上次同麦克希姆一起在露台上时他的奇怪举动仍有点害怕，尽管范霍珀太太讲述的丽贝卡溺水死亡的事情对此多少作了解释。

麦克希姆直视着前方，似乎沉浸在思考中。我拿不准自己是高兴还是不安。我羞怯地偷看了麦克希姆一眼，但没找到答案。我又看了一眼，仍旧没有发现什么，也没感到宽慰。我直视前方时，麦克希姆转过脸来看了我一阵。我们的目光相遇了。

我有些发窘。他注意到我的窘态，笑了起来，迄今为止，他是第一次表露出他那令人生畏的外表下掩藏的热情。他拍拍我的手，我勉强笑了一下。他将视线移回到路上，把手放在方向盘上，又恢复心事重重的神情。我观察了他一会儿，踌躇着，将视线也移到路上。我释然地吐了一口气，愉快地笑着。我的这种缓和的表现，也使他感到如释重负，轻松起来。

范霍珀太太的房间。我拿着网球拍进来，向自己的床走去。我高兴地微笑着。

“下午好，范霍珀太太，好点了吗？”

范霍珀太太充满恶意地笑着：“你和他玩得很痛快是吗？”

我被这个问题吓了一跳，不知该如何回答。

范霍珀太太：“那个教练一定教了你不少网球以外的东西。快点，我要你给我打几个电话。不知道德文特先生是不是还住在饭店里。”

范霍珀太太将许多啰嗦化成一张纸条：亲爱的德文特先生，为什么不回我的电话？你这个调皮的人。我保证，等我这该死的感冒一好，我一定会让你摆脱烦闷。因为我知道你现在一定感到烦闷，烦闷！献上热诚的友谊，丽泰·范霍珀。

夜晚的水池畔。池水倒映着麦克希姆和我翩翩起舞的身影。我完全沉醉在舞蹈中，麦克希姆也很投入。我跳着，如同在梦中。我闭上双眼，少女般浪漫地轻叹一声，麦克希姆微笑地望着我那稚气的神情。我慢慢睁开眼，发觉他在冲我微笑。

范霍珀太太的房间。我一身雪白走了进来，准备去打网球。

我对着范霍珀太太："我可以走了吗？"

范霍珀太太尖刻地说道："你上了这么多次网球课，你该参加温布尔登网球赛了吧？可这是你最后一次了，所以请抓紧机会。我这样一病倒，你就没什么事可干了。今天我就把那个护士给辞了。从现在起你要恪尽职守。"

我的情绪变得有些失望："是，范霍珀太太。"随即转身离开。

范霍珀太太："护士。"

护士进来："是，太太。"

范霍珀太太："你肯定把那些信交给德文特先生了吗？"

护士："是。"

范霍珀太太："我简直不能相信。他肯定会给我回信的。可怜的家伙，我真不愿意看见他这么孤独。"

麦克希姆和我驾车穿过乡间。他的神情宁静而满足。我害羞地、充满渴望地看着他。

"你知道吗？我希望能有个发明，可以把记忆像香水一样装在瓶子里。它永远保持芬芳，永远保持新鲜，当我需要时，打开瓶塞，我又能回到记忆中去，重新生活一遍。"

麦克希姆微笑："在你年轻的生命里，有什么特别的时刻让你希望保存它呢？"

我尴尬地："唉！一切，最近几天来的一切。我——我觉得我已经收藏了整整一架的瓶子了。"

麦克希姆沉默了一阵。

麦克希姆严肃地说道："你知道，有时候小瓶里也会装进魔鬼。它们在你极力想忘记的时候，总是冲着你跳出来。"

我向后靠了靠，显得情绪低落。麦克希姆转过脸来，注意到我垂头丧气，情绪也起了变化。我开始咬自己的指甲。

麦克希姆："别咬指甲。"

又是一阵沉默。我觉得不好意思，沮丧地坐在那里一言不发。突然，我脱口说道："噢，我希望我是一个36岁的女人，穿着黑缎子晚礼服，戴着一串珍珠。"

麦克希姆大笑道："如果你真这样，你就不会和我坐在这里了。"

我突然转向他："请你告诉我，德文特先生，为什么你邀请我出来玩？很明显，你是想做点好事，可是你为什么挑选我呢？"

麦克希姆开了一阵车，终于忍不住发火了。他刹住车，转身对我说："我请你出来，是因为我愿意有你作伴。你使我忘记了黑暗的过去，作用胜过蒙特卡洛城所有明亮的灯光。但如果你认为我是出于仁慈或者做好事，你现在就可以下车，自己回家。来，打开车门，下去吧。"

他看着我，我把脸转过去，眼泪一下子涌了出来，他又看着前方。忽然，他从口袋里取出手帕，放在我腿上。

"最好擤掉你的鼻涕。"

我用手帕使劲擤鼻涕。

麦克希姆温柔地说："还有，请不要叫我德文特先生。我有一个给人印象深刻的长串名字，乔治·福蒂斯丘·麦克西米利安·德文特。不过，你不用全记住它。家里人都叫我麦克希姆。"

我望着他。他无疑是我平生遇到过的最不可思议的人。麦克希姆回望了我一阵，然后，突然用手理了理我前额的头发。

麦克希姆："还有一件事，请你答应我，永远别穿黑缎子衣服，戴珍珠项链，或变成36岁。"

我微笑着："好吧，麦克希姆。"

他把手放在嘴上吻了一下，然后将那个吻印在我的额头上。他发动了汽车，我又露出了灿烂的笑容。

2. 灰姑娘

范霍珀太太的房间。

她正在读电报。抬头见我进来，她兴奋地叫道："你觉得怎么样？我女儿已经订婚，快结婚了。"

我由衷地高兴："真的吗？太好了！"

"我们必须马上去纽约。"

我听到这个命令大吃一惊，非常伤心。

范霍珀太太："在阿基坦尼亚号上订两个舱位，我们坐12点半的火车到瑟堡。快去找个女仆来帮着收拾行李。我们没有时间浪费了。快点，别磨蹭！"

我迅速走出去，来到自己的房间。我拿起电话筒，坐在床边："请接德文特先生房间……啊？他骑马去了？中午才能回来？……那好吧，接搬运处吧。"

范霍珀太太的房间里，呈现着出发前的混乱情景。纸巾散落一地，房间的抽屉大开着。我穿上衣服戴好帽子，手拿皮包站在范霍珀太太的旁边，看上去很伤心。忽然，我转向自己的雇主。我紧张地说："我回房间去看看落了什么东西没有。"说完迅速地离开。

我走进自己的房间，随手关上门，拿起话筒。我的眼泪都快流下来了，我一边对着话筒说话一边紧张地望着门外。

"德文特先生回来了吗？哦，已经回来了。可以帮我接他的房间吗？"

这时，门开了。范霍珀太太走进来。我慌忙放下电话筒，伤心欲绝。她连一分钟也不愿多给我，好让我能单独待会儿，在电话里找到麦克希姆。而我现在不得不像犯了罪似的逃离话筒并且极力掩饰着一切。

"啊，我在找我的书，也许我已经把它放进行李箱了。"

范霍珀太太不耐烦地说："啊！快点！汽车都在门口等着呢。"

我顺从但不情愿地跟她走了出去。电话铃声在我们身后响起。

公主饭店外，范霍珀太太和我下了台阶向出租车走去，范霍珀太太钻进车里坐下。我最后绝望地看了一眼饭店。我突然作出决定，于是转向范霍珀太太，飞快地说道："我想去留个地址，以便他们找到书后通知我。"我一边说一边三步并作两步地跑上台阶。范霍珀太太正想教训，可是我已经走掉了。

饭店里，服务台。我正在同服务生讲话。

“请接德文特先生房间。”

服务生拿起话筒：“是，小姐。”

麦克希姆的卧室。麦克希姆正在洗澡。里面传来哗哗的流水声刚好压过了电话铃声，麦克希姆根本听不见电话铃声。

看门人放下话筒摇了摇头。我只能转身离开。

饭店外。范霍珀太太已经又在催促。

我焦急地冲向饭店大厅走向餐厅。领班迎了上来。

“我找德文特先生。”

“德文特先生刚在他房间订了早餐，小姐。”我急忙离开。

麦克希姆房门外的走廊上。我上气不接下气地赶到门口，敲门。

麦克希姆：“请进。”

我打开门，穿过起居室外的小门厅，走向刚从浴室半开着的门里出来的麦克希姆。他穿着睡衣长裤，脸上还留着刮胡子留下的肥皂泡：“嘿！你在这里干什么？出了什么事吗？”

我在客厅里向前走了几步，笨拙地站在那里。

“我来向你说再见，我们要走了。”

麦克希姆：“你在胡说些什么？”

我走向他：“是真的，我们现在就走。我怕以后再也见不到你了。”

麦克希姆大吃一惊，在椅子的扶手上坐了下来。

麦克希姆：“她要带你到哪里去？”

我心烦意乱地说：“纽约。我不想去。我会憎恨那里的，我会很痛苦的。”

麦克希姆站起来，走回浴室，顺手从一张椅子上取过自己的衣服：“我去换衣服，马上就好。”

我孤孤单单地站在屋子中间。沉默了一会，从浴室里传来麦克希姆的声音。

“纽约和曼德利，你愿意去哪里？”

我恳求道："哦！请不要再开玩笑。范霍珀太太等着我呢。我还是现在和你说再见好。"我焦急地环顾四周，担心错过时间。

麦克希姆："我再重复一遍，你或者跟着范霍珀太太去美国，或者跟着我回曼德利。"

我看上去很迷惑："你是说你需要一个秘书或怎么地？"

麦克希姆："我在向你求婚呢，我的小傻瓜。"

我目瞪口呆，被他突如其来的求婚弄得不知所措。我不敢相信自己的耳朵，稍稍后退了一步，在一张椅子上坐下。这时响起敲门声。

麦克希姆："进来。"

招待推着放满早餐的小车走进来。

麦克希姆站在浴室门口："是我的饭吗？我正饿得慌。还没吃早点呢！"他转身走回浴室。

招待摆好早餐退了出去。麦克希姆快速地走出浴室，让我坐在餐桌边，自己也坐下来开始用餐。

麦克希姆："哎，好像我的建议还没得到很好的反应——真遗憾。"

"哦，你可能不明白。那是……因为我不是男人愿意娶的那种女人。"

麦克希姆抬起头："你这话究竟是什么意思？"

"比如说，我不属于你那个圈子。"

麦克希姆笑了一下："那么，什么是我那个圈子？"

"哦……像曼德利。你明白我的意思吗？"

麦克希姆："好，你属不属于应该由我来判断，当然，如果你不爱我，那就另当别论了。那对我的自尊心将是一个沉重的打击。如此而已。"

我一直觉得自己很普通，所以不敢想象麦克希姆会爱上我。听他如此说，我万分不安，怕他不知道我爱他有多深。

我孩子般急切地说道："啊！我爱你。我非常非常爱你。我哭了一上午，因为我怕以后永远也不能再见到你了。"

麦克希姆被我对他的敬意和我的孩子气打动了。过了一会儿，他真诚地说道："上帝为此祝福你。你不会相信的，将来有一天我会再向你提起这件事，可惜那时你一定已经长大了。好，就这样说定了。给我倒杯咖啡，放两块糖，加点奶。茶也这样，别忘了。”

我倒咖啡的时候，麦克希姆继续道：“谁去把这个消息告诉范霍珀太太呢？是你还是我？”

我仍旧不怎么相信：“啊！你告诉她吧！她一定会很生气的。”

麦克希姆推开碟子：“她的房间号是多少？”

“她不在房间里，她在楼下等着我呢。”

他大步走到桌子前，拿起电话。

“喂！请接客厅服务前台……请找一下范霍珀太太，她在门外车里等人，请代我向她问候，并问她是否能请她移驾到我的房间里来？……对，我房间。”

饭店外。范霍珀太太仍在车里等着，招待探头进去。

“德文特先生请您到他的房间去。”

范霍珀太太的满脸怒容忽而转为惊奇，继而变得兴高采烈。

“德文特先生？当然可以。”她开始在招待的帮助下，往外爬。

麦克希姆的房间。我站着等麦克希姆。这时，他从浴室里出来，换好了衣服。他走到我身边，用手臂搂住我的肩膀。

麦克希姆温柔地看着我：“这完全不是你想象中的求婚，是吗？应该在充满音乐的地方——你穿着白色的礼服，手里拿着一朵红色玫瑰花，远处传来小提琴声——在棕榈树后面我向你热烈地求爱。”

我们一边在屋里踱步，麦克希姆一边讲话。我有点不自在地抬头望着他。

麦克希姆停下来搂住我：“亲爱的，请别在意。”

我幸福得满面容光：“嗯，没关系的。”

敲门声响起。我惊慌地跳了一下。麦克希姆安慰地拍拍我。

“别担心，别担心，你一句话也不用说的。”

麦克希姆朝门走去。我闪身到门的右边，所以范霍珀太太进来时根本没看到我。范霍珀太太满脸堆笑，飞快地念叨着，“德文特先生，我很高兴你打电话找我。我正匆忙离开，也没有告诉你，我真失礼。今天早晨我接到一个电报，说我女儿已经订婚，快结婚了……”

麦克希姆平静地说：“范霍珀太太，真是一个巧合啊，我请你上楼来是想告诉你我也订婚了。”

如果范霍珀太太静下来考虑一下这个意外的声明，也许会奇怪德文特先生为什么要向她吐露这个秘密。但此时，她所想的只是她获悉了多么刺激的闲话资本。

范霍珀太太：“哦！是真的吗？真是太好了！太浪漫了！谁是那位幸运的小姐？”

麦克希姆只是朝着我的方向示意了一下。范霍珀太太转过身来。

范霍珀太太盯着我，张大嘴巴，她完全给搞懵了。

麦克希姆：“我向你道歉，这么突然地夺取了你的伴侣。我希望这个不会使你太不方便吧。”

范霍珀太太渐渐回过神来。她尽力掩饰着自己的愤怒，装作很高兴的样子：“哦！这是什么时候发生的事情？”

“刚才，太太，就在几分钟前。”

“我简直不敢相信，我想我应该责怪你们，一个字也没向我透露。不过，我想说什么来着？噢！祝贺你们，并为你们祝福，我真为你们感到高兴。什么时候，在什么地方举行婚礼呢？”

“在这里，尽快举行。”

范霍珀太太这次真的激动了。她发现自己在社交史上最出名的一次婚礼中扮演了重要角色。

“闪电式结婚，好极了！我完全可以推迟一星期再走。这可怜的孩子没有母亲，我觉得我得负责替她安排一切，准备结婚礼服、嫁妆、招待客人等等，还得由我把新娘交给新郎。可是我们的行李……”

我看上去对这样的建议感到十分担忧。范霍珀太太习惯性地向我发号施令：“下去叫搬运工把车里的东西搬下来。”

我正准备照着她的话去做。麦克希姆用胳膊搂住我的肩膀：“我们非常感谢你，范霍珀太太。可我想我们俩都不想惊动别人。再说我也不能让你为我改变行程。”

范霍珀太太似乎反对：“可……”

麦克希姆：“不，不……不。”

这一来，范霍珀太太不断加深的失望终于变成了愤怒。她意识到自己是不受欢迎的。

麦克希姆冲着我说：“亲爱的，我叫人下去把你的行李搬上来。”

麦克希姆直视着我的眼睛，发现我不再害怕面对范霍珀太太，于是他走了出去。我离开范霍珀太太，走到桌边，背对她。范霍珀太太走向我，原形毕露。

她质问道：“这就是我生病时你干的事。网球课？鬼才相信！看来我应称你为勾引男人的老手，你是怎样得手的？确实是静水流深。告诉我，你有没有做过不应该做的事。”

她上下打量着我，就像个牲畜展示会上的行家。

我吃惊而愤慨地说：“我不明白你的意思。”

范霍珀太太耸耸肩，从我的身边走开。

范霍珀太太：“哼，没关系，我经常说英国男人的趣味就是古怪。”她走向挂在墙上的镜子，取出粉盒，往鼻子上扑粉，我的身影也在镜中。“当然你以后作为曼德利的女王，责任艰巨。极其坦率地跟你说，我无法想象你的行为举止，对于怎样打扮自己，你没有任何经验；关于如何做一个真正的贵妇人，你一点概念都没有。”

我不快地看着她。她转身面对我。

范霍珀太太讽刺地说：“当然，你知道他为什么要和你结婚，是吗？你没有自作多情，认为他已经爱上你了吧？事实上……”

范霍珀太太继续讲着，我显得越来越不快。

“那空房子使他心烦意乱，使他几乎发疯。他只不过是无法继续孤独地生活而已。”

“你还是快走吧，范霍珀太太，你会误了火车的。”

一丝奇怪的笑意掠过范霍珀太太的脸，我目送着她朝门口走去。范霍珀太太走到门口时停住，恶狠狠地嘲讽道：“哦，德文特夫人。”她紧接着刺耳地笑了一声：“再见，亲爱的，祝你好运！”

一条相当繁华的街市。麦克希姆的汽车停在石头建筑外面的台阶下。大厦的标牌上写着：

市政府

结婚办公室

麦克希姆带着我在台阶上同市长握手，然后下台阶。市长和一个职员探身出窗外，向我们喊道："先生，你们忘了拿结婚证。"

"他在说些什么？"

麦克希姆："他说我们忘了拿我们的结婚证。"

"天哪！"

我们跑到窗口下，麦克希姆用帽子接住了他们扔下来的结婚证。我开心地笑着。

我们相互拥抱。这时，响起喧嚷声。一群叽叽喳喳的孩子和一些镇上的人跑过来，后面跟着结婚的队伍。新娘子穿着白色的婚纱，手持一束百合花。麦克希姆和我目送他们过去，然后走向自己的车。

麦克希姆："嘿！还有人想法和我们一样。"

我向往地赞叹道："看她多可爱啊！"

麦克希姆迅速地瞟了我一眼："是啊，你也想穿上婚纱，是不是？"

我正在往车里钻。

麦克希姆看了我一眼："或者至少……"

他走向一个卖花人，从口袋里取出一把钞票，说道："夫人——夫人——这些花要多少钱？我全要了。非常谢谢您，夫人，谢谢！"

他抱了一大捧花迅速地坐回到我身边，将花塞向我的怀中。

"麦克希姆，多可爱呀！啊，真是太可爱了！"

麦克希姆转身到车的另一侧。

我继续道："啊！真是太可爱了！"说着把头埋进花中。

3. 荒诞新娘

曼德利的大门。白天。

我们的车向大门驶去。守门人打开大门，麦克希姆朝他挥手。

守门人："德文特先生，欢迎您回家。"

麦克希姆："谢谢，史密斯。"

车道出现了，两旁的树在上方搭成哥特式的拱顶。车绕过一个弯道，前面是长长的、望不到尽头的路和另一个弯道。

我和麦克希姆坐在车里。我不安地向前张望，忽然产生了一种莫名的恐惧，浑身颤抖了一下。麦克希姆看了看我。

"亲爱的，冷吗？"

我颤抖着笑了一下："啊，有点儿。"

麦克希姆善解人意地安慰道："你用不着害怕，知道吗？别拘束，他们都会喜欢你的，你完全不用为家务事操心——丹弗斯太太是女管家，让她去管好了。"

车道漫长，长得让人难以忍受。在每一处弯道上，我都想着前面就是房屋了，可总也不是。麦克希姆皱着眉，抬头看看天。

麦克希姆："哼哼，下雨了。我们得快点，给你，拿着。"雨滴落下，他从车后座拿出一件雨衣。

我披上它："谢谢。"

雨中的曼德利车道。挡风玻璃上的刮水器来回移动着，透过玻璃看去，前面是一个又一个转弯，车转过一处急弯，房屋骤然出现在我面前。大雨倾盆，但是无法遮掩这座宏伟庄严的建筑。

曼德利出现了。车一停，男管家弗里斯手举雨伞跑下台阶，另一个仆人开始从后面卸行李。弗里斯撑着伞，麦克希姆和我冲出汽车，跑到台阶上。

麦克希姆："我们终于到了，弗里斯，大家都好吗？"

弗里斯："好，先生，真高兴见到您回来，先生！"

麦克希姆："弗里斯，这是德文特夫人。"

我羞怯地向弗里斯伸出手。

"你好。"

弗里斯微微鞠躬施礼："夫人。"

这时他看见我伸出的手，略一迟疑，不知如何是好。正当我准备抽回时，他握住了我的手。看到这些，麦克希姆笑了一下。

我们进入大厅，弗里斯收了伞。麦克希姆和我停下脚步，向前看去——全部的仆人呈半圆形列队欢迎。

麦克希姆："我没让你们都到场欢迎。"

我的头发被雨衣压得没了形，一缕一缕的湿发沿着脸颊垂下来。

弗里斯低声答道："是丹弗斯太太吩咐的，先生。"

麦克希姆面无表情地说："哦！"他转向我："他们这样，我很抱歉。会很快结束的。"

麦克希姆引我走向等候着的仆人们，我变得异常紧张。大厅连同它的演奏厅和宽大漫长的楼梯显得十分壮观。丹弗斯太太迎上前来，她是个瘦高的女人。

麦克希姆："这是丹弗斯太太。"

丹弗斯太太对我冷冷地说："您好，夫人，我一切都为您准备好了。"

我对此毫无准备，不知如何作答。

我紧张地弄着手套，手套不慎掉下来。我俯身去捡，丹弗斯太太略微迟疑了一下，也俯身去拾。

麦克希姆："我们该喝茶了，弗里斯。"

弗里斯："在图书室里准备好了，先生。"

丹弗斯太太把手套递给我，露出难以觉察的轻蔑的笑容。

我非常不悦。丹弗斯太太直直地盯着我的眼睛。

"来吧，亲爱的。"

我偷偷望了一眼丹弗斯太太，转身离去。

夜幕下我的房间。我穿着晚装，坐在梳妆台前。女仆爱丽丝正在收拾衣服。响起敲门声，我急切地抬起头来。

"是麦克希姆吗？请进。"

门开了，进来的却是丹弗斯太太。

"晚上好，丹弗斯太太。"

"晚上好，夫人。"

丹弗斯太太用眼神示意爱丽丝出去，爱丽丝走了出去。我拿起发刷开始梳头。

丹弗斯太太站在我的旁边："夫人，您对爱丽丝满意吗？"

"嗯，谢谢，很满意。"

丹弗斯太太："她是客厅女仆，在您自己的女仆没有到来之前，她伺候您。"

我抬起头："可我没有女仆，我觉得有爱丽丝就很好了。"

丹弗斯太太冷冰冰地："恐怕不能长期这样的，像您这种地位的贵妇人，一般都要有贴身女仆的……希望您能喜欢房间里的这些新装饰，夫人。"

我转身面对丹弗斯太太："我……我不知道是新布置的。我希望没有太麻烦你。"

"我只是照德文特先生的指示做。"

"哦，这房间以前是什么样的呢？"

丹弗斯太太靠近我："以前墙纸是旧的，窗帘也不同。除了招待偶尔来访的客人，平时很少用这个房间。"

"呀，这么说，这不是德文特先生原来住的房间？"

"不是，夫人。他以前从来没有住过东楼。"

我转过身，向窗户走去。窗帘没有拉上。

丹弗斯太太："当然，因为这边看不到海。"

我瞧着丹弗斯太太。

丹弗斯太太："只有在西楼才能很好地看到大海。"

我感觉这是为麦克希姆的选择辩护的时候："这房间很美，我肯定会感到舒适的。"

短暂的沉默。

丹弗斯太太转向我："夫人，如果有什么事要下人去做，您尽管告诉我。"

我走向丹弗斯太太，极力显出轻松愉快的样子："我想你在曼德利很多年了，比其他人都长吧？"

丹弗斯太太："没有弗里斯长。老先生在世时他就在这里。德文特先生还是小孩子的时候，他就在这里了。"

“原来是这样啊，那你是什么时候来这儿的？”

又是一阵停顿。丹弗斯太太再次开口说话时，语气变得更加生硬了：“已故的德文特夫人做新娘的时候我来的。”

我急忙转移视线，接着鼓足勇气，径直走向丹弗斯太太。

“丹弗斯太太，我真心希望我们能够成为朋友。你要对我耐心一点。这种生活对我来说是新的。我希望能取得成功，能使德文特先生幸福。因此，我愿意把家务都交给你管。”

丹弗斯太太冷冰冰地说：“那好，我希望我能做得使您满意，夫人。德文特夫人去世后，一直由我管家，德文特先生从来没有抱怨过。”

令人难堪的沉默。一丝轻微的轻视出现在丹弗斯太太的脸上。她转身走向大门，打开门，又转过身来。

“我现在该下楼了。”我说道。

我走向打开的门，瞥了一眼丹弗斯太太，看出了她的蔑视。丹弗斯太太紧跟在我的身后。

两个人穿过长长的走廊走向楼梯。在楼梯顶部，丹弗斯太太停了一下，指着楼梯另一端的房门说：“我刚才跟您说过的那间西房，是唯一的可以越过草坪看见大海的房间。那是全楼最美的房间，现在是空着的，过去是德文特夫人的房间。”

我看着那扇门踌躇了一下，转回身发现丹弗斯太太正在注视着自己。她转身离开后，我又扫了一眼那扇房门。门边，卧着前德文特夫人的小狗杰斯巴。

晚上的餐厅。盘中的餐巾纸上缀有交织的字母“RdeW”，这些字母和后来出现在记事本上的手迹一模一样。我打开餐巾。麦克希姆坐在桌前。弗里斯和罗伯特正在撤去餐具，准备上汤。

曼德利的清晨。阳光明媚，美丽宁静的一天。

餐厅。我夹着手提包进来，就像在饭店时一样。在麦克希姆空着的位子旁，坐着一个陌生人弗兰克·克劳利。他面前摊着一堆信件，正在分类处理。

看见我，他急忙站起来。

弗兰克很尴尬地说："早上好。"

我走上前去："早上好。"

弗兰克："你一定是德文特夫人吧？"

"是的。"

弗兰克窘迫地说："我叫弗兰克·克劳利，我为麦克希姆管理地产……见到你非常高兴。"

又是一阵尴尬的停顿。弗兰克指着那堆文件："麦克希姆不在家时，许多事情都没处理，堆起来了。"

"是的，我想一定是这样的。我……我非常希望能帮你做些什么。"

麦克希姆拿着一些信进来："不，不。弗兰克从来不让任何人帮忙。他像个老母鸡护小鸡似的管着他的那些账单、租金和税金。开始吧，弗兰克，我们还得过一遍这些预算呢。"

弗兰克："我去拿账本。"

麦克希姆转向我："你去那边可以看到丰盛的早餐，你一定要都吃完，不然会大大得罪厨师的。"

我微笑着："我尽量多吃，麦克希姆。"

麦克希姆："我要和弗兰克一起到各处去一下，看看他有没有把什么东西给弄丢了。你一人在家行吗？"

"嗯……行。"

麦克希姆搂着我："那就熟悉一下你的新家……看看《泰晤士报》，上面有一篇谈论英国板球症结何在的精彩文章。"说着就敷衍地在我的前额上飞快地吻了一下，转身欲走。

麦克希姆和弗兰克朝门走去。麦克希姆突然转回身。

麦克希姆："哦，对了，我姐姐比阿特里斯和她的丈夫加尔斯·莱西不请自来，要在这里吃午饭。"

我的笑容顿失："今天？"

麦克希姆："是的，我想我的老姐姐是急着想来看看你。你会觉得她很直爽。如果她不喜欢你，她可能会当面告诉你。”

很明显，我并不太急于让人好好看看。

麦克希姆：“别担心，亲爱的——我会及时赶回来保护你的。再见，亲爱的。”

“再见，亲爱的麦克希姆。”

弗兰克：“再见！”

我逐一揭开炉子上的盘子的盖，看见盘中盛着鸡蛋、火腿、香肠和许多其他美食，但这却破坏了我的胃口。我给自己倒了一杯茶，在大餐桌的一端孤孤单单地坐下。报纸整齐地叠放在我的身旁。

弗里斯和罗伯特进来。

弗里斯：“早上好，夫人。”

“早上好，弗里斯。”

弗里斯走向餐台，瞥了一眼没有动过的菜盘，又转向我：“夫人，要我为您拿点什么吗？”

“哦，不，谢谢，弗里斯。我还真不太饿，谢谢。”

我放下茶杯，准备出去。弗里斯把报纸递了过来。

“嗯，谢谢你，弗里斯。”

我接过报纸，向外走。罗伯特赶在前面为我开门。我经过门前时滑了一下，几乎跌倒在光亮的地板上。

弗里斯试图去搀扶我：“夫人……”他搀着我走了几步。

我：“谢谢你，弗里斯。”我一边继续往前走，一边环视着大厅。“这里真大，不是吗？”

弗里斯：“是的，夫人，曼德利很大。过去这里是宴会厅，现在如果有大型宴会或舞会这样的重大活动，仍然要派上用场。并且这里每周对外开放一次供人参观。”

“是，真的不错。”

我继续走着，一直走到图书室门口都无话可说，弗里斯望着我。

图书室，门窗打开，窗帘随风摆动。

我走进去，身体颤抖了一下。我走向壁炉，四下里找火柴。

弗里斯站在门口说："请原谅，夫人。图书室通常要到下午才生火。"

我急忙心虚地转过身，觉得被人发现自己做了不该做的事情。

"不过，现在壁炉里有火。当然，夫人，如果您现在想要生火，我可以……"

我走向弗里斯："不，弗里斯，我绝不会这样做的。"

弗里斯："德文特夫人……嗯，我是说，已故的德文特夫人早餐后总是在起居室打电话或写信。"

"谢谢你，弗里斯。"

我回到客厅里，忽然尴尬地停下。

弗里斯："夫人，您还有什么吩咐吗？"

我吞吞吐吐："哦，没什么。起居室在哪里？"

弗里斯上前指路："从那个门进去，就在左边，夫人。"

"哦，对，谢谢你。"

起居室内。这是一间明亮而令人舒心的小屋，布置高雅，摆满鲜花，很明显是女士的房间。炉火很旺，小狗杰巴斯卧在炉前。我羞怯地审视着这个房间。

小狗杰巴斯站起来，轻松地跑出房间。

我觉得自己像个非法闯入者，走到桌旁，检查各种物品，包括地址簿、客人名册和菜单。我偷偷摸摸地，门外的一丁点儿声响便能使我负罪般的逃离书桌。过了一会儿，我回到桌边，拿起地址簿，看着上面的缩写字母"R"。我打开它，看见扉页上写着"丽贝卡·德文特"。我坐下，放下地址簿，打开一本书册。电话铃声骤然响起。我一惊，急忙慌乱地抓起电话。我听了一会儿，然后重复着对方的问话。

"找德文特夫人吗？我想你弄错了，德文特夫人已经在一年多前就去世了。"我挂了电话，突然意识到自己的失言，惊叫起来："哦……我的意思是……"

我抬起头，看见站在门口的丹弗斯太太，吓了一跳。她盯着我，眼中毫无表情。

丹弗斯太太冷冷地说："那是内线电话，夫人。大概是园丁总管有事向您请示。"

我非常不自在，丹弗斯太太的冷酷使我极为不舒服。

我勉强问道："你找我有事吗，丹弗斯太太？"

丹弗斯太太："德文特先生通知我，他姐姐莱西太太和姐夫莱西少校要来吃午饭，我想知道您是否同意这份菜单？”她从桌上拿起一份菜单，俯身在我面前展开。

我看也不看：“嗯，好的，我看这份菜单很合适，很好。”

丹弗斯太太不动声色地面向菜单：“夫人，您注意到了吗？调味汁那项我空着没填呢。德文特夫人过去对调味汁特别讲究。”

“那……好吧，就照过去德文特夫人的吩咐去做吧。”

丹弗斯太太预备退下。

她边走边说：“谢谢，夫人。等您写完信，罗伯特会送到邮局去的。”

“我的信？……哦，对，当然，谢谢你，丹弗斯太太。”

丹弗斯太太走了出去。

我迟疑地环顾了一下四周，再次打开丽贝卡的地址簿。

丽贝卡的手迹写着以下的名字：

安巴斯利太太

骑士路 189

杰西卡·安东尼米的龙 694

南哈特利大街 41

阿尔弗雷德·安格林米得维克 7947

狮头道 216

赫伯特·安思利维多利亚 1494

草人大街 622

艾瑟顿公爵夫人贝克利 6419

温格特 12

我合上地址簿，伸手去拿另外一本书时，一不小心碰倒了桌边的瓷爱神，瓷像掉在地上摔成了碎片。我惊慌失措地站了起来，捡起碎片，不知如何是好。我拉开了抽屉，把瓷器的碎片放在抽屉的最里面，并在上面堆满纸和信封。我又坐在桌旁，烦躁不安，全身颤抖。

弗里斯接过莱西夫妇的帽子和披肩。

比阿特里斯："你好，弗里斯。"

"早上好，莱西太太。"

"德文特先生呢？"

"他和克劳利先生到田里去了。"

"我们来了，他却不在，这人真是讨厌。他总是这样！"

我站在楼梯顶，缩回阴影里。杰斯巴在我的脚边，抬头望着我。我慢慢走下楼梯，在图书室门外几尺的地方停下。我理了理头发和衣服。门没关严，我能听到屋里的谈话。

比阿特里斯："这个老丹弗斯太太把房子收拾得干干净净，毫无疑问她已经学会了丽贝卡的插花技巧。"

加尔斯："我不知道她现在怎么想——让一个当过歌女的人指挥得团团转。"

比阿特里斯："喂，你怎么会产生这个念头，说她以前是歌女？"

我犹豫着想逃开。

加尔斯："他在法国南部遇到她的，对吗？"

比阿特里斯："那又怎么样？"

加尔斯："嗯，我是说……没什么。"

我鼓足勇气，决心走进去面对他们，我推开门，走了进去。当我进来时，莱西夫妇抬起头来。

我胆怯不安地绞着双手："你们好。我——我是麦克希姆的妻子。"

莱西夫妇盯着我看了一会儿，显得很吃惊。莱西夫人走上前来。

比阿特里斯一边伸出手一边小声说："你好——哦，我不得不承认，你和我想象中的完全不一样！"

我的心里乱糟糟的，又被莱西夫人的话吓了一跳。

我羞怯地握了握莱西夫人的手。莱西先生显得很尴尬。

他明显在撒谎地说：“别说这种傻话了。她正像我告诉你的那个样子。”他也伸出手，一边使劲地同我握着，一边继续道：“嗯……你喜欢曼德利吗？”

“很美，不是吗？”

比阿特里斯：“你和丹弗斯太太处得怎么样？”

“我以前从来没见过像她这样的人。”

加尔斯：“你是说她把你吓着了？——她不像油画一样美丽动人是吗？”他为自己的笑话哈哈大笑起来。

比阿特里斯转向丈夫：“加尔斯，你在这里碍事，上别处去吧。”

加尔斯咳嗽着，迟疑着不想离开：“我去找麦克希姆，好吗？”

比阿特里斯刚想提醒他点什么，他已经离开房间。

我羞涩地：“我——我不是要说丹弗斯太太的任何坏话。是……”

比阿特里斯：“哦，你也不用害怕她。不过，如果有可能，我也和你一样尽量不与她打交道。我们坐下吧。”她指指座位。

“哎，对，请坐！”

比阿特里斯：“一开始她肯定会发疯似的嫉妒你。她一定还会非常恨你。”

我惊奇地：“她为什么会这样？”

比阿特里斯探身向前：“你不知道？我还以为麦克希姆已经都告诉你了。她简直太爱丽贝卡了。”

我听了比阿特里斯的话，不由地害怕起来。

饭厅里。比阿特里斯坐在麦克希姆右首，弗兰克在左首。莱西先生坐在我的右首。罗伯特正为比阿特里斯上菜。

比阿特里斯：“你好吗，罗伯特？”

罗伯特：“很好，谢谢您，夫人。”

比阿特里斯：“你的牙还疼吗？”

罗伯特尴尬地答道："夫人，很不幸，还疼！"

比阿特里斯玩笑道："你真应该把它们全部拔掉，一个不剩。讨厌的东西——这什么牙齿啊。"

"谢谢夫人的关心。"

加尔斯边吃边聊，"你会打猎吗？"他问我。

"不，不会。恐怕我连骑马都不会。"

"在这里你得会骑马。我们都会。你用什么姿势骑马，偏坐鞍骑，还是跨骑？哦，对了，我忘了你不会骑马，是吧？你得学会，不然这里可没别的什么可玩。"

比阿特里斯问弟弟道："麦克希姆，你什么时候再像过去那样举办舞会？"

麦克希姆严肃地答道："哦，我可没想过这事。"

"可是大家都非常想见到你和你的……"她望着我。

"我想我们肯定会的。"

"这个夏天你为什么不再举办一个化装舞会呢？"

"唔，我……"麦克希姆迟疑着。

比阿特里斯问我："亲爱的，你喜欢跳舞吗？"

"嗯，我喜欢，喜欢跳，可是我跳得不好。"

加尔斯："你跳伦巴吗？"

"我没尝试过。"

加尔斯转向麦克希姆："听我说，老伙计，我一直没弄清楚你妻子究竟会什么。"

麦克希姆："她会一点儿画画。"

加尔斯："画画？我希望不是那种摩登玩意儿！就是把灯罩倒着画，来表示一颗受折磨的心。"他忽然想到了什么，压低声音问道："你不会驾驶帆船，是吗？"

我勉强地回答："不，我不会。"

"哦，谢天谢地！"此时他忽然意识到自己说错了话，表情十分不自然。

餐桌上笼罩着一种不安的气氛。加尔斯非常不自在。麦克希姆死死地盯着一处看。餐桌旁的所有人都受到了感染。

门厅里，莱西夫人在镜子里理头发。我站在她身边。

比阿特里斯 ：“你非常爱麦克希姆，是吗？是，我能看得出来……你为什么不弄一弄头发？我这么说你不会介意吧？为什么不剪短点……或者拢到耳朵后边去？”

我把头发拢到耳后，让比阿特里斯看，她带着挑剔的眼神看着我。

比阿特里斯 ：“不，这样更糟糕了。麦克希姆怎么说？他喜欢你这样？”

“哦，他从来没说过。”

比阿特里斯面带惊异地说 ：“哦，算了，别听我的。我从你的衣着看得出来，你对自己的外表毫不在意。但我不相信麦克希姆没有说过你，他对衣着可是非常讲究的。”

“我想他从来没有注意过我穿什么。”

我们走出去，比阿特里斯继续说道 ：“这么说来，他一定是改变了不少。你不用为麦克希姆和他的情绪担心。永远没有人知道他那深沉的脑子里想的是什么。有时他会大发雷霆，而且发起火来很可怕。不过，你不用担心，我想他不会冲你发火的。你是一个那么温柔文静的小东西！”她用手搂着我。

出了房间，我们走出大门，来到加尔斯跟前。

加尔斯 ：“走吧，亲爱的。3 点钟我们要赶到高尔夫球场开球呢。”

曼德利庄园大门外。麦克希姆和我与莱西夫妇道别。

当加尔斯和麦克希姆握手言别的时候，比阿特里斯对我说 ：“再见，亲爱的，原谅我问了你那么多不客气的问题。我们真心希望你们幸福。”

我因为渴望友情而动情地说 ：“谢谢你，比阿特里斯，非常非常感谢你。”

“看见麦克希姆这样愉快，我应该祝贺你。去年这个时候我们都非常为他担心。不过，当然，你已经知道整个事情的经过。”

那一瞬间，我并没有意识到比阿特里斯话里的重要意思。等明白过来想问时，比阿特里斯已经离去了。我想想也只能作罢。

莱西夫妇驱车而去，麦克希姆走过来，用臂膀环绕着我 ：“谢天谢地，他们总算走了！我们可以在这里散散步了。看来我们要淋雨了。不过，你不会介意的，是吧？”

“当然不介意啦，不过请稍等一下，我到楼上去拿一件雨衣。”

麦克希姆迈进前门，向里喊道 ：“花房里有一大堆雨衣呢！罗伯特，罗伯特！快到花房里给德文特夫人拿件雨衣，好吗？”他回身问道：“你觉得比阿特里斯怎么样？”

“我非常喜欢她，可她一再说我和她想象中的不一样。”

麦克希姆问：“那她到底想象你是什么样子的呢？”

“我想很可能是更聪明更老练的人。”我停顿了一下：“你喜欢我的发型吗？”

麦克希姆吃惊地看着我：“你的发型？啊！当然喜欢。发型怎么啦？”

“嗯，我不知道，我只是随便问问。”

麦克希姆看着我：“你可真有意思！”

罗伯特拿着一件油布雨衣从屋里跑出来，麦克希姆接过来，把它披在我身上。

“我必须穿上它吗？”

麦克希姆：“当然，当然。对小孩子怎么小心也不过分。”

我们开始下楼梯，杰斯巴独自蹲在一旁。

麦克希姆：“来，杰斯巴。来，把你的肥膘跑下去点。”

杰斯巴跑下台阶。

麦克希姆和我从房前走过，穿过草坪，一直向前走去，杰斯巴紧跟着我们。我们来到通向海边的一个岔路口。杰斯巴毫不犹豫地跑在前面，消失在最右边的小径上。

我们穿过庄园时，麦克希姆喊道：“杰斯巴，这边，不是那条道，回来！”他吹着口哨。

杰斯巴开始在通向沙滩的石阶上蹦蹦跳跳地往下跑。

“那条道通向哪里？”

麦克希姆简短地说：“哦，通向一个小海湾，我们过去经常在那里停船。”

“我们也去吧。”

麦克希姆烦躁地说：“不，那里只是一片单调乏味的海滩，没什么好看的。”

“算了。”

麦克希姆看到我失望的神情：“那好吧，如果你一定要去，就去看一眼。”

我们转到另一条小径上，走下通往海滩的石阶，来到海湾沙滩上。杰斯巴不见了，但我们听到岩石另一端传来它的叫声。

我用手指着：“那是杰斯巴！一定出什么事了，也许它受伤了。”

麦克希姆：“不会的，它没事，亲爱的。别管它。”

“最好还是看看，你说呢？”我转身欲走。

麦克希姆生气了：“不用为它操心，听见没有？它不会受到任何伤害的，自己会回来的。”但我还是跑过去了。

我爬上岩石。麦克希姆看起来很恼火，转身大步走开。

我大声喊叫着：“杰斯巴！杰斯巴！”

我已经来到岩石的另一端，站在海湾绵长的沙滩上。临水的地方，树荫掩映下有一座小屋。我四下里寻找着，发现杰斯巴在小屋门外，用力抓着紧闭的门，兴奋地呜呜叫着。

“杰斯巴，你在这里做什么？杰斯巴，来，来，回家吧。杰斯巴！杰斯巴！”

我弯下腰，抓住杰斯巴的项圈。

在杰斯巴的身后，门，忽然缓缓地开了。我仍然俯着身，看到门开了，恐惧和惊愕吓得我在原地一动也不敢动。当我心惊胆战地抬眼看时，发现本站在门口，他也正惊恐地盯着我。

我直起身来。

“哎呀，我……我不知道这里边有人……”

本脸上的惊骇转为傻笑。他迈出门外，低头看着杰斯巴。

本傻傻地说道：“我认识这条狗，它是那座大房子里边的。”他猜疑地注视着我：“它不是你的。”

我耐心地说道：“对，它是德文特先生的狗。你这儿有能拴上它的东西吗？”

他张大嘴巴呆呆地望着我。我强压着怒气，向门内张望着并走进去。

小屋。房间里陈设齐全，摆放着书架、桌椅板凳之类的家具。我四处找绳子。这时，我看见地板上有件长袍，上面缩写着“RdeW”，这让我倍感惊奇。我进入船具间。这里推满绳子、帆、灌装油漆和其他工具。我拾起一小段绳子，迅速地走出来。

我走出木屋，但本仍蜷缩在门口。

“杰斯巴，过来！杰斯巴！”

本可怜兮兮地恳求道：“不要告诉任何人你在这里看见我了，行吗？”

我疑心重重地说道："你不是这庄园里的人？"

"我什么也没干，我在这里捡贝壳。"他呆呆地看着我："她到大海里去了，是吗？她永远不回来了。"

我轻轻地点头："是的，她永远不再回来了。走吧，杰斯巴。"

我向岩石的方向张望，心中升起一丝忧伤，转身低着头向岩石走去。

我爬上沙滩的另一端，向着刚才离开麦克希姆的地方走去。我用绳子牵着杰斯巴走回来，但发现麦克希姆不在了。我急忙奔向石阶，爬上去，杰斯巴一直跑在我前面。

石阶顶。麦克希姆见我来了，转身就走。

我气喘吁吁地跟在后面喊道："麦克希姆，你怎么啦？"

麦克希姆在前面愤怒地大步走着，杰斯巴在我身旁跑着，我走近他。

"对不起，麦克希姆，我去了这么久。可我总得找根绳子把杰斯巴拴上吧。"

麦克希姆一言不发地加快了脚步。小狗落在后面，拖住了我的脚步。

麦克希姆转身低头看着它："快点，杰斯巴！看在上帝的分上吧！"

我不断地追赶着麦克希姆："请等等，等等我……"

"麦克希姆，你好像很生气，你怎么啦？"

麦克希姆："你知道我不想让你去那里，可你偏去！"

"为什么不能去？下面只有一间小屋和一个奇怪的人，他……"

麦克希姆："你没进小屋吧，进了吗？"

"进了……"

麦克希姆打断我："好了，以后别再去了！听见没有？"

"为什么？"

"如果你有与我同样的记忆，你就绝不会去那里，也绝不会提起它，甚至连想都不愿去想它——我讨厌那地方。"

他避开我一步。

"你怎么啦？哦，对不起。求求你了。"

他仍旧不看我，过了好一会儿才又回头向我走了几步。

麦克希姆："我们本该远离这里，我们根本不应该回到曼德利来！我多愚蠢啊！"

“我让你不高兴了。不知怎么地就伤害了你。我不忍心看着你这样——因为我爱你！”我把头倚在他肩上，紧紧抱住他。

麦克希姆紧张地搂住我：“是吗？是吗？我把你弄哭了……原谅我。有时我控制不住自己，无缘无故地发火，不是吗？走，我们回家去喝茶，把一切都忘掉。”

我满眼泪光地向他微笑。两人开始继续走。

“好，让我们忘掉这一切吧。”

我无意中将手伸进雨衣口袋里，从中掏出一块手帕，拿它擦了擦眼睛。准备放回时，不经意看了一眼。在它的一角绣着一个大大的“R”。我神色恍惚地盯着它。曼德利的海浪拍击着岩石。

起居室。我坐在窗边一只椅子上。从窗口向外望着大海，心里很烦乱。忽然，我像是下了什么决心似的，站起身来，走进图书室。

弗兰克·克劳利的办公室。我开门进去。坐在桌子前正埋头工作的弗兰克抬起头来。

弗兰克：“噢！你好，请进！”

我走近他。他欲站起来。

“噢，请不要起来，克劳利先生。那天你说过，要教我管理事务，我不知道你说话算不算数。”

“当然算数。”

“你在做什么？”

“通知全体佃户，为庆祝麦克希姆和新娘子归来，这星期的租金全免。”

我非常高兴：“真的吗？这是麦克希姆的主意吗？”

弗兰克：“是的。所有的仆人多加一个星期的工资。”

“他没有告诉我。哦，要我帮忙吗？至少我可以帮你贴贴邮票。”

弗兰克无可奈何地说：“太感谢你了。坐下好吗？”

“好的，谢谢你！”

他坐在桌旁，我帮他贴邮票。

“我——我前天到海滩上的小屋去了，那里有一个男人，一个很奇怪的男人。杰斯巴冲着他叫。”

“哦，那一定是本。他不会伤害人的。我们不时地给他一些零活干。”

“那小屋看上去像是要倒塌似的。为什么不采取些什么措施呢？”

弗兰克站在柜边，装作很投入地忙于找文件，他最后还是回答了，但并未抬头。

“嗯，我想如果麦克希姆想做什么的话，他一定会告诉我的。”

“那都是丽贝卡的东西吗？”

弗兰克很不自在地回答：“是，是的，是她的。”

“要那小屋何用？”

弗兰克回到桌前，重新坐下：“船过去常常停在那附近。”

“船，什么船？船出了什么事？是不是她淹死时驾的那条船？”

弗兰克知道自己必须回答：“是的。船翻了，沉了。她被卷进了大海。”

“她那样出海什么都不怕吗？一个人孤孤单单？”

弗兰克：“她什么也不怕。”

我沉默了一会儿，然后问道：“他们在哪里找到她的？”

弗兰克：“大约两个月后，在运河上游40里外的艾奇库姆附近。麦克希姆去认的尸。这对他来说真是太可怕了。”

我思考了一阵，试图想象这对麦克希姆的打击有多大。然后起身离开桌子，走了几步，背对着弗兰克说道：“嗯，一定很可怕。克劳利先生——请不要以为我有病态的好奇心，不是的……只是我感到我的处境很不利。无论碰到谁，无论什么时候，他们总是在拿我和丽贝卡相比较，都在背后议论这件事。”

弗兰克走过来，急于安慰我。

弗兰克非常关切地道：“哎呀，你可千万别这样想。你和麦克希姆结婚，你不知道我有多么高兴。这将改变他的整个生活。而且，在我看来，看见你这样与曼德利气氛不协调——嗯，怎么说呢，不完全协调的人，真是让人神清气爽。”

弗兰克讲话时，我心里充满感激，但有点不知所措，不敢直视他的眼睛，也不知怎么说才好。

“谢谢你，我承认我这样想很愚蠢，可是每天我都意识到丽贝卡拥有而我缺少的东西……美貌——和机智——以及聪明，甚至其他的所有的对一个女人而言都是极为重要的东西。”

弗兰克：“可是你所具有的品德同样重要啊，或者说更重要，那就是善良和真诚，还有啊，请原谅我这么说，谦逊——这些美德对一个丈夫的意义远超过世界上一切的机智和美貌。”

又是一阵令人尴尬的沉默。我没有回答弗兰克。

弗兰克非常友善地解释：“这里没有人愿意生活在过去，尤其是麦克希姆。现在就看你的了，您得带领我们摆脱过去。”

我感激地看着他，如释重负地浅浅一笑。

“好，我答应你，不再提过去的事。可是在我们结束这场谈话之前，能不能再回答我一个问题？”

弗兰克无法预料这会是什么样的问题，于是戒备着。他轻轻地不安地说道：“如果是我能回答的，我尽可能回答。”

我鼓起勇气：“告诉我，丽贝卡究竟长得怎么样？”

我急切地看着他，他并没有立刻回答。他缓缓地走回桌边坐下，埋首工作。我跟着他坐下，期待着他的答案。他说话了，避开我的目光。

弗兰克怀旧地喃喃答道：“我想……她可能是我见过的最漂亮的人。”

我茫然地直视前方，过了一会儿，继续低头贴邮票。

我端详着镜子里身着黑色晚礼服的自己。我的发型很时尚，梳理得很漂亮，唇上涂了比平常更浓的口红。我非常可爱，但已经不是麦克希姆所娶的那位少女。我对自己这身装束和新面貌感到既拘谨又兴奋。我来到图书室门口。

图书室里，麦克希姆正在摆弄放映机。书房的另一端挂着活动银幕。

我紧张不安地说道：“麦克希姆，晚上好！”

麦克希姆没有抬头：“嗨，亲爱的，我们蜜月时拍的电影终于来了。晚饭前还有点时间，我们看一会儿，好吗？”他抬起头来：“天！你对自己做了什么？”

我漫不经心地答道：“哦，没什么。我只不过从伦敦定制了一件新衣服而已。你不介意吧？”

麦克希姆穿过房间向我走来：“哦，不，不……只是……你认为这些东西对你适合吗？好像对你这种类型的人根本不适合。”

我很失望：“哎，我以为你会喜欢……”

麦克希姆暴躁如雷：“你的头发是怎么搞的？”我没做声。麦克希姆知道自己伤了我，于是用手搂住我：“哦，亲爱的，对不起。我明白了，亲爱的，对不起！哦，你真美！真美！换个样子很好……嗯，我们看电影好吗？”

“好。”我非常失望，想着自己可笑的失败，完全没有心思看电影，但嘴上仍言不由衷地说着：“我……我很想看。”

麦克希姆走过去，关了灯，屋里只剩下烛光和放映机发出的光。麦克希姆在黑暗中时隐时现。

银幕前，麦克希姆和我搂在一起，背朝外。

麦克希姆：“啊！看，快看啊！……”

我的形象出现在银幕上。“太有意思了，亲爱的。以后我们能不能再上那儿去？”

麦克希姆：“当然可以，当然可以。噢！你看看，以后我们的孙子看见你这么可爱肯定会高兴的。”

麦克希姆出现在银幕上。

“啊！看你自己……”

麦克希姆：“哦，我——我……”

“啊，我喜欢这个镜头，快看。”

麦克希姆：“哦，好极了！”

“还记得这个吗？”

麦克希姆：“记得。”

“哦，麦克希姆，我希望我们的蜜月永远不会结束。”

影片突然中断，银幕一片空白。

麦克希姆：“可恶！该死的，不会是我把胶片又装错了吧，或者是其他地方出问题了？”

麦克希姆开了灯，恰在此时弗里斯出现在门口，他向我们走来。

麦克希姆奇怪地看了看他："是你啊，弗里斯，有什么事吗？"

弗里斯神情严肃、拘谨、撅着嘴，看上去仿佛大祸临头一般。

弗里斯："对不起，先生。可以和你说句话吗？"

麦克希姆："好的，进来吧。"

弗里斯："是罗伯特的事，先生。他和丹弗斯太太之间发生了一些不愉快。"

麦克希姆："唔，天哪！"

弗里斯："罗伯特很苦恼。"

麦克希姆冲着我扮个鬼脸："这倒是个问题！"他转向弗里斯，有些恼火地坐下，准备听长篇唠叨："怎么回事？"

弗里斯紧张地咳嗽了一下："好像是丹弗斯太太说罗伯特偷了起居室里的一件贵重的摆设。罗伯特死不认账，先生。"

麦克希姆："究竟是什么摆设？"

我闻言满脸惊恐，欲言不能。意识到自己给可怜的罗伯特带来的一切，我越来越觉得尴尬、内疚和自责。

弗里斯："是瓷爱神。"

麦克希姆："天哪，这可是我们的一件宝贝，是不是？好，告诉丹弗斯太太想办法查清楚，并告诉她，说我保证那肯定不是罗伯特干的。"

弗里斯舒了口气："是的，先生。"

弗里斯一走，麦克希姆绕过桌子转向我："为什么这些事他们也跑来找我？这本该是你管的事，亲爱的。"

这使我越加尴尬，但我决定勇敢承认。

"麦克希姆……我本想告诉你的，但，我……忘了。事情是这样的……"我终于说了出来："我打碎了瓷爱神。"

麦克希姆非常吃惊地走向我："你打碎的？弗里斯在这里的时候你怎么不说一下呢？"

"我不知道。我不愿意这样。我怕他们会把我当成傻瓜。"

麦克希姆："那，现在他更要把你当成傻瓜了。你应该向他和丹弗斯太太解释一下的。"

"哦，不，麦克希姆。你去说。"我急切地答道，像个被吓坏了的孩子："我要上楼去了。"

麦克希姆非常生气："别像个小白痴了，亲爱的。谁都会觉得你怕他们。"

弗里斯领着丹弗斯太太进来，显然她很生气。

麦克希姆显然对整个事情非常生气："丹弗斯太太，这件事情本身是个误会。德文特太太自己打碎了瓷爱神，但她忘记说了。"

大家一阵沉默，都看着我，而我感觉自己像个傻孩子。

"很抱歉。我没有想到这件事会给罗伯特惹来麻烦。"

我眼巴巴地看着丹弗斯太太，像对上司一样，但丹弗斯太太只是冷眼相对。

丹弗斯太太："这瓷器还能修补吗，夫人？"她看着我的神情好像一开始就知道谁是真正的罪魁祸首似的。

"恐怕不行了，都已经摔成碎片了。"

麦克希姆点燃一支烟，又好气又好笑地问："你把碎片放在哪里了？"

形势对我越来越糟糕，我简直急得快要落下泪来："我——我放在一个写字台抽屉的最里面了。"

麦克希姆真的生气了，他转向丹弗斯太太："看来德文特夫人是怕你把她送进监狱，你说呢，丹弗斯太太？好了，没关系了。你去找那些碎片，看看能不能修补。最要紧的是告诉罗伯特快把眼泪擦干。"

弗里斯微微躬身退出，可是丹弗斯太太站着没动，麦克希姆开始修理放映机。

丹弗斯太太看来不肯轻易放过我："当然，我会向罗伯特道歉的，如果再发生类似事情的话，麻烦夫人亲口说一声。我……"

麦克希姆不耐烦地打断她："好了，好了，就这样吧。……谢谢你，丹弗斯太太。"终于把她打发走了。

丹弗斯太太不甘心地走出了房间。麦克希姆继续工作，着手修补胶片。

麦克希姆："行了，亲爱的。看来这次夹子会夹紧了，我也说不准。"

两人都不再说话，沉默了一会儿以后——

“我实在是太抱歉了，亲爱的。我太不小心了。丹弗斯太太一定很生气。”

“哼，去他妈的丹弗斯太太，我就纳闷了，你为什么要这么怕她呢？”

麦克希姆转身关了灯，重新打开了放映机。

“你一点也不像这里的女主人——倒像是一个高级女仆。”

“是的，我知道我是这样。可我感到很不舒服……每天我都努力地想做好，可是很困难。因为人们总是像看一头得奖的母牛一样，从头到脚打量着我。”

麦克希姆把胶片放在放映机上：“即使这样，又有什么关系呢？你应该记住曼德利的生活是这一地区的人唯一感兴趣的话题。”

“那么我一定给了他们当头一盆冷水，使他们大失所望？我想这就是你要娶我的原因。因为你知道我既乏味，嘴巴又笨，一点也不老练。这样就永远不会有什么闲话可传的。”

麦克希姆突然火冒三丈。他走到我面前：“闲话？你这是什么意思？”他走到放映机前，拉亮了电灯，居高临下望着我，强压着心中的怒火。

“我怎么啦？我不知道。我只是没话找话说。别这样看着我！麦克希姆，怎么啦？我说错了什么吗？”

麦克希姆：“你这样说不怎么好听，不是吗？”

“是不好听，粗鲁，可恨。”

麦克希姆冷冷道：“我现在才想，我们结婚是不是我太自私了。”

想到我们的婚姻竟因为这么点愚蠢的事情而受到威胁，我几乎昏倒。

因为恐慌，我的声音变得沙哑微小：“这是什么意思？”

麦克希姆：“我不太适合做你的伴侣，你没有得到什么快乐，对吗？你应该找一个小伙子——一个年龄和你相仿的年轻人结婚。”

我打断他：“麦克希姆，你为什么这样说？我们当然是般配的。”

麦克希姆：“是吗？我不知道。别人很难和我一起生活。”

我急切地说：“不，不难，很容易，很容易相处的。我们的婚姻是成功的，不是吗？很大的成功。我们很幸福。对不对？非常幸福。”

麦克希姆仍旧一声不响。这种默不做声对我是个可怕的打击。

“如果你觉得我们不幸福，最好不要勉强装作幸福，我可以走的。你为什么不回答我呢？”

我眼巴巴望着他。他看着我的脸，语气缓和下来。

“我自己都不知道答案，你让我怎么回答你呢？如果你说我们是幸福的，那就算是幸福的吧。我根本不知道幸福为何物。”

说话间，麦克希姆已经来到灯的开关处。一阵沉默。

在放映机的灯光下，我看上去已经被完全击垮了。麦克希姆开始放电影，他望着银幕而不是我。

我试图说什么，但没成功，于是垂下眼睑。

麦克希姆：“啊！看哪，那是我把摄影机放在三脚架上自拍的，记得吗？”

4. 阴谋管家

一张纸条。上面写着：我去伦敦处理有关房产的事务了。傍晚前赶回。你一定喜欢这个我不在身边的短暂假日。麦克希姆。

起居室。我坐在沙发上，看着窗外，女仆希尔达进来，把茶放在我面前。我扭转脸避开希尔达的目光，害怕她注意到自己脸上的泪痕。

希尔达：“打扰了，夫人。有什么事要我去做吗？”

“哦，没事的，我没事。”

希尔达：“谢谢您，夫人。”

希尔达：“夫人，我马上把三明治端来。”

我站起来，走向另一扇窗户。这时我看到的景象引起了我的注意：那是曼德利西楼的外景，而丹弗斯太太正在关窗户。

“希尔达！”

希尔达：“是，夫人。”我抬起头来，这时她已经把桌子上的茶具摆好了。

“西楼不是没人再用了吗？”

希尔达：“自从德文特夫人死后就再也没有人用过了，夫人。”她好奇地看了一眼，转身走开。

我猛然转过身，离开房间，走进大厅，开始上楼。突然，有关门声和向后楼梯顶头走去的脚步声，夹杂着一个陌生男子和丹弗斯太太低声交谈的声音。

丹弗斯太太：“跟我来，杰克先生，否则别人会看见你的。”

我生怕遇上陌生人，于是溜进了图书室，就站在门边，可以继续听到他们的交谈。

费弗尔：“嘿，丹尼，你这个老怪物，能再见到你，我很高兴。听了这些新闻，我气都喘不上来了。”

丹弗斯太太：“我认为你到这里来真是太不明智了，杰克先生。”

杰斯巴蹲在大厅里，侧耳听着。

费弗尔：“别这么说，别这么说，我到这里就像回家一样。”

丹弗斯太太：“嘘！轻点，杰克先生。”

我依然站在图书室的门旁，示意杰斯巴到我这儿来。

费弗尔：“对，我们要小心，别惊动了灰姑娘，对吗？”

丹弗斯太太：“她在起居室，你从花园出去，她不会看见你的。”

费弗尔：“我觉得我有点像穷亲戚，从后门溜进溜出。好了，嘟嘟，丹尼，再见。”

丹弗斯太太：“再见，请小心点，杰克先生。”

我等了一会儿，然后偷偷地踮起脚来转过身。我以为那个陌生人会经过大厅，很想看上一眼。这时杰斯巴开始兴奋地叫起来，它向我身后面对花园的窗户跑去。我并没有回头看，而是用背在身后的手竭力示意它安静，并继续偷偷地向大厅观望。

突然有人在我背后说话，我吃惊地扭过身来。

费弗尔：“找我吗？”

窗户开着。费弗尔坐在窗台上。他是个非常自信的人，长得很好看，看上去显得有些轻浮，但是对女人不乏魅力。他笑着继续说：“喂，我没吓你一跳吧？”

我离开门走向窗户，显得很愚蠢而且自觉很傻。

我不很肯定地说：“没有，当然没有。我只是不知道你是谁。”

他坐在窗台上，杰斯巴兴奋地跳着。费弗尔用手拍拍它。

费弗尔："嘿，很高兴见到我，是吗？老朋友，这个家还有人欢迎我回到曼德利来，真是令人欣慰！亲爱的老麦克希姆怎么样？"

"很好，谢谢你。"他对这里的熟悉程度显然让我大吃一惊。

费弗尔："我听说他到伦敦去了，撇下他的娇新娘一个人在家。这可太不像话了。他就不怕有人来把你抢走吗？"丹弗斯太太走进屋的时候，他突然转换话题："丹尼，你的小心提防白费了，女主人就躲在门背后。"

费弗尔："哈哈……替我向新娘介绍一下怎么样？"

丹弗斯太太很不情愿地介绍："夫人，这位是费弗尔先生。"

费弗尔理了理领带，冒失地跳过窗台进了屋。他向我伸出手，并握了握我勉强伸出的手。

"你好。"

费弗尔："你好。"

一阵令人尴尬的沉默。我不知道该怎样招待这位陌生的来访者。我的目光落到了茶桌上。

"嗯，你不在这里喝点茶什么的？"

费弗尔满面笑容地转向丹弗斯太太："瞧！多么动听的邀请！留我在这里喝茶，丹尼！我很愿意接受。"

丹弗斯太太一脸警告的神情。费弗尔注意到这种神情，张开嘴笑了。

费弗尔："好吧，也许你是对的，我还是走吧。可惜，我们刚有个好的开头。"他低下头看了看杰斯巴。"咱们别把新娘子引入歧途了，对吗，杰斯巴？再见，见到你很开心。哦，顺便说一下，如果你不把我这次短暂的拜访告诉你可敬的丈夫的话，那就太好了，他并不是很喜欢我。"

"好吧。"

费弗尔："谢谢你的宽宏大量。我希望我也有一个结婚三个月的新娘在家等着我。可我只是一个孤独的老光棍。再见。哦，我知道丹尼的介绍出了什么毛病。她没有告诉你，是吗？我是丽贝卡喜爱的表兄。嘟嘟，再见。"

我困惑地看着他离开，然后转身看丹弗斯太太，但是丹弗斯太太已经消失了。这时我突然作出了一个决定。

我走出图书室，穿过大厅，登上楼梯，来到楼梯顶部，顺着走廊一直向西楼走去，径直来到丽贝卡的房门外。

我小心地向四周望了望，然后扭动了门把手。合叶转动，门发出了吱吱的声响，我显得有些紧张。门开了一条窄缝，我几乎是侧着身子挤了进去。

房间里很暗，也很静，只有钟表滴滴答答的声音。借着微微开启的门缝中透进来的光，可以依稀看到家具的轮廓。我穿过丽贝卡的纱幔帐，绕过大床，走向窗户。我抬起手忽然拽动绳子，拉开了窗帘。霎时间阳光倾泻而入，展现出一幅令人惊异的景象。

我惊讶地环顾四周，看着这间布置得极为精致的房间。房间里的色调极为明快——白色几乎主宰了一切。四柱床在两级垫台上显得非常豪华，上面盖的床罩掀开了一角。一大束漂亮的鲜花放在极为显眼的位置上。房间的另一半有一张华丽的梳妆台，上面堆满了发刷、梳子、镜子、精巧的香水瓶和一些其他的小东西。

我开始注意房中更多的细节。乳白色的丝床罩，乳白色的天鹅绒裹着的床柱，而最让人吃惊的是放在床罩上的淡灰色丝缎睡衣盒，上面有一个黑色的大写字母“R”，地上铺着浅色的地毯，立着高大的可转式穿衣镜。

我来到梳妆台前——一张麦克希姆的相片，放在镜框上显眼的地方，我轻轻地触动了一下发刷。我走近镜中，发现自己正盯着放在枕头上的睡衣盒。

“您需要什么吗，夫人？”丹弗斯太太的声音像是从地底下冒出来的一样。

我被吓了一跳，完全慌了神，就像一个犯了错的孩子一样把手背在身后，半垂下眼去。再抬头时，我轻轻地咽了咽口水，怯生生地说：“我没想到能见到你，丹弗斯太太。我看见一扇窗户没有关上，我上来想把它关上。”

丹弗斯太太向我走来：“您为什么这样说？我离开这间房的时候已经把窗户关好了。您自己打开它的是吗？”她走到窗前关上窗户，“您一直都想看看这间房，对吗，夫人？为什么您从来不叫我领着您看呢？我每天都准备领着您看。这是一间漂亮的房间，是不是啊？每一件东西都是按德文特夫人所喜欢的样子保存着，她那天晚上离开后，这里没做任何变动。”

我站在那儿，盯着她，好像被催眠了一样。

丹弗斯太太向我做手势："来，我领您看看她的更衣室。"

我不由自主地跟着来到一间小配房，里面立着一排衣橱。

丹弗斯太太："这是我保存她衣服的地方，您想见识一下，是不是？"

我们走到藏衣柜前，丹弗斯太太打开了它。当她看见一件灰鼠皮外衣，就把它拿了出来。

丹弗斯太太把它举到我的面前："来，摸摸这个，这是德文特先生送给她的圣诞礼物。他一年到头总在给她送贵重的东西。"说着，她打开另一个衣橱，里面有很多层架子和抽屉，她打开了其中一个："我把她的内衣放在这边。这是圣克莱尔修道院的修女们专门为她精心制作的……晚上，我总是等着她回来，无论多晚。有时她和德文特先生直到天亮才回来。在她卸妆的时候，她告诉我晚会的情况。她认识那里的每一个重要人物。人人都喜欢她！"

我犹豫了一下，然后停下来。我的眼睛跟着丹弗斯太太移动。我现在完全处在她的咒语控制之下。丹弗斯太太那古怪的一板一眼的强调也变为一种低声的狂热的口气。

丹弗斯太太道："她洗完澡后，走进卧室，走到梳妆台这儿来……哦，您动了她的发刷，是吗？好，这样摆才好些，她总是喜欢这样放的……她就坐在这里，我总是像这样站在她身后，我一次给她梳大约 20 分钟……"

我偷偷抬起头，想站起来离开她。丹弗斯太太的声音好像是从远处传来的。

丹弗斯太太继续道："……然后她就说'晚安，丹尼'，就上床了，这个睡衣盒是我给她绣的，我总是把它放在这里。"

丹弗斯太太拿起睡衣盒，从中取出黑色的薄绸睡衣，抚摸着："您看看，您见过这么精致的东西吗？"

我的呼吸变得越来越沉重，已经接近崩溃的边缘。丹弗斯太太把手伸进睡衣中，撑开了五指。

我已经无法忍受，起身离开了丹弗斯太太，跌跌撞撞地穿过幔帐。我正要开门，丹弗斯太太一声不响地跟了出来。我在门边转过身来面对着丹弗斯太太，眼中闪着恐惧的目光。

丹弗斯太太的脸靠近我："有时候在走廊里，我好像听见她轻快的脚步声就在我身后。无论在什么地方我都不会听错，不仅在这房间里，而且在整座房子里。我现在也能听得到。"她为自己的话在我身上产生效果而感到异常高兴；"你相信死去的人能回来看活着的人吗？"

我看着她，有些疯狂地狠狠地说："不，不，我不相信！"

丹弗斯太太轻声耳语："有时候我怀疑她是不是已经回到了曼德利，看着您和德文特先生在一起……您好像累了，您为什么不在这里歇一会呢？"

丹弗斯太太转过身去，从我的身边走开："听那大海，那么温柔……"她慢慢地走到窗前，倾听着海涛声。

我疯狂地看着这房间——好像被一种冲动所驱使——要把这一切撕个粉碎。泪水划过我的脸颊。

丹弗斯太太："听啊，听那大海……"

远方海浪的轰鸣声越来越响。浪花狂暴地拍打着岩石。

起居室。桌上放着丽贝卡的地址本。我盯着它看。我带着一副疯狂的、歇斯底里般绝望的表情。突然，我转过身来——扫视着整个房间，然后又看着桌子。我把地址本翻过去，这样就看不见那个大写字母了。

我猛然间抓起电话，大声说道："告诉丹弗斯太太，我马上要见她。"

我挂上话筒，开始愤怒地把桌子上的一大摞书和纸堆到了丽贝卡的地址本上，疯狂地一样接一样地摞着东西。

书桌旁。我猛然拉开抽屉，开始把丽贝卡的单据和文件抛出来。在这些东西中，我发现了一张刻版的请帖，上面写着：

德文特先生和太太，敬请杰克·费弗尔先生参加在曼德利举行的化装舞会。时间是6月1日，星期四晚10点。

在纸张的一角，潦草地写着：丽贝卡

我会去的——怎么去！

杰克

我擦去泪水，因为我听到了开门声。丹弗斯太太出现了。

“夫人，您叫我吗？”丹弗斯太太向我走来。我抬起头，表情严肃，好像已经做好战斗的准备。

我站起身说道：“是的，丹弗斯太太。我现在要你把这些东西统统都拿走。”

丹弗斯太太居高临下地向桌上看去，脸上带着愤怒的表情。

我站在桌旁，满怀决心和勇气。

“可这些都是德文特夫人的东西。”

我冷酷而坚定地说：“现在我就是德文特夫人。”

丹弗斯太太紧盯了我一会儿，我迎着她的目光，毫无退缩。

她鞠了一躬：“是的，夫人，我这就吩咐下去。”

这时，外面响起喇叭声。我急切地冲到窗口。丹弗斯太太站在门口，正准备离开。

我冷冷地：“丹弗斯太太，请等一下。”

丹弗斯太太停下脚步，转过身来。

“丹弗斯太太，关于费弗尔先生来这儿的事情我打算对德文特先生只字不提。实际上我更愿意把今天下午发生的事情全部忘掉。”说完，我从丹弗斯太太身边走过去。

丹弗斯太太呆呆地站在原地，目送着我离开。

黄昏的大厅。麦克希姆先生从前门进来。我奔向他，张开双臂，疯狂地抱住了他。

我在他的怀中：“麦克希姆，麦克希姆，你一走就是一整天了。”

麦克希姆笑起来：“咳，你让我喘不过气了。”

我们一起走向图书室。

麦克希姆：“好了，好了，你自己一个人在家都干了些什么？”

“我啊？一直在思考。”

麦克希姆微笑着：“哦，说说看，你在思考些什么？”

“你进来我就告诉你。”

“亲爱的，我们开一次化装舞会好吗？就像你们过去一样。”

麦克希姆吃惊地看着我：“你怎么现在想起这事了？是不是比阿特里斯一直在向你嘀咕什么？”

“不，不，我想我们应该做些什么，让人们觉得曼德利还是和过去一样。”

麦克希姆沉默了片刻。他装满烟斗，又点燃了它。

麦克希姆想委婉地打消我这个念头：“亲爱的，你不知道这意味着什么。你要做几百个客人，乃至全县人的女主人，还有很多年轻人会从伦敦来，把整个屋子变成夜总会。”

我恳求道：“哦，是的——可我要，哦！亲爱的，你答应我吧。我从来没有参加过大型晚会，可是我可以学，我保证我一定不给你丢脸。”

他看着我的眼睛。我的眼睛里充满了哀求和渴望，这使得他缓和了表情，紧紧地抱住了我。

麦克希姆宽容地说道：“好吧，亲爱的，如果你喜欢你就开吧。你最好请丹弗斯太太来帮你，好吗？”

“不，不！我不需要丹弗斯太太的帮忙，我自己就行。”

麦克希姆吻我：“好吧，我的心肝。”

“哦，谢谢亲爱的。你打算装扮成什么？”

麦克希姆冲我微笑：“我从来不化妆，这是我做主人的特权，你想要装扮成什么？漫游奇境的爱丽丝，头上系根缎带？”

我高兴地卖着关子：“不，我不告诉你。我要完全由我自己设计服装，并让你大吃一惊。”

我用双臂搂住了他。

白天。我不时地往一张服装设计草图上添上几笔。床上，摊着一本有插图的杂志，翻到了我正在临摹的圣女贞德的那一页。这时，有人敲门。

“请进。”

丹弗斯太太走进来，手里拿着几张有些褶皱的草图。

丹弗斯太太靠近我：“罗伯特在图书室里发现了这些草图，夫人，您是不是要把它们烧掉？”

“是的，丹弗斯太太，是这样。那些只是我的一些设想，是我为舞会设计的一些服装草图。”

我的口气冷淡，没有任何感情色彩——表现出我试图同丹弗斯太太建立的新关系——一种“武装”中立的关系。

丹弗斯太太：“德文特先生没有向您提供什么建议吗？”

我犹豫地答道：“没有。我想让他大吃一惊。事先我什么也不让他知道。”

丹弗斯太太：“我只是想，您可以在家族的画像里选一款适合您的服装。”

我飞快地抬头看了丹弗斯太太一眼，对她语调中的变化感到惊奇。我认为我看到了一个夙敌现在正在求和。

我站起来：“哦，你是说楼梯顶上的那些画像吗？我去看看。”我走出去，丹弗斯太太跟在后面。

画廊。我们一边走一边抬头看着已故的德文特夫人们的画像。

丹弗斯太太：“譬如，这一幅。”

她转过身，指着我们身后的卡洛琳·德文特的画像。

丹弗斯太太：“这好像就是为您设计的。我认为您完全可以按照它仿制一套。”

我回头看了看，急于听到令人信服的理由，然后又看了看画像，有点拿不准主意。

丹弗斯太太：“我听德文特先生说过，在所有的画像中，他最喜欢这幅。这是卡洛琳·德文特夫人，他的一位祖先。”

我还在盯着画像看，继而带着一丝难以察觉的欣慰，高兴地说：“啊，对啊，对！真是个好主意，丹弗斯太太，非常感谢。”我扭头一看，发现丹弗斯太太已经悄悄地离开了。

大厅里。戴着学生帽、穿着礼服的弗兰克进进出出，忙里忙外。大厅的一端摆放着专为舞会准备的长桌，上面点缀着花环和蜡烛。像以往的历届一样，桌子上放着自助晚餐以及大量的香槟酒。在桌子后面侍立着两三个男仆和五六个女仆。他们随时准备招待到来的客人。弗里斯正在监督做好最后的准备工作。

弗兰克走近弗里斯：“一切正常吗，弗里斯？”

弗里斯用一种长辈的神态审视着弗兰克：“是，先生，你这是要化妆成学校教师吗？”

弗兰克：“先生，这是我的一套旧礼服和帽子。”

弗里斯：“先生，这真是一套不错的化妆服，也很经济。”

弗兰克转身离开：“对，我就是这个意思。”

门厅里。一个仆人穿过门厅走向大门。麦克希姆出现了。他走下宽宽的楼梯准备迎接客人。

当仆人罗伯特打开门时，可以看到外面的雾气。加尔斯和比阿特里斯走进来，加尔斯戴着圆顶礼帽，在他的奇装异服外罩着一件外套，而比阿特里斯则穿着一件长外衣，头饰上系着一条手帕。

加尔斯脱下他的外套：“晚上好，罗伯特。这天气开舞会可不怎么样。”

罗伯特：“可不是吗，先生。”

加尔斯：“路上雾很大。”

他的大衣脱下来后露出里面褪色的长袖高领白色紧身衣，紧身衣外面罩着仿制的虎皮。除了这身装束，他还顶着一个礼帽。

只听他说道：“还很冷。”

比阿特里斯摘下她的手帕，但还穿着大衣。她的长长的金色发辫从肩上垂了下来。

比阿特里斯：“假发的头套太紧了。哼！他们应该附带一片阿司匹林来。”

这时候，麦克希姆已经和他们一起站在门旁。他觉得很有趣，笑着打量了一下这两个人，特别是加尔斯。

麦克希姆：“哈罗！”

比阿特里斯：“哦——哦——真见鬼。”

麦克希姆：“喂，你们是谁？亚当和夏娃吗？”

比阿特里斯："麦克希姆，你可真够讨厌的。"

加尔斯："是个壮汉，老伙计。"他突然想起什么，转向比阿特里斯："哎呀，我的重家伙呢？"

麦克希姆："什么家伙？"

比阿特里斯："你没忘在车里吧？"

这时，他们的司机进来，拿着一对模拟的球形杠铃，中间用一根涂漆的木棒连着。他拿着这重家伙的样子说明它根本没分量。

加尔斯："哦，在这儿呢。"

比阿特里斯："你先下来了，那个小宝贝儿呢？"

麦克希姆："她对她的化妆服绝对保密，甚至不让我进她的房间。"

比阿特里斯："妙极了，我上去帮帮她。"

加尔斯和麦克希姆来到大厅，和弗兰克待在一起。

加尔斯："我可以喝一杯吗？"

麦克希姆指着加尔斯的装束："你穿着那玩意儿不会着凉吗？"

加尔斯把他的话当真了："你别傻了，这玩意儿是纯羊毛的，老弟。"

罗伯特拿着杠铃走进大厅。

罗伯特："先生，你忘记拿这个了。"

加尔斯："唔，谢谢。"

罗伯特把它递给加尔斯时，它从加尔斯手中掉了下来，在地上反弹起来。

走廊里，比阿特里斯站在我的门外，敲门，并开始扭动把手。

比阿特里斯："哎，开门，我来了，亲爱的。我来帮你！"很明显，她很好奇，特别想见见我的化妆服。

我从屋里喊道："哎呀，请别进来，比阿特里斯。我现在还不能让任何人看见我的化妆服。"

比阿特里斯看上去显得为难："那好，时间不会太长的，是吗？因为第一批客人马上就到。"说罢，她从门前走开。

起居室。克拉丽丝，一个很年轻的女仆，正跪在地板上，最后理了理漂亮长裙的宽大下摆。

“你肯定这个应该是在这儿？”

克拉丽丝：“是的，夫人，正合适。”

我的衣服完全是模仿卡洛琳·德文特的画像中那与众不同的装束。我在镜子里欣赏着自己，把肩膀转向这边，又转向那边。

“哦，真叫人激动！”

克拉丽丝：“是的，夫人，我常听人说起曼德利的舞会——这会儿我可要亲眼看到了。我相信没有人能比得上您，夫人。”

“真的吗？哦，我的扇子呢？”

克拉丽丝拿过扇子，我最后甜甜地看了自己一眼，然后接过扇子。

“你真的认为我看上去一切都好吗？”

克拉丽丝恭敬地说：“简直太美了！”

“好，出场。”

我走向门口，克拉丽丝赶在前面开了门。

当我经过走廊时，我拍拍头发，又小心地理了理衣服，快走了几步，来到画像前。

我停了一会儿，把自己和画中人比较了一下。我感到几分得意，模仿着画中人的姿态走了几步，觉得自己走路的样子也变得高贵起来。然后，我向楼梯走去。

我看到一大群人，有弗兰克、加尔斯、比阿特里斯和麦克希姆——他们背对着我在一起说笑。我慢慢地接近他们，想让麦克希姆大吃一惊。

我步履轻盈，走下台阶。来到大厅，我停住了脚步。我屏住呼吸——我将要面对一个人生的重大时刻。

麦克希姆被一个笑话逗得大笑——他仍背对着我。

我开始向他们走去，一点一点接近，直到走到麦克希姆的身后停下。

“晚安！德文特先生。”

麦克希姆笑着转过身来，由于听到我的声音脸上带着一丝期待的微笑，但笑容慢慢从他的脸上消失。他上下打量着我，显得非常愤怒。

我的表情由激动的微笑变为茫然无措。麦克希姆朝我走了一小步——然后粗暴地说："天啊！你知道自己在干什么吗？"

比阿特里斯飞快地用手捂住了自己的嘴，好不让自己惊叫出来。

"丽贝卡……噢！"

我呆呆地盯着麦克希姆，无力地做着手势。

"可是……这是……画上的那个人……"

麦克希姆没有回答——他站在那儿，像石头一样面对着我。

我绝望地："怎么啦？我做错什么啦？"

麦克希姆又向我走近一步，用冰冷的口气说："走，快把它脱掉！随便穿什么都行，穿什么衣服都可以。"

我站在那里一动不动——不能相信麦克希姆对我所说的话。麦克希姆又开口了，他的声音更大更严厉。

"你还站在这里干什么？没听见我的话吗？"

我绝望地向四周看了看——转过身冲向楼梯。麦克希姆向前走了一步，好像要跟上我，但这时罗伯特高声通报着："乔治爵士和莫尔夫人到——达德利·台南特到——菲尔本克海军上将和夫人到……"

第一批客人到了——大约有8位。麦克希姆不得不转过身，尽主人的责任。

我到了楼梯顶端，飞快地瞥了肖像一眼，然后有点狂乱地看着周围，不知哪里出了差错。我看见丹弗斯太太走进丽贝卡的房间，忽然冲动地提着裙子向西楼跑去，匆忙得就连将帽子掉在楼梯上也没发觉。我来到丽贝卡的房间门口时，门正要被关上。我急忙上前，鼓足勇气推开门，走了进去。

丽贝卡房间里。

丹弗斯太太："我看着您下楼，就像我一年前看着她下楼一样。即使穿同样的衣服，你们也不可同日而语。"

我向她走近了一步——低下头看了看衣服，然后又看了看丹弗斯太太，"你是知道的。你知道她穿过，可是你却故意建议我穿。你为什么这么恨我？我怎么得罪你了，让你这么恨我？"我愤怒地质问丹弗斯太太。

丹弗斯太太："您想占她的位置。您让他跟您结婚。我刚才看见了他的脸色、眼神——和她死后的第一个星期一样。我经常听见他走来走去，整夜地，夜复一夜地思念她——忍受着折磨，因为他失去了她。”

我盯着丹弗斯太太，不由自主地向床边退去，感到越来越痛苦。当丹弗斯太太的感情爆发达到高潮时，我叫了起来：“我不知道——我不要知道！”

丹弗斯太太步步紧逼：“您以为您可以做德文特夫人，住她的房子，走她走过的路——把她的东西据为己有？可是她对于您来说实在太强大了，您没法跟她斗。没有人能占到她的便宜，从来没有，没有。她最后被打败了，但不是被男人，也不是被女人，而是被大海……”

我不能再忍受了：“别说了！哦！别说了！”我一头倒在床上，剧烈地抽泣起来。

丹弗斯太太低头看着我抽泣。忽然她有了一个新主意。她打开窗户，转向我，语气镇静得可怕：“夫人，您过分激动了，我给您打开了一扇窗户，呼吸点新鲜空气对您有好处。”

她的眼睛直直地盯着我。我支撑着起来，发现刚才躺着的地方有一个绣着黑色大写字母“R”的睡衣盒子。我顿时惊恐不已。

丹弗斯太太站在开着的窗户旁，看着床那边，意识到我在盯着什么。我慢慢地离开枕头，离开床，喘息着向窗边走去。

丹弗斯太太开始用低低的声调说话：“您为什么不走？您为什么不离开曼德利？”她靠过来直到她的脸贴近我的脸：“他不需要您，他只需要记忆。”

丹弗斯太太轻柔地、平静地说道：“他不爱你，他只想单独和她待在一起。你没有任何理由再留在这里，你也没有理由活着，真的！往下看看，跳下去不是很容易吗？”

我的内心充满了恐惧。丹弗斯太太在我的身后露出半个身子。

丹弗斯太太：“您为什么不呢？”

我向窗外看了看，有一种被催眠的感觉。我的心里面翻腾着越来越强烈的自我毁灭意识。

丹弗斯太太继续煽动道：“为什么不呢？下去吧，别害怕！”我从窗户口看见了缭绕的雾气……突然间，一声巨响打破了这片令人窒息的宁静和雾气。然后又是一声巨响，伴随着刺耳的汽笛声，接着是第三声……

我被惊醒了，站在那里又困惑又害怕。客人们从前门和旁门奔了出来。尽管在雾气中看不见他们的身影，但我却可以清晰地听到他们的声音："出事了！船触礁了！船搁浅了！快放信号，出事了！大家快点，都到港湾来！通知海岸警卫队，船出事了！"

一个仆人走向麦克希姆，把大衣披在他肩上。

我只能疯狂地喊道："麦克希姆，麦克希姆！"

"船搁浅了，快来人啊……"

我从窗边愤怒地转过身，愤怒地看着丹弗斯太太，然后从她的身边冲了出去："亲爱的，麦克希姆……"而丹弗斯太太无动于衷地注视着外面的一切。

大钟显示着时间的流逝。小海湾。在微弱的晨光中，几缕阳光开始穿透雾气。人们可以模糊地辨出岩石的轮廓，听到海浪的拍击声。

我看到穿着油布雨衣的人不断地在雾气中闪现，翻过岩石，我遇见了本。

"本，你看见德文特先生在什么地方了吗？"

本差不多已经被吓坏了："她不会回来了，是吗？"

"谁？你说的是谁，本？"

"唔，唔，另一个。"

我被他奇怪的语言吓得心惊肉跳，心中充满了恐惧，那种毛骨悚然的感觉，使我失去了用言语作答的能力。我不由地看着海滩，心中一片绝望，只希望能快些离开。

穿过雾气，爬过岩石，海浪拍打着沙滩。我看见了弗兰克。

"弗兰克，你看见麦克希姆了吗？"

弗兰克："半个小时以前看见过他。我想他大概已经回去了。"

"没有，他根本没在家，我怕他出了什么事。"

短暂的沉默。我好奇地盯着弗兰克，他在我的注视下显得十分不安。

"弗兰克，怎么啦？出什么事了？你看上去这样焦虑，一定是出了什么大事。"

弗兰克："嗯，潜水员在海里检查船底时，发现了另一条小船的船体，一条小帆船。"

我早就猜到这个事实，我难掩心中的恐慌。

"弗兰克，它是……"

弗兰克直视着我的眼睛："是的，是丽贝卡的船。"

我静静地琢磨了一会儿，然后安静地问道：“他们是怎么认出来的？”

弗兰克：“丽贝卡是本地人，他们一眼就认出来了。”他看出了我对麦克希姆的担忧。

“是的，把往事又带回来了，而且比以前更糟糕。”

“他们为什么要找那条船呢？他们为什么不能让它安安静静地躺在那里呢？”

弗兰克想了一会儿，有些窘迫地说：“好了，我得先走一步给那些人安排早饭。”

弗兰克走开了，我毫无主张地站在那里。我可以清楚地听到人们帮忙打捞船只时发出的喊叫声以及波涛声。

船屋所在的海湾。我回想起小木屋中的一切，抑制不住地想去看看。

木屋的窗口亮着一盏灯，光影印在窗框上，摇摇曳曳。我紧张而快速地走入木门。

我一眼就看见了麦克希姆的身影。他坐在那里，盯着一处发呆。

麦克希姆原地不动：“嗨……”

我慢慢地走向他，非常焦急。麦克希姆还穿着晚礼服，衣服的下摆沾着海水，浑身上下乱蓬蓬的。他的样子让人心疼，看上去简直就像是一个穷途末路的人。

“麦克希姆，你一夜没睡？……你原谅我了吗？”

麦克希姆缓过神来，爱恋地看着我：“原谅你？你又没有做错什么。”

“为昨晚的事情。我愚蠢地穿了那套衣服。”

麦克希姆：“哦，为这个，我已经忘了。我当时对你发脾气了，是吗？”

我害羞地：“是的。”又是一阵寂静。我恳求道：“麦克希姆，让我们从头开始好吗？我不要求你爱我……我从来不要求我不可能得到的东西。我可以做你的朋友，你的伴侣。这对我来说已经是最大的幸福。”

麦克希姆站起来，走到我跟前，紧紧地抱住了我。他的表情古怪，双手捧起我的脸：“你很爱我，是吗？可是太晚了，我亲爱的。我们已经失去仅有的一点可以幸福的机会。”

我慌乱地：“亲爱的，没有——没有，麦克希姆。”

麦克希姆：“是的，现在一切都完了。事情发生了——令我日夜为之担心的事情还是发生了。”

我们走到屋子的另一边。麦克希姆坐了下来，我来到他跟前，跪在他面前：“麦克希姆，你要告诉我什么吗？”

麦克希姆说：“丽贝卡赢了。”

我看着他，一句话也说不出来。我最担心的事情还是发生了——他最爱的人仍然是丽贝卡，已经死去的丽贝卡。

麦克希姆：“她的影子像鬼魂似的飘在我们的中间，无时无刻不在为我们制造着隔阂。她早就算计好的。”

“你在说什么？”

麦克希姆：“他们派潜水员下去了，他们发现了另一条船……”

我顿时感到轻松，接过话来安慰他：“是的，我知道。弗兰克告诉我了。亲爱的，我也很难过。那是丽贝卡的船，对你一定又是一次打击。”

麦克希姆：“潜水员打碎了船的一个舷窗，在舱里发现了一具尸体。”

这个消息让我倍感震惊，也对麦克希姆极端悲观的语气感到困惑不解。

“那么说，她不是一个人，还有一个人和她一起驾船，你要弄清楚是谁，是这样吗，麦克希姆？”

麦克希姆：“亲爱的，你还是不明白。没有人和她在一起的。那具尸体是丽贝卡的。”

“不！不可能！”

麦克希姆：“那个从水库里冲上来，现在躺在我家的坟地里的女人，不是丽贝卡，而是一具无人认领的无名女尸。我知道那不是丽贝卡，但仍然认领了。这只是一个骗局。我心里清楚丽贝卡的尸体在哪里。就在海底，躺在甲板上。”

我恐惧地问道：“麦克希姆，到底怎么回事？你是怎么知道的？”

麦克希姆：“因为……是我把她放在那里的……现在你还能看着我的眼睛说你爱我吗？”

我不相信自己的耳朵，不由自主地离他远了一些。我站了起来，被吓坏了。

麦克希姆：“你看，我说对了吧，太晚了。”他转过身，搂住了我。

我用双臂搂住他：“不，还不算晚。不要这样说！我爱你，胜过这世上的一切。麦克希姆，吻我吧，求求你！”

麦克希姆：“没用的，太晚了！”

“我们现在不能再失去对方了，我们应该在一起，永远在一起！没有秘密，没有隔阂！”

麦克希姆：“不，我们只有几天的时间，或几个小时了。”

“亲爱的，以前你为什么不告诉我？”

麦克希姆：“我几次差点告诉你，可是我觉得你对我不够亲密。”

我直起了身子看着他：“当我知道你还时刻想着丽贝卡的时候，我怎能和你亲近呢？当我知道你仍然爱着丽贝卡的时候，我怎么能要求你爱我呢？”

麦克希姆：“你在说什么？你这是什么意思？”

“每次你触摸我的身体，我知道你在拿我和丽贝卡相比。每次你看着我，和我说话，或和我在花园里散步的时候，我知道你都这样想。”

麦克希姆困惑地望着我，然后轻轻地转过身去，不解地：“你以为我爱丽贝卡，你是那样想的？我恨她！”

这时，我才恍然大悟，原来是我一直误解了麦克希姆——自己的丈夫，错以为他爱着丽贝卡。

他静静地回忆着，述说着：“开始我也像大家一样被她迷住，为她心醉。我结婚时，人人都说我是世界上最幸福的人。她是那样可爱，那样完美，那样令人愉快。每个人都说她具有做妻子的三个重要条件——教养、聪明和美丽。我相信了，完全相信。但是我和她在一起没有一分钟是愉快的。她根本不懂什么是爱、温柔和贞操。”

“你不爱她？你不爱丽贝卡？”

麦克希姆：“还记得在蒙特卡洛，你第一次遇见我时的那个悬崖吗？我和丽贝卡蜜月时去了那里。就是在那里，在我们结婚才 4 天之后，我了解了她。她站在那里大笑着，乌黑的头发在风中飘扬，她告诉了我她的一切……那些我永远不会告诉别人的事！我想杀死她。那本是很容易的。还记得那悬崖吗？那天，我是不是把你吓着了？你以为我疯了？也许你是对的。和魔鬼在一起生活，还有人能活得清醒吗？”

他停顿了一下看着我，接着又自责地说：“她说‘我跟你做笔交易。结婚 4 天就和我离婚，那样你会显得很愚蠢。我将扮演你的贤妻，你心爱的曼德利的女主人。如果你愿意，我将把它办成英国最著名的显赫之家，人们会崇拜我们，嫉妒我们，说我们是全英国最快乐的一对。那将是多大的玩笑，多大的胜利。’我当时太不该接受这个肮脏的交易了——家庭的荣誉。她知道我宁可牺牲一切，也不愿站在法庭上和她离婚，揭露她，承认我们的婚姻是一场失败的玩笑……亲爱的，你听了，是不是觉得看不起我？我自己也看不起自己。可谁又能理解我当时的心情呢？”

我无限柔情地说："我当然能，亲爱的，我当然能！"

麦克希姆："我遵守了这个交易，她表面上也很遵守。哼，这场游戏她玩得很巧妙。但不久她就变得无所顾忌了。她在伦敦租了一套房子，每过一阵，就到那里住上几天。再往后，干脆把一帮狐朋狗友带到曼德利来。我警告她，但她耸耸肩说‘这跟你有什么关系？’她甚至开始勾引弗兰克——可怜的忠实的弗兰克……后来，又和她表兄，一个叫费弗尔的人。"

"是的，我见过他。你去伦敦那天，他来过曼德利。"

麦克希姆坐在沙发上："那你怎么不告诉我？"

"我不想。我不想让你想起丽贝卡。"

麦克希姆站起来："让我想起？这种噩梦还需要别人提醒才能想起？费弗尔常在这小屋里和她幽会。我发现了这件事，我警告他说，如果他再来，我就用枪打死他们两个人。可是后来的一天晚上，我又发现她悄悄地从伦敦回来了。我想费弗尔一定又和她在一起，我再也不能忍受这种丑恶和欺骗的生活了。我决定来到这里和他们算账。可是只有她一个人在这里，她在等着费弗尔，但他还没来。她躺在长沙发椅上，身旁的烟灰缸里有很多烟头……她满脸病容，样子古怪。突然她站起身，冲我走来。她说‘如果我现在怀了孩子，你或任何人都不能证明这孩子不是你的。你不想要一个继承人吗？麦克希姆，为了你心爱的曼德利？’她边说边开怀大笑，‘真滑稽，太滑稽了！我要成为一个良母，就像我一直是一个贤妻一样，没有人知道内幕。你会感到前所未有的激动，麦克希姆，看着我的儿子一天天长大，并且知道，在你死后，曼德利将是他的。’她和我面对面，一只手放在口袋里，另一只手拿着烟，笑着，‘好吧，麦克希姆，你打算怎么处理这件事？你不打算杀了我吗？’我想我当时气疯了，可能打了她。她站在那儿死死地盯着我……她站在那里，以胜利者的神态瞧着我，然后又冲向我，笑着，突然，她绊了一下，摔倒了……当我低头去看时，好像已经过了很久，她躺在地上，她的头撞在很重的船用滑轮上。我记得我当时奇怪她为什么还在笑，然后才明白她已经死了。”

“可你没有杀她，这是一个意外。”

麦克希姆：“可谁会相信我？我当时昏了头。我只知道我得做点什么，什么都行。我把她抱到船上，放在船舱里。天很黑，没有月亮。当船离岸有一段距离比较安全时，我用一根长钉使劲地凿穿船板，然后打开船底阀，水开始迅速地涌了进来。我爬进救生艇，划开，然后亲眼看着那只船翻过去沉了。”

“麦克希姆，有别人知道这件事吗？”

“没有，只有你知我知。”

“我们必须把这件事情解释清楚，必须说那是你从来没有见过的人的尸体。”

“不行，他们一定会认出她的。她的戒指和镯子，她总带着的，凭这就可判定这是她的尸体。然后，他们肯定会想起另一个埋在坟里的女人。”

我转过身来，走到麦克希姆身边，抱住了他：“如果他们认出这是丽贝卡，你就说你那天去水库认的那具尸体是弄错了，说你那天生病了。丽贝卡已经死了，这点我们必须记住。丽贝卡已经死了。她不能说话，不能作证，她不能再无所顾忌地伤害你了。我们是这世界上知道这件事的仅有的两个人，麦克希姆——你和我。”

麦克希姆绝望地抓着我的胳膊：“还记得有一次我跟你说我娶你是自私的吗？你现在明白我的意思了吧。我爱你，亲爱的，我将永远爱你——，但是我始终知道丽贝卡会胜利的。”

我紧紧地搂着他好让他不再受到这么多的伤害：“不，她没赢！无论发生什么事，她都没赢。”

这时，电话铃突然响了，吓了我们一跳。麦克希姆走过去，拿起电话筒：“喂，喂，哦，弗兰克。是的，谁？朱利安上校？是的，告诉他我会尽快到那里和他见面的。什么？喂……就说我们把事情弄清楚了，再和他谈论这件事。好，嗯，好。”

“什么事？”

麦克希姆：“朱利安上校来电话了。他是县里的警察局局长，警察局请我到停尸房去。他想知道上次的尸体会不会是我认错了。”

此时我们相对而立，四目相接，百感交集，麦克希姆紧紧地搂住我。

停尸房。麦克希姆、弗兰克、朱利安上校一起在那里看着什么，然后走上楼梯。

麦克希姆："是的，朱利安上校。显然上次那具尸体是我认错了。"

弗兰克插进来对麦克希姆说："在那种情况下，错误是很自然的，况且你那天有病在身。"

麦克希姆："胡说，当时我很好。"

弗兰克对麦克希姆拒绝接受他的帮助感到失望，他紧张地看着朱利安上校。

上校："好了，不要为这件事烦恼。麦克希姆，没有人会责怪你的错误。遗憾的是你必须再次经历一次同样的事情。"

弗兰克："这是什么意思？"

上校："哦，当然需要再次查问。同样的手续，官样文章。"

弗兰克："哦，原来如此。"

上校对着麦克希姆说道："我希望这件事不要闹得满城风雨，但恐怕这是不可能的。"

沉默。

上校若有所思地问道："我想德文特夫人当时可能有事到舱里去，由于没有人掌舵，一阵狂风把船打翻了。我想答案就是这样吧。你怎么想，克劳利？"

弗兰克掩饰着自己的急迫："可能门堵了，她无法回到甲板上去。"

上校赞同："对。这艘船的制造者塔布，无疑会得出大致相同的结论。"

弗兰克："为什么？他对此知道些什么呢？"

上校："他正在检查那条船，纯粹是例行公事。麦克希姆，明天我一定参加尸验询问，当然不是正式的。等事情一完，我们去打高尔夫球，怎么样？再见。"

麦克希姆心不在焉："好的，上校！"

朱利安离开后，麦克希姆没精打采地走着，弗兰克在一旁用余光焦虑地看着他。

5．“R”的灰烬

夜晚曼德利的大厅。我衣着简单地走下楼梯，我觉得自己有了前所未有的自信，我知道自己就是曼德利的女主人，麦克希姆的妻子。

弗里斯从外面进来，手里拿着两三张报纸，他非常同情和尊敬地对我说：“夫人，这里有晚报。您要看看吗？”

“哦，不，谢谢，弗里斯。我很不愿意让报纸给德文特先生增添麻烦。”

弗里斯：“我明白，夫人。请允许我说，我们局外人很难过。”

“谢谢你，弗里斯。”

弗里斯：“恐怕这事对丹弗斯太太是一个沉重的打击。”

“是的，我想肯定会的。”

弗里斯犹豫着，好像有什么话要说。

“说吧，什么事，弗里斯？”

“夫人，听说要验尸询问？”

“是的，这不过是例行公事。”

弗里斯有些不自然，但尽量以同情和诚恳的语气说道：“夫人，无论怎样，如果要我们谁去作证的话，只要对这个大家庭有利，我们都非常愿意做。”

他的话让我感动万分：“谢谢你，弗里斯，我相信德文特先生听了这些话，一定会非常高兴的。但是我想应该不会有什么事要麻烦大家的。”

弗里斯微微鞠了一躬走开了，我静静地目送他离去。我心里止不住地激动，麦克希姆在图书室里，我现在要去找他。

麦克希姆站在壁炉边，背对着门口，忧郁地吸着烟。知道走进来的是我，他急忙转过来，面带喜悦。

麦克希姆无限温柔地叫了一声：“亲爱的！”

“哦，麦克希姆，明天你在验尸询问中会怎样表现，我很担心。”

“宝贝，这是什么意思？”

“你一定不要发火，行吗？答应我不要让他们惹你发火。”

麦克希姆不做声了，隔了好大一会儿，才说："好的，亲爱的，我答应你。"

"不管他们问你什么，你都不会失去控制？"

"别担心，亲爱的。哦，我像那种随时会失去控制的人吗？"

"亲爱的，我不能一个人在这里待着，让我时时刻刻地陪着你。无论发生什么事，我再也不要和你分离。"

麦克希姆："好吧，亲爱的！要不是为了你，我才不在乎这些事情呢！我不能忘记这件事对你的影响。自从这件事发生后，除了你，我什么也没想过。啊！我珍爱的你，那天真有趣、不知所措的神态永远消失了，再也没有了，告诉你丽贝卡的事的那一刻我就知道。亲爱的，只是短短的几个小时，你一下子长大了许多。"

我仰望着他，轻声叹道："麦克希姆……麦克希姆……"

他抱住了我，我们紧紧地贴在一起，我们狂热地、如饥似渴地亲吻，就像从来没有接过吻的有罪的情人一样，就像以后再也没有机会接吻的人一样……

警察说道："他的名字叫黑杰克·布拉特里，是我经历过的最重要的一次逮捕。那大约是两年前的事情了。当然，这是毫无疑问的……我逮捕他一个月之后，他就被绞死了……啊，等一等（他看了警察局门口一眼），哦，天哪，他们怎么把那个傻瓜本也带来了……"

验尸房。本站在法庭上接受验尸官的询问。

验尸官："你记得已故的德文特夫人吗？"

本："她走了。"

验尸官有点不耐烦地："是的，这点你不说我们也知道。"

本："她被大海带走了，她到大海里去了。"

朱利安上校坐在验尸官的左侧，麦克希姆坐在朱利安上校的左侧。我坐在第一排，弗兰克坐在我的旁边。丹弗斯太太坐在后边，靠着费弗尔。我们都在全神贯注地听着。

验尸官："你还记得她出海没有回来的那个晚上吗？"

本："呃——"

验尸官耐心地重复着："她最后出海的那个晚上，你在岸上吗？"

本目光迟钝地扫视着整个法庭，显然他被吓得够呛 ：“我什么也没有看见，我不想去收容所。他们那里的人很凶。”

验尸官 ：“好了，好了。没有人要送你去收容所。我们只要你告诉我那天你看见了什么。”

本 ：“我什么也没有看见。”

验尸官 ：“别怕，别怕，告诉我，你那天晚上看见德文特夫人上船了吗？”

本 ：“我什么也不知道，我什么也没有看见。”

验尸官看了看朱利安上校，上校点了点头，耸耸肩。显然他们已经不指望能从本的口里了解到什么了。

验尸官 ：“塔布先生。请站过来，好吗？”

他接着问道 ：“已故的德文特夫人是不是经常把船送到你的船坞去修理？”

塔布 ：“是的。”

验尸官 ：“你是否听说她的船发生过什么意外？”

塔布 ：“先生，没有。我常常听说德文特夫人是一个天生的海员。”

验尸官 ：“现在假设，德文特夫人走进船舱，突然刮来一阵大风，它能把船打翻，是吗？”

塔布 ：“对不起，先生，还有比这个更大的可能性，那就是船的底阀，我刚才检查时，发现船的底阀都被打开了。”

验尸官 ：“那可能是什么原因造成的？”

塔布 ：“是这样的。正是这个原因使船进水，把她沉没了。”

此言一出，观众席上发出了一阵很大的惊叹声。费弗尔意识到发生了没有预料到的事情，他开始飞快地思考着。

验尸官严肃地 ：“你是指……”

塔布先生不高兴地说道 ：“那条船根本没有被打翻。我知道说出来很可怕，先生，我的意见是船是被凿沉的，因为船上有不少洞。”

麦克希姆的脸上好像罩着一层面具，他依旧保持着外表的平静。人群里的议论声变得更响了。

验尸官向朱利安上校凑过身去："你了解已故的德文特夫人，对吗？你相信她会自杀吗？"

朱利安："坦率地说，我不相信，不过这也很难说。"

塔布先生离开了证人席，麦克希姆又站到了这个位置。

验尸官："很抱歉！又把你拖回来向你提问了，德文特先生。你已经听到塔布先生的陈述了。不知道你是否可以帮我们一些忙？"

麦克希姆简短地答道："恐怕不能了。"

验尸官："你能想得出什么原因吗？已故的德文特夫人的船上为何有那么多的洞呢？"

麦克希姆粗率地答道："不，我当然想不出什么原因。"

验尸官："以前有人跟你提起过这些洞吗？"

麦克希姆："既然那船一直沉在海底，我认为不会有这种可能。"

验尸官有些被激怒了："德文特先生，我希望你相信我们都非常同情你的遭遇，不过你应该知道我并不是为了寻开心才进行这次讯问的。"

麦克希姆带着几乎不加掩饰的讽刺说道："这是显而易见的，不是吗？"

我清楚地看到麦克希姆被激怒了，开始变得暴躁。我想抗议，却无能为力。

验尸官："希望如此。那么，既然德文特夫人是单独出海的，我们是否就可以认为洞是她自己凿的呢？"

麦克希姆："你爱怎么想就怎么想吧。"

验尸官："你能启发一下我们为什么德文特夫人要结束自己的生命吗？"

麦克希姆被彻底激怒了："无可奉告。"

验尸官："德文特先生，无论你怎样痛苦，我还是要向你问一个私人问题，你和已故的德文特夫人关系好吗？"

验尸官的声音不断敲打着他，麦克希姆看上去再也不能忍受了。

果然，只见他突然大喊一声："我再也受不了了，你最好现在知道……"

情况越来越不妙，我的眼前一黑，倒在地板上，不省人事。

法庭被迫休庭。

麦克希姆温柔地冲我说：“我说过你要吃点早点的，你饿了，所以才会这样的。”我看着他强颜欢笑的样子，心里只感到锥刺一般的疼痛。我只能有气无力地笑笑作为回答。

麦克希姆扶着我走下台阶，路上的行人匆匆走过。一辆汽车远远地驶来，停在我们的面前。司机马伦下车走了过来。

马伦：“弗里斯先生认为你们可能喜欢家里的饭菜，所以让我特意送来。”

麦克希姆非常高兴地：“很好啊，马伦，把车开到拐弯处吧。”

马伦：“是的，先生。”

“我真没用，竟然晕倒了！又给你添乱了。”

麦克希姆：“傻瓜，说的什么话啊！要不是你晕倒了，我那时真是气得要发脾气了。”

我无限焦急地说：“亲爱的，千万小心。”

他安慰地捏着我的胳膊，充满柔情。我们来到车边，司机已经打开了车门。

麦克希姆在钻进车时说道：“亲爱的，请在这里等几分钟，我去找找弗兰克。”

我边向后座挪动边回答：“好的，亲爱的！别为我担心，我没事。”

麦克希姆打开篮子，拿出一瓶白兰地，递给我：“真的吗？来，喝一点对你有好处。”

我轻轻地喝了一小口。麦克希姆冲我微微笑了笑。

我独自坐在车里，觉得浑身舒服了很多。忽然，窗外传来一声问候：“你好啊！”令我惊讶的是从车窗外伸进头来的居然是费弗尔。

费弗尔：“新娘子今天觉得怎么样？我看，嫁给麦克希姆，生活也并不是满地鲜花啊。”

对他的轻浮，我感到十分恶心：“我警告你，你最好在麦克希姆回来之前离开这里。”

费弗尔居然厚颜无耻地打开车门，对我说：“嘿，还怕他吃醋？我看不能怪他。可你别以为我就是一只大恶狼，我不是的，我是一个普普通通不会伤害别人的人。知道吗？你比我上次见的时候成熟多了。”

麦克希姆不知什么时候出现了：“费弗尔，你想干什么？”

费弗尔：“哦，你好啊，麦克希姆老弟，事情的发展好像对你很不利啊，比你原先预料的要糟。本来我很替你担忧的，所以啊现在特意来问问。”

麦克希姆生气地说道："谢谢你的担忧和关心，如果没有其他事的话，我想我们准备吃饭了。"

费弗尔："哦，吃饭了，这主意不错。哎呀，看起来挺像一顿野餐的。哦，可以把我的帽子放在这里吗？"没等我们说什么，他居然不由分说坐进车里来。他肆无忌惮地从篮子里抓起一只鸡腿自己啃了起来。一边吃一边说："老弟，我想我们有件事还可以谈谈。"

"什么事？"

他一边往嘴里塞着食物一边说道："其实，也没什么的，就是关于船底那些窟窿的事。"然后他又朝窗外喊了一句："喂！马伦，你能不能给我的车加点油。没有动力可不成。"

"是的，先生。"

马伦走开。费弗尔把车窗摇上去："这样你不会介意吧？"

费弗尔："好吧，麦克希姆，你知道我现在的境况很困难，只要你看看这个字条就明白了。这是丽贝卡出事的当天给我的。幸好她有先见之明，写上了日期。当时很不凑巧，我去参加一个舞会，所以第二天才收到。"

我可以感觉到麦克希姆在镇静中对他表示出的蔑视："你以为我会对你所说的那些东西感兴趣吗？"

费弗尔："哦，现在我不想就它的详细内容跟你研究，不过我可以断定一个当天晚上决定自杀的人是不会写下这个的。"

他看着手中的鸡骨头嘲弄似的继续说道："顺便说说，你是怎么样处理骨头的呢？哦，你知道，麦克希姆，我现在已经对汽车推销员的职业倍感厌倦，不知你是否有过虽然开着名贵的车可那不是你的那种深刻的感觉？事情总是这样的，让人感到恼火。你明白我的意思吗？我非常想拥有自己的东西，很简单。"

麦克希姆仍然愤怒地盯着费弗尔，似乎火山在一瞬间就可能要爆发了。

费弗尔继续说着："你知道，乡下的日子有多好！我想辞职不干了，然后隐居到乡间去。如果在那里能有一块田地或一块可以打猎的空地，那就更妙了。但是我知道这一来需要很大的开销，所以啊现在打算跟你谈谈，看看你能给我一些什么有用的指教，让我既不费力劳动还能过得很舒心。”

此时，弗兰克不知从哪里走了出来，他先是看了看我和麦克希姆，对费弗尔冷冷地说：“嗨，费弗尔。”然后换了一种很友好的口气问麦克希姆：“你找我，先生？请问有什么事吗？”

麦克希姆：“是的，我要和费弗尔先生谈一笔交易，我们最好到那边的饭店里去谈，我想找个安静的地方。”

费弗尔跟着麦克希姆从车子里出来，还得意洋洋地对我说着：“再见。”

麦克希姆低头对我悄声叮嘱道：“赶紧去找朱利安上校，就说我想立刻见他。”

饭店，包间。

门打开之后，朱利安上校、弗兰克和我都出现在他们的面前。事情并不是费弗尔想象的那样了，他一下子呆住了。对朱利安上校的到来，他一点思想准备都没有。

麦克希姆介绍道：“这位是杰克·费弗尔先生，朱利安上校。”

费弗尔慌忙套近乎：“哦，我认识朱利安上校，我们早就认识了。”

麦克希姆：“既然你们早已相识，那你也应该知道他是这里的警察局长了。”

费弗尔装作若无其事地说道：“你看你说什么呀？我不懂你的意思，我只不过是给你讲讲我的打算，打算辞了销售员的工作，回乡下去。”

麦克希姆：“事情哪里这么简单啊！你刚才不是希望我能付你一笔钱，你就可以放弃你手里的一张重要证据吗？”

朱利安上校狐疑地问道：“到底是什么呀？费弗尔，拿出来。”

费弗尔：“我只想要一个公道。丽贝卡的死因现在已经推出了很多种可能性，人们多以为是自杀。但是，我这里有一张字条，完全可以排除她自杀的可能性。”说罢，他把字条递给朱利安上校。

上校读到：“亲爱的杰克，我刚刚看完病，直接回了曼德利，今天晚上我会一直待在小屋里等你，门给你留着。我有很重要的事情要告诉你。丽贝卡。”朱利安上校深感惊讶：“德文特先生，这是真的吗？”

费弗尔：“上校，难道你认为这是一个决定寻短见的女人写的吗？如果她真想自杀，为什么非要出海呢？还要带上锤子和凿子把船凿一些洞，这又何必呢？上校，您作为一个专业的执法者，难道不觉得疑点重重吗？”

朱利安上校严肃地说道：“不，从表面上看，不会的。但我不知道这张便条指的是什么。你怀疑是谋杀？”

费弗尔随意地答道：“还能有其他的结论吗？您难道认识德文特先生是一天两天吗？您了解他吗？他就是为名誉和身份而生的，为了这些，他甚至可以牺牲自己，更何况是对别人呢？”

弗兰克在旁边忍无可忍：“简直就是敲诈勒索。”

上校靠近费弗尔：“事情有那么简单吗？想敲诈勒索的人，只会给自己带来很多的麻烦。最直接的结果就是被毫不客气地送进大牢。”

费弗尔冷笑着：“你这算是替德文特先生说话吗？他是一个有钱有势的人，你接受过他的好处，所以你才这样吗？”

上校：“胡扯，你要明白你现在提出的是一项谋杀指控，没有证人，你便没有退路了。”

费弗尔四下看看，眼珠一转：“证据吗？有——就是本。要不是那天那个验尸官既愚蠢又趋炎附势，他早就从这个傻蛋那里得到真相了。”

上校强压着自己的怒火，质问：“那本为什么又要隐瞒自己知道的实情呢？”

费弗尔：“因为有一次我们在小屋里约会被他发现了，我们就抓住了他，丽贝卡威胁他要把他送进收容所，这样把他给吓住了，但他一天到晚在那里晃悠，肯定还看见了其他什么。现在只是因为害怕不敢说罢了。”

弗兰克早已气愤不过：“岂有此理，不以为耻的家伙，真让人觉得荒谬！”

费弗尔得意洋洋地在屋里走来走去，还满嘴说着一些浑话：“看得出来，弗兰克，你对我的敌意不浅哪！你在丽贝卡身上没能捞到什么好处，不过这次你有希望了。如果这个新娘子以后每周晕倒一次，你那结实的肩膀就派上用场了……”

实际上，麦克希姆早就火冒三丈了，他怒不可遏地冲过去朝费弗尔的脸狠狠一个勾拳。费弗尔顿时哑然无声，倒在地上。众人想拦都没来得及。

上校不由地出面阻止：“德文特！”

我在一旁也情不自禁地劝着麦克希姆。

费弗尔揉着下巴站了起来：“你这疯子般的脾气会把你活活毁掉的。”

此时，气氛显得十分尴尬，大家都不知该做些什么。恰好，店主端着酒进来了。

店主见此情形，略感抱歉地说：“对不起，先生们，看来我来的不是时候。”说完，他便把酒拿出来放在桌上。费弗尔一见，二话没说，拿起来就喝。

费弗尔：“店主，麻烦你给德文特先生来点镇静药。”

朱利安上校对店主吩咐：“什么都不要，你先下去吧。”店主见势不好，赶紧趁机走掉。上校接着说：“来吧，我们接着谈我们的公事。大家把怨气都先放在一边。既然你对每个细节都那么熟悉，或许你还能再告诉我些什么？”

费弗尔：“哈哈哈，我早就知道你们还会用得着我的。上校，不瞒您说，我看过不少的侦探小说，明白破案需要找作案动机。不过，现在还不行，你们让我离开一会儿，行吗？”费弗尔说着很快离开了房间。

此时，我显得惊慌失措，麦克希姆关切地望着我。

“亲爱的，我想你最好还是待在家里吧。亲爱的，请放心吧，我不会有事的，倒是害得你跟着我担惊受怕的！”

“求你让我留在这里陪着你吧，麦克希姆。这样总比一无所知要好得多啊。”

麦克希姆轻轻走过来，温柔地拍拍我的手，他的脸上挂着理解的微笑。

弗兰克：“上校，难道你相信这个浑蛋所说的一切……”

朱利安上校马上打断他的话：“克劳利先生，对不起，我有查明真相的职责。我会靠自己的判断能力弄清事情的真相的。无论是谁说的，我都必须考虑。”

费弗尔不知什么时候回来了：“这个我完全赞同，对于这样有影响力的案子，我们有理由追查到底。必须让事实来说话，弄清一切的原委。”他边说边盯着门口：“有一个人我们绝对不能忽略，对丽贝卡的事情她有绝对的发言权。不是要找证据吗？她的证词就是证据。”

门口。丹弗斯太太出现了，她雄赳赳气昂昂地站在门边，双手抱胸，仔细地将屋里的人扫了一遍。

费弗尔介绍道：“这位是丹弗斯太太，朱利安上校，我想你们一定认识吧。”

朱利安上校：“请坐吧，丹弗斯太太。我现在必须问你一些问题，希望你不要介意——你是否知道已故的德文特夫人与费弗尔先生之间的关系？”

丹弗斯太太：“他们是表兄妹。”

朱利安上校：“这个我知道，丽贝卡跟你这么亲密，你应该知道一些比较隐秘的……”

丹弗斯太太谨慎地问道：“先生，你到底想要知道什么呢？”

“就是比表兄妹更亲密的那种关系……费弗尔先生刚才都已经告诉我了，你至少可以证实一下。”

费弗尔：“丹尼，别讲那些废话。你难道不明白他的意思？我和丽贝卡时不时地住在一起，她那么爱我，难道你不知道？她心里的什么秘密我都知道，这也是很正常的事！”

丹弗斯太太打断他：“你错了，她根本不爱你，她也不爱德文特先生，她谁也不爱，只爱她自己。男女之间的情爱根本束缚不了他，她对所有的男人都充满仇恨，和你们上床只不过是逢场作戏。她的内心世界只有我才能了解。你们对她来说，只是游戏场上的玩偶，是没有任何吸引力的……”

费弗尔：“听好了，我在她的心目中占着最重要的位置。海湾那里的小屋就是证明，我们没日没夜地在小屋里幽会，每次只要我稍微去得晚些，她都急不可耐，这些你自己也心知肚明。”

丹弗斯太太终于生气了：“这样做算什么呢？那什么都不是，她有权利和任何人寻欢作乐。男女之间的调情对她来说只是游戏，仅仅是这样。她不但是这样做的，对我也是这样说的。你们所谓的‘爱’在她看来只是好笑的空虚。她看透了一切，你们什么都不是！谁也别想曾经拥有过她，我告诉你，她笑话你就像笑话别的男人一样。每一次她回到楼上，坐在床头，总是在笑话你们这帮男人，笑得浑身发颤。可笑吗？她知道你们每一个人的秘密和懦弱的地方，在她的股掌之间，你们只能不断地围着她转，成为她玩弄的对象。”

费弗尔这下真急了：“请别见怪，上校。如果让我有针对性地来问她一些问题，更有利于事情朝着顺利的方向发展。”说完，他转身朝这个半疯的女人问道：“丹弗斯太太，能不能冷静点，请你告诉大家，谁是丽贝卡的医生？”

又出现一个神秘人物，事情似乎变得更加扑朔迷离。

丹弗斯太太沉默半晌，冷冷地答道："是马克林大夫，就住在庄园附近。"

"我说的不是这个人，不是这个！我问的是她在伦敦的医生。"费弗尔急忙提醒道。

丹弗斯太太一脸镇定："这个我怎么知道？"

费弗尔："我就说啊，你看，怎么样？她什么都清楚，跟我一样，丽贝卡的什么我都知道。"

大家一片静默。

过了一会儿，朱利安上校平缓地问道："你能不能给出一个理由，解释一下德文特夫人为什么自杀？"

丹弗斯太太听闻，十分震惊地摇头否认："不，不！她不可能自杀的。对于这种荒唐的说法，我想不出任何理由。"

讨厌的费弗尔迅速插话："这就对了。丹弗斯太太也说丽贝卡自杀是不可能的事情。"他为了让大家觉得他的话有说服力，转身继续向丹弗斯太太发问："我知道丽贝卡在死的那天去伦敦看过病，你还记得那位给她看病的医生是谁吗？"

丹弗斯太太一脸冰霜："不知道。"

费弗尔见机赶紧变换自己的问话方式："哦，我明白了。丹弗斯太太，你之所以不愿谈及丽贝卡的私生活，是因为你害怕她的名声毁于一旦。你要努力保持她在你心目中的完美形象，她在你心中的神圣位置你当然会誓死捍卫的。可是，我同你想的一样啊。但是现在有些人硬说丽贝卡是自杀的，我和你同样不能接受啊。我们应该让她'自杀'的言论蒙耻，像她这样活得尽兴痛快的人，怎么会选择以这种愚蠢的方式来结束自己的生命呢！除非她心中有什么特别绝望的事情，让她害怕，让她丧失了生活的勇气。"

丹弗斯太太："你竟然说丽贝卡会害怕？她才不会怕呢，她什么都不怕。她唯一发愁的就是死亡——她害怕自己会慢慢地老去，会生病，会可怜地死在床上。她和我无数次地说，人死的时候一定要痛快，犹如蜡烛的火苗，瞬间熄灭。她这么惧怕死亡，怎么还会主动去干这种傻事呢？"

上校："丹弗斯太太，你必须知道一件事——现在有人说德文特夫人是被人谋杀的。对此，你有什么证据吗？现在只有你才可以帮我们把事情的真相查明。”

费弗尔：“丹尼，上校的话说得再明白不过了。这个事情你可能知道——只是一个脱口而出的名字——乔治·福蒂斯丘·麦克西米利安·德文特。是他！”

麦克希姆没有回避丹弗斯太太质疑的目光，我紧张地抓着麦克希姆的胳膊。

丹弗斯太太小心翼翼地说道：“曾经是有一个医生，德文特夫人经常私下去找他。结婚以前就经常去。”

费弗尔显得已经极为不耐烦了：“拜托，丹尼。能不能痛快地说出那个人的名字？”

丹弗斯太太逐字说道：“贝克医生，牧童从林区，金鹰路165号。”

费弗尔更加得意了，他以胜利者的口气说：“上校，听见了吗？我们只要去问一问贝克医生，就能知道犯罪者的作案动机。医生会告诉你，丽贝卡怀了一个可爱的卷发的孩子。”

丹弗斯太太惊恐地叫道：“这不可能的，不可能，如果有她绝对会告诉我的。这绝对不是真的。”丹弗斯太太受到沉重打击，显得有些迷乱。

费弗尔张狂地说道：“丽贝卡把这事告诉麦克希姆了，麦克希姆异常恼怒，他知道自己不是小孩的父亲，受到了前所未有的耻辱，为了维护家族的名声，这个老派的绅士残忍地杀害了她。就是麦克希姆杀了丽贝卡，真相就是这么简单。”

朱利安上校望了望麦克希姆，说道：“这件事我们恐怕还得去问一问伦敦的这位医生，最后才能确认到底是怎么回事！”

麦克希姆一声不响，费弗尔向上校要求同去，上校答应了。

费弗尔：“你不怕这个犯人跑掉吗？哦，不介意现在就这样称呼吧？”

上校只简单地说了句“我担保他不会这样做的”，便径自去找验尸官商量审讯延期的事了。

费弗尔猖狂地对着麦克希姆叫道：“再见，亲爱的麦克希姆，嘟嘟……走吧，丹尼，让这对倒霉蛋一起度过他们最后的时光吧！”

丹弗斯太太冷冷地扫了我和麦克希姆一眼，扬长而去。

饭店门外。

“亲爱的，你确定不让我明天随你一起去吗？”

麦克希姆无限温柔地安慰着我："亲爱的，不，你不用随我奔波。你现在要做的就是马不停蹄地赶回家，等我回来……"

我控制着自己的情感，只淡淡地说："好，亲爱的，我在家等着你归来。"

上校："麦克希姆，好了吗？"

"好了，可以出发了。"

我的车子越来越远了，让我吃惊的是朱利安上校竟然向我脱帽致意。

上校对麦克希姆和弗兰克说："你们先走吧，我和费弗尔随后。"

傍晚的乡村。经过几十分钟的疾行，两辆车子终于停在贝克医生的房前。

上校身子稍向前倾："贝克先生，最近有没有在报纸上见过德文特夫人的名字？"

贝克："当然，有。说是和船上的一具尸体有关，我妻子读过这个报道，是个很悲惨的事件。德文特先生，向你表示哀悼！"

费弗尔在一旁唧唧歪歪地说着："这样子，我们要磨蹭到什么时候才算完事……"

上校很不高兴地说："费弗尔先生，着什么急！我自有分寸……医生，找你是想了解一下德文特夫人看病的相关情况。你能否回忆一下在去年的10月12日，她有没有来你这里看过病？"

贝克摇头："非常抱歉，没有。如果有德文特这个名字，我一定会记住的。我一生都没为德文特夫人看过病。"

费弗尔忍不住插了一句："你能记住所有病人的名字吗？"

贝克医生冷淡地答道："我这里有预约日记，你不信自己查查吧。"

上校："对啊，没错，翻开看看不就知道了。"

壁炉旁。贝克仔细地翻着病人登记册。

"没有，的确没有德文特夫人看病的记载。"

费弗尔："你肯定？"

贝克："当然，这里是那天全部的预约。罗斯科、坎佩尔、斯蒂达尔、康尼诺、丹弗斯、马修士……"

"等等，丹弗斯！丹尼，搞的什么鬼啊？"

贝克："是的，上校。丹弗斯太太，约的是下午3点。"

"你还记得那个丹弗斯太太长什么样子吗？"

贝克："记得，记得清楚呢。她穿着黑黑的衣服，高高的，很有气派，是一个非常漂亮的女人。"

弗兰克："丽贝卡。"

上校："她用了假名。"

贝克："不会吧，真让人吃惊，我们已经认识很久了。"

费弗尔："她到底生了什么病呢？"

贝克："先生，抱歉！这涉及医德问题。"

弗兰克："你应该为德文特夫人的自杀提供一个原因！"

费弗尔："应该是谋杀，是不是她怀了孩子？快点说啊，不然，她那么有身份的人为什么还要到你这下等诊所来！"

贝克先生面对着朱利安上校说道："你们这次访问是公务性质，看来我有必要告诉你们实情。"

"其实德文特夫人病得很重"，医生边说边找出一份资料："她自己认为是怀孕了，但X光显示却不是。那天，她到我这里来是拿诊断报告的。我记得她站在那里，问我要片子。她坚持要知道真实病情，并警告我不要说谎。我看她绝不是轻信谎言的那种人，就告诉了她实情。她谢了我之后便走了。以后再也没有见过她……"

麦克希姆："到底是什么病？"

"癌症，并且是晚期。即使做手术也没用的，过不了多久，她就需要注射吗啡。对她来说，只有等待……"

费弗尔惊得转过身一语不发。

麦克希姆："她知道后是什么反应呢？"

贝克："她样子很奇怪，笑着。德文特先生，你的妻子是一个了不起的……哦，对了。我还记得她当时说'哦，不，医生，用不了那么久了'，这句话让我一直觉得很特别。"

真相大白了。在场的每个人都意识到这场谈话的重要性。对麦克希姆来说，由此便可理解丽贝卡出事那天她奇怪的行为。在朱利安上校看来，这证实了丽贝卡的自杀。而费弗尔几乎崩溃，自己最心爱的女人原来经历了这些，自己的计划只是竹篮打水一场空。弗兰克为麦克希姆、为曼德利悬着的一颗心终于落了下来，但他还是由衷地为丽贝卡感到难过和悲伤。

上校："非常感谢你，贝克先生，你为我们提供了一切……"

……

客套一番，众人离去。

弗兰克："天哪，事实终于水落石出了。"

上校："真是可怕！这样一个年轻漂亮的女人，难怪……"

费弗尔的如意算盘落空了，备受打击："怎么会这样呢……我真该喝点酒……上校，你准备回去吗？"

上校冷冷地答道："不，谢谢。以后你还打算麻烦麦克希姆吗？我告诉你，敲诈不是一个好行当，你小心点……"

费弗尔："说什么呀上校？顺便说一声啊，上校，要买新车，随时找我。"他油腔滑调地叨咕着离去。

麦克希姆："真不知道如何感谢你的仁慈！大恩不言谢，我不说了，你知道我此时的感受。"

上校："不用谢。我只是在做我应该做的。赶紧通知一下德文特夫人吧，她肯定现在还在为你担心。"

麦克希姆："哦，是啊！我马上打电话告诉她，还会马不停蹄地赶回曼德利。"

上校临走之前对弗兰克说道："再见，克劳利，麦克希姆有一个了不起的朋友啊，我为他感动。"弗兰克窘迫地握了握上校的手。

弗兰克帮麦克希姆穿好外套。麦克希姆直视着前方："弗兰克，谢谢你……有件事你可能不知道。"

弗兰克轻轻地说："没关系，我已经知道。"

“你不知道！我没有杀死丽贝卡。直到现在我才明白了丽贝卡当时为何那样奇怪，她预料到了今天发生的一切，故意激怒我，想让我杀死她。只可惜，她的结局……”

弗兰克劝慰着：“过去的事情就让它过去吧，别想它了。让自己也放松一下吧。”

电话亭。

费弗尔对着话筒失落地说道：“丹尼，我只是想把这个消息告诉你，我们两个人都被丽贝卡骗了。她是自杀的，因为她得了癌症。这下子，什么都结束了，只有麦克希姆和他的小新娘可以在曼德利快活地生活了。丹尼，再见！”费弗尔挂了电话，慢吞吞地走出电话亭，来到自己的汽车边。

一个警察站在车旁，没好气地训斥道：“先生，这是你的车吧，你不知道这里不可以停车吗？”

费弗尔正憋着一肚子的火没处撒，这下可好了。只听他愤怒地吼道：“喊什么喊？我愿意把车停哪儿就停哪儿，你们这些人简直就是闲着没事找事。”

乡间。汽车开得飞快。

麦克希姆：“你给她打电话时，她说她会等我吗？”

麦克希姆：“让她去睡，她不听话。真希望这车子能飞起来。”

弗兰克看着麦克希姆焦急的神态，不由地问：“能告诉我什么事这么着急吗？”

麦克希姆：“我的心里老感觉要出大事了，弗兰克，这预感很不好。”

曼德利夜景。西楼上的光亮从一个房间里迅速蔓延到另一个房间。今晚的曼德利被无边的火光迅速地吞没了。

麦克希姆突然一个急刹车，接着喊道：“弗兰克！几点钟了现在？”

弗兰克：“我的手表坏了，现在最多不过4点吧。怎么啦？”

麦克希姆：“那边的光亮不可能是黎明的曙光吧？那不是曙光，那是曼德利！”

火光照亮了整个天空。麦克希姆发动了车子，飞一般冲了出去。

车停了，麦克希姆和弗兰克下车，只见所有的人都在注视着正在熊熊燃烧的房子。

麦克希姆冲进人群 :“弗里斯！弗里斯！德文特夫人呢？夫人呢？她在哪儿？”

弗里斯 :“刚才还在这儿的，怎么……”说着，他环顾四周。

麦克希姆急得有些发狂了 :“在哪里呢？到底她在哪儿？”

火苗不断地窜起，四处飞腾。一切的秘密，一切的阴影，只此短短的瞬间，化为了灰烬。

“麦克希姆！麦克希姆！”他顺着我的呼喊声发现了我。我们再次奔入了彼此的怀抱，紧紧地拥抱在一起。

“哦，谢天谢地！麦克希姆，你终于完好无损地回到我的身边了。”

麦克希姆急迫地讲道 :“亲爱的，结束了，一切都结束了，我爱你！”他深情地吻着我，我再次感受到他那温柔无限的呼吸。

西楼还在燃烧，丹弗斯太太的脸上挂着胜利而又轻蔑的微笑，坐在火光的中央。火焰很快包围了她，屋子开始坍塌。我想，丽贝卡的床上那个写着“R”的睡衣盒子，也一定在火苗中化为乌有了吧。

咸涩的海风吹浮着绝望的灰烬，俨如一场噩梦的结束。这便是我以后在梦里对曼德利最后的记忆，它代表着过去，它成了一座再也无人问津的废墟。

Spellbound

爱德华大夫

——希区柯克最具人情味的犯罪大片

Le PARIS
NAMUR
CETTE SEMAINE
ENFANTS NON ADMIS
CINÉ VOG FILMS S.A. PRÉSENTE
INGRID
BERGMAN
GREGORY
PECK
JE TE SAUVERAI
"SPELLBOUND"
Mise en Scène
ALFRED HITCHCOCK
UN FILM SELZNICK INTERNATIONAL
IK ZAL U REDDEN
Allmov.com

电影赏析

外 文 名：Spellbound（1945 年）
中 文 名：爱德华大夫、意乱情迷
导　　演：阿尔弗雷德·希区柯克
编　　剧：约翰·帕尔玛
　　　　　本·赫特
领衔主演：英格丽·褒曼 饰 康斯坦斯·彼特森
　　　　　格利高里·派克 饰 约翰·布朗

这部影片是希区柯克 40 年代的佳作，其极具哲学和精神分析高度的特点，为后来的伦理片和精神分析片或多或少都打上了“希区柯克”的印记。该片中，典型的希区柯克式的转折和悬念，恰到好处的背景音乐，神秘莫测的精神分析的外衣，无一不证明了这是电影诞生以来最伟大的影片之一。

自奥地利的心理学家弗洛伊德创建精神分析学以来，精神分析在 20 世纪 40 年代的西方迅速流行。这一切都源于当时铺天盖地的战争和杀戮，罪恶感弥漫、笼罩着西方大地，甚至整个世界。而弗洛伊德的精神分析学说似乎能从人类本性的角度圆了这场“噩梦之说”，西方所有的文学艺术家们仿佛看到了缓解那种死亡气息的希望，无数的电影人和电影观众更将其奉为圭臬，希望这种虔诚能够解除战争的压力与杀戮者的负罪感。希区柯克作为当时活跃在艺术前线的巨匠，亦受到这种思潮的影响。于是《爱德华医生》应运而生。

影片开始，凋零的树枝瑟瑟颤抖，莎士比亚的名句，一段关于心理分析的语句，清楚地向观众表明这将是一个贯彻弗洛伊德理论的戏剧故事。约翰·贝兰特因，一个最普通不过的弗洛伊德病例；美女彼特森，影片的女主人公、精神病院的心理大夫；爱德华大夫，享有盛名的心理学专家。影片中的角色布置说明了剧情的“弗洛伊德”。

爱德华大夫英俊不凡，初来乍到即和彼特森产生爱慕之情。而彼特森很快发现，她真正爱着的这个自称为爱德华大夫的人实际上却是陷在一些可怕困扰之中的失忆症患者 J.B。灾难开始了……在秘书的佐证下，爱德华大夫的死亡让 J.B 背上了谋杀的罪名，为了不拖累彼特森，J.B 独自远走。彼特森没有因此而放弃 J.B，她找到了他，试图用自己的专长揭开事实的真相。警察一路狂追不放，艾扎克森医生即彼特森的老师收留了他们，并积极协助对 J.B 的治疗。精神分析掀开了记忆的外衣，隐藏在 J.B 记忆深处的真相慢慢浮现。在彼特森的引导下，J.B 说出了自己的梦境，师徒二人由此断定谋杀应该发生在爱德华与 J.B 滑雪的时候。紧接着，滑雪场的试验让 J.B 彻底醒悟，他不但记起自己的姓名，回忆起小时候的情形，走出了负罪的阴影，还道出了爱德华出事的情形。

世界上没有人不会做梦。在弗洛伊德心中，梦绝不是其表面显示的一堆毫无意义的表象，它是走进人性最深处的唯一通道，是打开人的无意识的钥匙。影片中，一个留着小胡子的人，戴着面具的赌场老板，象征着手枪的小轮子，无一不是精神分析的对象。仔细地对这些现象逐一分析，便能从一个人的潜意识中开掘出许多被压抑的过去。真正发生的就不会过去，你以为自己忘记了，其实只是想不起来而已。片中的彼特森大夫坚持引导 J.B 说出他的梦境，从梦里找到关于过去的记忆：梦里出现了 21 俱乐部，达利的大眼睛装饰，戴面具的俱乐部主人，楼顶和车轮等等，这些都暗示了犯罪现场和犯罪者的身份。

影片还涉及到精神分析中的自由联想法。彼特森师徒便是借助于这一方法完成了对 J.B 精神症状的分析。说出想拥有的所有东西，然后再对这些事物进行联想分析，便能在一定程度上揭示人的潜意识。

影片的结尾当然是皆大欢喜，女主人公彼特森以自己所学的心理学知识和坚定不移的信心，将真正的凶手揭露出来。观众在为希区柯克深厚的导演功底和精神分析这门神奇的学问叹服的时候，一定还有另外一层浅薄而真切的感悟，那便是爱的魅力。这个永恒的话题在心理咨询工作中的位置长久以来饱受争议。有人坚持认为精神分析只是一种与其他科学别无二致的工作或者职业，与个人情感无关。可是，只有这些冷冰冰的理论和科学的技巧，能突破约翰 · 贝兰特因的层层心理防线吗？相信观众的心里自有一个判断。如影片所示，正是彼特森对约翰 · 贝兰特因充满信心的爱，才让他勇敢地直面了自己曾经的遭遇，抹平了童年的犯罪情结，最终回归自我。

希区柯克似乎是要通过此片告诉世人一个信号：我不但会让你们毛骨悚然、恐惧不安，还能让你们倍感温暖。

1. 新来的主任

这个故事发生在美国一所名叫“绿色庄园”的精神病医院里。

这个隆冬的下午阴冷而忧郁。康斯坦斯 · 彼特森，这家医院的一名医生，此时正一边抽着烟，一边忙那些写不完的医疗报告。她今年 26 岁，有着漂亮的眼睛和头发，看起来是那么美丽，同时却又有些冷漠。由于每天和精神病人打交道，她看起来比实际年龄要成熟很多。

最近医院即将发生的一些人事变动让彼特森有些精神紧张，她所仰慕的爱德华大夫将会来医院当主任，但是她也很敬重提前退休的默奇森主任。在她把一位歇斯底里的女病人安抚好了之后，老主任走进了她的办公室。

眼前这位 50 多岁，有着瘦削的面庞、鹰钩鼻，穿着黑色西装的人正是即将卸任的默奇森主任。他笑着走近彼特森医生，有点自嘲地说：“我没想到自己会提前退休，我还打算干到60岁呢！爱德华医生来得还真快。”

彼特森关切地问：“你一定会有些看法吧，默奇森医生。我认为你很有风度，他们这样对你不公平。”

默奇森主任摇摇头说：“你工作的时间还比较短，你还不了解，他们一定会更喜欢拥戴新来的，尤其是我们这些老家伙已经不让他们放心的时候。生存的斗争哪里都会有，科学界也是一样的。”

“这很荒谬，我倒是觉得主任一职由你来担当更合适一些。但是你度假回来之后和以前有些不一样了。”彼特森有些激动。

“你说得对，等人到了我这个年纪，奋斗的精神和意志力已经被消磨得差不多了，我不想再去和谁争什么了。”默奇森一副很看得开的样子。

彼特森感到有些惋惜：“如果你真的离开了，我会怀念我们在一起工作的美好日子的。”

主任倒是很开朗：“我会很快乐的，谢谢你的安慰。我想这也是对我工作20年的职业一种很好的告别方式。”

“我能理解你……”彼特森本来还有些话想说，但是这时候门铃响了。

“进来。”

护工哈里带着一名矮小的男病人走了进来，“彼特森医生有你的邮件，另外甘斯先生找你。”

彼特森医生面带歉意地对老主任说：“我想你不会今天就走吧，有时间我会再去看你的。”

“你看起来就像老太太一样啰嗦，我希望你见到新来的爱德华大夫不会也这样。”老主任在走出门口前还和彼特森开玩笑。

甘斯先生就是刚刚和哈里一起的那个矮小男人，他非常瘦，眼睛总是紧张地四处张望。

“甘斯先生，你好。你今天的感觉还好吗？”彼特森一边用锋利的裁纸刀拆开信封一边问。

“是的，医生。我比以前好多了。”甘斯先生的眼睛一直盯住彼特森手里的裁纸刀，眼里充满渴望，他咽着口水吞吞吐吐地问：“我能帮你吗？”

彼特森医生没有注意到他的表情，她以为他只是想帮自己的忙，“谢谢，我自己就快搞好了，你可以先坐下等我一会儿。”她一边拆着信，一边朝着窗户外面楼下的大门不时地张望。整个下午，医院的女医生们都没有把心思放在工作上，她们都在心里猜测着即将到来的爱德华大夫有没有传说中的那么优秀。

在医院的其他办公室里，人们也都在议论着这位爱德华大夫。

首先是好事的福拉若医生挑起话题：“对新来的爱德华大夫你们怎么看？”福拉若医生今年 30 多岁，平时大大咧咧的，他对医院里的女医生比对精神病学更具热情，尤其是对美丽的彼特森情有独钟。或许他已经把爱德华大夫当成自己的情敌了。

“比我想象中的要年轻一些……”

“不知道他能在这里待多久……”

“因为他默奇森医生不能安睡……”

几位年纪大一点的医生明显站在默奇森一边，他们对新来的主任耿耿于怀。

这时办公室的门被打开了，爱德华大夫跟在一位医生的后面走进来：“各位，新来的主任，爱德华先生！”办公室里刚刚热闹的气氛立刻安静下来。他穿着灰色的风衣，风度十足，天啊！他比想象中还要年轻、英俊！简单的介绍之后，爱德华开始打量自己的办公室，这时候默奇森主任从彼特森的办公室回来了。

又是眼明手快的福拉若医生：“爱德华医生，默奇森医生。”

爱德华抢先友善地伸出手去：“见到你很高兴，默奇森医生。我听说过很多你的事情。”

“是吗？我也一直非常想见你。”默奇森医生也伸出手去和他轻握了两下，“看起来你比人们说的更年轻一些。”

默奇森医生环顾了一下自己的办公室说道：“现在你就是主任了，我把图书馆留给你，里面很多好书，有很多我都非常喜欢，其中也有你刚刚出版的《犯罪情结之谜》，我想你会喜欢我们的医院的。”

“是的，很美！”爱德华大夫回答说。

默奇森大夫感慨地说："我不知道该怎么向你表达，我想说，我在这间办公室工作了20年了，现在轮到你了。"

这次默奇森医生主动去和爱德华握手告辞："失陪了。"说完把一屋子的人留在自己已经工作了20年的地方。

在用晚餐的时候，负责接待爱德华大夫的赫米基医生把话题又转移到他身上："我们一起相处了半个小时，看起来他是个沉默寡言的人。"

"我读过爱德华所有的书，他有着不同于常人的独特观点，尤其是他在心理学分析上有非凡的成就。我认为他会是一个治学严谨的学者。"彼特森对爱德华有一些好感，"默奇森恐怕会对爱德华有些看法，这对他是个打击……"

"嘘，他来了……"

爱德华大夫已经换上了一套黑色的西装，他径直朝这一桌走了过来。

赫米基医生很友好地招呼爱德华："和我们一起共进晚餐如何？如果你不介意的话。"

"当然，我非常乐意。"爱德华的眼神几乎瞬间就停留在了彼特森身上，他不敢相信会有这么年轻的心理学教授，何况她还是一个金发的美人。

彼特森也显得有些不自然，她长期以来一直仰慕的心理学专家就站在自己跟前，是那么年轻英俊！

就在他们用眼神进行交流的时候，不知道是谁为他们做了正式的介绍："这位是彼特森医生。"

"见到你真高兴，"此时的爱德华才注意到自己一直站着，他坐下来接着说："赫米基医生刚刚带我参观了医院，真是个不错的地方。"

"赫米基先生，你是否也带爱德华参观了我们的游泳池呢？"彼特森转过头又对爱德华说："不知道会不会在游泳池见到你。"

"在游泳池里我就和鱼一样。"爱德华非常自信地笑道。

彼特森没有想到这位新来的主任还那么擅长游泳，她高兴地说："你知道我们的游泳池的泳道线条是不规则的，那让我来告诉你一种有趣的水上运动吧。"说着，她就用吃饭的刀叉在桌子上给爱德华画示意图。

大家也都在一边饶有趣味地看着，谁也没有注意到爱德华的脸色变化。他神经质地盯着彼特森画在桌布上的扭曲的平行线，他看起来非常痛苦。突然，他大声地打断了女医生的话："够了，停下！这样的线条会让人感到烦躁，它能让人精疲力竭！"

新主任这种突然的举动让大家目瞪口呆。

爱德华也意识到自己很失态："对不起，只是这让我感觉很不舒服。"

同样是心理学家，彼特森能够理解爱德华的举动，她赶紧出来缓和气氛："这让我想起以前的一件事情。我曾经和一位教授学习过，他在阶梯教室上课时会感到自己被危险包围，他也会忍受不了。"

爱德华趁人们不注意自己用勺子将桌面的线条轻轻擦掉，至于彼特森为自己打的圆场他丝毫没有去听。爱德华反常的举动被彼特森全部看在眼里。

第二天上午，彼特森的办公室内，福拉若正赖在这里和彼特森医生闲扯，这时护工哈里进来了："打扰了，彼特森医生，爱德华医生有信给你。"

一边的福拉若在那里取笑说："噢，看来他对你一见钟情啊，情书这么快就送到了。"

彼特森医生拆着自己的信，对福拉若的话不予理睬，"请快过来，你的病人甘斯先生在我这儿，他遇到了麻烦。爱德华上。"

彼特森很意外，甘斯先生怎么会跑到他那里去了呢？她赶紧赶过去。

彼特森赶到爱德华的办公室，爱德华似乎有点如释重负的感觉："非常感激你能马上赶来，我想我需要你的帮助，甘斯先生正在向我倾诉他的烦恼。"

"甘斯先生到我的办公室去，你这样会打扰爱德华先生休息的。"彼特森对甘斯说。

"噢，不会。甘斯先生刚刚正在描述他幻想中的情景，他觉得他杀死了自己的父亲。我对甘斯先生这种情况很感兴趣。"爱德华把刚刚的情况简单告诉了彼特森。

彼特森很谦虚地对爱德华说道："我相信您在您的著作中对犯罪情结的论述完全能帮我解决甘斯先生的问题。"

甘斯先生礼貌地打断两人的谈话："我不知道你们在说什么，但是我确信我的父亲是被我谋杀了，我并没有你们说的犯罪情结。"

彼特森很坚定地向甘斯解释："不！你自己只是被一些错误的观念控制，从而导致你认为自己杀死了你父亲，那不是真的。"

爱德华大夫也同意彼特森这个观点，他示意她继续。

“人们经常会对一些事情感到内疚，会有负罪感，虽然那些事情他们并没有做过。”彼特森坐到甘斯身边继续解释说，“这是由他们的童年经历造成的，小孩子总是希望自己不喜欢的人能遇到一些不好的事情。”

彼特森扶着甘斯先生坐到座位上，继续说，“当他们不喜欢的人真的遇到不好的事情的时候，小孩子就会认为是自己导致了这个结果，认为自己是始作俑者。这个就是他们日后犯罪情结的成因，其实这只不过是小孩子的幻想。”

甘斯先生听完彼特森的解释显得轻松了：“这么说我并没有杀死我的父亲？”

“如果你把自己知道的全都告诉我们，我们还可以更好地帮你分析。”彼特森安慰甘斯先生，“但是现在你应该回到你的房间去，好吗？”

护工哈里把颤颤巍巍的甘斯先生带出了爱德华的办公室。彼特森把门关上，对爱德华说：“为了让他快点回忆起童年的事情，我们最好给他吃一些促进记忆的药。”

爱德华大夫不置可否地耸耸肩：“这是我见过的最稀奇古怪的病例。”

听完爱德华的话后彼特森很困惑：“但是我在你的书中读到过你对这种病例的论述，你分析得很好啊。”

“对，的确如此。”爱德华把手中的烟蒂熄灭，“不知道有没有荣幸能和你一起走走，下午怎么样，我想去呼吸一些新鲜空气，我的头有些不舒服。”

彼特森还没有想好要不要答应他，她觉得下午就去约会有点太快了，这时电话突然响起来。

“对不起。”爱德华转身拿起电话，“你好，这里是爱德华。谁？我就是爱德华。这里只有我一个爱德华。对不起，我不知道你是谁，我现在没空，可是我根本不认识你！”

说完爱德华就挂掉了电话，他有些生气，“我不喜欢人们这样开玩笑……一个女孩子。”

“我还以为是你的一个病人呢。”彼特森笑着说，“或许这只是一个恶作剧。”

“噢，不用去理会，我们出去吧。”不等彼特森作出反应，爱德华上前拉住她的手，“到外面去享受没有情结的美丽风景吧。”

两个人有说有笑地在外面散步，他们谈莎士比亚的诗歌，他们谈爱情，爱德华意识到自己在不知不觉中已经被这位美丽的女医生迷住了。

晚上，彼特森在床上辗转反侧无法入睡，脑海里爱德华大夫的影子始终挥之不去，终于她决定把爱德华大夫那本《犯罪情结之谜》再仔细读一遍。她觉得这样可以让自己更了解爱德华，于是她匆匆穿好睡衣，把头发整理了一下后快步走上楼梯朝图书馆走去。

爱德华的房间就在楼梯的对面，彼特森隐约能看见房间里面的灯光，她在心里提醒着自己，"我不是来看他的，我要到图书馆去拿书，对！我是去拿书的。"

到了图书馆，彼特森径直走向摆放那本《犯罪情结之谜》的书架，她抽出这本厚厚的巨著，盯着在扉页写着的"爱德华"三个字。彼特森做了一个深呼吸，然后从图书馆走出来，她坚定地朝着自己的房间走去，直到看见爱德华房间里透出的灯光。那道光仿佛充满了魔力，彼特森的脚步渐渐慢下来，她回过头看着爱德华房间的门，"我只是去和他谈论学术的"，美丽的女医生给自己找到一个理由，就快步走向爱德华的房间，生怕一会儿自己的理由不能说服自己。

门没有锁，彼特森把门轻轻地推开，卧室沙发上坐着的爱德华好像是睡着了。爱德华并没有睡沉，他听到开门的声音后睁开了眼睛，看见彼特森正局促不安地站在门口，她是那么美丽。

"夜已经深了。"爱德华的微笑是那么迷人。

彼特森努力地想让自己不要紧张，她低着头不停地翻弄着手里的书，但是没用的，她的话听起来还是语无伦次："你的书……我打算再看一遍……我想和你讨论一下……在学校的时候我从没有和别人讨论过，你的观点和教授讲的不一样。"

"你不用那么紧张。"爱德华很随和地微笑着。

"是的，你书中的……我想和你讨论一下。"彼特森突然觉得自己在心理学专家面前的掩饰毫无意义，于是她停止了自己啰嗦的叙述，她低着头鼓起勇气说："不！我想现在我已经不想讨论了。"

"我明白。"爱德华的微笑依然充满阳光。

彼特森轻轻地说："我不关心工作中谁有多么出色，我只关心能对我的精神产生强烈影响的人。”

“这已经足够了。”

“这很唐突，是吗？”彼特森依然摆弄着手里的书，一副局促不安的样子，“在你面前我就像是一个孩子，我是不是很笨？”

“不，你很可爱！”爱德华凝视着她的眼睛，双手插在衣服口袋里，他认真地说：“就在今天下午，我的灵魂被击中了，那种感觉很美好。”

说完，爱德华上前拥住彼特森，他想吻她。美丽的彼特森已经完全被自己对爱德华的感情所控制，长期束缚自己的一道道感情枷锁在这一刻全部瓦解，她找不到理由抗拒这种美好的感觉。彼特森把自己放松下来和爱德华忘我地热吻起来。

一番热吻后，彼特森把自己深深地埋在爱德华怀里，就像一个小女孩儿一样，她柔情地问：“现在发生的一切都是真的吗？”

爱德华突然看见了彼特森睡衣上的线条，他停止抚摸她的秀发，眼睛神经质地盯住她的睡衣。就像昨天在餐桌上一样，他的表情开始变化，似乎感到巨大的恐惧，他颤抖的身体让彼特森注意到了他的变化。

“爱德华，你还好吗？”彼特森问道。

爱德华一把推开她：“你的睡衣上有种东西让我不舒服。”

“睡衣？上面有什么？我不懂。”爱德华突如其来的举动把彼特森吓到了。

“对不起，这种东西刺激了我。”爱德华的脑门上已经渗出了汗珠，他一边用手紧张地擦着一边跟彼特森解释，“我说的是你睡衣上的线条，它们让我的神经不舒服。”

彼特森关切地问：“你是不是生病了？”

正在这时一阵急促的电话铃声打断了两人有些尴尬的对话。

“我要接个电话。”爱德华大夫紧走几步接听了电话，“是的，我是爱德华。什么？在哪里？我立刻赶过去！”

彼特森还不知道出了什么事，爱德华一边抓起自己的外套一边告诉她：“甘斯先生出事了，他自己砍到了喉咙，他本来是想杀死福拉若的，现在医生正在给他做手术。”

彼特森也很着急：“我也要去！”

两个人匆忙地赶到急救室的时候，默奇森已经开始为甘斯做手术了。默奇森看见爱德华，简单介绍说："他流了很多血，但是可能还有救。"

爱德华对手术的场面似乎很不习惯，他看起来很紧张，脸色发白，呼吸沉重，终于他把视线移开手术台，他很自责地说："他应该有人照顾的，是我疏忽了。"

默奇森不理解地问："为什么这么说？"

"黑暗的房间让他感到烦躁，这就是他会这么做的原因。还有门，我把门锁住了！这让他不能控制自己！"爱德华大夫几乎是歇斯底里地大叫着说。

在场的医生都不解地看着这位新来的主任："爱德华医生！"

爱德华继续叫着："是的，他告诉过我他把他的父亲谋杀了，犯罪情结让他倍感压力！你们快救他，快！"

"我不能睁开眼睛，我看不见了！"爱德华痛苦地捂住自己的眼睛，脚下一软昏倒在地。

"快来人帮忙！"彼特森扶住爱德华，"他需要休息，他太累了！快把他送回去。"

"不！他是害怕！"默奇森医生冷笑着说。

2. 假冒的爱德华

彼特森守在爱德华的身边等待着他醒来，她手里拿着爱德华写给自己的那封信和他的著作《犯罪情结之谜》，心里充满了疑虑。她再次把书翻到扉页，看着上面爱德华的亲笔签名，但是签名的笔迹和信上的笔迹并不一样，很明显这不是同一个人所写。彼特森把书慢慢合起来，看着躺在自己身边这个英俊的男人，他真是爱德华吗？

这时他醒过来了，"对不起，我失礼了。"他感到很惭愧，也有些尴尬，他问彼特森："刚刚我看见他们做手术时，突然记起了一些东西，我想让你帮我分析一下。"

"你不是爱德华！"彼特森突然说道。

眼前的男人很吃惊，他没料到自己的身份这么快就被识破了，"我已经记不起我自己是谁了，但是我很确定我杀了爱德华，我脑子很乱。"

作为一个心理学专家，彼特森很清楚自己应该怎么做，她没有慌乱也没有提问，只是静静地倾听爱德华的讲述。

爱德华在房间来回走着，“我不敢面对真实的自己，就好像甘斯先生那样。我的脑子经常出现幻觉，但是我不能确定，而记忆就像深渊，看不见底。”

彼特森听到这里真诚地对他说：“不！你应该知道，失去记忆是可以解决的问题。”

爱德华此时也已经冷静了，“是的，这一点我明白。可能是我不想去记住一些事情吧，我把那些恐怖的记忆都关到一扇门后面，我不愿想起。”

“你必须打开它！”

“我知道那些恐怖的记忆是什么……谋杀！”说出自己不愿想起的记忆让爱德华很痛苦。

“这只是你自己的幻觉，你这是一种病，你要信任我！”

“我相信你又有什么用呢？你想想看，我都不知道自己是谁，我是谁？……”爱德华点燃一根香烟，很懊恼地坐下来。

彼特森突然想起了什么，问道：“昨天在你办公室的时候，是谁找爱德华？”

爱德华也想起来了，“是的，我想起来了。她说自己是我的办公室助手。”

“也就是说，她是真正的爱德华的助手，那她一定知道爱德华出了什么事。”彼特森已经了解了一些，然后又问：“那你当时为什么会生气，是因为你想起了一些东西吗？”

“是的，当时我脑子很乱，很疼。”

“这是你第一次这样吗？爱德华，在此之前的事情你还记得吗？”

“是的，我曾经在我的大衣口袋里摸到了一个烟盒，就在我来到这里的时候发现的。”说着爱德华把那个烟盒拿出来给彼特森看，“我可以肯定这个是我的，你看这里，写的是J · B。”

“会不会就是你名字的缩写呢？”

“J · B……J · B……”爱德华站在镜子前不断地重复着这两个字母，希望自己能想起一点什么。

彼特森站起来走到爱德华身后，她无限怜爱地对他说道：“现在你需要休息，或许一觉醒来后，你可以想起更多的事情，如果你相信我，你尽可以把你记起的告诉我。”

爱德华把彼特森的手紧紧抓在手里，“是的，我相信你，你也回去休息吧，我没事的。”

彼特森很认真地对他说：“你放心，我估计警察不会那么早找上门来，我会尽量在事情暴露之前弄清事情的原委，你要相信我。还有明天你办公室的事情我会帮你安排好的。”

说完，彼特森无奈地离开了爱德华的房间。

而爱德华怎么也无法入睡，他不想连累彼特森，他下定决心要离开。临走之前，他留给她一张字条，内容尽量写得婉转，署名 J · B，他不想伤害她，然后把它装进信封塞进彼特森的房间。

第二天一大早，爱德华的女助手带着警察来到了医院。

“我跟随爱德华一起工作已经有 5 年了，他的声音我非常熟悉，我还有他的照片。”她把照片拿出来给大家看，“你们在办公室看见的爱德华是假冒的，真正的爱德华医生已经失踪一段时间了”。

默奇森先生首先接过照片，他惊讶地看着照片：“噢，这根本就是两个人！”

有一个医生很奇怪，他问默奇森说：“默奇森，以前你和爱德华医生没有见过面吗？”

“是的，我们从来没见过。”默奇森摇头回答说，“但是一开始我就觉得那个人有些奇怪，看起来他根本不像一个科学家。”

默奇森继续分析说：“尤其是昨天晚上他奇怪的表现，我就更怀疑了。”

赫米基医生不明白，“那你认为他昨天是怎么回事？”

默奇森帮大家分析说：“他看见甘斯先生的病态表现从而联想到自己真实的身份，再加上流血场面对他造成的刺激，他承受不住就晕厥过去了。”

“那么你确定我们看到的爱德华医生是假冒的了？”

默奇森继续说道：“没错，他把真的爱德华大夫谋杀了，然后为了掩饰自己的罪行他就冒充了爱德华。”

一边的福拉若有些幸灾乐祸地说：“大名鼎鼎的心理分析专家‘爱德华’原来是一

个杀人犯。”

“我想我们不应该在这儿浪费时间，他就在楼上的房间，我们应该去揭穿他。”默奇森突然提醒说道。

彼特森在办公室里听见爱德华房间的门铃突然响个不停，她刚想去看个究竟的时候，猛然发现地上有一个信封。她走过去刚想把信封捡起来的时候，默奇森等人已经开门进来了。

要命的是一个人站在了那信封的上面。

默奇森显然又把自己当成了主任："这位是彼特森医生，这些先生是警察。"

“警察？医院里出了什么事？”彼特森心里丝毫没有慌乱，因为她知道警察来找自己就说明他们并没有找到爱德华，她也猜到警察们脚下的信是爱德华留给自己的，那可是找到爱德华的最好的线索啊。彼特森心里默默地祈祷着警察们不会发现那封信。

默奇森冷冷地告诉彼特森："不是医院出事了，是爱德华大夫，他被警方指控谋杀了真正的爱德华医生，现在他已经成了通缉犯。"

彼特森冷静地回答："那你们为什么不到他的房间去抓他？"

警察走上前问彼特森："昨天晚上是你最后看见他的对吗？你为什么会如此镇静？你对此事不感到惊讶吗？"

“我已经习惯了这些，我在工作中遇到过比这更令人惊讶的事情。”彼特森带着特有的职业微笑回答警察的提问。

警察继续追问说："那天他突然晕倒，对此你有何看法？"

“或许是他看到了什么幻觉。”

警察们对彼特森的回答相当不满意，“你的解释听起来是在和我们玩语言游戏，那你是否认为他离开是去某个地方度假，你是要这样回答我们吗？”

彼特森强有力地反驳说："我并没有作出任何医学上的解释，是你们为了要寻找线索而在这里混乱联系，对你们这种不负责任的工作方式我感到很震惊！"

福拉若赶紧出来为彼特森打圆场说："好了，大家都是为了弄清楚事情的真相。"

警察终于下楼了，默奇森医生走在最后，他对彼特森感到抱歉，“我本应该早点就提醒你，我很同情你！”

突然默奇森看见了地上的信封，而且他把信捡起来了！

彼特森的心一下子就提到了嗓子眼儿，幸好默奇森没有看，他很礼貌地把信还给了她就下楼去了。

彼特森迫不及待地把门反锁了，然后马上拆开信来看——“我不愿意看见你牵扯进来，因为我已经爱上了你。当你看见我的信时，我已经在去往纽约帝国大厦的路上了，再见！ J · B”

3. 再次重逢

正当警察们在四处寻找 J · B 的时候，康斯坦斯 · 彼特森终于抓住了一个机会来到纽约，她径直找到帝国大厦旅馆来。此时彼特森非常急切地想找到 J · B，但是一个令人讨厌的商人无赖地缠上了她，幸好这位美丽的女医生得到了一位便衣警察的帮助。现在这个情景，彼特森实在不能对警察产生什么好的印象，但是他毕竟帮了自己，她也觉得眼前的警察还算和善，于是她编造了一个谎言，她说自己的丈夫离家出走了，自己是千里迢迢来找他的。那位便衣似乎对彼特森说的没有怀疑，他还找来了酒店入住的男子登记签名表，帮着彼特森查看是否有她丈夫的登记。

彼特森一眼就认出了他的签名，他用的名字是约翰 · 布朗。是的，没错，这一定是化名，彼特森非常肯定。

彼特森此时真心地感谢这位警察：“太感谢你了，我现在要去找他了。”

“你这种急切的心情我能理解，祝你们有一个完美的结局。”说完，警察绅士地把彼特森送上了电梯。

当约翰 · 布朗看见站在门口的彼特森时又惊又喜：“彼特森？天，你怎么来了，你没有必要这样做的……”

“我只是做我该做的事情”，彼特森真诚地说，“我是来照顾我的病人的，我要帮助你康复。”

约翰抓住自己的头发，痛苦地摇头否定：“你帮不了我的，我的情况我自己还不清楚，而且还涉及到谋杀。我不能让你因此而有任何事情。”

“不！你不懂！我不能忍受身边没有你，你不知道我昨天过得多么痛苦！”彼特森凝视着布朗，“没有你，我活不下去，我不想吃饭，无法集中精神工作，除了想你，我什么也不想做，我必须来找你。”

“房间只有我们两个人，一个病人，一个医生，这和其他的都无关……”约翰用一个吻打断了彼特森的话，彼特森紧紧抱住他，她再也掩饰不住自己的心情，在他怀里哭了起来。

房间里，彼特森开始用催眠的方法帮约翰回忆：“尝试回忆，慢慢的，让你的思想回到童年，你的童年是怎么样的？”

“我受过很多刺激，但是我无法用语言表达出来，这样是没用的。我的记忆早已经死了，我只记得我爱你，别的我什么都不知道。”约翰躺在床上，很温柔地对彼特森诉说。

彼特森鼓励他说：“再仔细想想，我们只要记起一点点，就可以随之联系和扩展，就会回忆起更多事情。”

约翰盯着天花板像是自言自语地说：“我什么都不记得，我脑子里只想着一件事——我是谁，谁是爱德华。”

约翰翻身坐在床上，他拿起当天的报纸，上面有一篇关于爱德华先生案件的报道“……警方相信从‘绿色庄园’出来的那个人就是谋杀真正的爱德华的凶手，他曾经到康比兰山拜访过爱德华医生，但是他离开以后就没有人再见到过爱德华医生……”

彼特森问：“这些事情你记得吗？你怎么确定你们当时是在一起呢？”

“不！”约翰显得很激动，“我根本不用回去验证，我确信爱德华医生已经死了！但是为什么我会知道呢？我和他真的在一起吗？不！不！我记不起来了！”

“那么你当时在什么地方？”

“我不知道，但是从逻辑上分析我知道自己就在现场。”约翰不可自拔地陷入了自己的思索中，“按逻辑推断，藏尸的地方我应该知道的……”

彼特森打断约翰：“也就是说这些天，你一直处在自己的幻觉中，现在的情况还没有弄清楚，但是你却认定自己是凶手，你明白自己的问题，不是吗？”

彼特森站起来盯住他说：“现在先不管你是谁，犯罪情结深深影响着你，我们必须要找到原因，让我们回到你的童年。”

“看起来你比我严重，我觉得你疯了。”约翰笑着说，“我的童年和我现在的样子有什么关系吗？就算知道了我的名字，那又能怎么样呢？”

彼特森突然想到了什么：“报纸上也没有写你的名字，这就可以说明爱德华也不知道你的名字，你一定是在这之前就遇到了什么事故。”

约翰自己很疑惑，“在哪里呢？”

“你的手是怎么弄的？”彼特森忽然发现约翰手上有明显的伤疤，“你的手上有烧伤，至少三级，在过去的半年中你记得自己受过伤吗？”

彼特森试图用与之相关的所有词汇来激发约翰的记忆：受伤，火焰，手术……约翰拼命地和自己的潜意识进行对抗，他要回忆自己的事情，但是他的表情变得越来越痛苦，呼吸也变得急促起来，终于他精疲力竭地坐了下来。

彼特森搂住他关切地问：“亲爱的，你还好吗？别着急，没关系的。”

“我没事，刚刚发生了什么事情？”约翰抬起头，一脸茫然。

“你只是想通过手上的伤回忆起一些什么。”彼特森有些失望地说，“可是我们还是没有找到事情的根源。”

突然，有人来按门铃。

两个人都感到紧张，“会是谁呢？”

“我刚刚让侍者给我买了一份报纸，可能是他吧。”彼特森小心翼翼地把门开了一个小缝，果然是送报纸的。彼特森接过报纸，突然在报纸上她看见了自己的照片，一定是医院报了警，他们肯定发现自己跑出来了。

彼特森大叫：“我们必须马上离开这里，如果侍者认出我一定会去报警的。”

就在两个人刚刚离开酒店的时候，侍者带着那位帮助过彼特森的好心便衣走出来，警察立刻认出刚刚自己帮助的“可怜的妻子”就是报纸上登出来的通缉犯！这位好心的警察怎么也没有想到，他站在那里久久没能说出话来。

4. 彼特森的老师

这对被警察到处追捕的苦命鸳鸯一路东躲西藏地来到火车站，彼特森决定冒一次险，她让约翰去买票！如果约翰和爱德华医生确实去过康比兰山的话，那么纽约车站是他们的必经之地，让约翰买票，对恢复他的记忆可能会有帮助。

“听着，现在你要回想一下，以前你和爱德华一起出去到某地的时候，他是怎么买票的？”彼特森耐心地诱导他，“你买票时要放松，尽量像爱德华那样。”

“我尽量。”约翰朝着售票窗口走去，同样的情景强烈地刺激着他，他感到头都要炸开了。一边的彼特森心疼不已，但是为了帮助他，她不得不忍痛鼓励他继续。

“罗马？对！我想起来了，我去过罗马。”约翰差不多已经到极限了，他几乎再次晕厥过去。

这对反常的夫妇吸引了车站里一个警察的注意，彼特森机智地应付过警察的盘问：“我们要去 ROMEJUDGE，不是 ROME！我丈夫有心绞痛，我能照顾好他的。”

彼特森扶着约翰走到站台，小声跟他说：“打起精神来，我们先上车，但是我们不去 ROMEJUDGE，一会儿我们下车再回来。”

“为什么还要下来？”

“刚刚那个警察已经知道我们要去哪里了，如果他发现我们是通缉犯的话，他一定会通知 ROMEJUDGE 的警察的。我们去找一位真正的专家，他是我的老师，就住在罗恰斯，我们就去那里。”

约翰肯定地回答说：“我从没有去过罗马。”

“或许你在那里待过，或者只是路过”，彼特森用自己的专业来分析，“在罗马时，你可能烧到了自己的手，想想，你去罗马可能是去做什么呢？”

这时旁边的铁轨上驶过一列火车，巨大的噪音让约翰有些熟悉，“是的，我去过罗马……我记得一架飞机……白色的飞机带我们去的……”

彼特森赶紧问道：“你是在飞行吗？”

“我们只是经过罗马，飞机从法国一个港口起飞，向北飞……”约翰只感觉自己脑子中有个锤子在不断敲击，他拼命想让自己多说一些，但是他又开始痛苦起来，“飞机被击中了，我的衣服着火了……”

彼特森终于知道了一些让自己满意的事情，“你是在部队里吗？你的手是不是在这次坠毁中被烧伤的？”

约翰突然有些懊恼地想停止谈话：“我真蠢，自己都不知道自己做过些什么，你就不要再问了。”

“我们的谈话才刚刚开始呢，”彼特森看到约翰可怜的样子，柔情地鼓励他说：“尽量把你知道的都告诉我。”

晚上，两个人已经赶到了艾扎克森的办公室，艾扎克森正是彼特森的老师，她给两个人做了介绍，告诉老师自己和约翰刚刚结婚。

“哦，亲爱的，你都结婚了！”艾扎克森兴奋地说道，“没有什么比这个消息更让我高兴的了，想想看，把心理分析、病例观察、犯罪情结都抛在脑后……我们应该喝杯酒好好庆祝一下，不是吗？”

彼特森笑着说：“真实的情况是所有的旅馆都被挤满了，我们在外面找不到房间。”

“住在外面做什么，旅馆是给那些百万富翁准备的。”老医生很开心地把自己喜爱的学生和她的丈夫拉到客房，“你们就安心地住在我这儿”。

老医生突然有些神秘地笑着说：“哈哈，我想起我的老朋友桑顿宝曾经说过，女人在热恋之前能成为最优秀的心理分析专家，但是一旦她们坠入爱河，就变成了最典型的病人。”

约翰对彼特森的这位老师也很喜欢，他热情地握住艾扎克森的手说：“谢谢您热情的款待，晚安。”

老医生开心地说：“晚安，祝你做个好梦！梦也是心理分析不可少的。”

善良的老医生和温馨的房间让两个人把自己正在逃命的事忘得一干二净。

房间里面只有一张床，两个人想到刚刚老医生说的那些暧昧的语句，彼此都有些紧张和局促。彼特森觉得这样的气氛太暧昧了，于是她把灯打开，光线一下子充满了房间。

等彼特森回头看约翰时，他脸色惨白，就像上次在医院一样，眼神直直地盯着床单。

“你想到了什么，是不是？”彼特森追问他，“这个房间，他让你记起一些事情对不对？是什么？”

“什么也没有！”约翰很不安，他不敢再盯着床单看，把头转向一边。

“不要怕，你的思想不要抵制你的那些记忆。”

“够了！我刚刚只是有些头疼！”约翰的身体在不停地颤抖着，他的语气很生硬，“你不要逼我，我不想一直和你谈话。”

“告诉我床单上是什么让你感到恐惧？”彼特森仔细看了一下床单，“白色，线条……就是这些对吗？”

这时候彼特森好像什么都明白了，她飞快地说着：“你第一次紧张是我在餐桌上画的线条符号，桌布是白色的；然后在你的办公室里，我们接吻时你看见我白色睡衣上的暗色线条，你又紧张了；还有在手术台上的白布也让你紧张！”

彼特森有些激动地抱住约翰，她鼓励他说：“不要逃避，尽量去看着白色，想想自己对白色为什么会恐惧，边看边想，很快就可以想到了。”

约翰鼓起勇气把头转向白色的床单，但是他又晕厥过去了，时间还不到两分钟。彼特森心疼地把倒在地上的约翰抱在怀里，“亲爱的，我知道你很害怕。但是我们已经有了线索了，白色！”

第二天早上，彼特森醒来时已经 7 点了，房间里充满了阳光，但是约翰不在房间里！她吓坏了，想到昨晚他刚刚受到的惊吓和刺激，她不知道他会出什么事。

彼特森急忙走到楼下，她要去问问艾扎克森老师。

老医生正坐在客厅的躺椅上打瞌睡，他似乎整晚没睡。

彼特森轻轻摇着老师，“艾扎克森，艾扎克森……你还好吗？”

“哦，早上好。”老医生醒过来，“你是在找约翰吗？他就在那边的沙发上。噢，没想到坐在这儿睡着了。”

“你已经知道了是吗？”彼特森猜测老师已经发现了约翰的问题，不然他不会一晚上在这里照看约翰。

老医生怜惜地看着紧张的彼特森说：“噢，亲爱的彼特森，我虽然老了，但是我还中用，我不是精神分析界的傻瓜。”艾扎克森缓缓站起来，不紧不慢地说，“新婚却没有行李，见了警察会紧张。当你们刚来时你说你们刚刚结婚那一刻，他的眼睛明显睁大了，那时候我就已经明白了。”

彼特森低头默认：“他昨晚做了些什么吗？”

“在我的意料之中，”老医生把桌上一把锋利的剃须刀拿给彼特森看，“他拿着这把剃须刀向我走来，我看到他时，他有些神志不清。”

彼特森大吃一惊，她想到他会做些什么，但是没想到这么严重，她害怕地捂着嘴叫道：“天，我的上帝！”

老医生安慰地拍拍她的肩膀：“我假装和他聊天，然后在牛奶里放了安眠药……”

虽然两个人都没事，但是彼特森还是很羞愧：“谢谢您……我很抱歉！”

“等他睡着了以后，我到楼上去看你，你睡得就像一个孩子。”老医生笑着说道，“然后我又下楼来，一直到你叫醒我。”

“虽然他发作过几次，但是他从来没有伤害过我。”彼特森抓住老师的手哀求道：“我会把他治好的，我求您不要把他交给警察，好吗？”

“不！孩子，你根本不了解他。”老医生很坚决地摇头拒绝她，“彼特森医生看看你现在的样子，一个前途无限的心理学专家，现在却迷恋于一个极度危险的人，被浪漫的爱情所支配。”

彼特森紧紧抓住老师的衣袖，她真诚地恳求说：“你说得对，我现在甚至都不知道自己在做什么，我已经动了真情。”

老医生把身子转过去，似乎是在考虑她说的话。

“我一定可以找到治好他的办法，只要我们能避开警察一段时间。”彼特森近乎哀求着说，“给我一点时间，给他一个机会，我一定可以救他！”

老医生点起烟斗看着彼特森，他有自己的疑虑：“如果爱德华真是他杀的呢？你还要怎么帮他？你要怎么去为他洗脱罪名？”

彼特森见老师松了口，知道约翰还有机会，她赶紧向老医生解释：“我想请您帮助他找到罪恶的根源，这也是我们专程来这里的原因。”

“这需要时间，可能要一年！”老医生终于被彼特森动摇了，“最少也要半年。”

彼特森知道老师已经被自己说服了，“我们已经找到了一些头绪，我只需要几天就可以了，不会那么久。”

“好吧，你说服了我，我现在想喝杯咖啡，你能帮我吗？”老医生对坠入爱河的学生已经是没有办法了，自己一定要帮彼特森，他慢悠悠地说道：“但你必须告诉我你所知道的。”

“噢……太感激您了。”压抑了太久的彼特森再也坚持不住了，这些天所有的烦恼和忧虑在这一刻完全释放，她激动地伏在老师怀里，痛痛快快地哭起来。

5. 现场重现

彼特森在艾扎克森的书房里把约翰的一些情况告诉了老师，她告诉老师约翰总是对白色或者线条很恐惧，老医生开始为约翰治疗。

老医生让约翰舒服地躺在躺椅上，用一种非常舒缓的声音引领他进入半梦半醒的催眠状态，“现在你尽量说你知道的吧。”

约翰很快就进入了催眠的境界，“我不能确定这是一个什么地方……四周的帘子上都是眼睛，这儿是一个赌场。”

老医生一边示意彼特森记录约翰的言语，一边让他继续，“很好，还有什么？”

“有一个人，还有一把大剪刀，帘子都被剪成两半……”约翰的眼神很迷离，像是进入梦境一般，“对，我和一个满脸络腮胡子的人在打牌……”

在旁边的师徒俩彼此用眼神交流了一下，他们都明白，在梦境中络腮胡子往往代表了尊重，也就是爱德华，他的医生。

“我们一起玩儿，我的底牌是梅花 7，他翻出来的是两个白板，但是他说这是 21

点……”

一边的彼特森把这些数字和符号一一记录清楚。

“这时走过来一个蒙面人指责他出千，是赌场的老板”，约翰已经进入深度催眠，他呼吸急促，把自己当成了那个老板，“这儿是我的地盘，给我滚出去！”

“放松，亲爱的。”彼特森给约翰擦着汗，“很好，继续！”

“我们忽然就到了外面，有一座高大建筑物，那个络腮胡子就站在建筑物的斜顶边上”，约翰就像在现场一样，眼睛睁得大大的，“他翻下去了，我看见了！……他乘着滑雪橇。”

老医生在旁边静静听着，若有所思地问：“没有别人吗？”

“屋顶的烟囱后面有人……对，是那个赌场老板……一个变形的小轮子从他手里飞出来……”

彼特森赶紧记下来：建筑、斜顶、烟囱、轮子……

“突然，后面有什么在追我，我从斜坡往下奔跑。”躺椅上的约翰好像很害怕，他不停地扭动着身躯，几乎是咆哮起来，“是翅膀在追我，一双好大的翅膀……”

约翰再也承受不住这种恐惧，他已经到达了自己的极限，说完再次晕厥过去。

老医生翻看着彼特森记录下的内容，他胸有成竹地说：“我想我们已经找到了，他害怕的不是白色，而是白色上面的某种轨迹……滑雪道上的轨迹！”

“是的，是的……”彼特森听老师这么一说也明白过来了，“山坡、白色、餐桌上的划痕、我衣服上的线条……”

现在以前的种种现象都被串联起来，彼特森分析道：“在爱德华的书里我曾经读到过这样一个观点，他说滑雪对精神病人会有一定的治疗作用，他本人就喜欢滑雪。”

“噢，这么说来，爱德华大夫是带约翰先生去滑雪了。”老医生把手中的烟斗弹了一下，接着说：“事情一定就发生在滑雪场。”

彼特森也在思索着，“可是那个滑雪场在哪里呢？”

“还记得他说有一双大翅膀在追他吗？”老医生也在揣摩约翰的话，“逃跑，追逐……山谷……大翅膀，……噢，天使山谷！”

“不！不是天使山谷，我又记起一些事情，我记得是 Gibrio 山谷。”这时候约翰也已经清醒过来了，他的目光一直停留在窗外，他把自己想起来的都告诉了他们。

彼特森想让约翰去 Gibrio 山谷滑雪，情景再现是对他最好的治疗，但是约翰很恐惧，直到最后彼特森近乎拼命地恳求他，约翰终于同意了。

对彼特森来说这是一个冒险的决定，因为如果爱德华大夫真是在那个山谷被约翰杀害的话，那么彼特森也很可能面临同样的危险。

两个人终于赶到了那个滑雪场，他们慢慢走上坡顶，从这里看下去，整个山谷白茫茫的一片。这对约翰是一个不小的刺激，他不想再坚持下去："我不能让你为我冒险！我可能会伤害你的！"

"不，你不会的！"彼特森深情地凝望约翰，她鼓励他说："我们一直奋斗到今天，就是因为我们彼此相爱。"

"可是我不值得你这么做。"约翰站在坡顶几乎要退缩了。

彼特森认真地看着约翰："现在开始我就不是你的情人了，我是爱德华，你一定要这样想！"

说完彼特森就跃下了斜坡。

约翰盯着彼特森迅速远去的背影，仿佛真的看见了什么，他不顾一切地跟着彼特森跃下斜坡，在后面紧紧追赶她。

两个人之间的距离很微妙，约翰就紧紧跟在彼特森后面几英尺的地方，他紧盯住彼特森，眼中流露出一种可怕的神情。

在前面的彼特森此时的心情复杂之至，一方面她希望约翰尽快走出自己的阴影，战胜内心的恐惧，另一方面她隐隐有些担忧，后面的约翰太可怕了，难道真是他杀害了爱德华大夫吗？

最终对约翰的感情战胜了自己的恐惧，彼特森坚毅地看着前方，不到两英里处就是悬崖。她下定决心一定要让约翰摆脱阴影，重新找到自己，否则就不会停下来。

他们的速度越来越快，眼看就离悬崖不远了，约翰又开始有感觉了，他的头就要炸开了，他记起一些断断续续的声音和片断："小心，快，快回来……"

终于约翰想起了童年一次惨痛的经历，那是一个意外……

“我没有杀死我弟弟！”约翰大叫一声，把彼特森反手拉住，他们停下来的地方距离悬崖仅仅剩下不到 20 英尺！

约翰坐在雪地里，他稍微缓了一会儿，就断断续续向彼特森讲述了自己想起来的一段童年惨剧：那一年约翰 10 岁，在一次玩耍时，弟弟被自己从楼梯扶手滑下来时撞倒了，刚好撞到了锋利的铁叉上……如果当年能像刚才那样及时停下来，那么弟弟也不会……约翰已经哽咽了。

彼特森把约翰紧紧抱住，她喜极而泣，“我们终于找到困扰你的根源了，这次意外让你一辈子感到恐惧。”

两人回到旅店后，约翰把自己的身世都讲给彼特森听，她已经迫不及待了。

他不叫约翰 · 布朗，约翰 · 贝兰特因才是他真正的名字，他在部队服役时是航空兵。在一次飞机失事后他就经常精神紧张，后来他们的部队驻扎到康比兰山，他就写信给爱德华医生，希望他能帮助自己治疗精神紧张。

他应邀和爱德华大夫一起去滑雪，然后在 Gibrio 山谷就出了事故。但是还有一点是两个人都想不明白的，约翰当时记得很清楚，爱德华大夫翻下山谷之前，他听到了“砰”的一声。

“这个问题我想我可以帮你们解答。”这时两个警察突然冲进屋里对他们说道。

彼特森看见警察有些吃惊，但是现在都已经清楚了，她不用再害怕了，她友善地问：“请问你们是怎么找到我们的？”

警察有些得意地说：“这多亏你们的朋友艾扎克森医生，我们在他给你们买票来 Gibrio 山谷时发现了一些蛛丝马迹。”

“那么，警察先生们，你们在 Gibrio 山谷找到了一些什么吗？”彼特森非常平静。

警察脱下帽子行了个礼，嬉皮笑脸地说：“我们找到了爱德华先生，一具冻僵的尸体。”

正当彼特森以为自己和约翰都没事了的时候，警察突然冲上去抓住了约翰。

警察的一个小头头笑嘻嘻地说：“对不起，彼特森医生，我们还有一些问题没有搞清楚，我们要带这位先生回去问话，关于爱德华医生尸体中的一颗子弹头。”

彼特森和约翰被警察的举动弄得一头雾水，也不知道自己该说些什么。

警察用他们职业惯用的语气对彼特森解释："显然事态的发展对这位约翰先生很不利，这涉及谋杀，在事情没有查清之前，他仍然是最大的嫌疑犯，我们要拘捕他。"

彼特森眼睁睁看着自己的情人刚刚恢复正常，紧接着又被警察带走，她呆呆地望着警察和约翰的背影，却已经无能为力了。

6. 真正的凶手

接下来的两个月里，彼特森带着自己和艾扎克森对约翰的诊断结果四处奔走，她试图为约翰洗脱嫌疑。无奈警察要的是证据，他们只相信证据！该死的，难道精神病诊断结果不能算是证据吗?

最终彼特森放弃了，她已经想尽了一切的办法，再也不知道该怎么帮约翰了。在艾扎克森的陪同下，彼特森又回到了绿色庄园，默奇森主任爽快地答应让彼特森回来上班，似乎他并不反感这位不守规矩的女医生。

"你和约翰之间的故事已经结束了。"艾扎克森老师安慰了自己的学生几句之后就离开了医院。

默奇森主任把艾扎克森送走之后，他又回到彼特森的办公室来，和以前一样，他的面庞依然瘦削，鹰钩鼻，黑西装。在经历了一番风浪之后，他像个不倒翁那样又站起来了。

默奇森主任走到彼特森身边说道："我猜你一定感觉精疲力竭，我了解这种感受。我愿意帮助你，无论是哪一个方面的。"

"谢谢主任的关心，我想你现在的情况还不错，你又可以和以前一样风光了。"不知道什么原因，彼特森对眼前的这位主任感到有些陌生，他和以前那位和蔼可亲稳重干练的主任有些不一样了。

默奇森的反应也让彼特森感到疑惑，刚刚说完那句话时，她发现默奇森眼里有一种很诡异的光彩，虽然只在一瞬间就消失了，但彼特森还是看见了。

彼特森把身子转向一边，避开了默奇森的眼神，然后说道："对于爱德华大夫的遭遇你好像一点不惊讶啊。"

"我和爱德华大夫认识"，默奇森也想结束这不愉快的对话，他一边走向门口一边回答彼特森，"他对病人很好，但是我不怎么喜欢他。"

默奇森主任从彼特森的办公室走出去，在门口的时候他停下，然后转身说道："晚安，我希望一觉醒来你能以饱满的热情投入到工作中。"

彼特森有些发愣，她觉得有些不对劲，但是到底是哪里不对劲呢？

"我认识爱德华……"

"但是我不怎么喜欢他……"

主任最后说的话一直萦绕在彼特森耳边，她绞尽脑汁也没有想到这里面的问题，她感觉自己要崩溃了。

她不停地重复着："我认识爱德华，我不怎么喜欢他……"天啊！默奇森主任早就认识爱德华了，现在所有的事情终于都能联系到一起了，所有的疑惑也都可以解开了。彼特森努力让自己冷静下来，她仔细地翻阅着约翰的催眠记录，噢，彼特森终于知道他的梦代表什么了。彼特森带好笔记，她快步走向约翰曾经用过的办公室——现在默奇森主任又回到了那个房间。

彼特森进门之后很严肃地对主任说："主任，我想我们应该谈谈。"

默奇森主任对彼特森这种行为感到有些不解，他看着她，礼貌地说："今天已经晚了，你早点回去休息吧。"

彼特森的态度非常坚决："我必须现在就谈！"

默奇森让彼特森坐下来，他也看出她的不对劲，"那么你想谈些什么？"

"我有个病人，他告诉我他做的一个梦。是约翰·贝兰特因的梦。"接着她把自己记录下来的约翰在被催眠时做的关于赌场的那个梦告诉了默奇森。

默奇森不经意地打开自己的抽屉，看上去他像是在找烟，他冷笑着说："看起来这个赌场指的就是我们的医院吧，那个赌场老板应该说的是我吧？"

默奇森主任的回答让彼特森毛骨悚然，"我也是这么认为的。"

“你还没来得及把这些说给别人听，对吗？”默奇森紧盯着她的眼睛问。

彼特森突然很激动地说：“是的，他还梦见了爱德华是怎么摔下去的，他也梦见了赌场老板藏在烟囱后面，还有一个轮子！”

彼特森把自己的脸和主任冷酷的脸贴近：“轮子代表了左轮手枪，他看见有人开枪打死了爱德华大夫，然后手枪就被丢在山谷的某个地方，我相信枪上面留有凶手的指纹。”

默奇森阴冷地笑起来：“你这个推断似乎有些错误。”

“因为我知道，枪还在我手上！”默奇森突然在打开的抽屉里拿出一把藏在书下面的左轮手枪对着彼特森。

彼特森心里一下子感到一些寒意，这完全在自己意料之外。

“我犯下了一个致命的错误，虽然我成功地阻止了爱德华大夫，但是我没想到约翰会冒充他。”默奇森露出了自己的狰狞面目。

此时彼特森已经慢慢镇定下来了，她猜测着事情的经过：“当你得知你的位置将被爱德华大夫取代时，你就去纽约找他了。你恼羞成怒地指责他，并扬言会杀死他，对吗？”

“你猜得很对，但是警察是不会相信你的，你没有证据！”默奇森恶狠狠地说道。

“他们会相信我的，他们会查到你和爱德华两个人在纽约见过面，与你同一班火车的乘客中也一定有人可以证明你去过滑雪山谷。”

说到这里，彼特森自己都禁不住笑了，她终于可以救约翰了，“这个案子终于真相大白了。”

默奇森把手枪对着彼特森说：“你真不愧为心理分析专家，但是你跑过来跟我说这些是希望得到我的肯定吗？”

彼特森镇定自若地站起来，她对默奇森说：“默奇森先生，收起你的枪吧！像你这么聪明的人是不屑于犯这种愚蠢的谋杀罪的。”

“也许法官不会仅凭你去过滑雪山谷就定你的罪。”彼特森边说边往门外走，她的心都快提到嗓子眼儿了，“如果你现在开枪，那你就是杀人犯，这毫无疑问，而且警察会让你招出以前的另一宗谋杀案的。”

默奇森脸上的肌肉一阵抽搐，他冷冷地死盯住彼特森。

彼特森终于走到了门口，她长长出了一口气说："默奇森医生，我会帮你叫警察的。"说完走出去关上了门。

默奇森万念俱灰，他失败了，他输在了一个精神病患者的梦上！他看着紧闭的门，缓缓抬起手把枪对准了自己的喉咙……"砰"！

警察根据彼特森提供的线索和默奇森医生的死又找到了更多的证据，事实证明约翰是无辜的！但是默奇森的死也让爱德华被谋杀的具体过程成了一个谜，也许不会再有人知道了。

而现在，新婚的约翰和彼特森终于可以去度个真正的蜜月了，地点就选在ROMEJUDJE……

Strangers on a Train

火车上的陌生人

——“希区柯克式残暴”的代表作

WARNER BROS.
DELITTO PER DELITTO
(L'ALTRO UOMO)
ROBERT WALKER
FARLEY GRANGER
RUTH ROMAN
Allmov.com

电影赏析

外 文 名：Strangers on a Train（1951 年）
中 文 名：火车怪客、火车上的陌生人、追魂记
导　　演：阿尔弗雷德·希区柯克
编　　剧：雷蒙德·钱德勒
　　　　　蔡吉·欧蒙德
领衔主演：法利·格兰杰 饰 格·海恩斯
　　　　　鲁思·罗曼 饰 安·莫顿
　　　　　罗伯特·沃克 饰 布鲁诺·安东尼

说起希区柯克的这部杰作，我们首先会想起它貌似惊悚的广告宣传语："你可以和你的朋友说起《火车上的陌生人》，但是，请永远不要和火车上的怪人说话。"这句貌似警告的广告语一语道破了现代人生存环境的危机——稍不留神便会陷入一个无可遁逃的陷阱。在影片的每一分钟，我们几乎都能发现这位黑色幻想大师的细腻技巧，天才的导演将观众轻而易举地带入失神、惊悚和幽默的死亡地带。一场壮观、残暴的梦魇深刻揭示了一场"完美犯罪"的可能性。

这部影片改编自女作家帕特里夏·海史密斯的首部小说，于 1951 年公映。正如希区柯克本人开的玩笑："帕特里夏·海史密斯应该付钱给我才是。"是的，在希区柯克对小说进行了电影再创作之后，帕特里夏·海史密斯一举成名。而希区柯克本人亦在当年好莱坞的电影竞争中大获全胜。此片不但是希区柯克签约华纳的首部作品，更是他拓展好莱坞电影事业的里程碑。

看过这部电影的人，无不称赞其有趣的故事情节：一个著名的网球明星，一个古怪的乘客，两人在火车上萍水相逢，却能达成交换谋杀这场交易。交换谋杀是该片中最突出的主题。两个人都替对方除去一个最想杀掉的人，当犯罪发生时，谁也无法追踪到凶手——令人不寒而栗的完美谋杀。其次，同性恋在该片中有强烈的暗示，如同希区柯克曾经拍摄的《夺魂索》一样，在好莱坞电影审查极为苛刻的那个年代，该片

居然顺利地通过了《海斯法典》的审核，想来，也只有不拘一格的希区柯克才敢触及这敏感地带。

除了两位犯罪的主人公之外，似乎火车就是本片第三个主角。影片的开头，先是对匆匆疾走的脚的特写，紧接着便是火车的登场。希区柯克以镜头作为观众的眼睛俯视钢轨：火车头的阴影在轰隆隆的声响中向前奔驰，车轮和钢轨的刺耳摩擦声，火车的速度和有节奏的撞击，立刻在每一位观众的心坎上奏出晦暗的阴谋之曲。希区柯克发掘了使剧情和阴谋加速的最佳表现方式，他巧妙地运用了现实世界中的各种速度来渲染影片中疏密有度的气氛。频频出现的火车，扣杀中疾飞的网球，游乐场中疯狂的木马，无一不是他手中的艺术道具。希区柯克对速度感的青睐也表现在他的其他几部影片里：《失踪的女人》自始至终火车都是第一背景，《西北偏北》中的大量镜头均是他在火车站所拍，等等。伟大的希区柯克用速度给我们带来了数不尽的摄人心魄的场面，如果用一个词可以概括他这种电影手法的魅力，那便是“阴谋加速度”。

细腻永远是希区柯克的一大特点，在这次交换谋杀中，无数的小道具配合了现场的氛围，如眼镜、打火机等，这些微小的事物仿佛呈现给观众的只是一个再平常不过的事实。然而，正是这种琐碎和平常，更凸显了正在进行的阴谋的可怕。这种极特殊的电影拍摄方法给后进导演留下了更多的学习和发挥空间。

在《火车上的陌生人》里，经典场面比比皆是。满怀杀机的布鲁诺·安东尼，脸上挂着不可思议的微笑，一步步逼近海恩斯的妻子米拉，墙壁上映出一个巨大的阴影，这个阴影如死神一般紧随米拉。布鲁诺·安东尼双手紧紧掐着米拉的脖子，米拉的眼镜落地。从镜片的反射中观众可以真切地看到，一只巨大的黑色蝙蝠，朝着米拉扑下来。这个极具意识流色彩的杀人场面被称为“电影史上最古怪的镜头”。希区柯克的镜头语言功夫是炉火纯青的。在布鲁诺·安东尼监视海恩斯的片段中，看台上的观众都在随着球的落点而左右摇头时，只有布鲁诺·安东尼的眼睛一动不动地死盯着前方。希区柯克巧妙地把一切交给了观众，展示了最易识别的“希区柯克的电影风格”——极少或者没有刀光剑影，他只安静地摆弄着自己的心理战术。

在希区柯克驾驶的这趟“恐怖悬疑号”列车上，无数的乘客为之尖叫、为之痴迷，没有人会相信邻座的她或他，每个人都沉浸在那种恐怖的气氛中不能自拔。而今，这趟列车早已呼啸而过，但他曾经以镜头叩问人类灵魂的声音仍盘旋至今天，甚至未来人们的脑海中——我们的内心无比脆弱，我们的内心无比阴暗，谁都貌似一个正常人，但谁都有可能是一个杀人犯！现代电影中宏大的精神范畴、众多的电影元素，希区柯克都曾为之作出巨大的开拓。

这是一个可能发生的故事，也是一个可能发生的梦魇。火车上陌不相识的人竟能演绎一场完美的犯罪，设置一个无可遁逃的陷阱。它像蛇一样紧紧缠绕着你的心，使你心神不安，它将带给你悬疑和死亡幽默的享受，带给你木马疯狂旋转的结尾……

1. 怪人布鲁诺

由华盛顿开往纽约的豪华列车上，乘客都穿戴整齐，彬彬有礼。

格·海恩斯坐在靠窗的位置，他年轻、英俊，看上去还有些腼腆，他满怀心事，不愿意让别人打扰自己，正翻开一本书独自看着。可是事与愿违，对面坐着的一个30多岁的男人这时候认出了海恩斯，“打扰一下，你是格·海恩斯吗？”

海恩斯还没有想到自己该如何回答，那个男人已经迫不及待地肯定起来：“没错，就是你。还记得法鲁诺的那场比赛吗？我去看了的，我还记得你进了四分之一决赛。”

海恩斯只好笑着点点头。

那个男人看起来很兴奋，他凑过来抓住海恩斯的手，一边和他握手一边主动自我介绍说："布鲁诺·安东尼，你可以叫我布鲁诺。我对你们这些干大事的人总是很仰慕。"说完他很不见外地坐到了海恩斯的身边，把自己的领带夹拿给海恩斯看，那是一个傻里傻气的领带夹，是由"布鲁诺"（bruno）几个字母组成的。布鲁诺自嘲地笑笑："虽然它有些土，但是这是我妈妈送给我的，她看见我戴着它会很开心。"

布鲁诺发现海恩斯不是很愿意搭理自己，就对他说："你看你的书吧，我不会打扰你的，我话不多。"

海恩斯对他表示感谢后继续翻看自己的书，可是他还没有开始看的时候，布鲁诺已经又凑到近前了："做一个名人应当很有趣吧？"

海恩斯搭腔说："我不是名人，我只是一个打网球的而已。"

布鲁诺不同意海恩斯："不，不，我觉得像你这样干大事的人都是非常了不起的人物。我真想去看南安普顿的公开赛，到时候你也一定会参加对吗？"

海恩斯笑笑："听起来你很喜欢网球。"

布鲁诺很遗憾地叹气说："只可惜，我现在要去华盛顿，我从阿灵顿来。"布鲁诺说着从口袋中掏出一盒香烟，礼貌地把烟盒递到海恩斯跟前，海恩斯摇头："噢，非常感谢，我不会吸烟。"布鲁诺一边感叹一边在身上摸索："真是好习惯，可是在我动脑子的时候我总是要吸烟。"海恩斯看到他没有摸到打火机，就把自己的一个很精致的打火机递给布鲁诺。

布鲁诺把烟点着之后把打火机拿在手上仔细地打量，打火机的上面铸的是一对网球拍，而且还刻着"A to G"几个字母。他很得意地看着海恩斯说："如果G代表的是你的话，那我能猜到A代表的是谁。"

海恩斯很好奇："是吗？"

"是安·莫顿，对吗？我不仅只看体育版，我也会关注一下社会版，我见过安·莫顿的照片，她很漂亮。"布鲁诺兴奋地对海恩斯说出自己的答案。

海恩斯打量着这个奇怪的乘客，觉得他又好气又好笑，布鲁诺还在一边继续说着："她的父亲是莫顿参议员，是吗？……"海恩斯打断他："我猜你一定对小报很感兴趣。"

布鲁诺更加得意了："是的，我对于当今体坛的任何事情都很熟悉。"他突然不知是有心还是无意地说："当然，也不是所有的事情我都十分清楚，就好比谁和谁要在一起了，但是还不知道妻子什么时候答应离婚……"他的话说到了海恩斯心里的痛处，他把脸色一沉说："看来你的小报看多了。"

布鲁诺发现海恩斯有些不高兴，忙说："哦，你看我这个人就喜欢乱说。真对不起，其实我这个人是很友善的，只是遇见我敬仰的人就话多了起来。"海恩斯见他道歉也大度地摇头笑笑。

布鲁诺接着很热情地问："你和安打算什么时候结婚呢？——这也是我从报纸上看到的。"海恩斯马上说："报纸总是喜欢胡编乱造。"布鲁诺神秘地用胳膊肘撞撞海恩斯，就好像两个密友之间的举动："我心里有数……离婚现在对你是最简单的方法。"

跟着布鲁诺又兴奋起来："真荣幸能和你结伴去纽约。"

海恩斯有些幸灾乐祸地说："真遗憾，我到麦特卡夫就要下了。"

"麦特卡夫？你怎么会在那种地方下车？"

"因为那是我的家乡。"

布鲁诺恍然大悟："我知道了，你是和你妻子去谈离婚的事情。"

海恩斯对眼前这个聪明的家伙感到有些厌恶了："差不多吧。"

布鲁诺祝海恩斯一切顺利，并邀请他到自己的包厢共进晚餐。海恩斯对他和布鲁诺之间的谈话早已经有些厌烦了，他不喜欢别人洞察自己太多事情。他拒绝了布鲁诺的邀请，但是被叫来的服务员告诉他餐车 20 分钟内都不会有位子，布鲁诺抓住机会把海恩斯拉进了自己的包厢。

海恩斯点了一个汉堡和一杯咖啡，但是布鲁诺好像很能吃的样子，他点了羊排、薯条和巧克力冰激凌。两个人坐在布鲁诺的豪华包厢里边吃边聊，应该说是海恩斯在听布鲁诺一个人聊。

饭后，布鲁诺点燃一支雪茄，半躺半坐在沙发里，他很得意地回忆往事："我曾经上过大学，但是因为酗酒和赌博，在三年级的时候我就被开除了。"他对海恩斯耸耸肩有点自嘲地说："我和你不一样，我只是一个游手好闲的人。"

海恩斯问："是你自己这样认为吗？"

布鲁诺回答说：“是我父亲，他恨我。”说到这儿，布鲁诺的脸色变得铁青，和刚刚笑眯眯的样子判若两人，似乎是因为提到他父亲的缘故。“他很有钱，但是却想让我每天搭8点5分的汽车到街上兜售油漆，我觉得这非常糟糕。”

海恩斯也不知道该说些什么好，布鲁诺在一边接着狠狠地说：“我恨他，甚至有时候我想杀死他！”

海恩斯以为这是他的气话，对他说：“你可能只是一时那么想想。”

布鲁诺突然很委屈地说：“我想要干大事，我觉得在死之前每个人都应该干一些大事！”他很认真地问海恩斯：“你有没有试过把车开到时速150英里以上？”海恩斯摇头，布鲁诺炫耀地说：“我试过，我还开过飞机，那个才真是刺激，我还想订一张票去月球看看。”

海恩斯觉得这很好笑，就问：“你是想证明自己吗？”

布鲁诺有些酸楚地说：“我可不像你，你聪明，幸运，你可以和参议员的女儿谈恋爱，然后事业就可以平步青云了，不是吗？”

海恩斯听到这话很不高兴：“和参议员的女儿结婚又不能代表什么，能怎么样呢？难道网球运动员就只能打网球吗？”

布鲁诺见海恩斯有些急了，赶紧满脸堆笑地说：“嘿，别紧张，我不是那个意思。我喜欢和你做朋友，为了你我可以做任何事。”

海恩斯看看手表，差不多要去换车了，于是他说：“对不起，我想我要走了，我要去换车了。”

但是布鲁诺好像没有听见海恩斯的话，他还在问：“对了，我忘记你妻子的名字了，她叫——”

“米拉。”海恩斯只想尽早结束对话。

布鲁诺自言自语一般：“米拉·乔伊斯·海恩斯。”然后他又对海恩斯说：“像她那样喜欢四处游荡的女人会给你带来麻烦的。”

海恩斯很不高兴地打断他：“够了，我不想讨论有关她的事情。”

布鲁诺一边答应着说好一边又凑到跟前：“你对完美谋杀的想法感兴趣吗？”他不等对方回应就自己往下说：“比如在洗手间里，或者车里的一氧化碳也行。”

海恩斯摇摇头："你可能觉得我很保守，但是杀人毕竟是犯法的啊。"

布鲁诺把身体直了直，他直勾勾地盯着海恩斯，很严肃地说："我觉得每一个人都可能成为杀人犯，我不相信你某个时候没有想过要杀死谁，难道你没有想过要杀死那些要和米拉套近乎的男人吗？"

海恩斯回答："那我不能因为这个就去杀死人家啊。"

突然布鲁诺激动地用力敲了一下桌子，"什么是生活？！有些人活着还不如死了！"他还举例说："就好比我的父亲和你的妻子！"

海恩斯无言以对，布鲁诺又把身体躺下去，继续说："噢，让我想想，这是个不错的主意……我以前就经常想，比如说你要摆脱你妻子的话……"

海恩斯急忙解释说："我没有想要摆脱她，而是……"

"我只是打个比方，我知道你有更好的理由。"

海恩斯有些急了："我不这样认为……"

"不不，我这只是一个假设。你不会去谋杀她的！因为你不敢，你害怕自己被警察抓住，因为你有作案的动机。"布鲁诺越说越激动，"我有一个不错的办法，就是两个人互相充当彼此的杀手。他们以前可以没见过面，没有任何关系，素不相识，就好像我们两个一样，只要两个人都有自己想摆脱的人。"

海恩斯听他说完差点大笑起来，他觉得这个想法太荒谬了。但是布鲁诺对自己的想法感到非常激动："他们把对方想要摆脱的人杀死，但是警察却想不到他们之间有任何联系，比如我杀死你妻子，你杀死我父亲。"海恩斯对他说的话简直难以置信，而这时候火车也渐渐慢了下来准备进站了。海恩斯站起来，他很感谢布鲁诺的午餐，然后拿起皮箱准备告辞。

布鲁诺也站起来："真没想到，我们会聊得这么投机，现在你应该相信我说得很对了吧？"

海恩斯笑着拍拍他，"当然当然，你的主意相当不错。"显然海恩斯是在开玩笑，他没有把他的话当真。

布鲁诺目送着海恩斯离开之后还显得有些意犹未尽，他突然发现他把打火机落在了自己的包厢里。

2. 血案发生了

海恩斯又回到了自己熟悉的家乡，走在麦特卡夫的大街上，很多人都认识海恩斯，他们纷纷热情地和他打着招呼。海恩斯径直走向主干道上的“米尔乐器店”。一个戴着眼镜却风情万种的女人正站在柜台前，她就是海恩斯的妻子米拉，这里的售货员。

海恩斯走进去，他很友善地和米拉打了一声招呼，那感觉就像是两个多年没见的朋友。然而米拉立刻换了一种态度，她讥讽海恩斯：“你气色很好嘛，看来和那帮有钱的朋友打球很不错噢。”

海恩斯并不想和她多说些什么，他开门见山地问：“我们什么时候去办手续？”

“你这么急吗？”

“我急？还不都是因为你，急的应该是你吧？”

“你这个自私的家伙，你才不是因为我呢！”

米拉拉着海恩斯走到商店一角的一个玻璃隔层里，“你还记得吗？以前我们就是在这里谈情说爱的。”

海恩斯感到很厌烦：“你不觉得这时候再和你的前任丈夫说这种话已经很晚了吗？特别是你即将生下不是你丈夫的孩子的时候！”

米拉不理睬他的讽刺，她走过来摆弄海恩斯名贵的西装，“格，你比以前更潇洒了。”

海恩斯大声对她说：“去找律师吧，是时候解决我们的事情了。”

“你带的钱够吗？见律师是要花好多钱的。”

海恩斯把钱包拿出来，从里面取出来几张大钞扔到米拉手上。

“我不会再那么幸运地遇见第二个像你这样的网球手了。”米拉一边说着一边兴致勃勃地数着钞票。

“你什么意思？”

米拉冷冷地回答道：“我是不会跟你离婚的。”

海恩斯变得激动起来，这和他在火车上预想的完全不一样，“一开始并不是我要离婚的，而是你！你从去年开始就一直在想了。”

米拉冷笑：“女人是善变的。”她对海恩斯晃了晃手中的钞票说：“这下子我可以买几件漂亮的衣服了，我也不希望我到华盛顿因为没有新衣服穿而给你丢脸。”

海恩斯简直不敢相信自己曾经爱过的女人会变成如此模样：“米拉，你到底想怎么样？”

“报纸上你总是一副笑容可掬的样子，尤其是安·莫顿挽着你的时候。”

“这和她没有关系。”

米拉看着海恩斯生气的样子说：“你们两个人是认真的吗？不过是认真的也没用，因为我要去华盛顿，你趁早死了这条心吧。”

“你去华盛顿干什么？”

“去生孩子，和你一起！”

“那孩子不是我的！”

“谁知道孩子不是你的？”米拉肆无忌惮地笑着：“这真是一个荒唐的故事，参议员的女儿竟然爱上一个就要当爸爸的有妇之夫。”

海恩斯已经忍无可忍了，他冲到米拉面前怒斥道：“你这个骗子！你这个荡妇！”

米拉也毫不示弱：“随便你怎么说，我是不会离婚的，我们法庭上见吧。”

海恩斯愤怒地抓住米拉的胳膊：“原来你不是一直想要离开我吗？现在你是怎么了？他抛弃了你是不是？”

米拉扭动上身想挣脱他：“放开我，没人能抛弃我，尤其是你！”海恩斯再也不能忍受了，他抓住米拉一边怒骂一边疯狂地摇晃。乐器店的老板见状赶紧走过来把海恩斯拉开，“这里不是你们夫妻吵架的地方。”

海恩斯向乐器店老板道歉之后转身就走了，米拉歇斯底里地在他后面大叫：“你死了这条心吧，我要到华盛顿去生孩子，让你的参议员的女儿见鬼去吧！”

海恩斯气得浑身发抖，他快步走在街上，没想到本来以为很顺利的事情竟然会出现这种状况，女人要是撒起泼来真是不可理喻。海恩斯找到一个电话亭，他要找安·莫顿说说话，现在自己只能找她倾诉。海恩斯告诉莫顿说事情没有那么顺利，他的妻子不同意离婚。电话那头的安本来以为会听到海恩斯的好消息的，但是没想到被泼了一盆冷水。但是安毕竟是一个受过良好教育的女孩子，她并没有责怪无助的海恩斯，她安慰他说："不要着急，我明白你现在的心情。"

可是海恩斯已经被无理取闹的米拉搞到要崩溃了，他对着电话大叫的样子和平时温文尔雅的样子判若两人："我真想杀了他！……我真想现在就……杀……死……她！"

这时一列火车正从电话亭旁边的轨道上经过，海恩斯可怕的吼声顿时淹没在火车发出的巨大轰隆声中。

海恩斯已经做好了决定，他要离开麦特卡夫了，正在这时候有一个奇怪的电话找他。电话那头的人自称是他在火车上认识的一个朋友，那个男人甚至还小声地询问海恩斯："你是不是还想离婚？"海恩斯挂掉了电话，他已经气极了。然而令他没有想到的是第二天那个男人就来到了麦特卡夫。

打电话给他的男人正是他在火车上遇见的布鲁诺。他对他的父亲也是无法忍受了，他一回到家，那个可恶的老头就开始处处管教布鲁诺，梳头、刮脸，什么都要管。他的父亲甚至对他妈妈说，如果有必要的话要把布鲁诺监禁起来。他实在是受不了了，他一定要做点什么了。

布鲁诺首先在麦特卡夫的电话簿里找到了海恩斯妻子米拉·乔伊斯·海恩斯的名字，因为他在火车上特意问过。此时此刻他已经找到了米拉居住的地方，就坐在米拉住所对面的长椅上，他抽着雪茄等待着米拉出门。不久那个风骚的女人就出门了，她穿的裙子简直就是俗不可耐。布鲁诺看见她和两个男人浪笑着上了一辆巴士，就悄悄跟了上去。

巴士的目的地是小镇上最大的游乐场，游乐场人来人往，灯火辉煌，摩天飞轮、旋转木马，一派嘉年华的气氛。布鲁诺冷静地跟在米拉后面，米拉在和两个男人调情的时候发现了布鲁诺。布鲁诺并不慌张，他迎着米拉的目光看过去，看得米拉春心荡漾。她被这个健壮、潇洒，甚至有点神秘的陌生绅士深深吸引住了。她去哪里这个男人就跟到哪里，甚至布鲁诺跟着她坐上了旋转木马，两个人时不时还彼此挑逗一下。

没过一会儿，米拉和一起来的那两个男人就玩腻了，他们到湖边租了一条小船，布鲁诺也租了一条，自己划船跟在后面。他们的船慢慢驶过一个溶洞，很快就到了游乐场的对面，那里有一片适合年轻情侣们嬉戏亲热的黑暗小树林。一开始米拉和男孩们互相追逐着，但是没多久就落了单，突然一个男人在她面前出现，那个男人用打火机照着米拉的脸。米拉心中很欢喜，那个男人就是一直跟在自己后面的人。可是那个男人很直接地问她："你是格·海恩斯的太太吗？"就在米拉肯定的瞬间，一双大手已经紧紧地掐住了她的喉咙，米拉遇害了……

布鲁诺很得意，他不慌不忙地坐上了小船，小树林里传来呼喊米拉的声音："米拉……别躲了，出来吧……"

"米拉，你在哪里？"

"她在这里！天呐，她好像晕倒了，米拉快醒醒！"

"噢上帝，她死了！"

3. 难缠的布鲁诺

趁着游乐场一片惊慌大乱的时候，布鲁诺溜出了场子，他的心情很快活，就像一个刚刚做完作业的孩子，他甚至扶着一位眼睛看不见的老人过马路，他看看时间，刚好9点30分。

此时的海恩斯正在回华盛顿的火车上，他还不知道在自己的家乡已经发生了那么多的事情。在同一个车厢里，海恩斯遇见一个古怪的老头，这个老头哼着歌，说自己是个大学教授。海恩斯到达华盛顿的时候已经是下半夜了，他刚回到自己在华盛顿的住所门口，突然听见布鲁诺在街边低声呼喊他的名字。海恩斯顺着声音传来的方向走去，在街角阴暗的角落里，布鲁诺正在朝自己挥手打招呼，他很疑惑地问布鲁诺："你什么时候来的？你怎么会在这儿？"

布鲁诺回答说："你好像不愿看见你的朋友，我有礼物送给你。"

海恩斯觉得不可思议："什么礼物？"

布鲁诺把一副破碎的眼镜递给他，问："眼熟吗？"

海恩斯接过眼镜正在仔细回想，布鲁诺就迫不及待地揭晓答案："你放心，很快就结束了，她一点也不痛苦。”

海恩斯吃惊地望着他，布鲁诺得意地说：“现在你一定很惊喜吧？我非常小心，我甚至回去找回了我掉的打火机，你不用担心，只有米拉一个人看见我……”

“你是说米拉……”海恩斯如梦初醒，他快要被眼前这个人弄疯了：“你……你真是个疯子！”

布鲁诺倒是对海恩斯的反应很意外：“难道你不是这么想的吗？你不记得了吗？我们在火车上就已经计划好了啊。”

海恩斯转身要走，布鲁诺拦住他问：“你要去哪里？”

“我能到哪里去？我要去找警察。”

“找警察？那我们会被警察抓起来的，我们杀了人！”

“我们？”

布鲁诺差点笑出来：“看来你还不清楚状况，是我们一起策划的！”

“这简直荒唐，那怎么能当真呢？”

布鲁诺冷笑着说：“我没理由跑到麦特卡夫去谋杀一个素未谋面的人，除非我受人指使，那就是你！你是事件的受益者，你需要自由，而我根本不认识那个女人！”

海恩斯喃喃地说：“可是我与此事无关，都是你一个人干的，我想警察会相信我的。”

“你去找警察的时候你就会发现自己深陷麻烦之中，因为你的杀人动机最大。”

这时候，公寓里突然传出电话铃声，在深夜清晰得刺耳。海恩斯说：“我要去接电话。”

布鲁诺笑着说：“有人要告诉你一个好消息了。”接着他们就看见一个警察在海恩斯公寓的楼下敲门，等了一会儿，警察见没有回应就离开了。

“你这个疯子，你让我成了一个嫌疑犯！”海恩斯恶狠狠地对布鲁诺说。

布鲁诺也毫不示弱：“请不要那么称呼我！”然后他语气突然软下来接着说道：“我想你一定是太累了，我这个晚上也够忙的了，现在我……我父亲那里……”海恩斯根本不想再听下去了，他转身就要离开。布鲁诺把他拦住说：“我已经买好了一把旧手枪，你放心，我都已经计划好了……”海恩斯听到这赶紧摆脱了他，走向自己的公寓。

布鲁诺跟在身后不断地说着："我们还有事情没商量好呢……"

海恩斯看也不看他："你最好在我想杀了你之前离开。"

"你是真的累了。那么明天……"

海恩斯突然回头："我不认识你，也不想认识你！以后别让我再见到你！"

电话铃声又从海恩斯的公寓传出来，他不管布鲁诺又说了什么，走进公寓，关上了门。

布鲁诺只好自己离去。

是安·莫顿打来的电话，听起来她十分紧张，海恩斯已经猜到是怎么回事了。可是他必须要镇静，他反问安出了什么事。慌乱的安什么也没说，只是让他赶紧过去一趟。

海恩斯急匆匆地赶到莫顿家中，安一下子就扑到他怀里，两人亲吻起来。安看着海恩斯说："你知道我有多爱你吗？"

"当然！你那么爱我。"

"去见见我父亲吧，他在等你。"

安的心非常不安，海恩斯也心情沉重，两人一前一后走进莫顿参议员的书房。安的妹妹芭芭拉也在书房里，今年她已经上中学了，海恩斯故作镇静地向安的爸爸问好，接着又和芭芭拉打招呼。芭芭拉是一个坐不住的姑娘，而且她和海恩斯很要好，她把他当成自己的哥哥一样看待，她上前抱住海恩斯，告诉他："发生了一件可怕的事情。"

安的爸爸莫顿参议员温和地让芭芭拉坐好，然后对海恩斯说："我们有一个可怕的消息要告诉你，是关于你妻子米拉的，她已经被谋杀了。"已经知道这件事的海恩斯知道自己应该装出一副吃惊的样子，但是他显得有些呆滞，幸好莫顿并没有在意。参议员继续说："你最好打电话给麦特卡夫警局，告诉他们当时你在哪里。"

"米拉被谋杀了？"说完他慢慢坐下来，浑身发抖，他不知道自己说这话时为什么会如此害怕。

安回答他说："有人掐死了她。"参议员进一步补充："在一家游乐场边上，一个情人河之类的地方。"芭芭拉更加详细地说明："是和米拉一起去玩儿的两个男人发现的，但是他们没有动机，而现在，你是嫌疑犯。”

参议员警告芭芭拉：“不要乱下结论！”

机灵聪颖的芭芭拉一边给爸爸倒酒一边用大人惯用的口吻说道：“你们只是在自欺欺人，这样的事情警察通常都会先审丈夫的，人人都知道你想和她离婚，而她不同意！所以你的嫌疑最大了。”

大家一下子无言以对了，空气仿佛凝固了一般，海恩斯强颜欢笑地开玩笑：“是啊，现在我更加出名了。”

参议员安慰他说：“也不要太担心了。”

芭芭拉倒是很理智：“除非格有当时不在场的证据，要不然他的麻烦就大了。”

安看着海恩斯问：“那天9点半的时候你在哪里？”

海恩斯想了想说：“9点半我应该在从纽约开往华盛顿的火车上。”

芭芭拉赶紧追问：“谁能证明呢？和你说过话的人，看到你的人或者其他什么人都可以。”

海恩斯突然想起那个古怪的老头，“是的，有一个大学教授和我说过话。”

参议员问：“你们认识吗？”

“不，我只记得他的名字好像是考林斯。”

“哈佛的？”

“不是……应该是达维尔技术学院的。”

安终于松了一口气：“那就好办了。”

芭芭拉看着姐姐和海恩斯笑着说：“这下你们就没有什么阻碍了。”

参议员瞪了一眼芭芭拉：“有些话心里想想就行了，没必要把它说出来。”说完就催促她去睡觉，自己也向海恩斯道了晚安，他想让海恩斯和女儿单独待一会儿。

他们出去之后，两个人立刻抱在一起，安动情地说：“你不知道，我真的好害怕。我听到这个消息后就想起那天你在电话里说的你要杀死米拉的话，我真的要吓死了。”海恩斯紧紧抱住安，一时竟也找不到合适的话来安慰她。

可是事情并没有大家想象的那么容易，虽然警察很快就找到了那个考林斯教授，但是他却已经忘记了那天的事情，无论海恩斯怎么提醒，他仍然想不起那天的情景，这位古怪的老先生一口咬定自己没有见过海恩斯。特别让海恩斯感到窝火的是，负责这个案件的警长特里一脸不相信自己的表情，在他眼中显然自己已经是一个嫌疑犯了。

当然让他更加感到难堪的是，开始有便衣跟踪他了，而且他走到哪里哪里就会有警察在执勤。

虽然在莫顿一家人面前，他还是满脸轻松，但是他内心深处最惧怕的布鲁诺像个幽灵一样阴魂不散地跟着自己。

有时候布鲁诺会把电话打到参议员家中来找海恩斯，然后他推说打错了，神经质地又把电话挂断。海恩斯出现的地方总是能看见布鲁诺，他只好匆匆地躲开。然而他回到家中时，却发现地板上有布鲁诺留下的便条：我父亲就要离开了，你必须开始行动！海恩斯毫不犹豫地烧了便条。

然后布鲁诺就像海恩斯的影子一样，出现在海恩斯和安公开出入的酒店里，海恩斯不得不支开安单独和布鲁诺讲话。布鲁诺对海恩斯表现出的厌恶根本不加理会，他关心的只是自己的父亲要去加州，却还没有人去杀死他。海恩斯对布鲁诺发出警告，要求他不要再纠缠自己了，然后愤然离开。

远远的地方，安正在望着他们奇怪的对话，她看见布鲁诺的领带夹很奇怪，上面写着“布鲁诺”（bruno）几个字母，就问海恩斯刚刚那个人是谁。海恩斯撒谎说那只是一个普通的球迷。布鲁诺已经不会停止了，海恩斯甚至在自己的训练赛赛场看见他。等海恩斯结束比赛的时候，他发现那个幽灵已经和安·莫顿还有另外两个年龄较大的朋友坐在一起正热烈地攀谈着。海恩斯走过去，布鲁诺假惺惺地和他握手：“海恩斯先生，我一直都很喜欢你，我是你的球迷。”两个人就好像第一次见面一样，但是安发现了布鲁诺戴着的“布鲁诺”领带夹，她开始怀疑起来。这时可爱的芭芭拉走了过来，布鲁诺突然死死盯着芭芭拉的眼镜，他想起了自己杀死的米拉，布鲁诺的脸色开始变得吓人了……细心的安把这一切看在眼里。

几天之后，安又在自己家里的派对中发现了布鲁诺，她注意到只要布鲁诺一出现，海恩斯就会变得很不自然。布鲁诺彬彬有礼、穿着得体，危险而迷人，他总是能用一些很怪异的话题和上层社会的名流们打成一片。很快，他的神秘话题把一位年纪不小的贵妇人吸引住了："听起来你对谋杀很有兴趣。"

"每个人都一样，您也一样，夫人。"

"我？不，我对这事可没有兴趣。"

"不要否认，其实大家都一样，"说着布鲁诺坐到这位夫人的身边，继续说："有时候大家都不愿意被打扰，特别想躲开谁，就比如……你丈夫！"

贵妇立刻尖声笑起来："噢，老天，我从来没有过。"

布鲁诺靠近到她身边，劝诱她说："真的？在他让你十分恼火的时候你就没有过要杀死他的想法吗？不要骗自己了。"贵妇笑起来，默认了。布鲁诺有点得意地指着贵妇说："你看，事实如此……"他似乎意犹未尽，又坐到贵妇对面，把手中的酒杯放下，说："假设，你现在想谋杀一个人，你觉得怎样做会更有意思？"

贵妇觉得这很刺激，笑着说："我想我会弄一把枪。"

"不，不！枪的声音太大，它会引起邻居的注意的。你也不想弄得到处是血吧？"

"或者用毒药？"

"哦夫人，你真是聪明，这个好多了。"

"不过，你现在很急切地要杀死你丈夫，毒药或许太慢了。"

"对了，我想到了一个好主意。我在一个案例中见过的，我可以把他骗上车，把他带到一个没人的偏僻角落，用锤子敲他的头，然后把他和车子浇上汽油一起烧掉。"

这位太太已经完全兴奋起来了，她越来越自以为是，把布鲁诺的指导地位都抢走了。布鲁诺好像是受到了打击一样，他冷冷地说："最后你一个人走回来吗？"

贵妇顿时哑口无言。

布鲁诺把手缓缓抬起来，对她说："我向你介绍一种非常好的工具，简单，迅速，安静。要知道安静是非常重要的。让我来帮你演示一下好吗？"他问贵妇："夫人的脖子可否暂时借用一下呢？"贵妇笑着回答："当然，只要时间不要太长就可以了。"布鲁诺把自己的双手放在贵妇的脖子上说："如果你吃不消，你就点点头。"贵妇同意之后，他开始一点点用力去掐她的脖子。

正在这个时候，布鲁诺看见芭芭拉走进来了。四目相对，布鲁诺突然想起了杀人的那个夜晚，耳边回荡着游乐场的音乐声，他双手不由自主地使出了全力。贵妇一下子就透不过气来，含糊地求救。旁边的人吓得大声尖叫，可是布鲁诺完全没有反应，他已经处于半昏迷的状态中，接着他晕倒在地。贵妇人喘过气来之后开始大哭大叫，整个大厅乱哄哄的，芭芭拉也被布鲁诺的目光和刚刚的事情吓到了，就好像刚做了一个吓人的梦。布鲁诺被海恩斯和莫顿参议员家中的管家抬到旁边的书房，莫顿参议员很不高兴，他让海恩斯赶紧把他弄走。等布鲁诺醒来的时候，书房中就只有海恩斯一个人。

布鲁诺不知道刚刚发生了什么事："我这是怎么了？我记得我在玩儿旋转木马，我吓坏了……"

海恩斯愤怒地说："你就不能离我远点儿吗？你这个疯子，警察早晚会抓住你的。"

海恩斯把布鲁诺拽出大厅。

芭芭拉已经被吓坏了，安·莫顿问她到底出了什么事。芭芭拉颤抖着说："他两只手紧紧掐着她的脖子……但是他却紧紧地盯着我看，……太可怕了！"安不太明白，芭芭拉扑到姐姐怀里："他……他好像是想掐死我一样！"

4. 最后的较量

安·莫顿走到门外，此时海恩斯正送布鲁诺上车离开，她走上前去质问海恩斯："格，你说实话，你们以前是不是就认识？"

"上次在训练场时见过一次。"海恩斯并不想说实话。

"你知道吗？那天他就用一种很可怕的眼神盯着芭芭拉看，今天他又吓到芭芭拉了，他在用那种眼神盯着芭芭拉时却差点掐死卡宁汉姆夫人。"安突然抬起头看着海恩斯的眼睛："告诉我米拉的样子！"

"你问这个干吗？报纸上刊登过她的照片。"

"不！我想听听你的描述。"

"嗯，她……个子不是很高，皮肤也不是很白，看起来还算可爱，怎么了？"

"她是不是戴着眼镜，和芭芭拉有点像，对吗？"

海恩斯无言以对。

安突然厉声喝问："是你让他去杀人的吗？"

海恩斯听到安怀疑自己简直不敢相信自己的耳朵："你再说一遍？"

安冷笑起来："难道不对吗？布鲁诺杀死了米拉，对吗？你快说啊！"安的精神已经快支持不住了，就快要哭出声来了。

海恩斯被安问得有些语塞："是……但其实……他是个疯子。"接着他把事情的经过一五一十地都告诉了安。

安心里的一块石头总算落了地，只要海恩斯不是杀人凶手她就放心了，她是一个善解人意的女人，她能理解海恩斯心里所担心的。但是他们无计可施，而且海恩斯也不想把安也牵扯进来。

警察也早就发现了海恩斯有些奇怪的举动，他们知道事情就快要真相大白了，所以不分昼夜地在莫顿家的外面监视着。

在那天夜里，海恩斯给布鲁诺打了一个电话，告诉他自己已经决定今晚行动了，他已经有了一把枪，他会按布鲁诺说过的计划那样去杀死他的父亲，而且他今晚就要行动，他已经等不及了。布鲁诺说那很好。海恩斯警告说："你最好等午夜之后再回家去。"

海恩斯从消防梯悄悄地爬下去，成功地避开了警察的视线。

在郊外，布鲁诺有一座花园式的别墅，他和父亲就住在里面。海恩斯在夜色的掩护下逐渐地接近别墅，他的心跳得厉害，在夜色中别墅格外安静，静到让他有种窒息的感觉。他到达别墅的大门外，用布鲁诺给自己的钥匙开门进去，他打开手电筒，看着布鲁诺提供的房间布置图……他一步步地走上楼梯……他找到他父亲的房间……打开房门，拿出手枪……

但是海恩斯并没有朝任何人开枪，他轻声问在床上躺着的人："安东尼先生，我要和你谈谈关于你儿子的事情……"在黑暗中，海恩斯看见床上的人突然坐了起来，他赶紧对他说："请不要叫，安东尼先生……"海恩斯眼前突然一阵光亮，那个人打开台灯，他这才看清原来床上的人并不是什么父亲，而是疯狂的儿子！

海恩斯一下子就泄了气，布鲁诺冷笑着说："我本想打电话告诉你，我父亲今天晚上不在家。但我想知道你那么心急到底是为了什么。"

海恩斯也冷笑着回敬说："既然你把钥匙给了我，我当然要试试他好不好用。"

"不过，这至少证明了你的胆量。"

海恩斯很诚恳地对他说："布鲁诺，你去看看医生吧，你这样已经成为一种病态了，不然你会把我们都害了的。"

布鲁诺被海恩斯天真的言语激怒了，他站起身来："我才不会那么傻呢，我谋杀了一个人。不对，是你谋杀了一个人，海恩斯先生，你现在才是嫌疑犯，因为你有动机，你是受益者，你应该为此付出代价！"海恩斯已经绝望了："那我们也没必要再谈下去了。"说着他转身就走，他下了楼梯走到门口。

布鲁诺在后面跟着，冷冷地说："你我都是聪明人，我有办法对付你。你还记得你的打火机吗？在火车上你落在我的包厢了，只要我回到麦特卡夫把它丢在案发现场，那么你就再也说不清楚了，告诉你，海恩斯先生，我明天就回去。"

海恩斯家的电话响了足有半个小时都没有人接听。守在楼下的警察突然意识到海恩斯已经溜出家了，他们现在对他谋杀妻子深信不疑，他们想到麦特卡夫一定还有什么证据没有被发现。

第二天是格·海恩斯的比赛日。在场外的时候他就已经把昨天的事情告诉了安·莫顿。安都快急哭了，她抓着海恩斯的手说："我们必须要赶在他的前面回去，你现在就出发吧，回麦特卡夫去。"

"不行的。警察不会让我回去的，他们不相信我，他们会以为我是去销毁证据的。如果我不参加比赛的话，赛场一定会广播的，那警察也一定会把我抓起来。"

"那现在应该怎么办啊？"

"布鲁诺说他会晚上出发，他不会白天急着走的，只要我尽快结束比赛，只是三个回合的时间，我还来得及。”然后他交代安，让芭芭拉如此这般地做……

比赛开始了，今天的海恩斯一开始就大大出乎对手和球迷的意料，海恩斯以往的比赛风格是稳健型的，他打球很缓慢。但是今天一开场海恩斯就先声夺人，大力发球，积极上网，连续得分。而在看台上的安·莫顿更是紧张，海恩斯每一个失误都能牵动她敏感而脆弱的神经。好在前两局还比较顺利，他都赢下来了。他击球的力量越来越大，这样的比赛风格和以往的海恩斯简直是判若两人。

海恩斯很清楚现在的局面，在自己比赛的同时，布鲁诺很可能已经踏上了回麦特卡夫的火车，然后他会像一个幽灵一样徘徊在游乐场的黄昏，只等太阳下山以后，他就会趁着夜色潜回那个小岛……

芭芭拉按照姐姐交代她的，在第三局比赛刚开始的时候她就离开了看台。在赛场外她帮海恩斯叫了一辆出租车，把他的衣物放进车后。但是在赛场上，海恩斯遇见了麻烦，他的对手死死缠住他，对手的突然发力让海恩斯疲于应付，最终他输掉了关键的第三局。

而此时的布鲁诺已经到了麦特卡夫，他难以掩饰自己内心的兴奋，掏出海恩斯的打火机在手上摆弄，在大街上走着。结果，布鲁诺一不小心把打火机掉进了路边的一口枯井中，他赶紧找来几个工人，费了九牛二虎之力才把打火机捞出来，同时也白白浪费了宝贵的半个小时。

赛场上海恩斯苦战四局终于拿下了比赛，他顾不上自己的疲劳，迅速地离开球场。而监视海恩斯的警察正被可爱的芭芭拉缠住聊天呢。等警察识破海恩斯的伎俩时，他早已经坐着早已准备好的出租车来到了火车站。警察在后面穷追不舍，也没能赶上海恩斯乘坐的那一班火车，他们只好求助于麦特卡夫的警察，让他们布置警力监视海恩斯的一举一动。

麦特卡夫的天渐渐暗了下来，布鲁诺早已经没有了耐性，很早他就来到了游乐场，守候在河边。

等天完全黑下来的时候，海恩斯的火车也进站了，守候多时的警察立刻悄悄跟在了他的后面，海恩斯丝毫没有察觉。

游乐场里亮起了灯光，布鲁诺打算开始行动了。就像他谋杀米拉那天一样，他打算租一条小船到黑暗的小岛上去，但是今天人很多，他不得不排队等候。他阴沉着脸，露出可怕的神情，让人想起那个恐怖的晚上，熟悉的音乐再次回荡在他耳边……

很快海恩斯就赶到了游乐场，警察也已经在场内外布置好了天罗地网，但是他们并不知道布鲁诺才是真凶，他们的目标只是海恩斯。他们告诉河边的船夫，如果有什么可疑的人出现立刻要通知警方。布鲁诺神情紧张，他把自己的帽檐尽量地拉低，然后上了一只小船。船夫看见布鲁诺的样子猛然想起发生命案的那个晚上，他对布鲁诺这张脸印象深刻，他马上跑向200米开外的警察……

布鲁诺发觉情况不对，也转身离开了，他刚好和刚刚赶到的海恩斯撞在一起。真是冤家路窄啊，海恩斯顾不上身后的警察，朝着他大喝一声："布鲁诺！"

布鲁诺转身就走，他上了一台旋转木马，海恩斯紧跟着也追上来。一个年轻的警察拔枪朝海恩斯射击，他以为海恩斯想要逃跑。枪没有打中海恩斯，反而击中了控制旋转木马的一个老头，那个老头踉跄了一下，一下子倒在旋转木马转盘的中央，他的手还紧紧抓着操纵杆，旋转木马失控地飞速旋转，上面的孩子被吓得尖叫连连。

海恩斯和布鲁诺两个人在木马上扭打在一起。船夫这时也跑到了警察跟前，他指着木马上的布鲁诺大叫："就是他，是他杀死了米拉。"警察还以为船夫说的是海恩斯，"我们早已经知道了。"这时警察找到一位游乐场的老工人帮忙，想把旋转木马停下来。他必须要趴着钻到高速旋转的转盘底下，这个场面让围观的人紧张不已，因为那个老人只要稍微一个不小心擦到木马的底盘，那他就会当场丧命。

海恩斯和布鲁诺在木马上正打个你死我活，警察已经在外围建起了一道封锁线，而封锁线外木马上的孩子们的家长正哭叫着。突然一个男孩从木马上跌落，随时可能掉到底盘下而没命，海恩斯机敏地一把把男孩俯身抱住，然后放到安全的地方。但同时海恩斯也落到了下风，布鲁诺已经从后面掐住了他的脖子，把他按在底盘上，海恩斯拼命反抗挣扎着，旋转木马在他们的头上时起时落。情急之下，海恩斯抓到一根木马上的钢管，死死抓着不放，丧心病狂的布鲁诺发了疯似的用脚踩他的手指，想把他踹下去。

眼看着海恩斯就要支撑不住了，那个老工人终于爬到了木马的控制中心，把木马停下来。巨大的惯性使得旋转木马的底盘整个倾斜倒塌下来，顿时游乐场乱成一团。

海恩斯摇摇晃晃地站起来，他只是伤到了脖子，从华盛顿赶到的警察一拥而上，他们还把海恩斯当成是凶手。当地的警方带着认出布鲁诺的那位船夫也赶紧上前，对正要抓捕海恩斯的华盛顿警察说："长官，目击者说，不是这个人，真正的凶手是那个和他打斗的人。"警察听不明白，船夫解释说："我见过那个人，在谋杀案发生那晚他就在游乐场，但是我没有见过这个人。"船夫指的是海恩斯。警探回过头问海恩斯："这究竟是怎么回事？你又回来干什么？"

海恩斯："几句话也不能说清楚，他回来是想嫁祸给我，他拿了我的打火机，想放在岛上。让我和他说几句话。"

布鲁诺已经被重重地压在了旋转木马的底盘下，警察看了一下说，除非用大吊车把压在上面的东西弄走，要不然他是出不来了。

布鲁诺已经有气无力了，他看看海恩斯打着招呼说："嗨，格……"他瞥见海恩斯身边的警察，嘴角露出一抹笑意："他们终于抓住你了。"

海恩斯弯下腰去："布鲁诺，我希望你能把真相告诉警察，你得告诉他们你拿了我的打火机。"

"格，对不起，我想我帮不上你……"说完他就永远地闭上了眼睛。

海恩斯对警长说："探长，我相信打火机还在他身上，我能不能搜一下他的口袋？"

警察摇头说："恐怕你没有权利这样做，他刚刚已经否认了。"

正在这时，死去的布鲁诺的手缓缓张开，海恩斯的打火机正在他的手心！

警探走过去拿起打火机问海恩斯："这是你的吗？"

海恩斯点头。

警探拍着海恩斯的肩膀说："既然这样我们就清楚了，我们回华盛顿再详谈……"

Rear Window

后窗

——揭示人类窥探欲望的力作

PARAMOUNT ZEIGT:
JAMES STEWART
in
ALFRED HITCHCOCK'S
Das FENSTER zum HOF
REAR WINDOW
Farbe von TECHNICOLOR
In weiteren Hauptrollen:
GRACE KELLY · WENDELL COREY · THELMA RITTER und RAYMOND BURR
Regie: ALFRED HITCHCOCK Drehbuch: JOHN MICHAEL HAYES Nach einer Erzählung v. Cornell Woolrich

电影赏析

外 文 名：Rear Window（1954 年）
中 文 名：后窗
导　　演：阿尔弗雷德·希区柯克
编　　剧：约翰·迈克尔·海耶斯
领衔主演：詹姆斯·斯图尔特 饰 L·B·杰弗瑞
　　　　　格蕾丝·凯莉 饰 丽莎·卡洛尔·弗里蒙特

近年的《旧金山编年史》这样写道：无论年代距今多远，《后窗》依然是世界上最伟大的电影之一。清晰的剧情、似有似无的机关、城市生活的病态欲望让无数的观众不知不觉地深陷其中。而这个观影奇迹的缔造者依然是天才的希区柯克。

尽管对很多人来讲，希区柯克就意味着悬念和惊悚，但我们仍然可以从他的电影作品中发现其他的或另类的令人着迷的东西，宿命、压抑、迷茫、困惑、绝望、病态等意识层次的精神体现，其意义远远地超过同类的只为悬念而生的影片，《后窗》就是这一类型的突出代表。

曾经有人这样评价《后窗》："这部电影没什么意义可言，他对人性的看法既显肤浅又显幼稚，不过他或多或少揭示出了城市生活的孤独。"事实上，希区柯克在这部影片中所表达的城市孤独已经远远超出了简单的生活层面，在极度的压抑中形成的近乎病态的窥视欲望恰恰证明了人们在都市文明中的不安全感。杰弗瑞腿部受伤限制了日常行动，无法与外界接触，这种空间上的距离似乎也映射了人与人之间的心灵距离，丽莎与杰弗瑞的争执亦源于此。诚如萨特所说："如果接触不成，窥视欲望便可占据上风。"

《后窗》虽以"偷窥"进入观众的视野，但导演的用意却并不像某些批评家所抨击的那样是"拙劣的诱惑"，公映的结果也并未造成所谓的"道德的败坏"。事实上，在重视人人都有隐私的美国，偷窥似乎是一种极其不道德的事情，然而，一旦杰弗瑞在偷窥过程中无意间发现了一桩谋杀案，这种行为本身的不道德性立刻就变得不那么明显了，反而堂而皇之地变成了一种与不道德相对立的道德。那么，试问两者的界限到底在哪里呢？在影片中即使有对偷窥行为的痛斥之词，也多半是道德和法律的恐吓，而当偷窥的性质发生变化的时候，讽刺的意味就十分明显了。用哲学的观点讲，“窥探”只是希区柯克对人性和社会展开思考的一个凭借。在这个意义上，与其说《后窗》是一部悬疑片，倒不如说它是一部伦理片。希区柯克不是一个道德教条主义者，他只是提供观众一个视角，爱怎么理解是他们自己的事。

《后窗》的拍摄投入了重金——因为希区柯克就是收益的保证，这一点任何一家制作公司都毋庸置疑。影片背景所需的建筑全部按 1 ： 1 的比例搭建，每一个房间都成为真正的房间。从主人公的那扇窗户一眼望出去，能看到一条不错的街道和咖啡馆的一角。自然的颜色、舒适的灯光、玩耍的小狗、绿草地上的塑胶水管，无一不让剧场背景看起来栩栩如生。

本片中高超的细节处理堪称经典。从主人公杰弗瑞的镜头中，观众可以侧面窥探到整个社会的斑驳纷杂：风流的交际花，在几个男人之间游刃有余地周旋；没有孩子的夫妇养了一条狗安慰余生，他们有着有趣的遛狗方式；连做家务都迈着舞步的舞蹈演员，她的舞步似乎永不停息；独居一室的作曲家，孤独而勤恳；楼下的雕塑家，总能在奇怪的雕塑前忘我地工作；挂着窗帘的小酒店，一对夫妇在此度蜜月……这一幅幅看似漫不经心的动态画面实际上展示了诸多的故事。表面上看，这些由一个个小细节构成的情节与影片后面的悬疑情节毫无关系，但恰恰是在漠然描述下的似有似无的微妙联系，成为该部影片的神来之笔。影片开头的偷窥显得悠闲自得，丝毫没有惊险影片的凌厉之气，而接下来的情节峰回路转、跌宕起伏，观众一时无法转移视线，真有于无声处一声雷的效果。

当然，该片的成功还离不开先进的技术支持。前沿化的同期录音技术以及宏大的灯光设备，在当时影坛独一无二。影片本身的音乐也不同凡响，只是希区柯克觉得还欠完美：原本打算让影片中的作曲家在开头只弹奏主题曲片段，随着剧情发展，至影片结尾才终成一首完整曲子。但影片的曲作者弗兰茨 · 瓦克斯曼执意从头到尾都采取了相同的音乐，以至于同视觉上的多重性不合拍。

总之，这部影片是希区柯克后期作品的典范。富有冲击力的偷窥和谋杀题材，平凡甚至乏味的生活背后的阴暗，令人回味的幽默，悬巧的故事设计，难以预料的结局，都笼罩上了希区柯克的精神色彩和艺术光环。

《后窗》里不仅有对人类窥探欲望的思考，还涉及了对爱情很深的理解：未婚的人孤寂幽幻，新婚的人欢乐甜蜜，经受长久婚姻折磨的人则兴味索然……

1. 暂时的平静

天知道我是一个多么好动和喜欢冒险的人，可是现在我不得不待在自己的公寓里。因为一次意外事故，一个多月来我只能支着一条腿，坐在窗前的躺椅上。

因为我左腿上厚厚的石膏，每天我只能坐在自己的躺椅上，而看看后窗外我的一户户邻居就成了我每天唯一可做的事情。我最大的乐趣就是看着他们每天的生活，我看见他们起床，洗漱，吃饭，穿衣，谈话……这些景象我们平时都不愿意去观察，但是我现在的状态能做些什么呢？我知道大家每天都很忙，都有很多自己的事情要去做，对于我的举动是不会有人去注意的。但是观察似乎是我天生的能力——我是一个摄影师。既然我不能拿着相机去工作，那么只能把这个当成我消遣和打发时间的方式了。

和平时一样，今天我也坐在窗前观察着这个社区我能见到的一切。突然有电话打进来，是杰森，我杂志社的同事。我一边跟他说话，一边目不转睛地注视着对面大楼里邻居们的一举一动。

电话里传来杰森的道喜声："恭喜啊，杰！"

这时我的眼睛正注视着对面天台上准备晒日光浴的两个年轻女子，我随口问："我有什么好恭喜的？"

"恭喜你可以拆石膏了啊。"杰森说。

我问道："谁说可以拆石膏的？"我嘴里跟杰森聊着，眼睛却没有停下来。我正对面住着的是一个女舞蹈演员，她叫托索，是一个单身女人。和其他舞蹈演员一样，她有着美丽的脸庞和曼妙的身材，不过她有一个与众不同的习惯——她总是在家里穿着内衣一边吃早餐一边不断地扭动着身躯。

杰森："今天星期三，你的腿断了已经有 7 个星期了，不是吗？"

我嘲笑地对杰森说："杰森，你白长了那么大的一个脑袋，这么差的记性！是下个星期给我的粗腿减肥。"住在我斜对面的那位作曲家此时正叼着一根烟进行音乐创作。

杰森："算了，我的幸运总是那么时断时续，这真是要命。什么时候再联系？"

"真抱歉，杰森。还要你一个人再辛苦一个星期。好了，不讲了，我看我的邻居现在不是很好。"我的目光转移到靠右边的一户人家，他们夫妻两个好像发生了一些口角。

杰森："好的，以后联系。"

我急匆匆地挂掉电话是因为我的直觉告诉我，下面有好戏看了。其实在打电话的时候，我就一直心不在焉。我一直望着窗外，我很想知道那对夫妻到底是因为什么而争吵。

我继续观察他们。我见过那个男人几次，他好像是一个推销员。他头发花白，但其实也就四五十岁的样子。他下了楼，带着铲子之类的工具，摆弄着院子里的花圃中栽得好好的鲜花。

旁边正在晒太阳的女士注意到他的举动，她径直来到他跟前说："你在糟蹋这些花！""请你闭嘴！"推销员气呼呼地说。可能是因为刚刚和妻子吵架的火气太大了，白发男子继续摆弄他的鲜花，没有理会那个女士。

我正在专注地看着推销员古怪的举动的时候，莎莉走了进来，她是我的护士。她放下包，拿出温度计准备测量我的体温。每天她来的时候，除了帮我检查身体，还会和我聊上一会儿，今天我们谈到了我的女朋友丽莎。

我趴在床上，莎莉为我擦药水。我这样和她描述我的女朋友："她是属于高级餐厅正式鸡尾酒会上的女人，她那么完美，那么聪明，那么漂亮，那么神秘……她什么都很好，但是却不是我这种整天捧着相机，四处流浪，没有多少存款的人想要的。若她平凡一点也许会好点，那样我就能养得起她。"

"你不打算结婚吗？"

"会的，但是我会找一个实际一点的，要能和我一起浪迹天涯、深爱着我的女人。而不是每天要穿新衣、吃龙虾大餐、还会惹上花边新闻的人。所以结婚的事情，我还要另找其人。"

我正说着，她把我扶到轮椅上，走到床边收拾药盒，然后走到我身边诚恳地对我说："杰，我没有很高的文化水平，但是我知道一件事，当一对男女相互爱慕时就应该在一起。我给你的忠告是：娶她吧，她是一个值得爱的女人。"

我笑着开玩笑说："她向你行贿吗？"她看我满不在乎的样子，也没有多说什么就离开了。

我继续关注窗外的动态。刚刚那位晒太阳的艺术家已经盖着一张报纸在椅子上睡着了，而那位推销员也往楼上走去，看来他已经摆弄好了那些花。

莎莉走后不久我不知不觉也睡着了。

不知道什么时候，我正在熟睡，就感觉好像有一个人渐渐地朝我走来，等脸贴近了，我看清是丽莎。她吻了我一下关切地问："感觉好点没？"

"有点疼。"我们靠得太近了，我不得不压低声音回答。

"来点'二十一餐厅'的晚餐怎么样？"看来她已经准备好了。

我醒过来，发现已经是晚上了："什么？你准备了消防车吗？"

"还要快些！"说完她跑向门口，开门让一群服务生模样的人进来。他们带了一套"二十一餐厅"的双人大餐。

我们一边喝着服务生送来的红酒一边闲谈着。几杯酒过后，我们的话题被丽莎引到我不想触及的婚姻问题上："杰，你应该成家，选择一下你的工作。"

"你的意思是让我离开杂志社？"

"是的。"

"给我一个理由。"

"为了我们！我明天就可以为你找到一份工作。时装方面的，还有诗歌……别笑啊，我是认真的，我真的可以。"

"我怕的就是这个。想象一下：我在服装沙龙里，贴着胡须，穿着野性的服装，驾着吉普车，那是个什么德行？"

她把手搭在我的肩膀："那德行又英俊又成功。"

"你在胡说什么啊？"对于这样的谈话我不想再继续下去了。

"那好，就当我什么也没说。"说完她也很不愉快地走开了。

夜幕来临，家家户户都亮起灯光。在我感到沉闷的时候，我习惯性地望向窗外。一楼的一位女士好像正在忙着为客人准备一桌晚餐。她拿出一瓶红酒，点燃桌上的两根蜡烛，然后走向了门口。就像真的有人要来一样——可事实上并没有人走进房间，她在对着空气自言自语！我继续看着，她把那个"人"带到餐桌边，把脸凑过去，那个"人"亲吻她的脸颊，接着她把酒倒上，坐下。我猜她一定是想和那个不存在的"人"干杯了。当她举起杯的时候，我也拿起杯子向她示意"干杯"，真希望她能快乐一点。一杯酒喝完之后她放下杯子，趴在桌上放声痛哭，可怜的女士啊。

太让人心酸了，我不忍心再看下去了。我把目光从一楼又转回到白天争吵的那对夫妻的房间。那个女人颠笑着走下床来，和丈夫说着什么，难道他们还在吵架吗？我正在胡乱猜测的时候一阵优美的钢琴声吸引了我。丽莎好像也听到了，她把服务员刚刚送来的晚餐放在桌上，问我："多么美妙的音乐啊！是哪里传来的？""那边的那位作曲家弹的。只有他一个人住，我敢打赌是因为婚姻出了问题。"我话中有话地回答说。

丽莎好像听出了我隐藏的话，但是她装作没听见一样："这么美妙的音乐就好像专门写给我们的。"

“难怪他的婚姻会出问题。”我说。

“杰弗瑞先生，我们来尝尝你的晚餐如何？”她转移了话题，不让我再说下去。

吃过晚餐后，丽莎在我床上躺着，似乎还要继续讨论关于我们未来关系的话题。

丽莎说：“我不认为人们的生活方式会有如此大的差别，我们做着同样的事情：吃喝、谈笑、穿衣，如果你真的另有隐情，我会谅解。”

“我没有什么隐情，只是……”丽莎并不想给我解释的机会，她故意提高声调：“这不是理由！安定下来以后一样可以出去工作，大部分人都能随遇而安。真可笑，难道这工作只属于少数特殊人士？”

“请闭上你的嘴，安静一下！能不能让我把真实的情况说明一下？”说到这我有些恼火了，她也看出我的情绪。

“若你的意见和你的态度一样恶劣，我就不听了。”

“我们理智点好吗？”

“这个我不适应，那个你不适应。好像你这种人一辈子活在定点上。”

“闭嘴！”我向她叫道，她在一边不出声了。“鱼头和米，你吃过吗？”我问她。

“当然没有。”她头转向一边，并不看我。

我接着说：“如果以后我们在一起，你就要吃。你有可能要下到五百尺深的海底，那里的温度只有零下二十度，你吃不消。你可能会被枪袭击，被车压过，你需要藏在沙包里，就只为了拍一个名人。你那双鞋子呢？噢！去丛林真是太棒了，但是在芬兰我还要为了避免你冻僵而大伤脑筋。”

丽莎轻松地说：“我只要穿对适合的衣服就没事了。”

“那好，在巴西，你要时刻带着雨衣，即使是不下雨的时候。但是丽莎，这工作要以车厢为家，我们只被允许带一只行李箱，睡不好吃不饱，有时候会吃一些看着就倒胃口的东西。”我有必要向她说清楚事情的严重性。

丽莎有些生气了：“你没必要说这些可恶的话，让我觉得我错了。”

“在现实面前我倒是觉得这话很中肯。丽莎，事实是残酷的，你不适合那样的工作，只有少数人才能忍受。”我说。

“你真是个固执的家伙！”丽莎披上丝巾，跟我道别：“再见，杰。”

“你的意思是晚安吧？”我觉得有些不对。

“我是说再见！”她重复着。

“丽莎，我们可以电话联系。”和大多数男人一样，我也不想真的和她分手。

“而不要结局？”

“我什么时候能再见到你？”

“不会很久，明晚之前。”给完我安慰她就关上门离开了我的房间。

2. 谋杀疑云

丽莎离开之后，我心烦意乱，我又将轮椅转向窗户，看着窗外的夜景。这个时间大概邻居们都准备入睡了，很多人都已经关好了窗户，拉上了窗帘。

正当我也准备休息的时候，突然传来一声女人的尖叫，还有摔碎杯子的声音。天色已晚，我不能准确地分辨出声音传来的方向，难道又是推销员夫妻？我胡乱猜测着，他们之间到底有什么解决不了的矛盾呢？算了，我和丽莎之间的烦心事已经让我很头疼了，还是去睡觉吧。

一阵突然的雷声把我惊醒，我睁开眼睛，外面已经下起了大雨。看看表，已经 11 点 10 分了。我起身望着窗外，对面楼上那对为了驱赶酷热而在露天阳台上睡觉的夫妇也被雷雨惊醒，正狼狈地裹着被单跑回房间。

而那个推销员还没有入睡，他奇怪的举动又吸引了我的注意。这么晚了，他还冒着雷雨出门，手里还拎着一个大箱子，他要去做什么呢？——是我太好奇吗？不是！凭借我职业的洞察力，以及白天发生的有关他的事情，我相信他一定有问题！

所以我决定坐在那里等他回来。

后半夜 2 点 35 分，他终于回来了。他还拿着走的时候带着的大箱子，也看不出到底他是去过哪里。更加令人不解的是，他只在房间停留了一会儿，就又拎着那个大箱子出门了。

这时候那个作曲家也回来了，他喝得醉醺醺的，好像心情不好，回到自己的公寓一把将钢琴上的乐谱扔得满地都是。我决定继续等着那个推销员回来，但是不知道什么时候我迷迷糊糊地就睡着了。

没有一会儿，一声巨大的声响把我吵醒。我睁眼一看，是住在我对面的舞蹈演员托索，不知道她从哪里回来，巨大的声响就是她刚刚到家开门关门发出的。在这不久后，推销员又回来了，那个大箱子依然在他的手里！我本打算继续看个究竟，但是我实在是太困了，不知道什么时候我又睡着了。

直到第二天早上我才再次醒来。

今天的天气和昨天一样，都是不错的天气。住在一楼的那位女艺术家已经在院子里摆弄她的雕塑作品了，舞蹈演员托索和往常一样穿着内衣在公寓里跳来跳去。昨晚被雷雨赶回房间的女士把自己的小狗放进一个篮子里，用绳子把它慢慢放下去，好让小狗在院子里自由玩耍一会儿。

莎莉也一早就来了，她一边和我聊天，一边帮我擦药水。聊着聊着就说起了那位推销员，我把昨晚发生的那些有关他的奇怪的事情说给莎莉听：“昨夜，他提着样品箱冒雨出去了好几次。”

她停下来说：“他本来就是推销员啊。”

“什么东西一定要半夜推销？还冒着大雨？”

擦完药，她帮我套上衬衫，把我扶上了轮椅，然后思索了一下对我说：“他可以向那些守夜的人推销闪光灯啊，可以照亮窗户。”

“我倒是觉得他是在把什么东西往外运。”我分析道。

“那今天早上有什么发现吗？”她问。

我一边扣上衬衫的扣子一边回答：“没有，他拉了窗帘。”

她望了望对面跟我说：“对面吗？又拉上去了。”

我赶紧朝对面望去，那个推销员正走向窗子向外边张望。我立即把轮椅摇到房间光线照不到的阴影处，同时我提醒莎莉："别让他发现，他在向外看。"

她却不以为然："看见又怎么样？"

我警告说："他不是随意地看，他是在确认有没有人看见他。"

这时，推销员伸出头向窗外望去，楼上那位女士刚刚用吊篮放下去的那只小狗正在用爪子挖着泥土。它好像闻到昨天推销员摆弄那几束花的周围有什么东西。而边上那个晒太阳的女士还以为小狗要破坏那些鲜花，就把小狗赶走了。

莎莉在走之前提醒我"偷窥是违法的"的时候我还在暗处专心地观察着推销员的举动，他拿出他一直拎着来回进出的大箱子，用一块布把箱子彻底清洗干净。

我越来越肯定自己的判断，他一定有问题！所以莎莉临走时我让她把望远镜递给我，我要看个仔细。原来他是打算重新利用那个箱子，他把很多珠宝放进箱子，然后再次来到窗前张望，以确定没有人在看着他，然后他走进厨房去了。

我往后退出一些距离，把望远镜放在一边，拿出我拍照用的专业长焦相机看个究竟，这样我能看得更清楚。效果果然不错，我能清楚地看见他拿出一张报纸，把一把长长的锯刀包起来，把它放进房间之后就躺下睡着了。

哼！走着瞧吧。如果他真的做了坏事，一定是我最先发现的。

又到了晚上，天气还是很闷热，住在楼上的那对夫妇又把床铺搬到了阳台上，那位作曲家只穿着一条裤衩在家打扫房间，那个女艺术家已经把自己的作品搬回了家里，还在继续细心地雕琢着。

和昨天答应的时间一样，丽莎在晚些时候真的来看我了。我们已经和好如初了，互相拥吻着，就好像昨晚的争吵没有发生过一样。我猜天下所有还爱着的情侣都是这样的。

但是我心里还念念不忘那个推销员，我想听听丽莎的看法："你认为一个人在雨夜提着大箱子进出三次是因为什么？"丽莎并不关心推销员和他的大箱子，她一边回答一边亲着我："或许是他太太在家里等他。"

我把我所看到的都讲给丽莎听："不是因为这个。她今天根本没有去上班，他也一整天都没有进过太太的卧房。丽莎，事情有些不对劲，他刚刚出去几分钟马上就回来了。”

我本来不想告诉丽莎，怕吓到他，但是人的本性迫使我忍不住地想告诉别人我所想的：“呃，我想这是一件很恐怖的事情……分尸。如何下手分割尸体呢？”

丽莎马上从我身上起来，坐到床边点燃一根香烟：“杰，说实话你吓到我了。你听到没有，你吓到我了！”

我正盯着窗外，“嘘，他回来了。”

我立刻拿出望远镜，希望能找到一些更新的线索。这次那个推销员手里拿着一大捆麻绳，他直接走进了太太的卧房。丽莎对我这种偷窥的行为很不理解，她把我的轮椅转过来对着她：“杰，看看你现在的样子。”我问：“有什么不对吗？”她一把夺过我手中的望远镜扔在一边，对我说：“你消磨消磨时间我不反对，但是你看过之后还要胡思乱想，这就不正常了。”

“你觉得我是在胡思乱想？”

“我不管你怎么认为，但是我请你以后不要再这样了。我想我该走了，你还在看什么？”

我跟她解释说：“我只是好奇推销员的太太现在怎么样了，仅此而已。这样就不正常了吗？你知道吗？她是个残疾人，需要别人的照顾，但是她的丈夫却一天没有去看她。我觉得这里有问题。”

“或许她已经死了。”丽莎猜测说。

“但是我并没有看见医生或者办丧事的人。”

“那或者她吃了药就休息了。这有什么好看的？”她一把抓住我说道，我正想趁她不注意把轮椅转向窗口。

“我在窗子里看见的事情难以理解，不断的争吵，不明的刀具绳索，而且昨晚之后，就再没有看见他的太太，这不可疑吗？如果不是的话，那么你告诉我他太太去哪儿了？”

“我怎么会知道……也许他已经离开他太太了，我不知道，而且我也不想知道，很多人家里都会备有刀具和绳索啊，也有很多男人整天不和太太说话，所以会有很多太太都恨自己的丈夫，但是太太不会都想去谋杀丈夫吧？”

她总是想用正常的方式思考问题。

“那你承认有谋杀的可能了？”

“今天你也看到了他的举动，不是吗？窗帘没有拉，他的行为你看得清清楚楚。你认为一个凶手会笨到不知道拉起窗帘来掩饰自己的罪行吗？聪明一点好吗？凶手会打开窗户，光天化日地表演自己的行凶过程吗？我倒觉得有问题的话也是在那几扇窗子后面。”她的见解倒是很独到。

“哪里？”我急忙寻找她说的窗后。

丽莎已经气坏了：“对你我没什么好说的了。”

话还没说完，坐在我对面的丽莎好像看见了什么，慢慢站起来。我赶紧把轮椅摇到窗前，拿起望远镜望向窗外。那个推销员正在用绳索捆绑着一个大箱子。

这下子丽莎有点同意我刚刚所担心的了：“杰，把你看到的再说一次，我们再重新讨论一下。”我把我这几天所看到的一些奇怪的事情说给丽莎听，听完之后丽莎决定要和我一起弄清事情的真相。

丽莎离开公寓，到对面大楼的信箱查出了那个推销员的名字和门牌号码。他叫斯特拉，住在西九街125号。时候不早了，我让丽莎回去休息，我自己则要仔细考虑是不是应该把这件事告诉警察。

第二天，我的护士莎莉来了之后，我打电话给我的警察朋友道尔。

“出了什么事，杰？”道尔对我的话总是半信半疑的，因为他虽然知道我是个有能力的人，但是也清楚我经常会做一些蠢事。

“在电话里我说不清，我想和你当面说。”

“很严重吗？”

“也许吧，是关于我邻居的谋杀案的。”我装作很冷静地回答。

“谋杀？！”他有点吃惊。

“我是这么看的。”

“这种事情可不能用来开玩笑。”

“我只是想帮你找到案子的捷径，要知道你是警探。”

道尔是一个责任感很强的警察，他答应一会就赶过来。挂掉电话，莎莉把我的早餐端进来，询问我刚刚打的电话：“你是打给警察吗？”我回答说：“只是我的朋友在警察局工作而已。”

她一下子对这件事情也产生了兴趣，她望着推销员斯特拉的窗户分析说：“如果他真的要分尸的话，那么一定会在洗手间，那里最容易把血迹清洗干净。他还必须要在血流出箱子之前运走它。”她分析得很有道理，但是也不能就说明什么问题。

等莎莉走开时，我趁机又盯住那个漂亮的舞蹈演员。她依然穿着内衣，扭动着身躯，正在晒衣服。正当我欣赏得津津有味时，莎莉走进来，她又发现了推销员家里的新情况：“杰，快看。”我把目光从那边移到推销员这里，有两个快递公司模样的人正把斯特拉的大箱子运走。我遗憾地说：“我本来是想让道尔来看看那个大箱子的，现在要错过了。”

“你在这儿看着，不要冲动。”说完我可爱的护士就跑向门口。“我去看看箱子是寄给谁的。”

又有一个人加入我的行列真是让人高兴。“我盯着巷口。”我继续在望远镜中注视着窗外的动静。但是等她到那里的时候，装箱子的卡车已经开走了。

不久道尔赶来了，他在我的房间观察了一会斯特拉，问我：“为什么你会认为这是一件谋杀案呢？你见到他杀人了吗？”

“没有。但是雨中进出几次，刀具、绳索、大箱子和不见的太太，这些细节不可疑吗？”

“神秘和可疑不代表就是谋杀。”道尔和丽莎一样，喜欢用常理解释这些。

“不要告诉我他是在表演魔术，我可不相信。”我反驳道尔。

道尔把手撑在窗台上，身体向前倾斜，望着窗外，对我说：“但是这么多的窗子都可以看见他，他如果就这样行凶的话未免太笨了一点。现在他还坐在窗子前抽雪茄，等着警察来抓他吗？”

“当然要抓他啊。”我回答说。

他站起身，坐到靠窗的床上，说：“杰，或许你还不清楚杀人这回事，上百个经验丰富的警察才能抓住一个杀人犯，那个推销员总不会在晚饭后把妻子打晕，然后就储存在箱子里吧？”

“事实也是如此。”我很肯定。

“这种情况通常发生在惊慌混乱的时候，但是我没有看见他的公寓有混乱的迹象。”说完他把望远镜递给我，示意让我看。

“你认为我是在编故事吗？”

“我想你把看到的事情复杂化了。”道尔看看表，起身告辞说：“杰，我还有别的事情，这个公寓事件我不会上报的，那样你会被嘲弄的。不过如果他太太确实失踪了的话，我会弄清楚她去了哪儿的。回头见。”

道尔离开之后，楼下的那只小狗又跑去花圃那里刨着什么东西。斯特拉先生拎着水桶走下楼，把小狗赶跑，然后把小狗刨出来的土用脚又踢回去。

我望了望道尔，他还在街口等车，可惜斯特拉先生回来得有些晚。

3. 扑朔迷离

第二天，道尔又来到我家，和我继续分析：“她昨天早上离开了。”

“什么时候？”我很好奇。

“早上6点。”

“那时候我刚好睡着了。”我真后悔自己没有坚持。

“那太遗憾了，人们都是习惯那个时候离开公寓的，你看起来很愚蠢。”这时候道尔注意到了对面那个跳舞的托索小姐。

我故意问他：“你太太怎么样？”我很奇怪这时候他还有这个心思。

他很尴尬：“还不错。”

“谁告诉你她离开的？”我还是不理解他是怎么知道的。

“谁？离开哪里？”

“那个告诉你她6点钟离开的人。”

“哦，是大楼管理员，他的证词很简单，没有什么可疑之处。他说他们是去了火车站。”说完道尔转身坐到书桌前的桌子上。

“他怎么知道别人要去哪里？难道行李箱上写着地址吗？”我表示怀疑。

他拿起一瓶酒，往杯子里倒酒，对我解释说：“是那个推销员告诉他的。”

“我明白了，这很方便。你应该查查那个管理员的财务情况。”我回答。

道尔并没有理解我的意思，他不解地问：“什么？”

“这些话只是由犯罪嫌疑人自己陈述的，只能算是二手情报，何况还没有佐证，这种证词根本不能相信。到底有没有人亲眼看见他太太上火车？”我继续追问道尔。

“我也想提醒你，就像你说的，有没有人？包括你在内，谁亲眼看见了他谋杀他太太？一切都是你说他是凶手而引起的推断和猜测。”道尔被我的态度弄得有些烦了。

“你是来破案的还是来看我出丑的？”

“很可能两者并不冲突。”

我直接说道：“那你就好好地办案，我相信他的家里有你所需要的证据。”

“我不能那么做。”

“我不是说现在，你可以在他出去喝酒或者买报纸的时候再去，他不知道的话就不会对他造成伤害。”

“就算他不在，我也不能那么做。”说着他起身走向壁炉。

“不能用用警察的‘拜访卡’吗？”

他显然并没有全神贯注地处理这件事，他一面看着壁炉上的图画一面和我说话：“即使他真的有罪，在没有搜查令的情况下我也不能进到他的房间，否则就是非法私闯民居。后果是我将在10分钟之内被免职。”

“只要你小心一点不要被抓住就可以了，只要你找到证据证明他的谋杀罪名成立，那你就不会再去理会什么规定了。”

“如果我找不到呢？如果他是清白的呢？这是要冒很大风险的。我要提醒你，宪法规定只有拿到证据才可以签发搜查令。”他用最平淡的语气和我争论。

我真的不能忍受他这样漫不经心的态度：“那你就等着他把证据送上门来好了！要知道到了明天早上可能什么都不会留下了。告诉我你需要什么样的证据才能去搜查那儿，要看到留在门前的血脚印吗？”

“我不喜欢别人的质问，是你请我来帮忙的，你却让我表现得像一个纳税人，我不能理解我怎么会在二战时能够容忍和你在一架战机里三年。我会到局里查证管理员的证词的。”他看了看表就离开了。

又到了晚上，我一边望着窗外一边吃我的三明治。无意中我又看见住在一楼的那位喜欢对着空气喝酒的“寂寞太太”。她坐在梳妆台前涂抹唇膏，戴上帽子，好像要出去的样子。而隔壁作曲家里今天很热闹，有很多客人。至于对面的托索，她正随着音乐和请来的两个朋友一起跳舞。

“寂寞太太”并没有去到很远的地方，她就在街对面的一家餐厅里，她坐在那里似乎是要等什么人。

这时推销员回来了，我立刻集中精神继续观察，以便早日找到证据。他带回来一个盒子，到家之后他打开盒子，从里面拿出一沓衬衫，接着又从衣柜里取出一些衬衫。直觉告诉我他准备逃跑了，我立刻打电话给道尔：“道尔太太吗？汤姆在家吗？我是杰弗瑞。”

道尔太太回答说：“汤姆不在。”

我问她：“你是说你不能找到他吗？”

“是的，如果你的事情很重要的话，我联系到他时会告诉他给你回电话的。”

“不用，你只要让他赶来我这儿就行了。告诉他斯特拉今天晚上可能就要逃跑了。”我压低声音对她说。

“斯特拉是谁？”

“斯特拉是这个故事的主人公，他明白的。”

我继续观察着斯特拉先生的一举一动，他拿出一个女士皮包——看起来那是他太太的，坐在沙发上打电话。通过他打电话按键的次数我就能知道他打的是长途电话，他一边打电话，一边把皮包里的东西拿出来放在一边。

这个时候丽莎来看我了，她穿了一套浅绿色的套装，还换了一个发型。我立刻把我的猜测告诉丽莎："斯特拉先生准备要逃跑了。"

"但看起来他并不着急。"

"他把衣服、靴子和他太太的手提袋都放在卧房了。"

"他太太的手提袋？"

"是的，它原本藏在衣箱里，他把它取出来，拿出里面的珠宝，同时还打了一个长途电话，像是征求谁的意见。"

"我肯定不是打给他太太。"丽莎很确定地说。

我附和道："我也这么想。"

刚聊了一会儿，斯特拉先生已经把东西收拾好，关上灯，离开了公寓。

丽莎疑惑地说："他是要去哪儿呢？"

"不知道。"

"你猜他还会不会回来？"

凭借我的判断他是会回来的："会的，他的东西还在家里。"

等斯特拉确实离开了公寓之后，她打开台灯，对我说："我整天都在设法集中精神。"

"你在想斯特拉的案子吗？"

"不光是这个，还有你和你的朋友道尔。你们有再联系吗？"

"我找不到他，他说要去火车站检查行李。可能很忙吧，你有好主意吗？"

丽莎思索了一下对我说："我觉得这不合情理。"

"什么？"

"女人的习惯。"

我很迷惑，不知道她说什么："你在想什么？"

丽莎帮我分析说："你看，以前她总是把手提包放在床边，这样拿东西会非常方便。但是现在她去旅行，却把皮包放在家里，为什么呢？”

“或许是走得太匆忙，或者她认为用不上手提包。”我胡乱猜测，试图找出一个合理的解释。

丽莎站在女人的角度继续帮我分析：“她先生是应该知道的，一个女人是不会把珠宝放进皮包的，那样会纠结在一起。”

我问她：“那要藏在哪里？丈夫的衣服口袋里吗？”

“我不会那么做，而且男人也不会带的。女人不管走到哪里，身边永远会带着化妆品和珠宝，除非她是去医院。”

我把我的长焦照相机递给她，问道：“带在身上？”

“是的，这是女人的必需品。我们不会把心爱的珠宝塞进皮包的。”

“我同意你的看法，但是道尔不相信。有个目击证人证实昨天他们早上6点出门去了。”

丽莎肯定地说：“一定是道尔弄错了，他们或许看到了一个女人，但那一定不会是斯特拉太太。”很难得我们能再次达成一致，我高兴地把她喊过来，让她坐在我的腿上。

她也很得意，笑着问：“比起道尔我是不是更像警探？”

丽莎去厨房准备酒水去了，这时道尔赶过来了。他进门就直接问道：“斯特拉又有什么新的动向？”

我很遗憾地说：“你来晚了，已经错过了。”

他接着问：“他逃跑了吗？”

我没有正面回答：“他所有的东西都准备好了，就等装箱。”

丽莎端着两杯白兰地走过来，递给他一杯酒：“这是道尔先生吗？”

我赶紧给他们介绍：“汤姆，这就是丽莎。”

丽莎和道尔先生打招呼：“你好。我们认为斯特拉让人怀疑。”

我笑着对道尔说：“你要当心啊，呵呵。”

丽莎又端了一杯白兰地递给我，“杰，你应该把珠宝的事情告诉他。”

“什么珠宝？”

我补充说：“他的衣服里藏着的，他太太的珠宝。”

“你们怎么能确定是他太太的？”

丽莎说：“我们看见他从他太太手提包里拿出来的。”

我接着说：“我们认为昨天走出他家的不是斯特拉太太。”

“是猜的吗？”

“汤姆，你不会要证据吧？”我问道尔。

道尔把酒杯放下，来到窗前，继续说道：“事实上，我不相信斯特拉先生是凶手。”

“那么你怎么解释发生的这一切？”

“我不能，你也不能。人们有权利保有自己的隐私权，很多事情是不愿意对别人解释的。”

丽莎接话说：“比如谋杀太太。”

道尔对丽莎说：“不要再往这方面想了。”

那我接着问：“那些刀具你怎么解释？”

道尔反问我：“难道你没有锯子吗？不要再浪费时间了，你是在胡闹，你的逻辑思维已经退化了。”

“那还有行李箱、珠宝和他太太的失踪，这些又怎么解释？”丽莎提醒道尔说。

道尔说：“我去火车站查过，有目击者称他买了一张去马里士的车票，十分钟后他送他太太离开。”

丽莎坚持自己的判断：“就算是有位女士离开，但不一定是他的太太，你怎么解释那些珠宝？”

道尔不以为然：“小姐，那只是你们女人的直觉。用它来判断现实生活中的问题是不行的，我有太多经验了。”

我问道尔：“你是因为没有找到行李箱，所以用这个来敷衍吗？”

道尔胸有成竹：“不，在我离开这儿半个小时后我就已经找到了行李箱。”

我问：“那箱子里有什么？”

“只是斯特拉太太的衣物，很整洁，叠得好好的。”

我接着问道尔："一次简单的旅行用得着带走所有的衣物吗？"

他朝丽莎看去："或许让女性来解答更有说服力。"

丽莎解释说："除非她不想再回来了。"

我不相信："那你告诉我她为什么不通知房东一声？我认为她有隐情。"

道尔看了一眼丽莎为准备在我这过夜带来的内衣，坏笑着说："你什么事情都会告诉房东吗？"

我警告说："说话小心点，汤姆。"

"你为什么不能忘掉这一切？如果是这样你很可能会拍到杰作，然后你会赢得奖牌、名誉和财富。坐下来喝喝酒聊聊天，谈论一些战时趣事，那样不好吗？"

丽莎问："那么你不打算继续调查这个案子了吗？"

道尔断然说："本来就不是案子。"

丽莎沉默地来到我身边。道尔觉得也聊了很久了，看看表，对我们说："杰，也许你们是对的，我得回去休息了，如果有什么需要的话，打电话给我。"

我突然想到一个问题："他把行李箱寄给谁？"

"斯特拉太太。"

我说："那是谁把它领走的？"

"马里士的警方说是她自己领走的。"说完，道尔戴好帽子离开了。

事情发展到这儿我和丽莎都很失望，我们情不自禁地又望向窗外。对面的房间似乎也没有什么特别的，作曲家的房子里挤满了人，大家喝酒、唱歌、聊天，非常热闹。我不由自主地把目光转向正对面的舞蹈演员，她正躺在床上做健身，双腿不停地摆动着。

这时丽莎碰碰我，示意我往楼下看。原来一楼的那个寂寞女士终于有了新的男朋友，"很年轻啊！"我对丽莎说到。丽莎没有说话，只是继续看着。那个男人看上去想亲吻寂寞女士，寂寞女士来到窗前把百叶窗放下来。不过隐隐约约还可以看见屋子里发生的事情，她走回年轻人身边，那个男子把她拉到沙发上强吻起来，她拼命挣扎，可是那个男子并不放手。最后寂寞女士抬手打了那个年轻人一巴掌，年轻人被赶了出去。等屋子里就剩寂寞女士一个人的时候，她倒在沙发上又痛苦地哭起来。

为什么这个女人遇到的事总是不顺心呢？但想想这本就不是自己应该关心的事情，我的心里充满了一种负罪感。

我对丽莎说："虽然我不愿意承认，但是汤姆有些话还是说对了，他要我别管别人的私事。我不知道我这样做是否应该，如果你觉得斯特拉先生没有犯罪的话，那我监视他是不是很不道德？"

丽莎叹道："我实在不理解你的后窗道德。"

我自嘲地说："他们一样也可以偷窥我啊。"

丽莎安慰我说："杰，你拉长的脸和失望的表情都是因为我们发现斯特拉先生并没有犯罪。如果这时候有人来看我们，他们都会难以置信。我们这对呆头鹅被吓坏了，但是现在我们有理由让自己开心一点，斯特拉太太还好好地活着，这个结果其实也不错。"

我摸着丽莎的头发，开玩笑说："我明天就会恢复元气了，我要继续观察，先从托索小姐开始。"

丽莎吃醋了："不行，除非我也搬到这里住，每天能和你约会几小时。今天的好戏到此结束。"她走到窗前把窗帘拉好，拿起自己的箱子对我说："等我一下。"过了一会儿，丽莎穿上性感的内衣正要和我亲热，突然一声尖叫把我们打断。丽莎急忙拉开窗帘察看，原来，楼上女士的小狗死了，她正在伤心地哭着。她的哭声吸引了整个社区的居民。

"是谁杀死了我的狗？是谁杀死了我的狗？"那位女士歇斯底里地叫着，"你们这些可恶的邻居，我们本应该互相关心，互相帮助，不是吗？你们却什么也不做，你们从来不关心别人。真想不到你们竟然会杀死一个小狗，这是为什么啊？难道就因为它也喜欢你们吗？"说完她伤心地从阳台走回客房，捂着脸哭起来。大家都是出来看热闹的，得知就是死了一个小狗，没有什么大事，就又回去做自己的事情了。

我突然想到了什么，对丽莎说："天呐！我差点就相信汤姆的话了！"

“你不相信吗？”丽莎问我。我指着窗外的楼房对她说：“你看！整个社区只有一户人家没有出来看热闹。”

丽莎知道那户是斯特拉的家，但是她不明白这之间有什么联系，“斯特拉先生杀死那只小狗干什么？”

“因为它知道了他的秘密。”我回答丽莎。

4. 狭路相逢

晚些时候，护士莎莉也来了，我们三个人一起监视着对面家里的斯特拉先生。此时斯特拉正在清洗家里的浴室。

我问她们两个：“你们觉得我们这样做值得吗？他只是在整理自己的房间。”

“他一定是在清洗浴室的墙壁，我打赌一定有很多血喷出来。”莎莉说完，丽莎看了她一眼，莎莉继续说：“怎么？这不是我们希望看到的吗？他真的杀死了他太太，在离开之前擦净血迹。”

丽莎提醒莎莉说：“你用词不当。”

我指着窗外对丽莎说：“丽莎注意到没有？后面的架子上那个黄色小箱子。”

“最上面的吗？”她问我。

“对，同时把看片器给我。这是两周前拍的……我腿受伤以后拍的那张呢？”

丽莎问：“你找什么呢？”

“如果找到我想看的，那么我就知道谁是凶手了。”我回答。

“你是说杀害斯特拉太太的凶手吗？那不就是他自己吗？”莎莉问我。

“不，不是，我在找杀害小狗的凶手。你看。”我把看片器递给丽莎，“我终于知道斯特拉先生为什么会把小狗杀死了。”

丽莎看看说：“没有什么特别的，只是两张花园的照片。”

“你仔细看看，斯特拉先生的花有一个重要的变动。”

莎莉惊奇地问：“你是说小狗在挖什么东西？”

“对，看那几束花。旁边的两株比周围的要矮。”我指着看片器对莎莉说。

丽莎说：“太可怕了，噢，斯特拉太太。”

莎莉看着丽莎说：“你去过墓地吗？只有一尺宽。斯特拉没有办法把他太太埋下去，只有一种可能，就是竖立着放进去。我猜她的尸体被分散在了全城。”

丽莎害怕得要崩溃了：“莎莉，住嘴，这太可怕了。”

我在边上分析着：“不对，花被移开后又种回去了。这里面一定有问题。”

丽莎猜道：“会不会是刀具呢？”

莎莉说：“快叫警察来吧。”

丽莎突然提议说：“等天黑下来，我可以过去把东西取出来。”

她的提议让我大感意外，“不行，你不能去！可是我们又不能找道尔帮忙，我们要进到屋里，道尔一定会和我们要证据，那除非是我们找到了斯特拉太太的尸体……”

莎莉指指窗外对我们说：“看，他回来了。”

我赶紧把轮椅向后摇，同时让莎莉给我找一张白纸。我在白纸上写道：“你对她做了什么？”我告诉丽莎悄悄地把纸条塞进斯特拉先生的房间，我和莎莉在家里监视斯特拉会有什么反应。

斯特拉看到那张纸条后，立刻冲出去寻找送纸条的人，机灵的丽莎把纸条送到后就很快地跑回来了。斯特拉没有找到人，就返回自己的房间继续收拾东西。

丽莎提出一个更大胆的想法：“我们可以去看看花圃下面埋了什么东西。”

一向胆小的莎莉却附和道：“好啊，我也很想知道斯特拉太太是什么样子。”

为了尽快查明事情的真相，我也只好同意了这个提议，但是我必须先要把斯特拉先生骗出去。我翻看着电话黄页说：“或许我们可以先把他骗出来。”

莎莉说：“只要几分钟就够了。”

我自信地说：“我能坚持 15 分钟。”

在电话黄页中我找到斯特拉的住宅电话，我给他拨电话，我看见他听见电话响有些犹豫，但还是接听了。

我问他：“你看到我的纸条了吗？”

斯特拉警惕地问："你是谁？"

我故弄玄虚地说："想知道我是谁的话就立刻赶到亚伯饭店来。"

"我为什么要去？"

"我要和你谈谈价钱。"

"我不知道你在说什么。"

"斯特拉，不要再掩饰了，你不想我通知警方吧？我只需要几千美元，我会在亚伯饭店等你的。"说完我挂断电话，我们看见斯特拉很快就出门了。丽莎一看已经有机会了，对莎莉说："开始吧。"

我提醒她们说："你们留意我的窗口，我会用闪光灯告诉你们他回来了。"

我看见斯特拉走出了巷口，就找了一个位置极佳的位子，从这里我可以清楚地看见她们的行动。然后我给道尔打电话："这里是杰弗瑞，我找道尔先生……你是谁？"

"我是他家的保姆。"电话不是道尔或是他太太接听的。

"那么他什么时候回来？"

"1点钟。之前他要去参加一个晚宴。"

"请告诉道尔，杰有个惊喜给他，让他来找我。"我对她说。

我在家焦急地等待着，希望她们早点找到证据回来，但是她们在斯特拉花圃下面什么也没有找到，丽莎她们一无所获。丽莎让莎莉先回到我这里，而她自己却一个人爬上楼梯，进入斯特拉的家中。这样的举动实在是太危险了，我想冲过去阻止她，但是我的腿却动不了；我本想朝她大喊一声，但是我又怕惊动其他人，所以只好紧紧地帮她盯着巷口。

过了一会儿，丽莎还在斯特拉的房间没有出来，可是我发现斯特拉已经回来了。丽莎正打算离开的时候斯特拉正准备进屋。丽莎发觉有人开门的声音，一时间手足无措。

为了防止丽莎受到伤害，我立即打电话报警："一名女子正受到一名男子攻击，快来！”

这时候，斯特拉已经进了屋，很快他就发现有人闯进来动了他的皮包。他警觉地四处查看，很快就发现了躲在房里的丽莎。我从窗口能够看见他们发生了争执，丽莎在向我求救，斯特拉开始拉扯她。那个浑蛋还故意关掉了房间的灯，以免引起别人的注意。正当我心急如焚又无能为力的时候，警察终于赶到了。警察进去盘问丽莎和斯特拉，我看见丽莎故意把手放在后面，并不断摇动她的手指。聪明的丽莎知道我能看见她，她想让我知道她拿到了斯特拉太太的结婚戒指——如果不是斯特拉太太已经死了，那么她是不会扔掉戒指的。

但是狡猾的斯特拉也发现了，他顺着丽莎摇动的方向向我看过来，我赶紧叫莎莉关掉了灯。

但是事情的发展失去了控制，丽莎被警察当做小偷带走了。

这时道尔打电话过来了。

“道尔，我们已经找到证据了。听着，警察把丽莎抓走了。她进去斯特拉的房间找证据，她找到了。但是斯特拉回来时发现了她，为了救丽莎我只好报了警。”我压低声音对道尔叙述情况。

“什么证据？”

我把事件的疑点分析给他听：“斯特拉太太的结婚戒指。如果她没有死的话，那么她一定会戴着它，对吗？并且斯特拉昨晚把邻居家的一只小狗杀死了。小狗曾经在他的花圃附近挖东西，也就是说花圃下面藏着斯特拉不想让别人知道的东西。而那很可能就是他太太的尸体，因为其他的东西还在他的屋里。另外他打过很多长途电话，如果他的电话是打给他太太的话，那么他太太为什么还要寄明信片给他呢？”

“丽莎关在哪里？”

“在萨斯，我刚刚已经让秘书把保释金送过去了，你一定要快，他已经发现我在监视他了，他随时都可能会逃走。”我焦急地说道。

这次道尔很痛快：“好的，我去拿个证件。再见，杰。”

道尔的电话刚挂断没有一会儿，电话铃又响起来。我以为道尔忘记什么事情了，但电话那头并没有人说话。挂掉电话之后我觉得有些不对劲，紧接着我能听见有人走上楼梯的脚步声——我知道来的人是来解决我的——聪明的斯特拉先生。

在他家中时他就发现了我，打电话只是要再核实一下。

我的腿一动也动不了，我急中生智，拿起照相机的闪光灯，躲在窗户的角落，等着他的到来。

屋子里一片漆黑，我看见一个黑影闪了进来，我可以确定来的人就是斯特拉先生。

“你想怎么样？”他问，“你说话啊，你是想要钱吗？可是我没钱！”

我静静地躲在黑暗的角落中，没有回答。

斯特拉看不到我已经发怒了：“说话啊！你到底想怎么样？快把戒指还给我！”

我突然回答：“不！”

斯特拉看见了我，他低低地威胁我：“叫她把戒指拿回来。”

“不在她手上，已经在警察手里了。”我回答。

斯特拉一步步朝我逼近，我猛地盖住自己的眼睛，按下相机的闪光灯，我本想在黑暗中灼伤他的眼睛。但是一下、两下、三下……闪光灯并没有能够阻止他，他朝我冲了过来，我只能对着窗子外大声地求救。

斯特拉冲过来掐住我的脖子，虽然我拼命反抗，但毕竟我的腿断着，他一把把我从轮椅上扔到床上，他想把我丢出窗外。

邻居们听见我求救的声音纷纷跑出来，这时我的朋友道尔也及时赶来了。两个警察冲进我的屋里，制服了斯特拉。但是我已经被斯特拉逼到了窗子外面，我双手支撑着窗沿，身体悬在半空中。就在他们制服了斯特拉的同时，我也坚持不住了，一下子从二楼掉了下去。

当我摔到地上的时候，我发现我还比较清醒。莎莉和丽莎都已经赶过来看我了，丽莎紧抱着我的头，我问她：“丽莎，你没事吧？”

丽莎摇摇头，含着泪说：“别说话。”

“你真让我骄傲！”我对丽莎说，然后我问道尔：“你的搜查令拿到了吗？”

道尔歉疚地对我说：“是的，杰。”

几天后，社区又变得和从前一样平静，对面公寓新搬来一户人家，正在忙着装修；楼上那位喜欢狗的女士又得到了一只新的小狗；漂亮的女舞蹈演员托索，和一位比她身材还矮小的军人开始恋爱了。

而我自己呢？本来还有一个星期就能离开轮椅自由活动，但是因为我喜欢不断地向窗外张望，现在我不得不在轮椅上多张望几个星期，因为我另一只腿也打上了石膏。

而丽莎，现在正坐在我的床上翻看我的摄影杂志，她在等过一会儿我睡着以后，扔掉手里的东西，去看她最爱的时尚杂志……

Dial M for Murder

完美罪行

——恐怖电影中最复杂的神秘谋杀

ALFRED
HITCHCOCK'S
"dial
M
for
Murder"
"...is that you, darling?"
PRESENTED BY WARNER BROS.
RAY MILLAND · GRACE KELLY · ROBERT CUMMINGS
WARNERCOLOR
JOHN WILLIAMS
ALFRED HITCHCOCK
FREDERICK KNOTT who wrote the International Stage Success

电影赏析

外 文 名：Dial M for Murder（1954 年）
中 文 名：电话谋杀案、完美罪行
导　　演：阿尔弗雷德 · 希区柯克
编　　剧：弗雷德里克 · 诺特
领衔主演：雷 · 米兰德 饰 托尼 · 温德斯
格蕾丝 · 凯利 饰 玛格 · 玛丽 · 温德斯

本片改编自弗雷德里克 · 诺特（Frederick Knott）的舞台剧，于 1954 年完成。正是这部作品，将金发碧眼的美女格蕾丝 · 凯利推向希区柯克系列电影最佳女主角的位置，同时也是希区柯克事业上的一个标志。向来中意漂亮女演员的希区柯克这样评价格蕾丝 · 凯利："她是一个外表冷若冰霜的金发女郎，内心里却欲火熊熊。在这部戏中，没有任何人比她更能胜任这个主角的位置，她细腻、丰富的面部表情，将主人公的喜怒哀乐呈现得惟妙惟肖。"而男主角托尼那时常挂在嘴边的一丝微笑也为该片增色不少，这一角色的扮演者是 1945 年凭借《失去的周末》一片获得奥斯卡小金人的雷 · 米兰德。虽然评论界仍对这部影片存在些许争议，不过它还是以自身极具精神分析和戏剧性的情节，跻身于时代经典的行列。

影片巧妙的布局、离奇的结局足以让它名留电影史册。伴随着设计与反设计、假定与反假定的层层陡转，编剧高超的写作技巧、导演出神入化的导演功力向无数观众尽显无遗。评论家一致认为，这部影片让希区柯克的导演技巧达到了登峰造极的境界，即使在现代，这部影片也是那些投身于悬念电影的导演必不可少的绝佳范本。

在影片开头有一大段繁冗的阐释说明，乍看之下似乎削弱了希区柯克的个人艺术特色，但事实上，这并没有影响到整个剧情的完整和周密，反而成为风暴般的悬念袭来前的短暂平静。说起本片最精彩的片段，当然不能忽略谋杀开始之前的那场戏：巧妙的计划，急速的变化，两者之间冲突横生，幽默之中尽显艺术张力，所有这些都充分显示着希区柯克的深厚功力。在最后的翻案阶段，精彩倍出却又毫不牵强附会，堪称电影构思中的经典。整部影片中，希区柯克对于谋杀只提供了关键、干练的细节举措，恰到好处地吸引了观众的注意力。

由于改编自舞台剧，希区柯克刻意在本片中保留了浓厚的舞台气氛。整洁的场景和集中渲染的手法，是希区柯克渲染该剧舞台气氛的两件法宝。拍摄地点始终在那套公寓，除了宾馆和汽车，剧组对外景的拍摄减少到极点。普通的材料在希区柯克的手中勾勒出一幅幅令人亲切动容的画面；背景在简洁中彰显的丰富主题在同类电影中少之又少。

当然，高明的镜头运用一直是欣赏希区柯克电影必不能忽视的亮点。本片首次采用了当时最先进的立体摄影技术拍摄，所有镜头都显得干净简洁，与精心设计的对白相互衬映，力图把主题清晰地表达出来。在所有的电影拍摄技术中，立体手法可大大增强空间感和距离感。拍摄过程中，剧组人员对重要布景都做了灯光处理，场景的设置颇有纵深感，这样做的目的是为了避免剧中事物给观众造成猛扑过去的感觉。然而，立体电影有一个弊病：在普通银幕或家庭放映时会显得拥挤不堪，只有在立体银幕上放映才能取得最佳效果。

此外，希区柯克在该片中采用了表现主义对光影的处理方法。比如在法庭审判的那场戏里，我们并没有看到一个常规法庭的画面，呈现给观众的只是一个规定不变的近景，只有主人公的面部神情、背景上光影明暗以及色彩浓淡的变化。在众多同类电影中，为了虚化环境，导演往往借用光影和色彩达到效果。虚化环境，不但能建立一种“电影时间”，而且对情节前后的连贯性能有一个融洽作用。“电影时间”一般相对“实际时间”而言，极能考验一个导演的摄影和剪辑功底。

细心的观众欣赏影片时可发现一个有趣的特点，女主角格蕾丝·凯利的服装变换很有规律：随着剧情的推进，她的衣服颜色由影片开始的明亮欢快逐渐加深。剧情的需要固然是一个因素，但希区柯克的真正用意或赋予这种变化的含义是什么，我们无从知晓，恐怕只有他自己知道了。

这部电影虽然只拍摄了36天，甚至比《惊魂记》的拍摄周期还要短，但这并不影响影片处处散发的神秘魅力。它随时可以把你拉向悬念的边缘，你稍不留神，它便把你扔在那里，让你跟不上峰回路转的情节。

1. 危险情书

温德斯和玛格夫妇居住在伦敦，和大多数已经过了恋爱和新婚期的夫妻一样，他们的生活由激情回归到平淡，平淡到空气都会觉得闷。这天的早上和无数的早上一样，他们坐在餐桌前准备吃早餐。温德斯下来时玛格已经坐在餐桌前了，温德斯例行公事一样地吻了妻子一下，一句话也没和她说，坐到对面翻阅刚刚送来的信件。玛格浏览着今天的报纸，《泰晤士报》上有一则新闻引起了她的注意——载有众多名人的"玛丽皇后号"今日抵达伦敦，其中包括马克·哈里德。

马克·哈里德是一位著名的侦探小说家，他为电视台写了很多有关犯罪题材的剧本，如今正是他最得意的时候。这条新闻之所以让玛格很关注，并不是因为别的，而是自己和哈里德之间存在着不为人知的关系。

在和玛格结婚之前，温德斯是一名网球运动员，结婚以后他很热衷于带妻子去参加大型的比赛。但是玛格似乎对网球并不感兴趣，她也不喜欢温德斯这样做，她希望温德斯能放弃网球好好做她的丈夫。后来他们彼此都作出让步，温德斯没有放弃网球，玛格也不再去看他的比赛。温德斯一个人打完了在美国的整个赛季，并且还赢得了几座冠军奖杯。

回来后不久，温德斯发现自己不在的时候发生了很多事情，最糟糕的是他发现玛格已经不爱自己了。有时候温德斯走进玛格的房间时，她会突然终止自己正在打的电话。玛格的一位老同学在那段时间经常来家里拜访玛格，那个人就是马克·哈里德。

有一天，温德斯要去参加一个比赛，和以前一样，玛格不想让他去，为此两个人争吵起来。玛格在卧房里接了一个电话，电话那头的声音听起来很急切。之后玛格对温德斯的态度变了，她开始很希望温德斯出去打球了。温德斯把东西准备好就开车出去了，但是他并没有按计划去参加比赛。他把车停在两条街以外，然后走回家，在门口不远的地方躲起来。大概过了10分钟，他发现玛格从屋子里走出来，上了一辆计程车。温德斯上了另外一辆，跟在玛格的后面。玛格坐车来到她的老同学马克在柴西的工作室中，温德斯通过工作室后面的窗子观察着玛格和马克的一举一动。马克正在用煤气炉煮通心粉，虽然他和玛格之间并没有太多话，但是温德斯看得出他们在恋爱。因为一切看起来都那么自然，玛格就像在自己的家里一样，甚至他们过的更像夫妻生活。

在温德斯发现这件事情之后，他才突然发觉自己是多么依赖玛格——所有的那些他拥有的高品位生活都是玛格给予自己的。温德斯很害怕，如果玛格离开自己，那么他不得不去开始挣钱养活自己。现在他已经没有再打网球了，他比以前更加依赖太太了。有一次，温德斯在一家酒馆喝酒，喝过几杯之后他开始胡思乱想，他想到自己以后各种各样的结局。坐在酒馆的角落里他突然萌发出要杀死妻子的可怕念头，他甚至想到了三种不同的方法去杀死玛格。

在他看来，这是个不错的主意。从那天以后，他就再也没有去参加过比赛了，他告诉妻子：他已经决定要放弃网球了，而且他会好好照顾她。

后来，事情的发展让温德斯无事可做，因为妻子和她老同学的通心粉之夜是一个道别会，马克已经回了纽约。接下来就有无数的长信寄过来，通常玛格星期四就能收到。而玛格每次看过信件之后就会马上烧毁它，就像罪犯销毁证据一样。但是玛格还保留了一封信，她把它放在皮包里，总是随身带着。那封信成了温德斯的致命伤，温德斯一直想知道那封信写的到底是什么，最后他终于偷到了那封信。温德斯很希望玛格能向他坦白，但是玛格一直什么也没说，所以温德斯一直保留着那封信。

这天晚上，已经成为“美国著名作家”的马克·哈里德来拜访玛格，当时温德斯还没有回来，马克一进屋就和玛格热情地拥吻起来。

玛格对马克说：“马克，在托尼回来之前，我有一件事必须要告诉你，他还不知道我们之间的事情呢。当你今天早上打完电话后，我只告诉他说，你是写犯罪小说的，还有我们曾经见过一次面。”

马克掏出一根香烟点燃，“这听起来很有罪恶感，我可以用在我的小说里。”

玛格走到桌子前，倒上一杯红酒，转过身对马克认真地说：“听着马克，我知道你会认为我这样很傻，但等你了解了托尼之后你就明白我为什么这样说了。他变了，他跟我以前告诉过你的样子已经不一样了。就是那天晚上，我和你道别回来之后，我回到家好好地大哭了一场，然后我就睡着了。但是当我醒来以后，托尼站在那里，拿着他所有的球拍，告诉我说他已经决定放弃网球了，还说他会好好找一个工作安定下来。”

马克想明白了一些事情：“这就是你不再给我写信的原因吧，玛格？”

玛格把那杯酒递给他，她坐到马克的旁边，对他说：“你知道吗？我烧毁了所有你给我的回信，只有一封我保留了下来。你还记得你的回信吗？你应该知道我说的哪一封吧？”

马克说：“是的，我猜到是哪一封了。那又怎样？”玛格站起身往前走了几步，转身对他说：“那封信丢了！”马克有些吃惊地望着玛格，她接着把事情的经过讲给马克：“有一天我和托尼准备回乡下去跟朋友共度周末，我们在月台等车的时候，我发现我的手提袋不见了，里面就有那封信。”

“你觉得丢在哪里了？”

“我本以为是落在餐厅了，但是回去餐厅并没有找到。大约两个星期以后，我在维多利亚车站的失物招领处找到了我的手提袋，但是那封信已经不在了。又过了一个星期，有人通知我怎么才可以拿回那封信……”这件事让玛格感到恐怖，她很压抑，马克示意她继续说下去。她又接着说：“那个人让我给他 50 英镑，必须要从银行提取面值为 5 英镑的钞票，然后还要换成面值为 1 英镑的旧钞。那个人还威胁我说，如果我要是报警，或者告诉其他人的话，他就会把那封信寄给我丈夫。”

“他是怎么通知你的？”玛格没有回答，她转身走进卧房，从床头柜里拿出一封匿名信。她把信递给马克看，马克看了看对她说：“全都是大写的印刷体，谁都会这样做。”

玛格又拿出另外一封信递给他，她告诉马克，这封信是收到第一封信后的第二天收到的。这两封信的邮戳显示信都是从布瑞克斯顿寄出来的，第二封的内容是这样的：把钱装到包裹里，地址是布镇新港街 23 号，金约翰收。收到钱之后就会把信还给你。

马克听完之后对玛格说：“一定有问题，这两封信交给我吧。你为什么不早告诉我呢？”

玛格：“告诉你也无济于事，你只会让我报警或者告诉托尼，他只要 50 英镑而已，我不想把事情搞复杂，只想给他钱息事宁人。”

马克认真地对玛格说：“玛格，今晚我要告诉托尼我们的事。”

玛格双手按住马克的手臂，反对说：“不行，马克。你不能说！要知道托尼已经和以前完全不一样了，你不明白的，拜托了！”

马克：“听我说，有一件事你始终没有说清楚，为什么你要保留那一封信？”玛格并没有回答马克的追问，只是向前走去，马克一把抓住她，吻了过去。

就在这个时候温德斯回来了，他们听见动静马上就分开了。温德斯走进屋里，这是他们第一次正式地会面，玛格为两个人做了介绍。三个人本来说好要去一起看戏的，但是温德斯说他的老板星期天要去布鲁塞尔，所以他必须要赶在明天之前完成他的月报表，温德斯让玛格去好好陪陪老同学。临走时温德斯邀请马克星期六去参加一个聚会。那是一个纯男性的聚会，是为那些来伦敦打网球的美国男孩而准备的道别晚会，马克很高兴地答应了。

2. 杀妻妙计

马克和玛格出门之后，温德斯把窗帘拉上，拿出口袋里的一个纸条，然后打电话给一个叫“李斯盖特”的人。温德斯自称是“费舍尔”，要买一辆车，但是自己膝盖扭伤了，所以他希望“李斯盖特”能够到自己的家里来讨论一下具体的事宜——比如说价格。温德斯还暗示说自己对于车的需要很迫切，希望“李斯盖特”立刻赶来。在说这些的时候温德斯语气自如，就像自己说的都是真的一样。

挂掉电话之后，温德斯从门边椅子上的一个纸袋里拿出一副白色手套。他把手套放在沙发上，然后拿起一根拐杖，以便让即将到来的“李斯盖特”相信自己“膝盖受了伤”。

大约过了一个小时，“李斯盖特”来了。两个人简单地寒暄了几句之后，“李斯盖特”上下打量了一下眼前的人，对他说：“我很怀疑我的记性，我们以前是否见过？”

温德斯回答：“你这么说让我也有同样的感觉，就在我看见你的一刹那，我……我想想，李斯盖特？你的名字应该是斯旺 CJ 或者斯旺 C，而不是什么李斯盖特。”

“是 CA。这么说你的记性比我好，费舍尔。那么我们到底是在哪里见过呢？”

“你上过剑桥吗？”

“是的。”

“那是 20 年前了，你忘记了吗？在你最后一年时我才来上学的。”

“是吗？那太巧了。但是我觉得离开剑桥以后我们还见过面，对吗？”

“在温布顿。”

斯旺突然记起来了：“就是了，但费舍尔是怎么回事，温德斯？呵呵……托尼·温德斯。”

温德斯反问：“那李斯盖特又是怎么回事呢？”

接下来，两个人一起聊起了大学时的美好时光，还说起这段时间彼此的生活现状。斯旺做的是房地产生意，而温德斯为一家运动器材销售商工作。闲聊中，温德斯告诉他，自己的婚姻生活很不顺利，还毫不避讳地表达出自己想要杀死妻子的想法。

当然温德斯也提起了玛格保留的那封信，它就在自己手中。说着他拿出上衣口袋里的一个记事本，正要打开时一封信从里面掉在地上。斯旺帮温德斯把信捡起来，看了一眼又还给他，但是温德斯并没有用手直接去接，他打开记事本把信夹在里面，然后又把记事本放回口袋。

听到这里斯旺感到很奇怪，他不明白为什么温德斯要对自己说这些，他们只是很久没有联系过的同学而已。斯旺问温德斯："为什么跟我说这些？"

温德斯回答说："因为我信任你！"

斯旺更加不理解了，他很困惑地看着温德斯。温德斯看见他已经走进圈套接着说道："一年以前，我坐在一家清幽的小酒馆中计划谋杀我的妻子玛格，本来我已经计划好了，但是我看见了让我可以改变主意的……"

斯旺一边把烟斗中的残渣倒掉，一边问："你看见了什么？"

温德斯说："我看见了你！"

斯旺突然意识到，温德斯想要把自己放到他的谋杀计划中，但是他还想不到一个让自己接受的理由，就问他："看见我又有什么特别呢？"

温德斯提起以前的事情，原来上大学的时候斯旺曾经偷走学校100英镑的活动经费，在战时还被军事法庭判刑坐了一年牢。斯旺听见温德斯把以前自己的事情抖搂出来很气愤，他喝了一口酒，把烟斗收起来，他对温德斯说："很感谢你的酒，还有你那段有趣的婚姻插曲。但是我看不出你想买那辆车！"说后他就要走。

温德斯见斯旺要离开就对他说："你不想知道我找你来的真正原因吗？"

斯旺把拿起来的风衣又放下，转身对温德斯说："当然想，我还以为你不想告诉我呢。"

温德斯站起来，把一直握在手中的拐杖放在沙发上。斯旺这才发现，温德斯膝盖根本没有受伤，他开始就在骗自己，这一切都是已经计划好了的。温德斯把墙上挂着一张照片的相框拿下来，用手擦拭着。那张照片是大学同学会时拍的，当时温德斯和斯旺就相邻而坐。温德斯把相框放回原处，拿出一瓶红酒准备给斯旺倒酒。

他告诉斯旺，就在几个月以前，玛格和他立了一份遗嘱，遗嘱上说如果两人有人发生意外，那么财产将由对方继承。玛格的财产大部分都是投资，这样很容易就能弄到手，总数超过 90000 英镑。但是如果玛格被谋杀的话，警方一定会首先怀疑自己，所以自己需要一个证明——一个很好的不在现场的证明。然后他遇见了斯旺，并开始跟踪他，他知道他早晚能找到斯旺的把柄。跟踪斯旺几个星期以后，他就掌握了斯旺的习惯，那样就更容易了。斯旺通常是周一和周四的时候到赛狗场去，为了接近他，温德斯也会到那里去，他发现斯旺在那里自称是亚当斯。

听到这里，斯旺准备拿起酒杯再来一杯酒，温德斯赶紧过来递给他一副手套。温德斯是一个十分谨慎并且十分聪明的人，他不会让斯旺在自己家中留下多余的指纹。温德斯继续讲述自己如何跟踪斯旺：“曾经有一次，我把你跟丢了，后来在赛狗场又找到了你。接着我发现你到贝尔赛公园路租的新家，在那里你又换了一个威尔逊的名字。威尔逊先生在和华莉丝小姐约会的时候似乎比以前要阔气些，当然她爱上了你，对吗？你们通常会在星期三和周日的时候约会。”

斯旺突然觉得眼前这个人极度危险，他想威胁自己去谋杀他的太太玛格小姐。他想到警察局告发温德斯，但是自己的把柄落在他手里。斯旺知道温德斯跟踪自己那么久，他一定知道是因为自己给华莉丝小姐吃了过量的药物才导致她死亡的。此时斯旺已经没有别的选择了，他无可奈何地对温德斯说：“算你狠，行了吧。”

温德斯说：“不，我不是。只是我有时间去思考。我把自己当成你，那么我就很容易知道你会怎么做了。”

“你凭什么那么肯定？”

“这就好像是赶驴子，前面用胡萝卜引诱它，后面用木棍恐吓它，那么它就会一沓向前。而不会后退了。”

“我想知道胡萝卜是什么。”

“现金 1000 英镑！我会先给你 100 英镑的活动经费。”说完温德斯把准备好的一沓钞票从抽屉里拿出来扔给斯旺。

斯旺问：“你应该知道自己让我干的是什么吧？”

“只需要几分钟，非常容易而且不用冒险，我保证！这对你会有吸引力的，而且你自己处境困难。”

“警察会通过这些钞票查出你和我之间的关系而把我们一起送进监狱的。”

“不用担心这个，这一年来我每周都会额外支领20英镑，都是5英镑的钞票，而在空闲的时候我已经把它们换成了旧钞，警察是不会查到的。”

斯旺要求温德斯把他的银行账单给自己看，他发现温德斯的银行账户在一年里少了1000英镑，温德斯说他会和警察解释说自己每周都去赛狗两次，而且是找别人帮自己下注。

斯旺问道：“你想我什么时候动手？”

温德斯沉静地回答：“明天夜里。”

斯旺觉得太仓促了：“明天夜里？那绝对不行。我得仔细计划这件事啊！”

温德斯肯定道：“明天夜里一定要动手，我已经计划好了。”

温德斯把蓄谋已久的计划告诉斯旺。

（1）明天晚上温德斯和马克·哈里德已经约好去参加一个纯男性的聚会，而自己则会找理由让玛格留在家中。她的习惯是很早上床，并且会收听周六的戏剧无线电转播。

（2）温德斯会事先把家里的钥匙放在楼梯第5阶的地毯下面，在差3分钟11点时，斯旺将找到这个钥匙，然后走大门进到屋子里去。进屋后斯旺会直接走到窗户那边，然后躲在窗帘后面。

（3）11点整的时候，温德斯会到饭店电话亭打电话，他将故意拨错号码，把打给老板的电话打到家中。

（4）听到电话铃响后，玛格自然会打开电灯，等她开门出来的时候，灯光就会照到这间屋子里来。

（5）玛格接电话时，斯旺要尽量保持安静，一直等到他“完事”之后，对着话筒轻轻吹声口哨，然后挂上。

（6）温德斯警告斯旺，不管自己干了什么都不要说话，自己也不会说。温德斯听到斯旺的口哨声之后，就会真打电话给老板，然后回到餐会上去。

（7）接着，斯旺把温德斯事先准备好的行李箱打开，把里面他自己和清洁工的衣服倒在地上，然后把这些杯子和香烟盒装进箱子，并盖上，把行李箱就留在那儿，不用锁上。

（8）温德斯还交代斯旺，窗户如果上了扣的话，打开窗户，然后原路返回，把钥匙放回原处。

温特斯的计划是这样的，事后警察会这样认为：从窗子中爬进一个小偷，小偷误以为家中没人，于是他打算用行李箱装东西。玛格被小偷惊醒，她打开灯，准备下楼察看，小偷看见门下的灯光就躲进窗帘后面，当玛格走进屋子时，小偷在她求救之前杀死她……

温德斯说完自己完美的谋杀计划后，斯旺认为计划中有几个漏洞，他走到窗子面前问温德斯："等一下，你说我是从窗子进来的，如果窗子是锁着的呢？"

温德斯："这个你不用担心，你听我说……她的习惯是在上床前先到院子里散步，而她回来时会经常忘记把窗子锁上。这一点也是我事后对警察要说的。"

斯旺说："没错，但是她可能会说……"

温德斯打断斯旺说："可是她已经说不出来了，不是吗？"

斯旺说："那好，我走出公寓，然后我把钥匙放回原处，接着从大门走出去。如果大门是锁着的，我开始应该怎么进来？"

温德斯解释说："这种情况是不会发生的，因为大门从来没锁过。大约12点的时候，我和哈里德就会回来，然后我们会一起发现发生了谋杀案，从我们离开后就一直在一起，哈里德就是我不在场的证明！"斯旺走到门口，看了看楼梯的台阶，他又想到一处可能的漏洞，他对温德斯说："你忽略了一个细节，当你和哈里德回来时，你怎么开门进屋子呢？你的钥匙在楼梯的地毯下面，如果你拿的话，他会看见，那样就麻烦了。"

温德斯回答说："地毯下的钥匙不是我的，那将是玛格的钥匙。我会把她的钥匙从她的皮包里偷出来，我走的时候把它藏在那儿，玛格不出门，她不会发觉钥匙不见了的。当我和哈里德回来时，他会看见我用自己的钥匙开门。我自有办法让他到院子去找些什么东西，然后我把地毯下面的钥匙拿出来，并在警察赶到之前把它放回玛格的皮包里。"

斯旺问："这扇门都谁有钥匙？"

温德斯回答："只有我和她有。"

3. 意外变故

第二天，马克提前来到温德斯夫妇家中，他打算先喝上几杯后再和温德斯一起去参加那个道别聚会。闲聊中，温德斯问起了马克的职业。

温德斯问马克："你的侦探小说是怎么写成的呢？"

马克回答说："首先我要先把侦探这回事忘掉，我把精神集中到犯罪上，这才是重点。我会把自己当成是一个罪犯，然后就想自己要去偷什么，或者去谋杀某个人，接着我会不停地问自己我下一步的计划是什么。"

玛格问马克："那么你相信有哪件谋杀案是完美的吗？"

"是的，但是我相信那只是纸上谈兵，我相信我可以制定出比绝大多数人都完美的计划，不过我怀疑自己把计划完美付诸行动的能力。"

温德斯听到这里，对马克的观点提出质疑："为什么不能？"

"因为故事是虚构的，它完全是按照作者的思路在发展，而在现实生活中就不是这样了。我们总是不能很清楚地洞悉事件下一步的发展情况，就好像打桥牌一样，大家都在看我们出丑，而我们自己却还没有意识到自己正在犯着错误。"

温德斯对马克的见解嗤之以鼻，他相信自己的计划就可以实施得无懈可击，完美无缺。不过他并没有反驳马克，他想要用今晚的行动来证明自己的想法。

可是正如马克所说的那样，很快事情就发生了变化，温德斯没有想到变化来得如此之快。

玛格突然想去看一场电影，那么晚上她就不会像温德斯计划中那样留在家里。温德斯眼见自己的计划要被突如其来的变故打乱了，他连忙对玛格说，如果她不愿意一个人留在家里，那么他和马克可以留下来陪她玩牌，然后他就装出要去打电话推掉晚上聚会的样子。玛格只好妥协，因为玛格并不想扫他们的兴，所以她答应说自己会留在家中整理她的剪贴报。

临走前，温德斯借口说需要一些零钱，玛格就把自己的皮包给了温德斯，他趁机偷走了玛格的钥匙。等出门以后，温德斯找到一个机会把钥匙藏在了和斯旺约定好的地方。

斯旺按照计划，在快 11 点的时候准时来到温德斯的公寓。然后他根据温德斯告诉他的，在楼梯第 5 阶的地毯下面找到温德斯家中的钥匙，他打开门，悄悄走进房间。进去之后他发现玛格已经在卧房里面睡下了，他把布条准备好，躲进写字台后的落地窗帘里。一切都和温德斯告诉自己的一样，现在他只需要安静地等温德斯打来电话。

他看看时间，还差 2 分钟就 11 点了。

可是和温德斯约好的时间很快就过去了，现在已经 11 点好几分了，玛格家中的电话并没有响。

斯旺焦急地等待着，他怀疑是否计划出现了变故，他开始准备收拾作案用的布条，然后离开。这时候电话终于响了。

斯旺赶紧又躲进窗帘后面。玛格被电话吵醒，她打开房间的灯，从卧室走出来，背对着窗户站在书桌前接听电话。温德斯在电话那一头一句话也没有说，他静静地听着玛格的动静。

玛格喂了几声之后，没有听见电话有任何声音，她以为是电话出现了故障。她摆弄了几下电话，再试了几次之后，发现电话那头还是毫无反应，就准备把电话挂断。斯旺就在这个时候突然从窗帘后面冲了出来。

在玛格挂掉电话之前的那一瞬间，斯旺用布条紧紧勒住了玛格的脖子，把她按倒在桌子上。

玛格本能地拼命反抗，她一只手胡乱地抓着，希望能找到什么东西对付后面的人。刚好，在书桌上放着一把她刚刚整理剪贴报时用过的剪刀，她抓起剪刀狠狠地刺在了斯旺的后背上。斯旺感到一阵剧痛，他惨叫一声重重地摔倒在地上，背后的剪刀深深地扎进了他的身体，他抽搐了几下就断气了。

温德斯听到电话里面隐隐有声音，但是却不清楚具体情况。他的计划一开始就出现了意外，当时温德斯正在酒会上和别人闲聊，他的心思根本没有在这里，他一直在想着自己的计划。等到 10 点半之后，他就开始频繁地看表，但是后来他才注意到自己的表已经停了，他赶紧向别人询问时间，而那个时候已经是 11 点过 7 分了！他赶紧站起来对大家谎称要去给老板打个电话，然后才按计划拨通了家里的电话。

玛格在家里已经吓坏了，她一边哭泣一边从地上爬起来抓起电话，她慌乱地朝电话喊道："快报警，快去报警……"显然她忘记了刚刚电话里并没有人说话。但是电话那头的温德斯听见玛格的喊声后，搞不清楚到底发生了什么，他忍不住问道："玛格？"

"你是谁？"

"亲爱的，是我啊。"

玛格听到是丈夫的声音像是找到了救星，她大叫："噢上帝啊，托尼，你快回来！"

"发生了什么事情？"

"我也不知道，我说不清楚，你赶快回来吧！"

"别着急，玛格。慢慢说，到底出了什么事？"

"刚刚有一个男人攻击我，他想杀死我！"

"现在他人呢？"

"他死了！"温德斯大吃一惊，他几乎不敢相信玛格所说的，他呆住了。

玛格听不到温德斯的声音，她朝着电话叫："托尼？你还在听吗？"

温德斯回过神来，他稳定了一下自己的情绪，冷静地对玛格说："玛格，记住我说的话，现在你什么也不要动，也不要和任何人联系，乖乖地在家等我，我马上就回来。"

玛格抽泣着对电话里的温德斯说道："好的，我会听你的，你要赶快回来，我好害怕。"

温德斯把电话挂掉回到酒会中，他告诉马克说玛格在家中有些不舒服，自己要回去看一下。他让马克单独留在那里，自己赶紧坐上一辆出租车往家里赶去。

温德斯一进门，玛格就扑上来抱住他，她抽泣着把刚刚发生的事情告诉温德斯。温德斯一边抱着玛格，一边看着地上斯旺的尸体。在玛格去洗手间的时候，温德斯迅速把斯旺尸体上带着的钥匙取出来，并趁着玛格不注意又放回她的皮包里。

玛格从洗手间走出来，她让温德斯把窗户关上，因为自己只穿着睡衣，外面的风让玛格觉得有些冷。温德斯说：“不行，在警察来之前我们要保护现场，我们不能碰任何东西。我怀疑这是个小偷，是冲着那些奖杯来的，他可能就是从窗户爬进来的。”

“那警察什么时候能到？”

“你没有报警吗？”

“还没有，你告诉我不要和任何人联系的！那我们现在最好通知警察吧！”

温德斯稍稍放松了一下说：“好的。”

“马克呢？”

温德斯一边拨电话一边回答玛格：“我已经让他直接回家了……喂？请快帮我接梅维区警察分局……”

玛格不放心地问：“马克知道了吗？”

“哦，他还不知道。我还不清楚是怎么回事，我只是说你感觉不舒服。”

温德斯在电话里简单地把事情的经过告诉了警察，警察说两分钟以内就会赶过来。

玛格对温德斯说：“我先去穿好衣服。”

“为什么？”

“警察一定会见我的。”

“他们不会见你的。”

“为什么？他们不需要问我问题吗？”

“等明天，我会把一切都告诉他们的，现在你只需要上床去。”说完，温德斯把玛格送进了卧室。

温德斯等玛格入睡以后，他开始按照自己的计划重新“布置”犯罪现场。他把窗户打开，发现了斯旺准备的布条，温德斯把它捡起来浇上酒精，然后放进壁炉里烧掉。接着把玛格的针线盒打开，从里面拿出一双丝袜，他把其中的一只放在了刚刚发现布条的地方，把另外一只压在了书桌的垫板下面。温德斯来到斯旺尸体跟前，从自己上衣口袋中拿出那封夹在记事本里面的玛格的信，他用手帕把信取出来放进斯旺的大衣口袋里。

等所有事情都弄好之后，温德斯松了一口气，他悠闲地坐到沙发上，一边抽烟一边等警察赶来。

4. 玛格入狱

第二天早上，温德斯把昨天晚上的事情说给玛格听。警察盘问他为什么没有立刻报警，温德斯告诉警察说，玛格以为自己在饭店的时候已经报了警。所以等到警察再来的时候，玛格所说的最好和温德斯前后一致。玛格不明白为什么要这样做，温德斯解释说，这样听起来更合理一些，如果警察认为他们延迟报警，一定会追问很多问题，玛格听温德斯这样说就答应了他。

不一会儿，一位中年警官来了，他看上去非常精明，名叫哈伯。哈伯简单地介绍了一下自己，然后他问温德斯，自己是否能四处看看，温德斯当然不能反对。

哈伯警官四处观察了一会，然后坐下来，把一张斯旺的照片递给玛格，玛格并不认识斯旺，她说从来没见过这个人。他又把照片递给温德斯，温德斯对哈伯说这人和自己的一位大学同学很像。

接着，哈伯警官又向玛格询问了昨天晚上的一些细节，玛格认为，斯旺昨天晚上是从窗户进来的。但是哈伯很肯定地告诉玛格：斯旺不是从窗户爬进来的，而是从门进来的。因为昨夜的地面是湿的，所以当他从外面的院子走进来时一定会在地毯上留下脚印，但事实上我们并没有发现他的脚印，那就只有一个合理的解释——他进来之前擦过鞋底，那么就很显然是在门口的前门垫上。那个门垫还很新，上面留有柏油，有些纤维也能看出来，他的鞋上还粘有些纤维。

但玛格反驳说，那是不可能的，因为温德斯和马克走以后她就没有再开过门，而且他们的钥匙也一直带在身上。

温德斯好像突然想起来什么一样，他告诉哈伯：不久之前，玛格的手提袋在维多利亚车站丢过一次，后来又在失物招领处找到了，里面的钱没有了，可是钥匙还在。温德斯还回忆说那天好像见到过斯旺。

温德斯向哈伯提出自己的猜想，会不会斯旺偷走玛格的钥匙复制了一把，然后开门进来行凶。哈伯不同意温德斯的说法，斯旺如果真的复制了玛格的钥匙，他开门进来之后，钥匙一定会留在自己身上，但是警察并没有在斯旺的口袋中发现它，那么这就是不合理的。哈伯警官记录了温德斯和玛格所说的，还有自己刚刚所观察到的，并告诉他们在审讯前还要有一个正式的笔录。就在他们要到警察局的时候，马克·哈里德来了。

因为昨天温德斯和马克一直在一起，所以哈伯警官要求马克把自己的联系方式留下，以便日后侦讯。马克在纸上写下自己的联系方式，经验丰富的哈伯警官一眼认出他的笔迹和在斯旺身上搜到的给玛格的信笔迹是一样的。哈伯找了一个借口把温德斯支开，开门见山地问马克和玛格之间是否有情人关系。马克见哈伯很肯定就没有再否认。

这时玛格走过来，哈伯警官问她，丢失的手提袋里面是不是有一封信。玛格被这个突然的问题吓到了，她下意识地否认。马克在一边赶紧提醒她说，警方已经拿到了那封信，它就在斯旺身上。不得已玛格只好承认了这件事情，但是她也同时强调说，这件事情温德斯还并不知道。马克觉得这是一个很重要的线索，他把之前玛格给他看的那两封勒索信交给哈伯，马克说："这两封匿名信就是在温德斯太太丢失我的信之后收到的。"而这时候，温德斯又回来了。

哈伯看了看信上的日期问玛格："去年 10 月……中间你有没有见过写信的人？"

玛格很坚决地回答说："我从来没有见到过他。"

哈伯对马克说："我们需要你一起去做个笔录。"

马克回答说："当然可以。"

哈伯说："温德斯太太，一会儿我们要做正式的笔录，在这之前我有必要提醒你，到时候也许会有别的警官在场。不管你以前说过什么，我们都暂时把它忘了吧。我要警告你，从现在起，你不要试图隐瞒什么，那对你没有一点好处，我们会记录你所说的任何话，这些话审讯的时候会被当做证据使用。你要清楚准确地告诉我你对这个男人所知道的，以及昨晚发生的事情。现在你已经承认你是出于自卫而杀死了这个男人，但是你没有证据，所以我们需要你的话来证实。”

温德斯走过来，他向哈伯解释，他在电话里听到了隐隐约约的挣扎声。但是哈伯认为这些话不能当成证据，因为很可能是玛格告诉他的。而且，温德斯和玛格也没有证据证明这个人是来偷东西的，然而有证据表明他勒索过温德斯太太。

“勒索。”温德斯装出一副大吃一惊的样子。

哈伯继续他的推断：“我们认为他并不是你们说的那样是从窗子进来的，我们能肯定他是从门进来的。”

玛格申辩说：“他不可能是从门进来的，门一直是锁着的。而且这门一共有两把钥匙，我的在这儿，我丈夫的在他那儿。”说着玛格从皮包里拿出钥匙要给哈伯看。

哈伯并不去接钥匙，直接对她说：“有很多种可能，比如你给他开门。”

玛格对哈伯的推断非常不理解：“你是在怀疑我吗？你认为我没有受到攻击吗？那我身上的擦伤是怎么来的？”

哈伯走到了床前，他说：“那些擦伤说明不了什么，你完全可以自己擦伤。我们在窗户外面发现了一只丝袜，那上面有两个结，而另外一只我们是在这个垫板下面找到的。你说你受到了攻击，那你能解释他为什么会这样做吗？”

“不能。”

“那双丝袜是你的吗？”

玛格坚决地否认：“不是。”

哈伯说：“我们能证明那就是你的，其中的一只丝袜跟部用丝补过，所用的丝和原来的不是一种，恰巧，我们在你的针线盒里找到了这种丝。”玛格立刻过去翻看自己的针线盒，她发现自己的丝袜少了一双，她问温德斯：“托尼，你是否记得这里面有一双丝袜？”

温德斯装出对警察非常不满意的样子说：“听说警察为了能破案定罪，会故意放置线索！”

玛格恍然大悟：“他的手下有足够的时间拿了袜子然后随便处理。”

温德斯：“当然，也许还会帮着死尸在门垫上擦鞋呢。”

哈伯警官觉得问不出什么来了，他打算离开，离开之前他对温德斯说：“我想，我可以给你们一个忠告……”

温德斯打断他：“我们只想听律师的忠告，非常感谢！”

调查结果对玛格非常不利，所有的证据都指向了她，法院依法对玛格进行控诉，罪名是：玛格，在9月26日故意谋杀了查尔斯·亚历山大·斯旺。

最终的审判结果为：玛格故意谋杀罪名成立，将依法被执行死刑。

5. 情人假设

明天玛格就要被执行死刑了，这天晚上，温德斯回到家中，他带着一个蓝色的小手提箱，里面不知道装的是什么东西。他刚想把箱子藏起来的时候，马克·哈里德前来拜访。温德斯急忙把手提箱扔到床上，并用被单盖住，他不想让别人看见它。温德斯开门让马克进来。

马克深爱着玛格，为了帮她洗脱罪名，马克已经想好了一个计划，但是这需要温德斯的帮忙。“托尼，我知道为了救玛格的命你可以做任何的事情……”

“我们已经做了一切我们能做的……”

“不，我们没有，托尼，事实上我们还什么都没有做。这几个星期我一直都在想，我想现在是我们唯一的一次机会了。”

“你想怎么做？”

“托尼，你看，这是你进来的地方。你要去告诉警察一些事情，任何可以证明玛格清白的事情。”

“警察怎么会相信我呢？”

但接着马克告诉他，他已经凭借自己侦探小说家的职业素质编造了一个故事，这个故事让温德斯震惊不已。马克对温德斯说：“你知道我写侦探小说已经有很多年了，我想出了一个为玛格洗脱罪名的故事，但是这个故事必须由你讲给警察听。我们现在把整个故事一环一环衔接起来。首先玛格说的是她没有让斯旺从门进来，那么好，反正斯旺打开了门，如果你让警方相信他是用你的钥匙开门的……你可以说你把钥匙留在屋外什么地方了，那么斯旺就可以自己进来了。”

“但是就算是我把钥匙留在屋外的某个地方，他怎么会找到我的钥匙呢？”

“你可以告诉他。”

“可是我们上一次见面还是 20 年前呢！”

“可是斯旺已经死了不是吗？托尼，我们应该好好利用这一点，你可以随便说他的事情，说你们见过面，甚至还可以说整件事情都是你们一起计划好的。”

“什么计划？你的意思是我们串通好了来勒索玛格？”

“不是勒索，是谋杀！”

马克非常平静，但是温德斯显得很愤怒，他强压住心中那种惊恐，“我？派他去杀害我妻子？”

马克肯定地回答：“就是这样。”

“为什么？”

“因为她说斯旺藏在窗帘后面，然后趁她接电话的时候突然出来攻击她，并想用布条勒死她。那么这些就是斯旺所做的，而你要做的就是承认玛格所说的。这个就是我整个救出玛格的计划。”

马克把自己所虚构出来的一个完美的谋杀案每一个步骤、每一个细节都告诉了温德斯。温德斯听完以后禁不住倒吸了一口冷气，背后冷汗直流。马克的确和他以前说的一样，他可以想到一个完美的谋杀计划，他告诉温德斯的这个可以证明玛格清白的“假谋杀计划”，竟然和事情的真相一模一样，事实上正是温德斯预谋已久并付诸行动的完美的谋杀计划才使得玛格入狱。在马克假想的谋杀计划中每一个细节都想到了，斯旺怎么拿到钥匙进门，温德斯作案的动机就是玛格 90000 英镑的遗产……他之所以让温德斯向警方自首说，是他指使斯旺杀害玛格，而玛格在自卫过程中杀死斯旺，是因为这样的话玛格就不会被判死刑，而温德斯也只会被判谋杀未遂而入狱几年。

正在他们还在说话的时候，哈伯警官也来了。马克不想让哈伯知道自己在这，他躲进了温德斯的卧室，而温德斯藏着的蓝色手提箱就在他坐着的床上。

哈伯和温德斯在外面的房间交谈。哈伯这次来只是询问自己现在正在调查的三周前发生的一起枪击案有关联的事。就在三周以前，两个男子攻击了一个在里伯利街工厂上班的会计，他们抢走了会计办公室内的数百英镑，但是那些钱多数都是面值 1 英镑的钞票。就因为如此，所有的警察单位不得不四处调查大把花钱的人。而哈伯这次来只是例行公事而已，因为温德斯最近在威尔斯修车厂有一笔总数大约 60 英镑的现金交易，刚巧哈伯的警长在那里做调查工作时发现了。温德斯对此作出这样的解释：因为那天身上刚好有现金，就用现金付账了。哈伯去温德斯的银行去查过户，但是银行账户是保密的。警长告诉哈伯，温德斯还用现金支付了他的裁缝以及酒类等账单，算上修车厂那次一共是 100 多英镑。温德斯又解释说，他赢得了一场狗赛，这样的事情以前也发生过。

哈伯把他所要问的问题问完以后，就想起身告辞了，走到门口的时候他突然想起一件事，他问温德斯："最后一个问题，先生你是否拥有一个小手提箱？蓝色的。"

温德斯故意说："难道你们帮我找到了？"

"你丢了吗？"

"是的，我还没有来得及去报案呢。我想我把它落在出租车上了。"

"哦，真不幸。我想我们会帮你找回来的，你是在哪里上的出租车？"

"大约半小时前，在海德公园的街角。"

"里面有钱吗？"

"大概二三英镑吧！"

"不是二三百英镑吧？"

"那还好了。对了，警官，你怎么知道我有个手提箱的？"

"你在酒店付账的时候有人看见了，然后我的警长又去了修车厂和见了你的裁缝，他们说你有。"

"平时我把它当成公事包用。"

"放心我们会帮你找回来的，这些出租车司机拾金不昧做得很不错。"

哈伯觉得再问也不会得到什么有价值的情报了，他真的想要走了。马克在温德斯的卧室中可以清楚地听到两个人的谈话，他知道温德斯在撒谎。在他们谈话的时候，马克在床上发现了他们提到的那个蓝色手提箱，并且撬开了箱子，看见里面满满一箱子的面值为 1 英镑的钞票。

就在哈伯要走的时候，马克从温德斯的卧室中走出来叫住了他 ："警官，先别走，我想温德斯忘记告诉你一件事了。"哈伯看了看温德斯，问马克 ："他有吗？"

马克说 ："先生，我想给你看样东西。"他把哈伯带到温德斯的卧室，他们看见了那个蓝色的小手提箱，还有箱子里一沓一沓的 1 元钞票。哈伯追问温德斯，这些是怎么来的。马克不等温德斯开口就替他回答 ：这些钱原本是给一个叫斯旺的人的，这是付给他谋杀温德斯太太的佣金。但是事情出了意外，斯旺被玛格失手杀死了，所以这些钱就剩下了。但是温德斯自己不能存着这笔钱，所以他从 3 月 27 号开始大量地花这些钱。

听了马克的话，哈伯很想听听温德斯的解释。于是温德斯把刚刚马克来找自己，告诉自己要救出玛格的那个计划的事情告诉哈伯，他想暗示哈伯，马克刚刚的话纯粹是自己凭空虚构出来的，这样的故事只会出现在他的侦探小说里。

但是哈伯对温德斯的解释并不感兴趣，他对马克说 ："好了，哈里德先生，你的话很有意思，但这并不是我来找温德斯的目的。"

马克说 ："这关系到玛格的生死，还有什么比人的生命更重要的事吗？"

哈伯说 ："对我来说，我现在最关心的是温德斯先生的钱是怎么来的。"说完，他走到书桌前，拿起抽屉里温德斯的银行账单。马克也凑过去察看，希望从中能得到有利于解救玛格的线索，银行账单表明温德斯先生每周都会从银行取出 35，40 或者 50 英镑，马克认为他把这些钱积攒了起来。

哈伯让温德斯解释一下这些是从哪里来的。温德斯继续编故事，他说斯旺被杀死的那天晚上，玛格把自己从酒会叫回家里，他发现玛格跪在斯旺的尸体边，她不停地说斯旺上衣口袋里有她自己的东西。可是温德斯没有找到她所说的东西，当时玛格的精神几乎要崩溃了，所以自己就没有让警察在当晚询问她。在那样的情景之下，玛格也没有说实话。第二天早上，玛格把这些全是1英镑的钱拿给温德斯看，并告诉自己，不管玛格出了什么事都不能让别人知道这些钱。玛格被捕以后，温德斯把箱子里的钱寄存到车站的寄物处，只是在自己需要的时候他才会拿出来，然后他会把箱子寄存到另一个寄物处，温德斯必须要谨慎，因为他知道如果警察发现这些钱，玛格就完了。那些钱本来是斯旺勒索玛格的，结果玛格杀死了他。

听到这儿，马克大叫："你在说谎！"马克想请求哈伯继续调查这件案子，但是哈伯说这个案件从上诉到审判都不归自己管。温德斯害怕再说下去，马克会揭穿自己，所以他迫不及待地把马克赶走了。

哈伯也要离开了，他推开门望了望门外，回头对温德斯说："我真希望哈里德先生不在外面等我，你介意出去看看他到底走了没有吗？"

温德斯也不想让马克再和哈伯乱说什么了，于是他依着哈伯的意思走到客厅的窗户边，看看马克是否已经真的走了。

哈伯抓住时机，他拿起温德斯放在凳子上的那件风衣，然后迅速地把自己的风衣放上去，他们两个人的风衣几乎一模一样，如果不注意的话谁也不能一眼分辨出哪个是哪个。

温德斯从卧室中走出来，对哈伯警官说："你可以放心出门，马克已经离开了。"

"谢谢！还有先生，你太太有些东西还放在分局，一些书以及她的皮包。他们让我转告你，如果你有时间的话应该把它们拿回来。你有空的话，现在就行，你只要问值班警长拿就是了，他知道的。"

"好的。"

"温德斯先生再见，我想我们不会再见了，是吗？"

"再见，谢谢你，探长先生。"

温德斯把门关上的一瞬间，他如释重负，心里的一块石头终于落了地，他倒了一杯酒一饮而尽。短短的几十分钟让他觉得特别漫长，也许这是他一辈子度过的最心惊胆战的几十分钟。他走进卧室，把几叠钞票从箱子里拿出来装进上衣的口袋里，拿起被哈伯掉包的"自己的风衣"，把房间的灯关掉之后就离开了自己的公寓……

6. 罪行败露

但是事实上，马克、哈伯警官以及他的下属都没有离开。哈伯警官和他的手下躲在上一层的楼梯上，而马克藏在街道的另一边。原来哈伯早就已经有了部署，他要找出案件真正的凶手。

哈伯等温德斯走了之后，用温德斯放在风衣口袋里面的钥匙打开了门。他走进房间，拿出了一个小手电筒照明，到书桌前的电话机旁边拨了一个电话："我是哈伯警官，快给我接区布兰警长，区布兰，我已经在这里了，一切按照计划行事。"

他刚刚放下电话，发现外面有人按门铃，原来是一直守在门口的马克。

哈伯警官让马克进了门，对他说："你有什么想法？你打算怎么做？如果你想救出你的情人，那么你最好什么也不要说，什么也不要做，我会处理好这件事的。"

这时门外突然有汽车的喇叭声，原来是玛格被哈伯的手下带过来了。哈伯的手下走到房门口，等着玛格开门进去，但是玛格从包里拿出钥匙却一直打不开房门。她按了几下门铃也不见有人出来开门，于是玛格向和她一起来的警察报告。

哈伯见状把书桌前的落地窗户打开，不一会儿，几位警察带着玛格从院子里走了过来。马克看见玛格又惊又喜，问她是怎么到这儿来的。玛格就把事情的经过告诉了马克，大约一小时前，典狱长找到她，跟她说，她要被带回家，然后两个警察就把自己带回来，他们说玛格可以走了，可是她的钥匙却打不开门。

哈伯把窗户重新关好，并拉上了窗帘。他把玛格的皮包要过来，吩咐手下把玛格的皮包送回警局，那把钥匙也放在里面一起带回去。

哈伯走到玛格面前说："温德斯太太，这听起来可能让人难以相信，但是我们必须要告诉你，我们非常怀疑你的丈夫要谋杀你。"

马克跟着补充说："那天晚上斯旺是托尼派去杀你的。"

玛格听完面无表情地坐到凳子上，她问哈伯："你什么时候开始知道这件事的？"

哈伯回答："你从来没有怀疑过这件事吗？"

“不，从来没有。但是，马克，为什么我对这些会毫无感觉呢？这是怎么了？为什么我没有崩溃或什么的？”

马克走到玛格身边安慰道：“你只是反应迟钝而已，等过了这几天你就会有崩溃的感觉了。”他抬起头问哈伯：“警官先生，你是什么时候开始怀疑的？”

哈伯对他们讲了他是怎样开始怀疑温德斯的。他说，让他们开始怀疑温德斯的第一个线索来得很偶然，在玛格被捕后，他们发现温德斯在很多地方花费了大量的现金，并且全部都是1英镑的钞票，总数超过了300英镑，现在他已经知道了那些钱的来历。然后哈伯突然想起来，在玛格被抓进监狱后，他和同事们曾经搜查了这间屋子，他在这书桌上看见过温德斯的银行账单。所以昨天下午他到监狱借机偷走了玛格的钥匙，虽然哈伯知道警察不应该做这样的事情，但是他就是不服输。本来他想今天早上趁温德斯出去的时候再回来检查他的银行账目，但是他没有成功。因为玛格的钥匙打不开这扇门，她的钥匙并不是这把门锁的。

说到这里，楼上突然传来了脚步声，哈伯立刻关上房间的灯，在楼上守着的同事低声通知哈伯：“温德斯回来了。”哈伯赶紧把门关上，他走到卧室里的窗户边向外观看，他看见温德斯正在挨个翻着自己风衣的口袋，但是他翻遍了所有的口袋也没有找到房门钥匙。他这才发现穿着的不是自己的风衣，他想起一定是哈伯拿错了风衣，于是就转身离开了。

等温德斯离开之后，哈伯马上给分局打了一个电话。他告诉同伴，温德斯现在离开了，他很可能是去了分局，他交代说，把玛格的皮包交给温德斯后，一定要叫他仔细察看皮包里的东西，然后让他签收，总之要保证温德斯拿到了那把钥匙。如果温德斯提到他的风衣和钥匙，你就说哈伯到哥拉斯哥去了。一旦温德斯离开分局，马上打电话来通知哈伯。

马克这时候还没有想到另外一把钥匙到底放在哪里，他走到门外，看看门框，什么也没发现。哈伯走过来问他：“怎么样？哈里德先生，有什么收获吗？”

马克说：“没有，那玛格的钥匙现在在哪里呢？”哈伯走到楼梯的第5层台阶处，把钥匙从地毯下面拿出来给马克看，“找这把钥匙花掉了我半个小时的时间。”说完又把它塞到地毯下。

马克不解地问：“如果这是玛格的钥匙，那么刚刚他为什么不用呢？”

哈伯推断说：“那是因为他不知道玛格的钥匙还放在那儿，他一直认为钥匙在他太太的皮包里。你的故事已经非常接近事情的真相了。当时温德斯告诉斯旺会把玛格的钥匙放在地毯下面，并且嘱咐他离开时把钥匙放回原处。但是斯旺出人意料地死了，我们都以为玛格的钥匙会在他的口袋中，这中间出了一点错误，斯旺打开门之后就立刻把钥匙放回了原处，从那时候起它就一直在那儿。”马克接着说：“而温德斯从斯旺口袋中拿回来又放到玛格皮包的那一把是……”

“那是斯旺自己的钥匙，你猜怎样？我甚至想了很久才想到，斯旺的尸体上没有找到钥匙，这个问题困扰了我很久，人们都习惯身上带着钥匙的。后来我的灵感来了，我拿着温德斯太太的钥匙去了斯旺的女朋友凡登太太家里——那把钥匙是她家的。然后我用她家的电话打给苏格兰场。”

听到这里，玛格开始觉得自己要崩溃了。这时哈伯分局的同事打电话来通知哈伯，温德斯已经离开了分局。哈伯立刻告诉楼上守着的同事，温德斯已经离开分局，他随时可能回来，如果看见他马上打个暗号告诉他。哈伯断定温德斯一定会回到这里来的！因为自己的钥匙被哈伯拿了，温德斯一定会用玛格皮包里的钥匙去开门。当他发觉太太皮包里的钥匙打不开门的时候，他就会发现自己犯的错误，仔细一想，他就会去地毯下面找另一把钥匙。

马克问哈伯：“如果他没去找，那你的猜测什么也说明不了了！”

“你说得对！但是如果他打开了门，那么事情的真相就显而易见了。”

“那然后呢？”

“内政部长此时正在等我的电话呢。”

“那温德斯太太呢？”

“那就没有什么可担心的事情了。”

不一会儿，温德斯就回来了，躲在房间的哈伯提醒他们不可以惊动温德斯。温德斯来到门前，但是皮包里的钥匙根本打不开房门，温德斯又试了几次之后还是打不开门，他就准备离开了。走到门口时，他又突然停下来，他盯着皮包，像是在回忆什么，等他想到什么的时候又突然转身回去。他走到第 5 阶台阶前，把地毯下面的钥匙拿出来，看过之后就打开了房门。

当温德斯走进屋子打开灯时，他惊恐地发现玛格、马克、哈伯都在屋子里。他知道自己完美的谋杀计划在实施过程中出现了纰漏。事实表明玛格并不知道藏在地毯下面的钥匙，这也证明了她是清白的，而且也是一个受害者。而温德斯打开了房门，那就证明他知道钥匙藏在地毯下面，而且就是他自己藏的，也证明了整个事件都是温德斯自己一手策划的。可是温德斯发现得太晚了，警察已经守在了门口。

温德斯把门关上，倒了一杯酒，故作镇静地说："马克，正如你所说的，可以制定出完美的谋杀计划，但是……"

Vertigo

眩晕

——展现梦幻般恋爱的奇作

JAMES STEWART
KIM NOVAK
IN ALFRED HITCHCOCK'S
MASTERPIECE
'VERTIGO'
BARBARA BEL GEDDES
TOM HELMORE · HENRY JONES · ALFRED HITCHCOCK · ALEC COPPEL & SAMUEL TAYLOR · TECHNICOLOR®
BASED UPON THE NOVEL 'D'ENTRE LES MORTS' BY PIERRE BOILEAU AND THOMAS NARCEJAC · MUSIC BY BERNARD HERRMANN
VISTAVISION

电影赏析

外 文 名：Vertigo（1958 年）
中 文 名：眩晕、迷魂记
导　　演：阿尔弗雷德·希区柯克
编　　剧：亚历克·科佩尔
　　　　　塞缪尔·泰勒
领衔主演：詹姆斯·斯图尔特 饰 约翰·斯科蒂·弗克森
　　　　　金·诺瓦克 饰 玛德琳·艾尔思／朱迪·巴顿

《眩晕》是希区柯克执导的一部精心策划的杀妻悲剧，紧张悬疑、惊心动魄的情景，仍然是该片的重要噱头。故事开头便具备了十足的幻景：一个不知名的女人的脸部、眩晕感十足的螺旋线条，在这样的情况下，即使观众再集中精神去领会，事实上也无法找见故事的源头。影片中，希区柯克所作出的种种思维尝试将观众带入一个迷幻的境地和永久的旋涡，而在这个旋涡里，谁也不可能取得彻底的胜利。仿佛是一种宿命：爱她，便不要知道她。这样爱情才能在神秘中得以完美，否则就永失所爱。《眩晕》所表达的这种宿命感，对于观众来说，无疑是一场在虚无和情欲中跋涉的梦幻之旅。

本片的画面构图非常有特色，观众一定不会忘记玛德琳站在金门大桥上的一幕。为了将玛德琳的压抑和孤独淋漓尽致地表现出来，希区柯克将铁桥放大至整体画面的一半。为什么需要这个镜头呢？通常电影中的心理刻画多依赖于台词和表情特写，但希区柯克认为通过视觉的对比、他物的衬托更能让观众感受到主人公心理上的孤独。

而片中最经典的镜头莫过于描述恐高症心理的那一段：摄影机缓缓后退，镜头的焦距逐渐前伸，空间概念瞬间增强，再加上伯纳德·赫尔曼抽搐一般的配乐，眩晕效果趋于完美，逼真而又高妙。镜头的运用对于希区柯克来说，是一种自我解剖的手段。不同的角度、不同的距离无疑都在为刻画主人公的心理服务。影片最后有这样一个完整的镜头：朱迪和斯科蒂接吻时，画面出现了一个逆时针的大旋转，而背景则是斯科蒂和玛德琳在马厩里热吻着离别。两幅画面的穿插恰恰揭示着甜蜜爱情背后的不可捉摸性。玛德琳从塔顶坠落的一幕，希区柯克采用了以塔楼顶层为视觉出发点进行俯拍的手法，这种手法毫不客气地将不可思议的突兀、恐怖传递给了观众。

不仅如此，希区柯克在本片的拍摄中还借鉴了表现主义的手法。玛德琳坠楼，斯科蒂心神俱损，精神陷入一片痛苦和迷茫之中。希区柯克并没有在主人公面部下太多功夫，而是重点突出了光影的浓淡、巧妙的色彩、花瓣碎落的动感效果，随着画中人的假定出现，这些极具超现实特质的表现手法深刻地揭示了一场噩梦。无论是后来的电影人还是普通观众，都对希区柯克在电影中的融会贯通惊愕不已、赞叹不已。

在电影的制作技巧方面，本片也有巨大突破。矮盘车搬动摄影机的首次使用为希区柯克得以实现自己的创意提供了重要的硬件支持。此外，与物体保持焦距、快速拉缩镜头这一技巧得到成功运用，效果颇佳。追溯灵感，这大概要源于十多年前希区柯克的一次醉酒驾车，所有的东西都迅速地向身后飞去，这一经历让他记忆犹新。尝试了无数遍，十多年后他才实现了这种视觉效果上的构想。不过达成构想的费用却令他大吃一惊，竟然高达 5 万美金。剧组成员解释：想要把摄影机高举到楼梯的顶端，并留下回旋的空间，必须制造一具相当大的机械才行。

作为一部经典的艺术作品，《眩晕》的魅力在于其将恋物癖、恐高症等种种边缘心理疾病和行为自然地融入故事情节之中。在心理层次上的着墨使得该影片更具有探讨人性的意味，无形中增加了它的艺术价值。

《眩晕》有一种摄人的魔力，明明知道玛德琳不可能在现实中真实存在，却依然不忍心去怀疑或揣测。斯科蒂和我们一起爱上了这个谜一般的女子，眩晕的不只是玛德琳的神秘，还有那火一般灼热的恋爱，被因果宿命和梦魇困扰的疼痛……

1. 初次邂逅

约翰·斯科蒂·弗克森是一名警官，他刚刚辞职，因为他患上了恐高症，很显然他的职业是不允许这种症状的。

事情完全是意外。

斯科蒂和他的同事在一个暮色沉沉的黄昏追捕逃犯，逃犯在一片高楼的屋顶仓皇地躲避追捕。那个家伙被追得无路可逃时奋力跳过了两幢高楼的间隙，斯科蒂紧追不放，跟着逃犯纵身一跳。但是斯科蒂却没能抓住对面高楼的斜顶屋檐，而是顺着斜顶滑了下去。斯科蒂机敏地抓住屋檐下的一个小栏杆，像挂起来的衣服一样，在空中左右摇晃。他低下头看着地面，像看不到底一样，他只感到地面都在旋转，突然有种眩晕的感觉。正在这时他的同伴赶来帮助他，同伴趴在屋顶，把手伸向斯科蒂。可是斯科蒂只感到又一阵眩晕，他再也不敢动，只是双手紧紧抓住栏杆。同伴看见斯科蒂不能松手，就又把身体向前倾斜，但是脚下的瓦片松动了，同伴惨叫一声，摔了下去。

因为这样斯科蒂辞职了，从警察局出来后，他首先想到自己的前女友米琪·伍德。米琪戴着一副厚眼镜，模样很可爱，她是一名胸罩设计师。米琪不是很理解斯科蒂为什么一定要辞职。“不辞职？我可不想做一个文官，每天坐在办公室的桌子后面。”

“可这也没什么不好啊。”

“米琪，我患的是恐高症。对我来说，弯腰去捡掉在办公桌下面的铅笔都可能意味着一场灾难。”

米琪哈哈大笑：“那你有什么打算？”

“现在还没什么打算，你呢？最近怎么样？我是指爱情那方面的。”斯科蒂不想让米琪担心自己，于是转移话题。

“一般吧。”

“有打算结婚吗？”

她耸耸肩：“我只会嫁给一个人。这你是知道的。”

“哦，我知道，我们本已经订了婚。”

“足有三个星期。”

“是啊，大学生活是多么美好啊！可是米琪，要解除婚约的是你……对了，大学里有一个叫做加文·埃尔斯特的家伙，你还记得吗？”

米琪思索着：“加文？我不记得这个加文·埃尔斯特了。”

“从毕业以后他就消失得无影无踪，只听说是到东部去了。不过很奇怪，今天他打电话给我了，现在他已经回来了。”

“他可能是想找你喝杯酒吧，一个无业游民？”

“那正好，我现在也是一个无业游民，我可以请他喝酒，顺便发发我的牢骚。”

聊了一会儿，米琪说斯科蒂的恐高症是没法根治的，斯科蒂追问是什么意思。

米琪解释：“医生说你这种情况只有再经受另一次的痛苦才能根治，但是机会也很渺茫。”

斯科蒂对医生的话不以为然：“我只要一点点地适应，慢慢练习登高，就能克服恐高症了。这是我自己的理论，我可以试给你看。”

说完，斯科蒂演示给米琪看。他先是在一张矮凳上适应，向上看，向下看，轻松自如。接着他登上米琪拿出的铝制家用小梯子练习。

斯科蒂很自信，一级一级地往上登……

米琪鼓励他：“不要紧张。”

斯科蒂很自信地说：“小事一桩，我抬头看，我低头看……你看，我没事。”

这时，斯科蒂转过身来向着玻璃窗外面望去，突然间，大楼外面的旧金山都晃动起来，天旋地转。斯科蒂只觉得一阵恶心，眼前一黑，晕倒在地。

第二天，斯科蒂去和加文·埃尔斯特见面。

埃尔斯特拥有一幢大房子，穿着很讲究，显然是一个有钱人。他告诉斯科蒂自己的妻子是造船大王的女儿，他帮助管理妻子家的财产。“一年前我就回来了，因为我喜欢旧金山。”埃尔斯特说。

两个人闲聊着，后来聊到斯科特的恐高症，于是埃尔斯特就问斯科蒂，恐高症是不是一种永久性的残疾。

斯科蒂告诉埃尔斯特，恐高症只是不能爬梯子，不能登高，不是残疾。

埃尔斯特好像有什么事情要和斯科蒂说，但是一直没有想好怎么说，沉默了一会，他终于说道：“斯科蒂，我请你来是希望你能帮助我。我想让你跟踪我的妻子玛德琳，我知道你已经辞职了，不是侦探了，但是我希望你能为我再做一次侦探。”

“当然，事情不是你想象的那样。”接着埃尔斯特向斯科蒂讲述了妻子玛德琳的事情。

玛德琳来到旧金山以后变得有些古怪，她经常走神。有时候正说着话，就好像变成了一个陌生人，眼神呆呆的，沉默不语，像是沉浸在另外的世界中。等她回过神来，又不记得自己刚才曾经走过神。她也时常会出去游玩，回来之后走路的神态、动作都和以前不一样，就像是另外的一个人。

埃尔斯特说：“我曾经跟踪过她，她开车去了金门公园，呆坐在湖边的长椅上，望着对岸，很久都不动。后来我就去公司上班，等她回来时，汽车里程表显示她那天走了 94 英里，可是金门公园离我们的住所只有 5 英里。我觉得她好像被人控制了一样。”

斯科蒂听完以后觉得匪夷所思，他用一种嘲弄的语气说："如果是我的话，我会给她找一个医生，精神科医生或者一般的医生。或者自己先去看看医生。"

但是埃尔斯特认为不着急找医生，应该先多了解她一点，比如她去了哪里，去那里都做了些什么，然后再去找医生。

斯科蒂说他可以找别的侦探朋友来接这个差事，因为自己已经辞职了，不是侦探了。

埃尔斯特听到斯科蒂拒绝，马上就叫了起来："我需要的是一个信得过的人，你是我的朋友！为了这件事我已经精疲力竭了！这样吧，今天晚上我们在尼克饭店吃饭，你先去看看，然后你再决定。"

斯科蒂难以拒绝，只好答应了这位老同学的要求。

当天晚上，在尼克饭店斯科蒂远远地看见了玛德琳·艾尔思。她很年轻，很优雅，很高贵，金色的头发，灰色的套装。斯科蒂完全被第一次见面的玛德琳所吸引，她的外貌和气质是那样迷人，自己的心像是被什么紧紧抓住一样。

第二天，斯科蒂开始跟踪她，心甘情愿地跟踪。

早上，她离开罗克班公寓，开车去一家大型花店买了一束手捧花，接着她去了多洛雷斯教会的墓地，她站在一块墓碑前静默了一会儿就离开了。斯科蒂把她待过的那块墓碑上的文字抄下来：嘉露达·瓦尔达，生于 1831 年 1 月 3 日，卒于 1857 年 3 月 5 日。

随后她开车到艺术馆。她拿着花，抬着头，目不转睛地盯着一幅巨型画像。画上的人很美，金色的头发，19 世纪的服饰穿戴。画中人颈上戴着一条奇特形状的钻石项链，头微微低下，仿佛在凝视，脸上的微笑高深莫测。

玛德琳站在画像面前简直就是画中的人走了出来，发型都是金发盘成的涡型，而且表情也是那么相似。斯科蒂去询问艺术馆的人，知道了画的名字——《嘉露达的画像》。

接着斯科蒂跟踪她来到一家古老的旅店。她走进店里二楼的一间房，斯科蒂从窗户中看见她像是回到自己家里一样地脱掉套装上衣。

斯科蒂跟进店里，通过旅店的女经理他知道了一些情况。她每周来旅店坐两三次，但是从不在这住。她已经租了两个星期，租期是到明天。她登记的名字是嘉露达·瓦尔达。

斯科蒂心中充满困惑。

当斯科蒂回到米琪那里时，米琪正在画一幅胸罩的广告。“米琪，你知道有谁对旧金山的过去比较熟悉？”

米琪的样子不是很高兴，“你就是这样和人打招呼吗？你应该先说句‘今天天气不错’之类的客套话，然后再问‘你知道什么什么……’”

斯科蒂打断她说：“哎，米琪。我知道你见多识广，认识的朋友多，快告诉我。”

“伯克利的森达斯教授。”

“不是旧金山历史，是过去发生的事件。”

“你的意思是说那些发生在旧金山的离奇刺激，或者轰动的事情吗？就比如 1879 年 8 月在安巴卡罗谁打死谁这类事？”

“就是这个。”

米琪提议找一位叫里贝尔的老人，他开着一家书店，对旧金山以前的事情比较熟悉。于是两个人半小时后找到了里贝尔老人。里贝尔对画上女人的故事比较清楚，他向斯科蒂和米琪讲述了事情的经过。

原来嘉露达住在南方的一个教会统治地区，是一个美人。后来她来到了旧金山，在一家酒吧里当舞女。一个名叫艾尔夫的人看中了她。他给她盖了一座大房子，而她为他生了一个孩子。可是最后艾尔夫还是抛弃了她，并且带走了她的孩子。所以嘉露达就疯了，每天都在大街上流浪，看见人就问：“我的孩子在哪儿？”后来她就自杀了。

回家的路上，米琪追问斯科蒂为什么要知道嘉露达的事情，斯科蒂简单地告诉了米琪，聪明的米琪一下子就猜到了事情的原委。

“你的意思是说美丽的疯子嘉露达的灵魂附在了埃尔斯特妻子的身上？”

对于米琪的猜测，斯科蒂很恼火：“那可不是我的想法，只是他可能这么想。”

“那你的想法是什么呢？”

斯科蒂愣住了，他一时也不知道该怎么回答。

“她很漂亮？”

“嘉露达？”

“不，我是说埃尔斯特的妻子。”

“是的。”

米琪抬头看看斯科蒂：“我想我该去看看那幅画像。”

到了晚上，斯科蒂把埃尔斯特约出来见面，告诉他自己调查的结果。埃尔斯特听完好像并不吃惊，他告诉斯科蒂，嘉露达就是他妻子的曾祖母。他妻子的祖母就是嘉露达被抢走的孩子。他还告诉斯科蒂，嘉露达留下了一些首饰，其中有一条钻石项链，玛德琳最近经常拿出来试戴。但是玛德琳的母亲并没有告诉她曾祖母发疯后自杀的事情，她的妈妈不愿意让她知道这样的事情。但是现在看来，玛德琳身上流着和嘉露达一样的血液。

第二天，斯科蒂继续跟踪玛德琳。和前几天一样，她去了艺术馆，坐在长凳上，拿着一束花，抬着头一动不动地盯着那幅画。但是后来，玛德琳开车到了海边。

她手里拿着那束花，走到海边开始机械地向水里丢花。

突然，她抬起头，仰望天空，接着纵身跳进大海。

2. 坠入爱河

斯科蒂很吃惊，赶紧跳进海里去救玛德琳，他奋力向玛德琳游去，把她救了起来。

斯科蒂把救起的玛德琳带回自己的家中，让她躺在自己卧室的床上。玛德琳衣服已经全湿了，斯科蒂帮她脱掉湿衣服给她盖好被单。他自己坐在沙发上静静思考着事情的经过。这时玛德琳翻了翻身，迷迷糊糊地开始说话：“我的孩子在哪儿？……你见过我的孩子吗？”玛德琳并没有醒，好像是做梦一般。斯科蒂正想凑近点仔细听她说的是什么，床头柜上的电话突然响起来。电话是埃尔斯特打来的，斯科蒂告诉他，他的妻子现在很好，一会儿再打过去。

这时候玛德琳已经惊醒，正惊恐地看着斯科蒂。斯科蒂挂了电话，看见惊恐的玛德琳才想起来，她没有穿衣服，身上只盖着床单。斯科蒂赶紧递给她一件自己的睡衣，然后出去。

不一会儿，玛德琳穿好斯科蒂的睡衣走出卧室，有点害怕地站在门口。“为什么我会在这里？出了什么事？”玛德琳迟疑地问斯科蒂。

斯科蒂回答说：“你掉进海里了，虽然我很努力地帮你弄干头发，但是你最好还是坐在炉子旁边。”斯科蒂扔给她两个靠垫，玛德琳迟疑地坐下来问：“我掉进了海里吗？”斯科蒂点头。

“是你救了我？”

斯科蒂又点点头。

她笑了笑说：“谢谢你。”

斯科蒂盯着她问：“你还记得发生了什么事吗？”

她想了想，茫然地说：“我不知道。”

斯科蒂试探地问：“那你自己住的地方还记得吗？”

“当然记得啊。”她回答。

“你住哪儿？”

她回答不上来，愣了一下说：“我记得！在海边，我经常去海边！”

斯科蒂问：“你为什么经常去海边？”

她天真地回答：“大海好美啊，尤其是夕阳，我爱大海！”

斯科蒂又问：“你还记得到海边之前的事吗？”

“什么时候？”

“今天下午。”

“哦，我四处闲逛。”

斯科蒂追问：“你在哪里闲逛？你都去过什么地方？”

她有点不知所措，掩饰地回答说：“在商店闲逛。”

斯科蒂听到她的回答暗暗叹气。

玛德琳心情愉快，好像对发生的事情一点不记得，她坐在火炉前，喝着咖啡，享受着温暖，她笑着问斯科蒂：“下午你在哪里？”

斯科蒂回答说："艺术馆。"他想知道玛德琳的反应，故意刺激她。

不过她似乎没有什么记忆，兴奋地说："我还没有去过艺术馆呢，不过我每次经过时都很想去，那肯定是一个可爱的地方，一定很好玩，是吗？"

对她的反应，斯科蒂有些失望也有些吃惊，玛德琳看见他注视着自己，低下头笑了。

斯科蒂和玛德琳随意地聊起来，她问他的名字，问其他的一些事情，不时地笑出声来，满屋子充满了她欢快的声音，一时间斯科蒂也有些恍惚，不相信这些是真的。

突然，电话响起。

是埃尔斯特。

埃尔斯特担心妻子，想知道为什么她还不回家。

斯科蒂向埃尔斯特解释了下午发生的事情，说她在自己家里。埃尔斯特沉默了一会儿，像是在考虑什么，然后他告诉斯科蒂，嘉露达在 26 岁那年自杀，今年妻子也是 26 岁。斯科蒂挂掉了电话，心情沉重地回到了卧室。

可是卧室空无一人，玛德琳不知什么时候已经离开了。

第三天，斯科蒂继续跟踪玛德琳。

奇怪的是，玛德琳今天开车在城里到处乱转，没有去艺术馆，也没有开去海边，倒像是在找什么地方。最后车子停下来，斯科蒂一看，她原来在找他的家。

斯科蒂赶紧走上前去和她打招呼，原来她是专门来感谢自己的。

见到玛德琳，斯科蒂心中有种奇怪的感觉，自己好像很期待。她似乎也很开心。斯科蒂邀请她到家里喝杯咖啡，但是玛德琳却拒绝了。

斯科蒂问："那我们什么时候会再见面？"

她回答："总有机会的。"

斯科蒂有点不舍得让玛德琳离开，于是约她一起出去走走，玛德琳爽快地答应了。

斯科蒂上了她的车，两个人一路上都感觉很美妙，脸上洋溢着幸福的笑容。

他们把车开到国家公园，在里面一起愉快地散步。

走着走着，他们看见一棵布满年轮的老树桩，树桩的年轮旁边记载着日期：正中间的第一道年轮日期是公元 909 年，砍伐的时间是 1939 年。

玛德琳呆呆地盯着那树桩的年轮，她伸出一只手在年轮上来回摸索，并且开始自言自语：“我出生的时候大概是在这里，在这里我将死去，你不会察觉什么，这只是一瞬间的事情……”

她的神情变得恍惚，慢慢地走向一棵树，她靠在树上，紧闭双眼，呼吸变得沉重。

斯科蒂看见玛德琳面无表情的样子很着急，他呼喊着她的名字：“玛德琳，玛德琳……”

她慢慢地睁开眼睛，像是刚刚醒过来的样子，一时间还不能想起斯科蒂是谁。

斯科蒂问她：“你知道自己在哪里吗？”

她轻声回答：“和你在一起。”

“那我们在哪里？”

“树林。”

“以前你来过这儿吗？”

“恩。”

“什么时候？”

她不知道。

斯科蒂接着问：“你记得自己的生日吗？”

她摇头。

不管斯科蒂再问什么，玛德琳只是一味地摇头，好像在抗拒着什么。

斯科蒂大叫道：“告诉我！玛德琳。”

她突然睁开眼睛，叫着：“不！不！”

斯科蒂接着问：“你跳海的时候知道自己在什么地方吗？”

“我没有跳海，我是掉下去的，你告诉过我。”

“为什么你要跳海？”

“我没有！”

“是不是你心里有什么力量让你跳下去的？”

玛德琳声嘶力竭地叫道：“不要再问了，我求求你，不要再问了，好吗？”

望着她哀怨的眼神，斯科蒂心软了，他不忍心再逼问了。

玛德琳已经很疲惫了，她休息了一会儿说：“咱们走吧，离开这儿。”

“去哪里？回家好吗？”

“我想到光亮一点的地方去。”

他们离开树林，来到海边，这时候，玛德琳也逐渐清醒过来。

她给斯科蒂讲了自己经常做的一个梦。梦中总是昏昏暗暗的，她觉得梦中就是自己，但是又隐约觉得不是。她总是在顺着一个回廊走，周围布满了镜子，镜中的碎片有她的影子，却穿着不同时代的衣服，做着自己陌生的事。回廊的尽头是无边无际的黑暗，她从来没有走到过回廊的尽头，她知道自己走进黑暗就会死去，就不会再出来，所以在走到尽头之前她总是会走回来。但是有一次却没有。

斯科蒂明白：“你说的是昨天。”

斯科蒂鼓励她继续说下去，她努力地回忆：“我很孤独，总是一个人坐在那儿，有一个房间，我坐在一个房间里……”

“什么样的房间，你记得吗？”

“我不清楚，因为房间总是在阴影里面。”

“其他的呢？”

“好像还有……一座坟墓。”

“记得在哪儿吗？”

“那座坟墓是敞开的，站在墓碑旁边我可以看到里面，我不知道它在哪儿，但是我知道那是我自己的坟墓。”

“为什么这么肯定？”

“我就是知道。”

“墓碑上的名字是你？”

“墓碑上没有名字，那是一座新墓，一座等待中的坟墓。”

斯科蒂听得一头雾水：“你还记得什么？”

她还在努力地思索着，“一座塔……还有钟……下面是个花园……就像西班牙的一个村庄……不过这可能只是梦。”

“你有没有见过一幅画像？”

“没有。”

“你认识你在镜子中看到的那个女人吗？”

“那就是我！”

斯科蒂有些激动，大叫：“那不是你！”

她有点被吓到了，望着斯科蒂眼泪差点流出来。

斯科蒂整理着思绪，自言自语：“一定还有什么我不知道！一个关键点！我一定要找到把事情联系起来的关键点！”

玛德琳有些不安，惊慌失措地问：“是不是只有一个解释？如果我不是疯子的话，那么事情就解释不清，你是不是觉得我是个疯子？这样一切就可以理解了。”

玛德琳很绝望，突然她哭着跑向海边。

斯科蒂冲过去，把她牢牢地抱在怀里。她的脸紧紧贴着斯科蒂，满是泪水。

斯科蒂冲动地吻着她：“我不会让你死的，不会的……”

晚上，疲惫的斯科蒂已经睡着了，突然门铃响了起来。斯科蒂起身开门，是脸色苍白的玛德琳。她站在门外盯着斯科蒂，像是在恳求着什么。

斯科蒂一边把她让进房间一边问：“现在是什么时候了？出了什么事？”

“我想见你，我想和你在一起，所以就没有打电话。”

玛德琳的身体一直在发抖，像是很害怕，她说：“我又做同样的梦了。”

斯科蒂紧紧地把她抱住，安慰她说：“现在没事了，那只是梦，梦醒了就好了。把你的梦跟我说说行吗？”

她一边想一边说：“在西班牙，一个古老的村庄……还有一座塔……一口钟……”

“还有呢。”

“这是第一次这么清楚。”玛德琳继续说道。

“那是个广场，有草地，四周都是树……有一座教堂，西班牙教堂，还有所大房子，房子的旁边有个小花园，还有几辆旧马车停在花园边上的马厩里。房子灰灰的，上面有阳台，有门廊、百叶窗……”

斯科蒂觉得玛德琳描述的地方有种似曾相识的感觉。

“在草地的拐角上有一棵可爱的木兰树，尽头是一座石头建的房子。”

斯科蒂明白了：“还有一家旧旅店，一个酒吧，天花板很低，还挂着油灯。”

她叫道：“你怎么知道？”

“你说的是圣·胡安·包蒂斯塔教堂。那是一座很古老的教堂，和100年前的样子一模一样，就在旧金山南面100英里。它不是梦，这是一个真实的地方。”

玛德琳吓坏了：“可是我从来没有去过那里啊！”

突然斯科蒂想起了嘉露达，她就是从南方一个教会的领地来到旧金山的。想到这个，斯科蒂心里泛起一丝不安。

斯科蒂转身对玛德琳说：“你梦中到底有什么？你又在害怕什么？”

“我一个人在草地上来回寻找着什么，然后我就走近教堂，这时那种黑暗向我袭来，它一点点地向我逼近，把我拉进黑暗里，我拼命挣扎着挣扎着……后来我就醒了。”

斯科蒂打定主意对她说：“我们去看看，当你真的看见时或者你会想起更多，也许你能想起你的过去，这样你就不会再做这样的梦了。”

他们来到圣·胡安·包蒂斯塔教堂的庄园里，玛德琳停在花园旁边的马厩里，喃喃自语：“以前我们经常在这里玩，那时候马厩里还有马，灰色的，还有白色的。如果被修女看到，我们还会挨骂。”

她的情绪一点点发生变化，斯科蒂抱住她，想让她镇静下来，但是她的情绪越来越强烈。

玛德琳贴在斯科蒂的耳边说：“太晚了！一切都太晚了！我爱你！我不想离开你，我要你知道我爱过你，而且希望能继续爱着你！”

斯科蒂说：“我不会让你离开我的。”

可是玛德琳从他的怀抱中奋力挣脱，并跑向教堂。

斯科蒂在后面紧追过去，她跑进教堂，开始朝着塔楼的顶端跑去。斯科蒂只能慢慢地向上爬去，他双手紧紧抓住扶手，不敢抬头看。那样会让他觉得恶心想吐，他明白自己的恐高症可以让天地旋转起来，高楼也可能倒向自己。可是一切都在瞬间结束了，他还来不及爬上楼顶。

随着一声尖叫，斯科蒂看见一个人影从顶上坠落下来。

是玛德琳！

斯科蒂从窗口看见她的身体已经躺在地上。

只看了一眼斯科蒂就感觉一阵眩晕，身体和地面开始移动，不停地旋转。他仿佛又看见自己的警察同伴，就在自己身边掉进深深的间隙。

斯科蒂神情恍惚，艰难地转过身子，浑身无力，只得一步步往下挪动，下了教堂他从后门离开。

3. 再次相逢

几天以后，玛德琳被认定为自杀，陪审团认为，斯科蒂是因为已知的恐高症而未能尽到保护责任，故而无罪。

埃尔斯特要离开旧金山到欧洲去，他告诉斯科蒂他永远不会再回来了，他已经无法再待在这个地方了。

从此，斯科蒂就开始梦境不断。他梦见埃尔斯特，还有一个女人。埃尔斯特让那个女人告诉自己，自己是不会有事的，然后那个女人就对自己笑。那个女人就像嘉露达，不光脸一样，就连衣服妆饰也和画像上一模一样。斯科蒂还梦到嘉露达的坟墓，坟墓就像一个深不见底的洞。自己站在旁边，一股力量吸引着他走进坟墓。

斯科蒂的状态让米琪伤心欲绝，不得已米琪把斯科蒂送进了疗养院。在疗养院里斯科蒂无法与外界正常接触，他的脑子时常会乱。他总是在一些幻象中不能自拔，他会看见玛德琳，还有埃尔斯特的笑。

一年过去了，斯科蒂比以前好了一些，但是有时候还是不太好。从疗养院出来之后，他还是会做梦，而且比以前还糟糕，他时常会产生幻觉。因为他总觉得玛德琳就在身边，而且他能看见她。

有一次，斯科蒂在尼克饭店见到一对男女，那女的穿着和玛德琳一样的灰衣服，看起来就像是她。但是等他们走过来的时候，斯科蒂发现自己认错了人。还有一次在布罗班克公寓——斯科蒂就是在这里开始跟踪玛德琳的。斯科蒂看见玛德琳常开的那辆汽车，远远的还可以看见她就站在门厅前。他走过去想看个明白的时候，发现那不过是个老妇人，而那车则是埃尔斯特卖给老妇人的。那次在艺术馆，斯科蒂有了同样的错觉，他把端坐在《嘉露达的画像》前面的一位小姐看成了是玛德琳，事实证明她不是。

而这一次，斯科蒂又发现了人群中一位像极了玛德琳的女子。在萨特路上，一群女子中间有一个女子引起了斯科蒂的注意，她们长得很像，但是他也不能肯定。这个姑娘的身体比玛德琳要丰满一些，而且她不是金发，而是深色的。她的妆化得很浓，看起来要比玛德琳俗气。虽然斯科蒂不能确定她是玛德琳，但是他有些好奇，不由自主地跟踪着她。

那名女子回到家中，随即斯科蒂敲开了她的门。那个姑娘冷言冷语地讽刺斯科蒂，她把他当成那些无聊的男人。

斯科蒂跟她说起自己爱过的玛德琳，说她们长得很像。她笑起来，因为这种老套的搭讪伎俩她见多了，她告诉斯科蒂，自己叫朱迪·巴顿，是卡萨斯州人，在马格宁商店上班，还把驾照拿给斯科蒂看。

斯科蒂约朱迪一起吃饭，他的神情恳切而伤心，她被打动了，于是答应了斯科蒂的请求。

吃过饭后，斯科蒂把她送回家，并且说希望自己明天可以来看她。她侧身坐在椅子上思考，斯科蒂从侧面看过去，更加觉得她和玛德琳像极了，甚至他都觉得那就是玛德琳。

她跟着斯科蒂一起去公园散步，还去跳舞，去艺术馆，她显得很开心，但是并没有什么特别的反应，即使在艺术馆里看过嘉露达的画像之后。

过了几天，斯科蒂说要给她买一件衣服。可是在商店里挑来挑去，斯科蒂并没有找到自己想要的。

斯科蒂对店员说：“我要那种领子大大的，有腰带的，布料很光滑的。”

店员突然明白了："你说的好像是以前的一款，我要去找找，不知道还有没有了。"

朱迪听店员一说也好像明白了，生气地看着斯科蒂："你是想让我和那个她穿得一模一样？！"

斯科蒂表情伤心地看着她。

"那样穿起来像个死人一样！"朱迪的眼泪禁不住掉下来，说完就向外走去。

斯科蒂着急地站起来把她拉住："求你了，朱迪。你必须为我做这件事！"

这时店员走出来，手里拿着一件和玛德琳以前穿过那套一模一样的衣服。

朱迪说："我不喜欢。"

但是斯科蒂不容分说："我们就要它！"

接着斯科蒂按照记忆中玛德琳的样子开始买其他的衣服，黑色的、短款、长袖晚礼服，还有一条大裙子……

"斯科蒂……"朱迪近乎绝望地哀求着。

但是斯科蒂看着她，她只好顺从。

最后斯科蒂又买了一双高跟鞋。

斯科蒂说："差不多了，走走我看看。"

朱迪换上高跟鞋，来回走了几圈，然后停下来，担心地看着斯科蒂。

他们回到公寓，斯科蒂让朱迪坐在玛德琳以前坐过的位置，朱迪伤心地哭出声来。

她抬起头问斯科蒂："为什么这么对我？"

斯科蒂回答："我不知道。"

她满眼泪水，对斯科蒂哀求："别再缠着我了，我想走了。"

"好的，那么你走吧。"

"不，你在骗我，你不会让我走的，而且我也不想走……"

"你知道吗？朱迪，这是我一年来最开心的几天。"

"我知道，看见我你就想起了她，即便如此你也不是真的开心。"朱迪有些伤心。

斯科蒂很真诚地望着朱迪："不是的，是因为你，朱迪……"

她心里充满了希望，她很希望斯科蒂现在能吻她，但是斯科蒂还是松开了手。

她眼中的希望瞬间消失了，失望而伤心地说："你碰都不愿意碰我。"

斯科蒂转身走向窗口，冷冷地说："或许以后会的。"

她走到斯科蒂身边说："我知道你喜欢的不是我，你是喜欢和我容貌一样的另一个女人。我们刚开始的时候不是也很快乐吗？后来你还给我买衣服。如果你喜欢我穿她的衣服，我愿意那样，只要你还喜欢我。"

斯科蒂出神地盯着她的头发："她是金色的头发。"

朱迪像是触电一般大叫道："不！"

斯科蒂说："求你了朱迪，这对我很重要！"

她无法抗拒，又一次顺从了："好吧，我这都是为了你！我没有别的办法，如果这样能让你爱上我的话，我愿意！那么你会爱我吗？"

斯科蒂点头："恩。"

她说："那好吧，我愿意做。"

斯科蒂正等着朱迪染发回来，他很紧张，在房间里不停地走着，还不时朝窗前张望。

朱迪终于回来了，她穿着那身灰色的衣服和黑色的高跟鞋，头发染成了金色，就像玛德琳一样。只是朱迪的头发披在肩上，而玛德琳习惯把头发盘起来。

她走进房间，重新化了妆，斯科蒂看着她，她现在的容貌简直和玛德琳一模一样了。

她问："喜欢吗？"

"她的头发是盘起来的，我告诉过你。"

"我试过了，那样不适合我。"

斯科蒂突然走过去，自己动手把她的头发挽到后面。

朱迪非常惊讶，生气地看着斯科蒂。斯科蒂感到很抱歉，他松开了手，用请求的眼神望着她。

最终她还是顺从地走进屋里，不一会儿，她慢慢走出房间。

现在她和玛德琳简直就是一模一样，斯科蒂都感觉不可思议。

斯科蒂上前抱住她，闭上眼睛，就像抱紧玛德琳一样把她紧紧搂在怀里，感觉就像是以前。

斯科蒂坐在椅子上看杂志，他在等着朱迪换衣服。

她在浴室欢快地问："晚上我们去哪儿吃饭啊？"

斯科蒂回答："随便你喜欢。"

"尼克怎么样？"

斯科蒂问："尼克对你有什么特殊的意义吗？"

她说："因为那是我们的地方。"

她走出浴室，心情不错。她把金色的头发梳成斯科蒂喜欢的样子，穿着那件黑色的礼服，在斯科蒂面前展示，然后问："你喜欢吗？亲爱的！"

斯科蒂看着她笑了笑。

"我要吃一块最好的牛排，还有……"她一边在梳妆台前翻弄着首饰一边对斯科蒂说。

这时，她找到一条项链，自己却怎么也戴不上去。

斯科蒂走过去帮她戴好项链，但是镜子中的朱迪让斯科蒂感到无比惊讶。

她戴的正是《嘉露达的画像》中嘉露达的那条项链。

斯科蒂思绪万千，往事一件件涌上心头，忍不住倒退了几步。

朱迪没有注意斯科蒂异样的举动，她钻进斯科蒂的怀里撒娇："我要先和你亲热一会儿再出去，亲爱的斯科蒂，现在你终于属于我了。"

斯科蒂把手搭在她的肩上，很伤心地闭上眼睛："我想你会更喜欢在城外的某个地方吃晚饭。"

她说："只要是你喜欢的，我就喜欢。"

4. 永失我爱

斯科蒂驾着车向郊外飞驰而去，朱迪发觉路越来越不对，脸色开始苍白。她看看斯科蒂，很担心地问："我们要去哪儿？"斯科蒂有点讽刺地说："去治疗我的恐高症，这样我就可以解脱了。"

斯科蒂和朱迪到达圣·胡安·包蒂斯塔教堂的时候已经是晚上了，月色下那里一片寂静。朱迪紧绷着脸看着斯科蒂，仿佛想要说什么，而斯科蒂却故意不去看她，自己打开车门跳下车去。

“斯科蒂，这是哪里？”

“一个我必须回来的地方，也许这是最后一次。”

“为什么？”

“因为她，这是我最后见到玛德琳的地方，她死在这里。”

斯科蒂伸手去拉朱迪，朱迪很害怕，一直向后躲闪。

“我不想去，我要回去。”

“你必须去，因为我需要你。”

“为什么是我？”

“因为玛德琳，我需要你再做一会儿她，然后我们就可以解脱了。”

斯科蒂不由分说把朱迪拉下车，“我也害怕，但是我们必须这么做。我再和你谈谈有关玛德琳的事情。”

斯科蒂拉着朱迪走到草地上：“那天，我们就站在这里，我最后一次吻她。她说：如果我离开了你，我要你知道我爱过你……”

朱迪望着斯科蒂恳求道：“斯科蒂……”

斯科蒂不理会朱迪继续说：“……而且希望能继续爱你。我当时对她说，我不会让你离开我的。——但是她还是离开了我。”

斯科蒂拉着她向教堂走去，朱迪反抗说：“我不要进去！”

斯科蒂强硬地把她推了进去，并把她往塔楼推去：“已经太晚了！”

“那天她奔向楼梯……从楼上跳下来。我阻止不了她，我发誓我真的努力过。我这该死的恐高症！如果再给我一次机会……！朱迪，你就是我的第二次机会。”

朱迪已经被吓坏了，颤抖着说：“我不要上去。”

“不！玛德琳上了楼顶，你现在就是她。”

“我不是！”

“上楼去，朱迪，我就在你后面，我会跟着你的。”

斯科蒂推着朱迪慢慢地向上走去，她的身体已经僵硬，一步步地挪动。斯科蒂紧紧盯着她的后背，他不敢朝上看，因为他不知道自己什么时候又会开始眩晕。

随着时间的流逝，他们的高度也逐渐地增加。

一直走到上次斯科蒂停下的地方，他提提精神，小声地说：“我上次就只追到这里，玛德琳就掉下来了。但是你要继续向上，对不对？”

朱迪一愣，回头看着斯科蒂。

斯科蒂冷冷地说：“那条项链，我认得那条项链，玛德琳？那是你的一个失误。”

朱迪听到这里惊恐万分，弯下腰挣扎着，斯科蒂紧紧抓住她的手，不让她离开。

斯科蒂坚定地说：“玛德琳，让我们到楼顶吧。”

“不，我要离开！”

“上去！”

“你不行的！”

“我说过你是我第二次机会，我一定能上去！”

斯科蒂拖着她一步步向上走，她绝望地挣扎，精神就快要崩溃了。

朱迪浑身颤抖着：“斯科蒂，求求你……”

“你们早就知道我上不去，对吗？顶上谁在等你？埃尔斯特？还有他的妻子，对吗？”

“是的。”

“那么你是假冒的那个，那个真的玛德琳——他的妻子死去了对吗？你上去的时候她还活着吗？”

“没有，他已经杀死了她。”

“那你到塔顶的时候，他就把她推下去了？可是是谁发出的尖叫？你吗？为什么？”

“我本来是想阻止他的。”

斯科蒂咆哮着：“你们配合得真不错，他让你乔装打扮，从头发到服装，就像现在我这样，只不过他做得比我更好。你呢？你演得也很好，从神态、风度、谈吐，甚至还有那些假惺惺的走神！还掉进海里，我打赌你的游泳技术很不错，对吗？你们把我耍得团团转，这是为什么？”

她一味地点着头。

“都是他教你这样做的吗？他训练过你？”

“是的。”

斯科蒂讽刺她说：“你学得可真不错！你们为什么会选中我？”

“因为你的恐高症……”朱迪怯怯地回答。

“是啊，我是个不错的选择，一个最好的见证人，为他逃脱罪名！他现在在哪儿？！”

“我也不知道，也许在瑞士。”

“他跑不掉的！”

这时候，他们已经慢慢地走到了塔顶。斯科蒂停下来，往下看看，他已经克服了恐高症，他已经不再眩晕了。他得意地说：“哈，我成功了！”

朱迪担心地问：“现在你想怎么样？”

“我们去看看犯罪现场吧。”斯科蒂推着朱迪走进塔顶钟楼的门。

斯科蒂四下观看，朱迪却躲到边上去。

斯科蒂猜测着问：“那天你们就藏在这里，等所有的人都走了，你们再下去溜走，对吗？”斯科蒂看了一眼朱迪接着问：“你和他是什么关系？情人吗？可是到后来他抛弃了你，是这样的吗？”

朱迪无可辩驳只是不停地点头。

斯科蒂嘲笑地说：“噢，朱迪，你真可怜！你帮他得到了他妻子的遗产，却被他抛弃了，甚至他知道你不会揭发他。最后你得到了什么呢？”

她有气无力地说：“一些钱。”

斯科蒂说：“包括那条项链？一个愚蠢的错误，保留一件谋杀案的纪念品！你也不该对我产生感情。”

斯科蒂说完缓缓走近朱迪。

朱迪害怕地问：“你想干什么？”

斯科蒂悲伤地说：“不管你是谁，我爱过你！”

朱迪彻底绝望了：“你知道吗？当你再次找到我的时候，我本应该收拾东西立刻逃走。但是我不能，因为我爱你，为了你我不怕再次走近危险，再次变成玛德琳，一切一切都是因为我爱你，而且我也要你爱我！”

她投入斯科蒂的怀里，激动地说：“斯科蒂我求求你，保护我吧，爱我吧！”

斯科蒂痛苦万分，他本应该恨她但又爱上了她，斯科蒂把她紧紧抱住，不停地亲吻着她。

她喃喃地说：“请爱我吧，保护我……”

“太晚了，一切都太晚了……”斯科蒂轻轻地说。

朱迪突然从斯科蒂的怀抱中挣脱出来，惊恐地盯着斯科蒂后面一边后退一边低声说道：“不，不！”

斯科蒂急忙转身观看，门口的阴影中站着一个身穿黑衣的女人。等她走出阴影靠近了一点，斯科蒂才看清，是一个修女走过来。

修女走上来解释说：“我听见这里有声音……”

这时，背后传来朱迪的一声尖叫。

斯科蒂连忙回头，只见朱迪从窗口摔了下去，他又一次眼看着爱人离去。

吓坏的修女敲响了大钟。

斯科蒂走到塔边，向下茫然地张望，耳边只听见大钟的嗡嗡声……

他彻底治愈了自己的恐高症，也永远失去了自己的爱人……

North by Northwest

西北偏北

——希氏追逐画面的极致之作

M G M presents CARY GRANT
EVA MARIE SAINT
JAMES MASON
THE MASTER OF SUSPENSE WEAVES HIS GREATEST TALE!
in
ALFRED HITCHCOCK'S
NORTH BY NORTHWEST
VISTAVISION

电影赏析

外 文 名：North by Northwest（1959 年）
中 文 名：西北偏北、北西北、谍影疑云
导　　演：阿尔弗雷德·希区柯克
编　　剧：恩斯特·莱赫曼
领衔主演：卡里·格兰特 饰 罗杰·桑希尔
詹姆斯·梅森 饰 菲利浦·维丹姆
爱娃·玛丽·森特 饰 伊芙·肯德尔

毋庸置疑，希区柯克以前的影片把象征主义手法发挥到了一个极致。1958 年拍摄完成《晕眩》之后，希区柯克开始想做一些新鲜的尝试，他要拍一部幽默轻松、非象征主义的电影，于是便有了《西北偏北》的诞生。

《西北偏北》是艺术与商业的完美结合——向流行文化靠拢一下，并非完全坏事。在这部影片中，希区柯克摆脱了早期电影中影片只围绕一个悬念运转的模式，采用了多种办法置换悬念，悬念层层递进，加之电影中大量的幽默对白，能带给观众耳目一新的感觉。希区柯克的与众不同在于，他把有效地借用纯熟的电影技巧制造出层层悬念转化为一种独立理念，对电影的理解已经彻底渗透在他的意识中，甚至一个已知的电影题材，在他的“魔掌”之下会以什么样的方式呈现，观众也无从得知。

偶然的一个机会，希区柯克听到这样一件离奇的事情：在一次联合国大会上，发言人对于秘鲁代表的做法非常恼火，声称如果秘鲁代表再继续睡觉，他就停止发言。事实上，当工作人员去叫醒“这个无礼的家伙”时，发现他已经死亡。希区柯克是善于开掘的，他当即构思出这个剧本的雏形，再加上他很早就想拍一组在拉什莫尔山（即总统山）上追逐的画面。两个想法合二为一，便有了一部从联合国总部到拉什莫尔山，再到阿拉斯加的追捕惊险影片。对于电影名字《西北偏北》，观众一直很费解。最常见的说法是，故事里追逐的方向是西北偏北方向。但是，据1963年希区柯克所说，此名的目的是隐喻难以预料的现实社会，来源于《哈姆雷特》的某个启示。不过，这些重要吗？并不重要，这不就是悬疑片的魅力所在吗？我们为什么非得要一个肯定的答案呢？

20世纪50年代至60年代，世界几乎冻僵在疯狂的冷战中，道德相对主义和阴谋盛行成风。希区柯克用他的镜头在这部影片中，以“悬念”解释了他对这一个时代的理解。所有的悬念都围绕着情节中心，即一个不存在的人物。为了故事情节的需要，电影艺术家们常常可以杜撰一个不存在的人或物，这种手法便是文学或电影艺术中常用的“麦格芬”手法。本片中的“麦格芬”就是特工卡普兰，希区柯克对此手法的运用是一个成功的范例。

该片的主要元素除了紧张悬念之外，还有大量的幽默对白，这些对白在希区柯克的编排下，使人物显得性格丰满、精炼而生动，影片的整体气氛显得松弛有度，悬念也丝毫没有遭到冲淡。惊险刺激、轻喜剧风格和“麦格芬”手法，在影片中灵活适宜的运用，极大地提高了影片的艺术张力。影片中的若干细节，在以后的好莱坞甚至世界电影中被后世争相效仿。这恰恰证明了这部影片在同类影片中的高明之处。

希区柯克杰出的细节处理能力，通过一个个精彩的片段向观众展示得淋漓尽致。“顶拍”是希区柯克经常用来表现视觉冲击力的惯用手法：当桑希尔逃出联合国大厦时，摄像机在极高的楼顶记录下这一过程，一个普通人突然成为杀人犯时精神上的极度无助和渺小跃然镜中。

为了故事气氛的急速推进，镜头的急速转换是希区柯克最常用的剪辑手法。在桑希尔被小飞机追杀的场景中，希区柯克共采用了131个镜头，而段长只有短短7分钟。这组镜头既完美地诠释了时间和空间的关系，又烘托出极度紧张的悬念气氛，也因此成为这位艺术大师最经典的电影片段之一。此类精彩片段在影片中层层迭出，无论是普通观众还是电影导演，均值得一看。即使是已经闻名于世的南斯拉夫导演库斯托里卡，他在拍摄《亚利桑那梦》时，还甘愿以“影迷”的身份让演员去模仿该片中小飞机追杀桑希尔的片段。可见该片的魅力。

在现代电影教科书中，这部电影是必须提到的一部经典之作。无论是剧本、拍摄调度还是后期剪辑，它都体现出极高的艺术水准。在当代，悬疑片通常需要借助于若干新兴技术来营造氛围，比如3D技术，但希区柯克在60年代就已经能把此类影片拍到如此地步，可见其导演功力。《西北偏北》从整体气魄来说，跌宕起伏、大开大合；而就其细节来看，看似漫不经心、信手拈来，实则无一能离开导演和编剧的苦心经营。经典就是这样造就的吧!

桑希尔根据其他线索上了开往芝加哥的火车，一位迷人的年轻女郎伊芙主动帮他逃过了警察的搜查，并和他一夜风流……

1. 真假特工

美国的大都会纽约，热闹繁忙，熙熙攘攘的人群被摩天大厦的玻璃幕墙反射出来显得更加匆忙。人们都在寻找着自己的方向，却没有人知道方向的尽头等待自己的究竟是什么，人们只是在奔走忙碌。匆忙的人群中有一位年近中年的广告商罗杰·桑希尔，他似乎很清楚自己想要的是什么，他每天没有一点点时间是属于自己的，他总是带着自己的女秘书麦琪一起同行，即使是在去赴约的路上也一样，以便向她交代更多的事情。

这天罗杰·桑希尔和麦琪刚刚挤出电梯，他一边不停地和秘书说着话，一边随着人流走到街上，已经是黄昏了，他还急着去赴一个商务约会。街上一位男子刚刚拦到一辆出租车，而旁边的人们也都在着急地等待着，桑希尔皱皱眉头，突然他不由分说地扶着麦琪抢先上了那位男子拦住的出租车，那位男子被桑希尔的举动弄得莫名其妙，桑希尔探出头说：“对不起，这位女士很不舒服。”

“真可怜。”麦琪从出租车的后窗里看着那位男子，歉疚地说。

“噢，不。我们刚刚帮他做了一件善事，他会很快乐的。”桑希尔自以为是地狡辩。

“可是谁都知道你是在撒谎！”麦琪有点生气。

桑希尔还是一副满不在乎的样子，“我只承认我做了必要的夸张，要知道在广告界是没有说谎这回事的。”

两个人停止争论开始忙公事，即使在车上他们也总是有忙不完的事情。在去往桑希尔约会酒店的路上，麦琪向桑希尔汇报了明天的行程和安排，桑希尔交代麦琪记得给他妈妈打电话，自己已经和妈妈约好今天晚上 7 点一起看戏，但是他害怕妈妈会忘记。到了酒店，桑希尔付了车费便下了车，出租车载着麦琪又去了公司。刚刚走到酒店门口，桑希尔突然想到自己忘了把妈妈的电话号码给麦琪，于是又急忙走出来，但是出租车已经走远了，看着远去的麦琪，他只好懊恼地走进酒店。

一名侍者带领桑希尔来到酒店的酒吧，一位朋友已经在那等着他了。朋友向他介绍了两位商界的客户，但桑希尔却有些心不在焉，简单地寒暄了几句之后，他就向朋友道歉说自己要离开一会儿。离开酒吧，桑希尔决定给妈妈打一个电话，毕竟妈妈是自己唯一爱着的人。

刚刚走到酒吧门口，两个彪形大汉从后面冲上来把桑希尔夹在中间。“不许出声！”

这突如其来的变故让桑希尔大吃一惊：“你们要干什么？”

其中一个扁脸的大汉低声说道：“跟我们走！”

桑希尔挣扎着，试图摆脱两人：“什么意思？你们是谁？要带我去哪里？”

“扁脸”恶狠狠地说道：“有把枪正对着你的心脏，我劝你不要做傻事！”

桑希尔这才意识到另一个戴礼帽的汉子手里的枪正对顶着自己的胸口，显然桑希尔吓了一跳：“我猜你在开玩笑，对吗？”

“是的，到车上再笑吧。”戴礼帽的大汉冷笑着说。

桑希尔无奈地让人用枪顶着上了停在酒店门口的一辆轿车，“真令人难以置信，这简直是荒唐！”

上了车，桑希尔被“扁脸”和“礼帽”夹在中间，他想缓解一下自己紧张的心情，于是故作轻松地笑道：“我猜你们不打算告诉我要去哪里是想给我一个惊喜，对吗？”

桑希尔仔细打量着这两个从来没见过的大汉，心里无法理解自己现在的遭遇，然而两个大汉对桑希尔的幽默充耳不闻，面无表情。

“这应该算是绑架，对吧？”桑希尔问道，但是两个人还是毫无反应。桑希尔还是不死心，他琢磨了一下，试探着问：“如果这是绑架的话能不能在前面的商店停一下，我想打个电话，你知道我的朋友还在等我，他们会以为我是不辞而别，会认为我很不礼貌，噢，那太糟糕了，我想我应该告诉他们我被绑架了……”

桑希尔趁着两个人不注意突然起身去拉车门，但车门被锁得牢牢的，桑希尔耸耸肩：“我只想确定车门锁好了没有。”桑希尔老老实实地坐回原来的位置，猜测着自己要被带到哪里，和自己未知的命运。

不知道多久，车子停在一幢豪华的别墅前，“扁脸”和“礼帽”把桑希尔从车上拉下来。“扁脸”走到门前按响门铃，一位管家打扮的中年妇女走出来，两人彼此交换了一下眼神，然后打开大门。桑希尔和两位大汉跟着管家走进屋子，穿过客厅，“扁脸”把桑希尔一个人反锁在书房里，然后转身离开，女管家则去通报主人。

桑希尔一个人在书房里走来走去，四下观察，他满腹狐疑，同时还隐隐地害怕。他走到窗子附近，发现落地窗外的草坪上“礼帽”正在一个瘦高个子的人耳边悄悄说着些什么，还不时向房间看过来。桑希尔赶紧把目光转向别处，突然他发现写字台上有一封写着“莱斯特·唐森”的邮件，他刚想仔细看看，这时突然有人打开房门。

桑希尔回头一看，进来的人自己并不认识，中等身材，30多岁，是一位黑衣绅士。来人对桑希尔说道：“晚上好。”桑希尔没有说话，打量着他。黑衣绅士随手把门关上，走到落地窗前，拉上窗帘，伸手把写字台旁边的花瓶台灯打开，“你比我想象中的要高，穿着也很讲究。”黑衣绅士说。

桑希尔并不是很理解，试探着问道：“唐森先生？得到您的夸奖真是受宠若惊。”

唐森在沙发上坐下来，说道：“不仅仅如此。”

桑希尔不明白，上前质问：“那你们把我弄到这里究竟要干什么？还有什么？”

唐森笑道：“你是在玩游戏吗？”

桑希尔回敬道：“发生这种事情我会变得脾气暴躁，我倒是不在乎玩绑架游戏，可是我买了今晚的戏票，是我想看的，而且是和妈妈一起！”

“你可以把这里当成剧院，而且你的演技相当不错！”唐森正说到这，刚才在外面草坪上说话的瘦高个子开门走进来。

唐森站起来说：“请允许我为你介绍，兰多，见过客人。”

瘦高个子兰多看了一眼桑希尔，冷冷地打招呼：“穿得倒真体面。”

“卡普兰先生，我的秘书非常佩服你。”唐森接着说道。

“等等，卡普兰？你是在叫我吗？”桑希尔感到有些莫名其妙。

兰多递过一支香烟，唐森点燃香烟，吐一口烟说道：“当然，卡普兰先生，乔治·卡普兰，对吗？”

这时候桑希尔有些明白了，他们认错人了，把自己当成乔治·卡普兰抓来了，“噢，不不。我的名字叫罗杰·桑希尔，我从来没有用过别的名字，乔治或者卡普兰。”

唐森有些揶揄地回答：“当然。”

桑希尔连忙继续解释，他似乎看到了自己的希望，“你的手下很明显犯了一个错误，把我抓住还送到这里来。”

唐森对有些着急的桑希尔说道：“请你坐下好吗？卡普兰先生。”

桑希尔更急了，“我说过我是桑希尔，罗杰·桑希尔，管他卡普兰是谁，我不是他，我不是！”

这时，书房的门再次被打开，“对不起，客人来了。”一个贵妇模样的人探身进来对唐森说到。“好的。再有几分钟，我们马上就到。”唐森回答。接着唐森转向桑希尔“好，我们谈正事吧。”

兰多接着说：“如果你想早点走的话，我们希望你能清楚地介绍一下你所知道的。”

桑希尔回答：“当然，如果我知道的话。”

唐森对桑希尔的回答并不满意：“我很认真，我希望你的回答能使我们满意，要不然我不能保证你能度过今晚。”

桑希尔一惊，：“什么意思？”

显然桑希尔的话激怒了唐森，他厉声问道：“为什么不承认你就是卡普兰？”

桑希尔也急了，“我已经很清楚地告诉你了，我不是卡普兰！”

“我知道你的目的是什么。”唐森冷笑。

桑希尔的耐心已经到了极限，他暴躁地说道：“当然，我知道我自己的目的是什么，我今晚要陪妈妈看戏，7点钟！我想我很赶时间！”说完他愤怒地向门口走去，但是“扁脸”正守在门外，桑希尔打开门正遇见他凶狠的目光，只好无奈地退回来，绝望地对唐森说：“我想你犯的错误很严重。”

唐森抓住时机进一步劝说道：“卡普兰先生，我们都想有一个美好的结局，不是吗？”

桑希尔无力地解释着：“我不是。”

唐森耐着性子说道：“请你仔细地考虑一下好吗？”

一旁的兰多提醒道：“我们已经找到了你的联络人，在匹斯堡，不过他已经自杀了。”

桑希尔根本就不知道他们在说什么：“我根本没有去过匹斯堡，也没有联络人。”

“你真固执！”唐森说道，说着取出一张纸来念道：“你用卡普兰的名字住进匹斯堡饭店，时间是6月16日。一周后你出现在费城，8月11日是波士顿，2月19日是底特律，现在在纽约的房间号是796对吗？你的行程安排是后天到芝加哥，还要我再说吗，卡普兰先生？”

“证件是个好东西，它可以证明我说的话不是吗？这比我说再多都管用，还是让你看看我的证件好了。”说完桑希尔伸手到衣服口袋里去拿证件，他记得自己的驾照就放在口袋里。

兰多冷笑道：“我相信做一份假的资料对你来说不会有任何困难。”

唐森已经彻底没了耐心，最后问桑希尔：“你是否愿意合作？我只想听见‘是’或者‘不’。”

桑希尔坚定地回答：“虽然我不知道你在说什么，但是我的回答是——‘不’！”

唐森站起身冷冷地对桑希尔说：“旅途愉快！”然后吩咐兰多：“请我们的客人喝酒。”说完转身离开。

“扁脸”和“礼帽”走进来抓住桑希尔，兰多把一瓶波本威士忌从酒架上拿下来，强行给他灌进去。“扁脸”和“礼帽”把迷迷糊糊的桑希尔塞进一辆奔驰车，急速地向海边驶去，然后把酒醉的桑希尔放进驾驶舱，中途二人跳车离开，很显然是想造成桑希尔酒后驾车意外死亡的假象。

桑希尔也算是受了上帝的眷顾，眼看车子就要冲出海边的悬崖，他却鬼使神差地踩到了刹车。剧烈的碰撞让他稍微清醒，他赶紧驾车仓皇逃去，一路左摇右晃。“扁脸”和“礼帽”发现车子没有冲出悬崖，立即在后面紧追不舍。桑希尔的车左右摇摆引来了交警的注意，警察的出现无意中救了桑希尔，那两个穷凶极恶的家伙只能眼睁睁看着桑希尔被带进警察局而无计可施。

第二天，桑希尔被控酒后超速驾车，他的律师在听证会上为他辩护。律师指出，这是一场有预谋的犯罪。他的当事人是为了逃避追杀才被迫酒后超速驾驶的，而且当事人桑希尔是被强行灌醉的。法官命令警长调查事实真相，于是警长随着桑希尔回去“唐森的别墅”取证。

但是当桑希尔一行人回到“唐森的别墅”时，昨晚的那位贵妇人自称为“唐森太太”，并且坚持桑希尔是昨晚自己喝醉后离开的，并且还偷了自己的车。警长问起唐森的事情时，她则说丈夫不在家，因为丈夫下午在联合国有一个演说。桑希尔提出要到书房取证，但是仍旧一无所获，昨晚的痕迹都已经被人清除干净了。无奈之下桑希尔只好自认倒霉，交付罚款走人。

经历了这么多的事情让桑希尔心有不甘，他来到昨天被绑架的酒店调查乔治·卡普兰。他发现确有其人，而且就住在 796 号房间，但是这里的服务员却没有人见过他。

桑希尔将计就计住进了卡普兰的 796 号房间。他在房间里面并没有发现什么明显的线索，只是找到一张照片，那是几个人一起在联合国大楼前的合影，其中包括昨晚的那位唐森先生，于是桑希尔把照片放进口袋。

桑希尔拿起卡普兰的衣服试穿，但是显然衣服并不合适。他突然明白了昨晚唐森见到自己说的那番话，因为衣服比自己的身材要小一号，所以唐森才会说自己比想象中要高。正在这时，房间的电话响了，桑希尔考虑了一下，还是接听了电话。

电话是昨晚那位“唐森”打来的，看样子在他眼中桑希尔就是卡普兰先生了。桑希尔挂断了电话后立刻感觉到了危险——既然他知道自己在哪儿，那么他是不会轻易放过自己的。桑希尔马上想到离开，但是为时已晚，在走廊里“扁脸”和“礼帽”已经赶到了。桑希尔仓皇逃出门去，抢了一辆出租车离开。

坐在出租车上的桑希尔惊魂未定，他拿出那张照片端详着，突然他想到联合国大楼去看个究竟，于是让司机到联合国议会大楼去。

桑希尔来到联合国议会大楼，在服务台询问莱斯特·唐森的事情，于是服务台播放广播找人。不一会一位50多岁的男子来到服务台，声称自己就是唐森。桑希尔打量了一下这位陌生的先生，根本不相信他就是唐森，如果他是唐森，那么昨天晚上绑架自己的那个中年人又是谁呢？

桑希尔拿出身上那张联合国议会大楼前的合影，指着昨天晚上绑架自己的那个人问道：“这个人你是否认识呢？”唐森刚刚看到照片还没有来得及说什么就大叫一声倒在桑希尔怀里，一脸痛苦的表情。桑希尔一把抱住唐森，手却抓到了插在唐森后背的一把刀。桑希尔慌忙抬头，看见“扁脸”正面目狰狞地望着自己，然后转身走开了。

桑希尔正要求救，却发现人们都在盯着自己拿刀的手，他来不及解释，不得不狼狈地逃走。

2. 致命诱惑

罗杰·桑希尔已经被当成杀人凶手了，为了洗脱自己的罪名，他来到火车站，决定按照那位假唐森说过的卡普兰先生的行程去往芝加哥。他希望找到真正的卡普兰来证明自己的清白。

显然火车上的警察也在追捕他，他戴上墨镜偷偷上了一列火车。为了躲避警察的追捕，他不得不四处寻找藏身之所，这时一位金发美女刚刚从卧铺包厢走出来，他趁机躲进了金发美女的包厢。令他感到奇怪的是金发女郎似乎有意帮他，“我想他从那边下车了。”金发美女对赶到的警察撒谎说。暂时躲过警察的桑希尔向金发美女表示感谢，但是他不想让人知道自己的事情，于是随口说到：“我想他们小题大做了，7张乱停车的罚单而已。”金发美女并没有说什么，只狡黠地看了一眼桑希尔就离开了。桑希尔松了一口气，列车已经开动了，警察还在站台搜索着。

列车员查票的时候，桑希尔机警地躲进了洗手间，之后他悠闲地走进餐车厢。人很多，侍者帮桑希尔找了一个位子坐下来，桑希尔发现和自己同桌的正是刚刚帮助自己解围的金发美女。

桑希尔和她打招呼：“这么巧，又见面了。”

“是啊。”金发美女回答。

桑希尔先给自己要了一杯酒，然后一边翻菜单一边问金发美女：“有什么建议吗？”

金发美女建议道：“鳟鱼还不错，只是有点硬。”

“鳟鱼，谢谢。”桑希尔在转身和侍者说话的同时顺便看了一下四周的情形。回头时发现金发美女正盯着自己的墨镜看，神情很疑惑。桑希尔有些心虚，问道：“我知道自己很面熟，你的表情让我觉得你好像见过我。”

金发美女动了一下嘴角：“嗯哼。”

桑希尔故作自然地说道：“看来我的脸很普通。”

金发美女仔细端详着桑希尔的脸，“不，你的脸长得很不错。”

桑希尔把墨镜摘下来放进口袋，问道：“你的真实想法吗？”刚刚的夸奖已经让他放松了戒心。

金发美女挑了挑眉毛说：“我看起来是在骗人吗？”

桑希尔笑道：“看起来你是那种类型的。”

“哪一种类型？”

“诚实型。”

“不一定。”

“这种类型的女人会把我吓到的。”

“为什么？”

“因为她们总是让我很头疼。”

“那是因为你对她们不诚实。”

“确实如此。”

“就像那‘7张违规罚单’的谎言。”金发美女再次狡黠地笑道。

桑希尔见谎言被拆穿忙岔开话题：“我的意思是说，我总是假装不想和我遇到的漂亮女人上床。”

金发美女话中有话地问道：“为什么要隐藏自己呢？”

桑希尔解释说：“我不确定她们也喜欢我。”

金发美女微笑着说：“也许会喜欢呢。”说完端起桌上的咖啡喝了一口。

桑希尔也举杯示意：“能和你坐在一起说明我的运气还不错。”

金发美女嘴角泛起神秘的微笑，她对着桑希尔摇摇头，放下咖啡杯，“是我给了服务员5美元，让他把你带到这里来的，你还坚持你的运气不错吗？”

桑希尔听到这里愣住了，他放下酒杯，端详着眼前这个神秘的女人，问道：“你是在示爱吗？”

金发美女耸耸肩说：“我在饿着的时候从不谈情说爱。”

桑希尔不解：“你还没吃？”

金发美女说：“是你还没吃。”

这时侍者端着盘子走过来，桑希尔欠欠身子，说道：“我觉得我们应该彼此介绍以加深了解。”

金发美女自我介绍道：“伊芙·肯德尔，26岁，未婚，现在你都知道了。”

桑希尔拿起餐具开玩笑说：“那你做些什么呢？我是说除了在火车上勾引男人之外的。”

伊芙回答：“工业设计师。”

桑希尔低头吃了一口，然后自我介绍说：“杰克·菲利普斯，西方电子公司经理。”

“你在撒谎，你不是。不要那么谦虚，全美各大报纸头版通缉要犯，罗杰·桑希尔，你已经很出名了。”桑希尔听到这大吃一惊，忘记了吃东西，紧盯着伊芙。伊芙继续说道：“不用担心，如果我要说出去的话，你早就被抓了。”

桑希尔松了一口气，但是他仍然很不解，问道：“为什么帮我？”

伊芙笑笑：“我说过，你的脸长得很不错。”

桑希尔还不能相信：“仅此而已吗？”

伊芙盯着他暗示着说："我带的书很乏味，不知道今天漫漫长夜该怎么度过……你明白了吗？"

桑希尔终于放下心来："我想是的，我明白。"

伊芙取出一支香烟，桑希尔很绅士地拿出火柴为她点燃，伊芙看着桑希尔火柴盒上的"R.O.T"标志疑惑不解，桑希尔对他解释说："我特有的商标。"

伊芙拉住桑希尔点火柴的手，放在唇边，吹熄火焰，眼神暧昧地盯着对方，桑希尔被看得意乱情迷，但是想到自己是偷偷溜上车的，暗示地说道："可惜，从火车出站开始我就一直要和乘务员保持距离。"

伊芙马上接口说："3901 车厢 E 包房很大，是我的房间。"

桑希尔打情骂俏地说："我喜欢这个数字。"而在两人说话的时候，车已经停了。

伊芙朝窗外看了看，把桌上的香烟放进手袋，对桑希尔说："我希望你不需要甜点就已经饱了。"

桑希尔坏笑着说："你说得对。"

伊芙知道桑希尔理解错了自己的意思，冷笑着说："你想歪了，我想火车是为了你才改变计划在这里停车的，我看见有两个警察已经上了火车，正在逐节地搜查车厢，还有，他们似乎没有你高兴，他们都没笑。"

伊芙说完转身就离开了，桑希尔向窗外一看，来不及叫侍者，慌忙把餐费扔在桌上起身逃走。

桑希尔从伊芙卧铺箱子里出来的时候，警察已经被聪明的伊芙沉着地应对走了。天色已经暗了，包房里却是灯光迷离，空气都蠢蠢欲动。

桑希尔把伊芙紧紧拥在怀中，伊芙的双手缠着桑希尔的脖子。

……

两人亲热过后开始打算接下来的事，桑希尔把自己的离奇遭遇简单地告诉伊芙，并告诉伊芙说自己打算去芝加哥找卡普兰。伊芙觉得这样不妥当，建议说："这样不安全，不如我去找他，你待在我的酒店里，我把他带到酒店来。"

桑希尔回答说："这是件危险的事情，把你牵扯进来我会很担心的！"

伊芙不等桑希尔说完，一个长吻堵住他的唇……

3．死亡之旅

火车到达芝加哥车站的时候已经是清晨了，桑希尔打扮成行李员跟着伊芙混下了车。

桑希尔凑到伊芙跟前低声问她：“什么时候了？”

伊芙抢着说：“9点10分，我一出站就帮你找卡普兰。”

桑希尔本来不想把伊芙牵扯进来，但是除了伊芙，自己在这里根本没有可信赖的人，所以他很快就被伊芙说服了。

伊芙很是聪慧机智，她建议道：“我打电话给卡普兰，告诉他不需要解释什么，但是你必须马上见到他，非常紧急的情况，事关生死。这期间你可以把衣服换了。”对于伊芙的安排桑希尔也感到佩服。

桑希尔称赞伊芙说：“在所有和我在火车上一起过夜的女孩子中，你是最聪明的。”伊芙笑着接受了他的夸奖。

看见伊芙打完电话桑希尔赶紧迎上去，伊芙走出电话亭对他说：“我找到卡普兰了，但是他不愿意和你在酒店见面，我把他和你约定的时间地点都记下来了。在41号公交车原站下车，他在那里等你。你两点钟坐芝加哥去印第安纳波利斯的灰狗巴士可以直接到。”

桑希尔已经迫不及待了：“我可以打一辆车去。”

“不行！”伊芙立刻否决，“他坚持让你坐巴士就是要保证你是一个人。”

桑希尔接着问：“到那里之后我该怎么办？”

伊芙显得有些不安，她回答说：“你只要等，他会认出你的，芝加哥的报纸上也有你的样子。还有，一定要对好准确时间，他3点钟会到。”

就要分别了，桑希尔忽然对眼前这个只有一夜之情的金发女人产生了一些不舍，或许是一些迷恋。他发现伊芙的神情有些异样，不解地问道：“我很感激你，你怎么了？你看起来不是很好。我们还会再见面，对吗？我还要找机会好好感谢你呢。”

“是的，我想会的。”伊芙含着眼泪说道：“快走吧。”

桑希尔坚持问道：“那么我在哪里可以找到你？告诉我！”

不远处有几个巡警正朝这边走来，伊芙说道：“我要去取行李了，他们已经来了。”桑希尔也只好自己匆匆离开。

桑希尔准时到达了与卡普兰约定的地点，这地方一片荒凉，偶尔有汽车会经过。但是除了汽车扬起的灰尘，桑希尔看不到任何与卡普兰有联系的事物。就在桑希尔焦急等待的时候，不远处的麦田里走出一位农夫模样的人，走到离桑希尔不远的地方站住。

桑希尔觉得自己应该碰碰运气，他走上前去和农夫搭讪：“真是个鬼天气，热得很啊。”

农夫抬头看看天说：“还会更热呢。”

桑希尔试探着问道：“等人吗？约好了吗？”

“不是，等车，一会也就到了。”“如果活得够久的话，这些洒农药的飞行员都会发财的。”农夫指着远处喷洒农药的飞机对桑希尔接着说道。

桑希尔并不关心农夫说的话，他只想知道卡普兰在哪里，桑希尔干脆直接问：“那么你不是卡普兰先生？”

“我不是，噢我的车很准时。”临上车时农夫看着桑希尔，表情诧异地说了一句：“洒农药的飞机在没有庄稼的地方飞很奇怪，不是吗？”农夫好像自言自语的话并没有引起桑希尔的注意，农夫上车走了，桑希尔感到很失望，抬头看着农夫一直念叨的飞机。

飞机在空中盘旋着飞行，距离桑希尔越来越近，越飞越低，桑希尔突然有一种不好的预感。桑希尔注视着飞机，而飞机竟然俯冲着朝自己撞了过来，桑希尔来不及跑，急中生智翻身倒在地上，感觉飞机就像擦着头皮飞过一样。桑希尔站起身来看着远去的飞机，不知道该怎么办好，刚才的情形让他不能马上作出下一步的反应。只见飞机在不远处调过头来再次向桑希尔冲过来，眼看飞机越来越近，本能的反应让桑希尔拼命地奔跑。在飞机擦身而来的一瞬间，桑希尔再次趴倒在地，飞机呼啸而过，身边的碎石被机关枪打得四处飞溅，耳边只听见一阵紧促的啪啪声。

正在这时，桑希尔起身看见一辆汽车正往这边驶来，他心中一阵狂喜，冲上公路去寻求帮助。然而车子飞快地开过去了，并没有理会桑希尔的意思。

不远处，飞机绕了一圈又朝桑希尔冲了过来，桑希尔只好拼尽全力向不远处的麦田跑去。他一头扎进麦田深处，趴在里面一动不动，飞机在麦田上呼啸着飞了两圈，似乎并没有发现他的所在。桑希尔刚刚松一口气，只见飞机又飞回来了，而且开始在麦田上空喷洒农药。

桑希尔被农药强烈的刺激性气味熏得喘不过气来，开始大声地咳嗽，被逼无奈的桑希尔不得不把希望寄托在公路上开过来的一辆油罐车上。桑希尔从麦田出来再次奔向公路拦车，飞机在后面紧紧追着他。

桑希尔冲上公路，豁出命用身体去拦车，油罐车司机被桑希尔的举动吓到了，猛地一个急刹车才把车停下来。后面正全速飞行的飞机躲闪不及，一下子和油罐车撞到一起，紧接着一声巨响，发生了爆炸。

爆炸惊人的巨响和引起的大火引起来往车辆的注意，人们纷纷停车下来询问事情的原因。

大难不死的桑希尔趁着人们围观的时候，偷偷发动路上的一辆车，转头逃走。

桑希尔开着偷来的车，直到夜里才赶到芝加哥，他决定去卡普兰住的酒店去找他。

桑希尔来到酒店的服务台：“我想知道卡普兰的房间号。”

“他早上 7 点 10 分就已经退房了。”服务员迟疑了一下，但还是告诉了桑希尔。“不过他留了字条，南达科他州。拉皮德市，喜来登酒店。”

桑希尔想了想突然明白了，卡普兰 7 点 10 分就已经退房了，而自己是 9 点才得到他的指示的，“伊芙，是伊芙！”桑希尔恨恨地自言自语道。

正在桑希尔想到是伊芙搞鬼的时候，他突然发现伊芙穿着一身红裙走进大堂，上了四楼。通过服务员，桑希尔查到了她的房间号，然后敲响了伊芙的房门。

伊芙打开房门，看见桑希尔又慌张又激动，桑希尔试探着走进房间，“很意外吧，没有甩掉我很失望吗？”桑希尔盯住伊芙冷冷地说道。

伊芙显得很激动，转身扑进桑希尔的怀里，桑希尔对伊芙的举动感到有些意外，但还是冷静地说：“能请我喝杯酒吗？”

伊芙没说什么，转身走向酒柜，桑希尔注意到床上有一张摊开的报纸，标题赫然写着——《喷农药飞机坠毁两人死亡，被撞油罐车司机幸免于难》。

伊芙取出一瓶酒，看似漫不经心地问桑希尔："今天怎么样？"

"不很好，卡普兰先生失约了。很奇怪是不是？"桑希尔反问伊芙。

伊芙很镇静地回答说："什么奇怪？"

桑希尔耐着性子暗示伊芙正面回答他的问题："他提出了一个那么复杂而具体的约会，然而他自己却失约了。"

"或者是我弄错了什么吧。"伊芙打开瓶盖。

"你送我去的地方很正确，不是吗？你没有弄错。"桑希尔有点讽刺地说，"你何不打电话问个明白呢？"

伊芙低头倒酒："我打了，他已经离开了，去了南达科他州。"

"接下来你有什么打算？"伊芙问他。

桑希尔注视着伊芙暗示地回答说："我打算跟随你的计划。"

"我的计划？"伊芙不自然地说，然后转身把酒杯端到桑希尔的面前。

桑希尔接过酒杯："是的，让我们为我们的友谊地久天长干一杯，我不会再让你离开我了，我的保护神！"

伊芙稍一皱眉说道："恐怕你必须离开。"

桑希尔摇摇头说："我反对。"

伊芙有些为难地说："你的麻烦还没有解决，而且我已经有了自己的计划。"

桑希尔咄咄逼人地说："那么把我的麻烦和你的计划联系起来就两全其美了，我们就不用分开了，你应该知道我的意思吧？"

就在两人谈话的时候，房间的电话突然响起来，伊芙有些犹豫不决，桑希尔劝道："我猜是你的电话，去接吧。"

伊芙无奈，坐到床头去接电话，桑希尔看似漫不经心地左顾右盼，只听见伊芙说道："你好？对，是的。不，不行。我还没有准备好。我去找你好了，什么时候？地址？"

桑希尔看见伊芙在电话旁边的便笺本记着什么，"好的，再见。"然后挂掉电话，转过身去，把那页纸撕下来，不动声色地放进口袋。

“公事？”

“恩，是的。”

桑希尔走上前搂着伊芙的腰挑逗说：“像你这样的女孩应该知道怎样享受生活，而不是只顾工作。这个时候你应该和我一起吃晚饭，而不是去接什么客户的电话。你觉得呢？”

伊芙推开桑希尔的手臂说：“不管在哪里，你都不应该露面。”

桑希尔不依不饶，“叫上来吃也是个不错的主意，浪漫而温馨。”

“不，我不能！”伊芙很坚决地否决了桑希尔的意见。

桑希尔继续纠缠说：“我坚持！”

伊芙走到墙边，哀求道：“昨晚已经过去了，我们最多只能这样了，我们不能再继续了，已经结束了。我请求你离开，越远越好，不要靠近我。你就当帮我一个忙，很大的一个忙，立刻就走，再见吧！”

桑希尔被伊芙的哀求弄得有些心软：“马上就走吗？”

“是的，马上！”

“我做不到。”

“我求你了！走吧！”伊芙的表情很痛苦。

桑希尔并不甘心：“晚饭以后，这样才公平。”

伊芙灵机一动说：“那好吧，但是你这样不行，你必须把你的西装好好洗洗。”

桑希尔虽然有些意外但还是顺势答应了伊芙的要求。

桑希尔走到电话机旁边给洗衣部打电话，趁机看了看边上的便笺本，接着他脱掉上衣，走进浴室，打开水龙头放水，关上门装作洗澡的样子，自己则透过门缝观察伊芙。桑希尔看见洗衣部的人来把西装拿走后，伊芙也趁机溜走了。桑希尔走出浴室，拿起便笺本，用一支铅笔侧过来轻轻涂抹，便笺本上慢慢显出刚刚伊芙所记下的地址笔痕。

桑希尔穿好刚刚洗好的衣服，来到拍卖场，突然发现“假唐森”和他的秘书兰多坐在一起，而旁边的人正是伊芙。

桑希尔早就猜到了这一切，但是事实摆在眼前还是让他很痛苦，桑希尔不能表现出来，只是心中感到隐隐作痛。他悄悄地走到三人背后，突然说道：“你们三个在一起，简直就是查尔斯·亚当斯的油画。”

三个人都大吃一惊，赶紧回头察看。

“假唐森”故作镇静地打招呼：“晚上好，卡普兰先生，见到你真高兴。”

伊芙忙向“假唐森”解释说：“是他自己跟踪我到这儿的。”

兰多追问：“他去过你的房间？”

伊芙点头回答。

“假唐森”似乎对伊芙产生了怀疑，拿开放在她肩上的手，注视着伊芙。这时拍卖场开始竞拍一尊古董塑像，兰多示意“假唐森”注意，两人把注意力又集中到了竞拍上，不再理会桑希尔。

“假唐森”竞拍到一件拍卖品时，拍卖师对着“假唐森”说：“700美元，恭喜维丹姆先生。”

“原来你叫维丹姆！”桑希尔这才知道这位绑架自己的人叫做维丹姆。

维丹姆不耐烦地回过头对桑希尔说道：“我该怎么理解您的角色呢？一开始您声称自己是个商人，为了自己被误解成他人而愤怒不已。然后您成了逃犯，并试图洗清未曾犯下的罪行。但是现在您更像一个被嫉妒和背叛所激怒的情人。我认为您不应该接受FBI的训练，而是应该参加演员培训班。”

桑希尔感到很愤怒，他克制住自己的情绪说道：“我猜您最想看到的是我谢幕的演出——以死亡的形式。”

维丹姆瞪着桑希尔说：“这是你的下一个角色，我保证你会演得很逼真。”

桑希尔再也无法压制自己的情绪，想想自己这些天的遭遇，只感到无比的委屈和愤怒，他愤恨地说：“我想知道下一个是什么样的屠杀方式，是被扔进炼钢炉变成大楼的一部分，还是叫她来吻我，把我毒死。”

伊芙听到这激动地站起来，举手就要打桑希尔的耳光，桑希尔一把抓住她的手，厉声质问："你还骗我！你有感情可被伤害吗？"

维丹姆看到两个人的情绪都已经失控，对着桑希尔低声喝道："卡普兰先生，我们的忍耐是有限度的。"

桑希尔冷笑着反问："那为什么不叫警察？我倒是觉得去找警察我的活命机会会更大，当然这不是你们愿意看见的对不对？我落在警察手里就会胡乱说些什么。这也可以解释为什么伊芙小姐掩护我离开，这也是你的意思对吗？"

桑希尔说完就义愤填膺地转身离开，临走之时自嘲地对伊芙说："晚安，亲爱的，昨天晚上很不错。"

当桑希尔走到拍卖会场的出口时，发现出口处早就被一个大汉堵住，这个人正是当初绑架自己的"扁脸"，在联合国议会大楼杀害唐森的也是他。桑希尔不由得退后几步，这时才发现去往拍卖场后台的路也有人挡住，而挡路的正是维丹姆的秘书兰多。兰多像幽灵一样，脸上露出狰狞的笑容，一步一步从后台走向桑希尔。情急之下，桑希尔只好挤在拍卖会场的一个座位上。死亡的威胁再次来临，被困在中间的桑希尔飞快地思考着如何逃离虎口。

拍卖场中的人们正在激烈地叫价，桑希尔突然想到一个脱身的好办法，他突然大叫"我出1500美元！"

顿时所有人的目光都集中在了桑希尔身上，"先生，对不起，现在的价格已经到2500美元了。"拍卖师对桑希尔说。

桑希尔更加大声地说道："我只出1500美元！"

拍卖师不理会无理取闹的桑希尔继续竞拍，兰多和"扁脸"被突如其来的变故弄得有些不知所措。

一个新的拍卖品拿上来时，桑希尔继续嚷嚷："我们怎么能够确定这东西是真的呢？"

桑希尔的话音未落，场内一片哗然，大家的目光再次集中到他身上，前排的一位老妇人回过头鄙夷地看着桑希尔："我能确定你一定是个冒牌货！"

这时候竞拍价已经到12000美元了，桑希尔大叫："3000美元。"现场保安看见桑希尔是在故意捣乱，赶紧示意书记员打电话报警。

桑希尔看见两名保安上来要把自己撵走，不远处两名警察也正在赶来，而拍卖师则一直耐心地劝自己要遵守秩序，桑希尔干脆做得更加过分。桑希尔一拳把冲上来的保安打倒在地，警察赶紧扑上来把桑希尔制服。桑希尔不仅没有反抗还略带责备地说："怎么来得这么晚？"警察二话不说，带走了桑希尔。

桑希尔被警察押着，经过"扁脸"身边时得意地对他说："老兄，真抱歉，继续努力，可能还有机会。"兰多和"扁脸"气得牙都痒痒，但是看着桑希尔身边的警察也只能忍气吞声，眼睁睁看着桑希尔再一次逃脱。

4. 爱已成伤

上了警车，桑希尔向警察表示感谢，并告诉他们："你们走运了，我是罗杰·桑希尔。你们抓住了联合国议会大楼谋杀案的凶手。"警察马上求证，查阅了通缉名单后，发现果然如此，于是马上向总部汇报情况。总部指示立刻送桑希尔去机场。中央情报局负责情报计划的普菲瑟教授赶到机场，把桑希尔从警察手中带走。在赶飞机的途中，普菲瑟把事情的经过告诉了桑希尔。

原来中央情报局为了掩护自己的情报员，虚构了一名特工人员，就是所谓的卡普兰先生。虽然卡普兰并不存在，但是他的行动计划、机票、酒店房间、干洗衣服都是有的，目的只是为了迷惑敌人维丹姆。

但是令人没有想到的是维丹姆认定桑希尔就是卡普兰，并且绑架了他，桑希尔成了诱饵。

为了避免中央情报局的情报员暴露身份，中情局的人不好出面直接解救桑希尔，所以一直按兵不动，想看事情的进一步发展情况。没有想到桑希尔在这件事情上越陷越深，局面变得越来越乱，以至于局势失去控制。无奈之下，中情局不得已出面把桑希尔由警方移交过来。

桑希尔知道了事情的来龙去脉之后，悲喜交加，对于普菲瑟提出的建议愤然拒绝。普菲瑟为了帮助中情局收拾残局，希望桑希尔再次假扮卡普兰。"听着，在你们的计划开始时我就不应该出现，在完成的时候也不应该出现。”

普菲瑟教授苦笑说：“如果没有你的出现确实应该是这样子，但是你插了一杠子。”

“噢不！我的回答是——我不！我是广告商，我有工作、秘书、妈妈，以及两个前妻和几个伙计。他们还要仰仗我，我不想当什么诱饵，更不想被人杀死，也不想让他们失望。”

桑希尔坚决的态度让普菲瑟不得不改变策略。“那好，我们来谈一谈肯德尔小姐，或许她会让你改变态度。你对她的意见很大，对吗？”

“是的，她引诱了我，然后设计害我！”桑希尔愤愤地说。

普菲瑟接着说道：“如果我告诉你她有苦衷，是不得已，你还坚持你的看法吗？她只是在保护自己。”

“保护自己？保护什么？”桑希尔不明白。

普菲瑟说出了伊芙的秘密：“她害怕暴露身份而被杀害。事实上她就是我们要保护的情报员。”

桑希尔听到这大吃一惊，后悔莫及：“不！是我害了她？！”

普菲瑟看到桑希尔悔恨交加的表情，趁机劝诱：“这不是你的错，你不是故意的，你并不知道真相。不过你的确使她陷入险境，而且损失的不光是她一个人的生命……”

第二天中午，桑希尔和普菲瑟教授一起来到拉什莫尔山（即总统山）的广场内。

桑希尔拿着望远镜四处观察，“他们会不会来？”桑希尔问普菲瑟。

“会来的。”普菲瑟肯定地回答。“我不知道自己为什么还要牵扯进来。”桑希尔想到一会儿又要和可怕的维丹姆碰面，心里不禁有些害怕。

普菲瑟鼓励他说：“要怪只能怪你的魅力太大，让肯德尔小姐陷入情网。维丹姆昨晚已经看出肯德尔小姐已经爱上你了——一个在他眼中和他作对的政府情报员。他已经失去了对她的信任。”

桑希尔说道：“你是想说我的魅力无法抗拒吗？我也爱上了她！”

普菲瑟教授很认真地提醒桑希尔：“我想我们需要让维丹姆重新信任肯德尔小姐，你有责任帮助我们，在今晚他出国以前。”

桑希尔点头，“那么明天呢？”

普菲瑟教授没有正面回答：“那就祝福你们了。”

维丹姆和兰多在下面的停车场下了车，桑希尔和普菲瑟教授随即分头行动。桑希尔走进广场旁边的餐厅，找了一张空桌，要了一杯咖啡。不一会维丹姆、兰多和伊芙走了进来。

维丹姆带着伊芙来到桑希尔桌前：“下午好，卡普兰先生。”

桑希尔恶狠狠地看了伊芙一眼：“让她走！”

伊芙气呼呼地离开了，维丹姆看着伊芙的背影很疑惑地对桑希尔说：“我还以为你想让她来呢。”

桑希尔示意维丹姆坐下说话：“先不说这个，接到我的电话很意外吗？”

“我知道警察不会为难你，另外我对您逃出拍卖会场的机智很佩服。”维丹姆先是不以为然地回答，紧接着迫不及待地问道：“我很期待你今天的演出，你把我约到这里来不像是要和我谈生意。”

桑希尔单刀直入地说：“我清楚地知道你今晚的计划——离开的时间，确切的地点以及目的地。”

维丹姆一震，随即故作镇定地说：“你想帮我拿行李吗？”

桑希尔提示说：“或许我们感兴趣的是一样的，就是价格。”

“价格？”

“我放你走的价格。”

“你想要什么？”

桑希尔露出可怕的眼神：“我要让那个女孩子付出代价，我要让她一天天地受折磨。把那个女孩子交给我，如果你答应，我就不阻拦你。”

维丹姆很好奇：“你凭什么相信我会用她来换取我的一份平安？你怎么知道我对她的感情已经退化到会用她来做交易？”

正在这时，伊芙走过来不耐烦地对维丹姆说：“如果你不介意，我想先走了。”

她转身向餐厅外面走去，维丹姆迟疑地看了看桑希尔，站起身和兰多去追伊芙。

就在三个人要离开餐厅的时候，桑希尔赶紧追上伊芙，抓住她的胳膊："你等一下。"

伊芙挣扎着叫道："放开我，你离我远点！"

桑希尔强行拉住伊芙："收起鳄鱼的眼泪吧，你这个骗子！"

伊芙被逼急了，伸手在手袋中掏出一把枪对着桑希尔，威胁道："你给我退后！"

桑希尔感到难以置信，他看了看伊芙手中的枪，伸手去拉她："别干傻事。"

伊芙疯狂地叫着："退后，离我远点！"说完就扣动了扳机。桑希尔胸口中枪，用手捂着胸口痛苦地倒在地上。餐厅内一片混乱，伊芙被吓坏了，她趁乱离开餐厅，开车落荒而逃。

维丹姆本想追上伊芙，被兰多给拉住了："不要牵扯进去。"

这时普菲瑟教授扮作医生及时赶到现场："我是医生，都让开，不要碰他，往后退！"他分开围观的人群，走上前来假装为趴在地上的桑希尔检查。普菲瑟教授检查了一下，擦擦手上的血迹摇摇头，示意围观的人们，这个人生命垂危……

维丹姆和兰多混在围观的人群中注视着，不一会救护车赶到把桑希尔带走了。

不一会儿，桑希尔从附近的树林里走出来，普菲瑟跟着也从救护车下来："桑希尔先生，请抓紧，你没有多少时间。"

桑希尔朝着教授眼神的方向寻找，伊芙已经在不远处等着他。

桑希尔明白过来，关切地问伊芙："你没事吧？"

伊芙歉疚地说："我想告诉你，我很对不起。我不知道我们还能不能再见面，我们时间不多了。"

桑希尔早已经原谅了伊芙："我已经知道了，你只是履行职责。"

可是伊芙心中还是感到很歉疚："我知道我伤害了你，我不想让你误解我是……"

听见伊芙的道歉，桑希尔心中也感到有些不安："我也很抱歉，我当初并不知道，我为此而恨你，还对你说了很多刻薄的话。真的很抱歉，要是当初我知道的话……"

“可是我不能告诉你。”

“我理解。”

“在餐厅我开枪打你，你摔倒在地，你装得可真像，我用的是空枪。你没事我就放心多了。”

“我也发现我的演技相当不错呢。”

伊芙嗔道：“那不是你的本职工作。”

“我只是阴差阳错地卷进来的。”桑希尔很想知道伊芙为什么会从事这样危险的职业，她是那么漂亮。“那么你呢？”

“那个周末我没什么事情做，所以就去参加聚会，在聚会上我遇到菲利普·维丹姆。无所事事的我可能被他吸引住了，所以决定去恋爱。接着普菲瑟教授和他的同事找到我，他们说我对他们有独特的价值，因为他们知道维丹姆是个危险的人物。”

“于是你就成了一名情报员。”

“也许是因为第一次有人请求我做一些有意义的事情。”

伊芙的单纯让桑希尔感到震惊：“就是这样的吗？怎么会呢？”

“嗯哼，”伊芙的脸上有些淡淡的伤感，但在桑希尔看来她却是那么妩媚动人，“你这样的男人。”

桑希尔无限怜惜地把伊芙拥进怀里，他再次被她征服：“我这样的男人怎么了？我想我还是恨你吧，那样我会好受点。”

伊芙从桑希尔的怀中挣脱出来：“我必须赶紧回去，告诉他们我害怕有人跟踪不得不兜一个大圈子。亲爱的，再见。”

“我们能再多站一会吗？就一会儿，不要那么着急。”

“你现在身受重伤，你应该躺在救护车里。”伊芙提醒他说。

桑希尔拉住伊芙的手，有点耍赖似的说：“我感觉很好，精力充沛。”

伊芙心中也很不舍，但是她必须理智：“不要动摇我的决心，我现在很需要它。”

桑希尔很担心伊芙的安全：“你回去冒险而我却躲进医院，这样可不好。”

“因为你我已经安全多了，还要谢谢你呢。”伊芙安慰桑希尔。

“现在不要着急谢我，等维丹姆今晚上了飞机，我们还有很多机会，道歉或者感谢。”

伊芙很无奈地说："我想这不大可能。"

"为什么？"

"教授没告诉你吗？"

桑希尔很不解，伊芙也看着教授。

普菲瑟教授说："肯德尔小姐必须走了。"

桑希尔叫道："你不是这样告诉我的！"

教授解释说："肯德尔小姐今晚要和维丹姆一起离开，我们费尽心思把她变成一个逃犯，就是为了让维丹姆不能带着她很长时间。"

桑希尔没有想到事情发展成这样："但是你跟我说的是……"

普菲瑟教授打断桑希尔，坚决地解释说："我没必要告诉你，但是她对我们很重要。"

桑希尔感到非常生气，气急败坏地质问："你在骗我，你说过了今晚……"

"先生，我们需要你的帮助！"教授实话实说。

"我已经帮了你们。"

伊芙忙安慰桑希尔说："不要生气。"

桑希尔着急地说道："我无法说服自己让伊芙回到险境当中，我不会让她再去做这样危险的工作。"

普菲瑟教授严肃而坚定地说："但是她必须要做！"

"没有什么是必须的，这只是你的游戏，教授。"

"我希望你明白，冒险是必须的。因为战争是地狱，即使是冷战也一样。"

"如果你们想把维丹姆从世界上消灭，就应该依靠自己的力量。而不是靠这样的女孩子出卖色相，和他们一起她有可能回不来。如果是这样，那你们的冷战恐怕要输掉几次。"桑希尔为了保护伊芙情绪有些激动。

伊芙知道自己说服不了桑希尔，只得强行离开，她含泪跑回车子。桑希尔赶紧追上她："我不能让你回去。"

伊芙请求说："请让我走吧，你会把一切都破坏的。"

桑希尔正要说什么，背后有人朝他猛击一拳，他突然感觉一阵眩晕，栽倒在地。伊芙趁机离开，心中无限的悲伤和无奈，只能默默地祈祷能够早日再见到心爱的桑希尔。

5. 决战总统山

桑希尔围着浴巾光着上身，在医院的病房里走来走去，像困在笼中的野兽一般，焦虑不安。医院的广播正在播放新闻："刚刚发生的一起枪击案中，伤者身份已初步确认，系联邦调查局的雇员卡普兰，目前伤者已经被送往市立医院……"

这时，普菲瑟教授给桑希尔送来新的长裤和衬衫。桑希尔接过衣服向教授抱怨说："你把我反锁在病房里，让我感觉自己像个犯人。"

普菲瑟解释说："你健康的样子如果被人看到会给肯德尔小姐带来危险。"

桑希尔一边穿衣服一边说："我正准备把她忘掉。"

教授感到有些放心，他坐到沙发上说："你能这样想我很高兴。再过一个小时，飞机就会起飞了。"

桑希尔笑道："那我能要一杯酒吗？波本酒很不错。"

教授回答："当然，不知道我有没有荣幸和你共饮？"

教授站起身来想去拿酒，桑希尔对他说："那样的话我们需要一大瓶。"教授点点头走出病房，反手把门关上。

桑希尔穿好皮鞋，轻轻走到门口，听到教授的脚步声越来越远，打开房间的窗户观察了一下。虽然有些冒险，但是桑希尔还是爬到隔壁的窗口翻进去，开门偷偷离开了医院。

桑希尔一心想着要从维丹姆的魔掌中救出伊芙，他知道维丹姆的别墅就坐落在山顶，于是他坐上一辆出租车来到别墅附近。

桑希尔爬上别墅，为了找到伊芙，他冒险地躲在客厅外面观察。里面维丹姆和伊芙正坐在一起，伊芙装成吓坏的样子，正在寻求维丹姆的安慰。

这时候，兰多也走进客厅，维丹姆问他："有什么情况？"

兰多答道："要降落了，已经到了惠斯东上空6千英尺。"

维丹姆自言自语说："只有10分钟了。"

兰多看了伊芙一眼，有些神秘地对维丹姆说："我想和你单独说几句话。"

伊芙找借口说："我上去拿东西。"

伊芙来到房间收拾东西，桑希尔趁机朝她的窗子扔了一块石子，但是伊芙并没有注意到，相反客厅的兰多差点被桑希尔惊动。桑希尔只好再次隐藏起来，默不做声，等待更好的机会。然而客厅里发生的情况让偷看的桑希尔大吃一惊。

兰多正在劝说维丹姆："你现在必须尽快离开！我不觉得肯德尔小姐有那么迷人，虽然你很喜欢她，但是你现在也开始怀疑了，我们不能为她冒险，尤其是现在。"

维丹姆并不知道眼前的情况，但是桑希尔看见兰多正拿着一把枪背在身后，"兰多，住口！"

兰多不服气地说："那你何不告诉她这件宝物中藏着微型胶卷呢？"

维丹姆反驳："你是想告诉我一些什么吗？"

兰多酸酸地说："真相总是令人难以接受。"

维丹姆很诧异："我不知道你在暗示些什么，你所谓的真相又是什么？"

兰多继续说道："我从来不相信巧合或意外这回事，我认为那都是计划好的，也许我是杞人忧天。"

维丹姆明白了一些，但是还不相信兰多的假设："我们亲眼看见她多么慌乱和愤怒，甚至她开枪射杀他。"

兰多走到维丹姆跟前："只有这样她才能重新获得你的信任，而且更有理由和你待在一起，她害怕你改变主意。

维丹姆还是不相信兰多："我很感动，真的，你只是在嫉妒。"

兰多没有再反驳，突然他把藏在身后的枪拿出来，对着维丹姆就是一枪。

维丹姆被兰多的举动吓得目瞪口呆，但是他并没有感到痛苦，他没有受伤。

兰多解释说："这是一把改良过的枪，是空膛的，不会造成伤害，但是效果却和真的一样。这是惯用的伎俩，为了证明自己而朝同伙开枪。我是在伊芙的行李中找到的这把枪，我相信就是射杀卡普兰的那一把。"

得知真相后的维丹姆冲上去一拳把兰多打倒在沙发上，维丹姆已经愤怒到了极点。

伊芙在房间里听到枪声，走出来，在走廊上问道："出了什么事？"

维丹姆马上装作什么事情都没有一样："我们也很奇怪，不知道发生了什么事。宝贝，我们要出发了，赶快下来。"

伊芙信以为真，走回房间。兰多很不放心："你还想把她带上飞机吗？"

维丹姆目露凶光："当然要带，我也可以制造一场意外或是巧合，这种事情在高空发生再好不过了，尤其是大海的上空。"

桑希尔听到这儿心急如焚，伊芙的身份已经暴露了，他刚想爬到她的房间，这时伊芙已经下来了。

桑希尔情急之下，掏出有自己独特商标"R.O.T"的火柴盒，在上面写道："你现在很危险，我在你房间。"然后趁维丹姆不注意，把火柴盒从楼上扔给坐在沙发上的伊芙。

细心的伊芙发现火柴盒后立即站起来，镇定自若地说自己的耳环掉了，然后回楼上去见桑希尔。

见到伊芙，桑希尔赶紧告诉她："他们要对你下手了，空枪的事情已经被发现了。"

伊芙还没有明白是怎么回事，问："到底怎么回事？"桑希尔忙解释说："你用的空枪被他们找到了，他们把微型胶卷藏在昨晚买的塑像里。"

正说着，楼下兰多开始催促："肯德尔小姐，我们可以走了吗？"伊芙只得无奈地下楼去。

桑希尔担心地警告伊芙："无论如何，千万不要上飞机。"

维丹姆、兰多、伊芙一行三人离开别墅，向飞机走去。躲在楼上的桑希尔本想趁机溜出去，不料自己在电视屏幕反射出的影子被佣人看到，桑希尔还不知道后面维丹姆的佣人已经拿着一把枪拦住了自己的去路。

伊芙放心不下桑希尔，一路上不停地回头向别墅张望，面色慌张。

维丹姆已经觉察到："你怎么了？"

伊芙随机应变道："我在为我的耳环惋惜。"维丹姆轻蔑地一笑没有理会伊芙。

三人来到飞机前，维丹姆交代兰多说："回到纽约替我向妹妹说声再见，并感谢她扮演唐森太太。"

说完，维丹姆就准备登机。这时别墅里突然传出枪声，三人急忙回头。桑希尔已经从别墅里跑出来，跳上了门口停的车。维丹姆和兰多正在发愣，伊芙一把夺走抱在维丹姆怀里的塑像，跑向桑希尔。

桑希尔和伊芙开车正要逃出别墅，却发现别墅的大门紧锁，汽车也无法撞开。两人只好下车，穿过树林，向山上跑去。慌不择路的两个人竟然跑到了总统山的石像头上，前面就是悬崖峭壁，而兰多和“扁脸”正在后面挥着手电筒紧追不舍。眼看着追兵越来越近，无路可走的两人来不及考虑，只能冒险从“总统头”上往下爬。

黑夜中，总统山显得更加巍峨险峻，两人刚好躲在“林肯总统”的鼻子下面。桑希尔考虑着他们的处境，心中没有多少把握能逃离险境。他抓住时机问伊芙：“如果我们能活着离开，我想和你一起坐火车回纽约，好吗？”

伊芙会意，反问他说：“你这是求爱吗？”

桑希尔会心一笑，说：“不，宝贝，这是求婚。”

伊芙担心地问：“你过去已经有两次婚姻了，是怎么回事？”

桑希尔对这些有点无奈：“不是我提出离婚的。”

伊芙穷追不舍地问：“总有个原因吧？”

桑希尔调侃道：“或许她们觉得我以前的生活太平淡吧。”

伊芙听完不禁笑出来。

就在两人谈情的时候，兰多和“扁脸”已经发现了他们的藏身地点，正从两边包抄过来。桑希尔和“扁脸”扭打在一起，“扁脸”先是抱住桑希尔，桑希尔在挣扎反抗的时候意外地把“扁脸”推下了悬崖。桑希尔还没来得及喘气，就听见伊芙在尖叫，他回头找伊芙，发现伊芙跌落悬崖，悬在半空，手扒着石缝摇摇欲坠，而伊芙手中的塑像已经被兰多抢走了。

桑希尔急匆匆地过去帮忙，没想到自己反而被伊芙也拉了下去。桑希尔眼疾手快地扒住一块岩石，这样两个人都悬在半空。桑希尔无奈之下向站在一旁冷漠的兰多求救，他心中唯一的希望就是兰多此时能够良心发现，或者于心不忍。兰多虽然有些迟疑，但还是朝着他们走了过来……但是兰多非但没有良心发现反而变本加厉，他伸脚踩住桑希尔抓住岩石的手，狠狠地碾着。

正在桑希尔和伊芙最危急的关头，突然一声枪响，兰多应声倒地，手中的塑像被摔得粉碎，里面藏着的微型胶卷随之滚落出来。

山顶的远处，及时赶到的警察正放下步枪，教授站在警察的身旁，而一边被逮捕的维丹姆垂头丧气地说："这次改用真枪实弹了？"

一切就这样结束了。

桑希尔和伊芙如愿坐上开往纽约的火车。

卧铺车厢内，桑希尔幸福地对伊芙说："我可以这样叫你吗？桑希尔太太。"

伊芙撒娇说："这样太傻了。"

桑希尔把伊芙温柔地拥进怀里："我只是爱煽情而已。"说着一个长吻……

Psycho

精神病患者

——空前绝后的浴室谋杀案

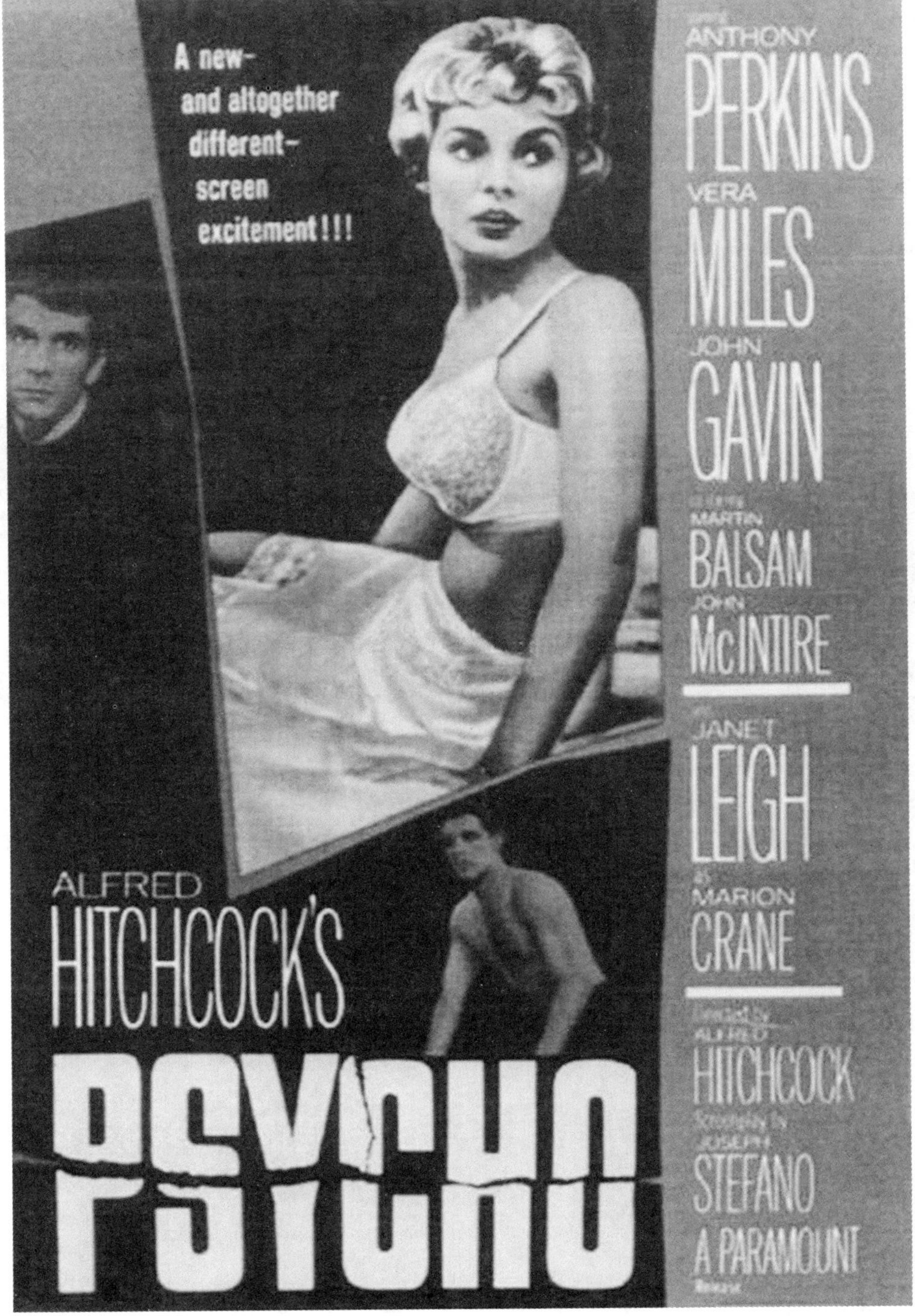
A new-
and altogether
different-
screen
excitement!!!
ANTHONY
PERKINS
VERA
MILES
JOHN
GAVIN
MARTIN
BALSAM
JOHN
McINTIRE
JANET
LEIGH
MARION
CRANE
HITCHCOCK
STEFANO
A PARAMOUNT
ALFRED
HITCHCOCK'S
PSYCHO

电影赏析

外 文 名：Psycho（1960 年）
中 文 名：精神病患者、惊魂记
导　　演：阿尔弗雷德·希区柯克
编　　剧：约瑟芬·斯蒂芬
领衔主演：安东尼·博金斯 饰 诺曼·贝兹
　　　　　珍妮特·利 饰 玛丽安

《精神病患者》被世人公认为第一部现代意义上的恐怖片，它确实当之无愧，时至今日它仍是电影史上最为人所津津乐道的惊悚电影代表作。而它之所以能在电影艺术界占据如此重要的位置，绝不仅仅是因为那场令无数人谈“浴”色变的浴室谋杀戏。

希区柯克的这部作品可以说是一部空前成功的恐怖电影，毛骨悚然的惊人画面、绝妙大胆的拍摄技巧，即使在数十年后仍然具有让观众在恐惧中尖叫和心惊肉跳的魅力。在这部最富震撼力的经典名作中，希区柯克把悬念艺术中的“悬”字发挥到一个无人能及的境界。正应了全世界的观众最常说的一句话：看希区柯克的电影，不到最后一秒，你休想猜到谜底。

“悬”是希区柯克的杀手锏，即使在此片拍摄时悬念已经无处不在：全体制作人员务必宣誓对剧情及故事严格保密，哪怕是一个微小的细节也不能泄露；他拿着候选者名单煞有介事地挑选着“母亲”的扮演者，而实际上剧本中根本没有“母亲”一角。但是，这一系列的悬念并不妨碍希区柯克的视觉冲击力。

在影片开始，午后毫无生气的城市全景被第一个镜头横摇而展现出来，紧接着镜头慢慢逼近一扇半掩的窗户，观众仿佛是被一个蜷缩着身子的贼带领着去偷窥一个隐私：戴着胸罩半裸在床上的女主角，男主角背对着观众，毫无保留地展示着赤裸的上身。这便是希区柯克的聪明，我们每一个人在他看似不经意的安排下都扮演了窥探者的角色，而男女之间的情欲则具有最普通却又最奇妙的冲击力。

希区柯克的拍摄手法在侦探被杀的场景中，也发挥得淋漓尽致：一个侦探、阴森恐怖的楼梯、楼上房门微开的小缝，气氛瞬间被烘托出来了。正如希区柯克所说："最紧张的是在人死之前酝酿的气氛，而不是那些恶心的死法。"这一幕，显然验证了他的观点。当一个清瘦的老妇人手持利刃冲了出来，希区柯克将摄影机悬在屋顶上，采取了"顶拍"的手法，高高在上的摄像机，仿佛是第三只眼睛在目睹着这场搏杀，既神秘又有力度，这样的处理让观众的紧张心理层层升级。

当然，这种冲击力不仅仅是拍摄手法的功劳，巧妙的蒙太奇剪辑也能造成这种效果，甚至能让被营造的恐怖假象直达人的心灵深处。在那场经典的浴室杀人戏中，观众在视觉上并没有见证凶器接触被害者身体的一幕，然而此时，似乎是观众的意识里深藏着一双双偷窥的眼睛，不同角度的拍摄加上高技巧的剪接，使我们在脑海中产生了一种乱刀毙命的效果。含蓄是艺术最美妙的衣裳，希区柯克正是抓住了这点，便轻而易举地使紧张的气氛更加触目惊心——赤裸裸的惊悚。45 秒是短暂的一幕，而 78 个镜头如刀、人体、喷头、帘子、下水口快速的切换，给观众留下了无尽的遐想空间，观众无暇眨眼就直接跌入恐怖的深谷。在影片拍摄时，希区柯克对此场景的要求是：挥砍，用刀猛砍，刀就像要撕碎银幕，冲出电影。由此可见，希区柯克之所以是希区柯克，是因为他懂得创造。试想，如果他不抛弃一些为人所熟知的好莱坞电影套路和手法，这一幕很可能只是一幕再平常不过的刺杀罢了。当然，这经典的一幕离不开伯纳德·赫尔曼的配乐，他为《精神病患者》专门配器的刺锐弦乐也对烘托电影的紧张气氛有着不可磨灭的贡献，不断重复的小提琴尖锐的声响几乎能将人的皮肉切开。此外，灯光的配合也尽显完美。

客观地说，希区柯克的某些拍摄手法比较抽象化，这可能源于他对人的意识世界的表达和探索。影片中，希区柯克通过一种富有创意的组合将悬念气氛衬托得极为撩人。影片结尾处，狱中的诺曼身穿囚衣，配着画外音，镜头慢慢移动，然后来了一个经典的面部特写：诺曼的面部瞬间叠化成他母亲的骷髅，在母亲的头颅上浮现出疯子的笑脸，而后又叠化成那条用来毁尸灭迹的锁链。

另外值得一提的是，本片中画外音的运用也十分巧妙。当玛丽安携款潜逃，脑海中挥之不去的是种种臆想的后果：老板和同事的议论，萨姆对此事的态度。一边开车逃跑，一边耳旁出现人们的猜测和议论，一语双关地将主人公的精神状态刻画得绝妙至极。

曾有人问道：有必要费掉大把的胶片去刻画玛丽安携款出逃时的心理吗？回答是当然有必要。希区柯克的电影正是这样，若不品位细节，便难以发现其悬念的奥妙之处。可以这样说，玛丽安只不过是希区柯克钓足观众胃口的一颗棋子，剧情只有陡转才能为观众留下无限回味的空间，也为剧情发展、高潮时期的张力埋伏下潜在的力量。希区柯克玩了一个声东击西的游戏，分散了人们对剧情如何进展的注意力，却将一个具有恋母情结和精神分裂症的精神病患者诺曼放在一层迷幻的黑雾后面，供观众去猜想，去玩味。

正是如此，原本枯燥的心理学和性格分析学被希区柯克游刃有余地带入一场电影。因此，《精神病患者》是一部特具精神分析色彩的电影。影片中心理专家对诺曼变态性格的分析又将电影的哲学艺术推上一个高度。强烈的恋母情结，对母亲另交新欢的嫉妒，爱恨交加的复杂心理终于将诺曼逼到了人格分裂的境地：一面是逆来顺受的儿子，一面是强悍霸道的母亲。诚然，这是一部典型的商业片，一部杰出的恐怖惊悚片，但希区柯克对精神分析出神入化的运用却为它烙上深刻的人文痕迹。电影公映之初，曾备受影评界的诘难。然而，银幕前的观众却看清了：谁没有性格畸形的可能呢？

《精神病患者》是被模仿最多和最具影响力的电影，同时也是希区柯克最好的电影之一。希区柯克的其他片子也不会比此片更具冲击力。

1. 美女行窃

午后两点半的亚利桑那州凤凰城。燥热席卷，了无生机。

一所简陋的酒店公寓内，漂亮的房地产小职员玛丽安和她英俊的男友萨姆·卢米斯刚刚亲热完。此刻，萨姆·卢米斯还赤裸着上身，而玛丽安则穿起了诱人的胸衣和衬裙。

萨姆看着桌上几乎没动的三明治和饮料，一边穿衣服，一边抱歉地说："又害得你吃不成午饭了。"

"下午经常迟到，会被老板批评的，我还是尽快赶回去的好。"玛丽安一边说一边开始穿衣服。

"不如今天请半天假吧，反正今天是星期五。"萨姆亲了亲玛丽安的脸颊。

在萨姆的亲吻中玛丽安显得意乱情迷："为什么要请半天？做什么？"

"你难道不觉得这样躺着很舒服吗？"萨姆乘势又搂住她躺下来。

玛丽安坐起身来：“这酒店的房间3点钟必须要退的，他们才不管你几点来的呢。我一点也不喜欢来这里。”

萨姆说：“听一些已婚夫妻讲，住一些廉价酒店会让他们感到刺激。”

“你说已婚夫妻，他们难道没有事做吗？”

“听你的口气俨然就是已婚女人了。”萨姆有些不快。

“萨姆，只此最后一次。”玛丽安很严肃地说道。

“为什么？”

“我们的幽会太过秘密了，放弃我午饭的时间，利用你公干的时间……真希望你没有来……”

“好吧，让我们做点其他的事来代替，比如我们互赠情书……什么的。”

“我走了。”玛丽安受不了了，起身准备走。

“下星期我去看你。”

“不用了。”玛丽安一口回绝。

“哪怕只是和你见见面，吃顿饭也好。”

玛丽安穿上衬衫说：“你要见我，就来吧。我欢迎你正正经经到我家来，我们姐妹会在妈妈的遗像前用牛排招待你的。”

萨姆挖苦道：“那还要和你妹妹在晚饭后去看电影吗？抛开你妈妈的遗像？”

玛丽安有些气恼，责怪道：“你怎么能这么说话呢！”

萨姆讨好地将自己的身体贴近玛丽安：“那行，没问题，我一有空便去见你，哪怕是装扮得正正经经。”

玛丽安不禁笑道：“你总是将正儿八经的事情说得好像不正经。”

萨姆从后面环抱着玛丽安：“谁不想正经一些啊，可那得需要多少耐心和付出啊，对我来说很难啊！我总要为爸爸的债务操心，或者是与前妻无休止地争执，真讨厌那样。”

“酒店和房租的钱，我已经付过了。”

“也许过几年，爸爸的债务会还清，前妻也会改嫁。到那时就不用我付赡养费了……”

“我还从来没结过婚呢。”

“结婚是一件让人陶醉的事……”

玛丽安激动地搂着萨姆的脖子：“那我们结婚吧！”

萨姆问道：“难道你愿意和一个辉维镇五金铺里的人共度一生？我还要给前妻按月寄赡养费，你可否帮我贴邮票？”

玛丽安：“当然！”

萨姆：“那你还不如与我分手，找一个乐意结婚的人呢！”

玛丽安故意说道：“这不失为一个好主意哦。”

下午3点。房地产公司。

玛丽安急急忙忙地推开办公室的门，向坐在外间的同事朱莉问道：“老板回来了吗？”

朱莉：“他在陪那个准备买楼的石油富商巴布里先生。”

玛丽安拍了拍头，心里不禁发愁，又要挨骂了。

朱莉见势问道：“哦，你头疼吗？”

玛丽安一边快步往里走一边道：“头疼和人的决心一样，都会不了了之的。不疼了，便忘记了。”

朱莉又开始唠叨家事，她如何吃了阿司匹林等。玛丽安倍感厌倦，一边补妆一边打听是否有人来过电话。

朱莉说：“只有你妹妹来电话，她说要到邻镇去，周末可能赶不回来了。”

正在这时，老板乔治·罗依和石油富商巴布里推门而进。巴布里一身牛仔打扮，直喊太热，他瞅着女士们说：“今天可以开开冷气了，你们的老板今天可赚了一大笔哦。”

而乔治·罗依先生只是吩咐玛丽安将房屋契约复印一份拿来。

巴布里先生显得异常开心，对着玛丽安说：“明天可是个大好的日子呀，我年纪轻轻的女儿就要踏进教堂举行婚礼了。”他一边说一边掏出照片给玛丽安瞧：“她呀，18年来过得无忧无虑，她不开心的时候，我有的是办法讨她开心，花钱！怎样？你也不开心吗？”

把结婚当成最大愿望的玛丽安只能无奈地笑道：“我也没有什么不开心的呀。”

巴布里先生意兴未尽，接着讲道："我花 4 万美金买这房子，就是给她的嫁妆，其实不是买什么快乐，是卖掉不快乐。"言毕，他从口袋里拿出一大沓现金，潇洒地抖了一抖，摔给玛丽安："你尽管放心，没钱我当然不会来的啦，来吧，数一数吧！"

看见这一幕，罗依先生和朱莉大吃一惊。只听巴布里先生解释道："怕什么，这是我存起来的。"

罗依先生不由感叹："现在已经很少有人还进行现金交易了。"

巴布里说："这没有什么好怕的，现在就给你，放心吧，这是我自己的钱。"

罗依先生说："你看这样，先把它放在保险箱里，星期一再……"

巴布里先生不由哈哈笑道："你能保证放在这里安全吗？呵呵，我知道你这里可藏着好酒呢……"边说边撇撇嘴："来吧，我们喝一杯吧，我这人就是有点口无遮拦。"说着径自走向罗依先生的办公室。

罗依先生小声地对玛丽安交代道："你将钱先放在银行的保险箱里，等星期一再让他开张支票。"

玛丽安把钞票装进一个信封袋，问老板："我今天有点头疼，把钱送到银行后我能早点回家吗？"

巴布里先生在一旁笑道："没问题，你可以回家，罗依先生要与我共饮几杯。"

罗依先生询问道："身体不舒服？"

玛丽安急忙答道："是啊，我头疼。"

可是，玛丽安并没有按罗依先生的吩咐将钱送去银行，而是直接回了家。4 万美金对玛丽安的生活将有多大的帮助啊——可以解决她和萨姆的所有问题！

玛丽安把 4 万美金放进自己的拎包里，就这样占为己有。她强稳住自己的紧张情绪，匆忙地收拾着衣物，并将护照和证件一一装好。一切收拾妥当，玛丽安仔细盘算着：这件事情败露，老板发现这笔钱和自己失踪的时候，怎么也是星期一了。而在这两天内，她蛮可以和萨姆找个地方躲起来……

夜色降临，心中极度忐忑不安的玛丽安驾着车，中速行驶在凤凰城的街上。是直接去辉维镇找萨姆还是去其他地方？究竟自己该去哪里？

一个红灯，玛丽安不得不停下车，焦急地等待。

凤凰城确实不大啊，恰值此时，玛丽安发现老板罗依先生从自己车前的人行道走过。玛丽安心跳加速，罗依先生看到了她。

罗依先生微笑着向玛丽安打了招呼，她只能勉强挤出一个回应的笑容。玛丽安的表情让罗依先生觉得不自然，可一时又说不上哪里不对。

绿灯若是再晚些，玛丽安的心肯定得跳到嗓子眼了。现在，她终于可以加大油门向前逃去。

2. 浴室杀人

昏暗的暮色中，玛丽安终于逃出了凤凰城。现在，她前不着村后不着店，只能将车停靠在路边，在车子后座上惶恐不安地凑合了半宿。

清晨，玛丽安醒来时大吃一惊，一个警察站在车窗口。她的第一反应是赶紧驾车逃离。可这个异常严肃的警察却拦住她盘问道："你很着急赶路呀？"玛丽安慌乱中回答："原本想在路边休息一下，结果不小心睡着了，可能是昨天太累的缘故吧。"

这个带着墨镜的警察冷冷地教训道："你就这样睡了一晚上？为什么不去旅馆呢？应该去嘛，安全才是第一。"

玛丽安故作镇静："我在路边停车，又没犯什么法。况且逗留一晚根本不是我的本意。"

"对，没犯法。"

"既然没犯法，我可以走了吗？"

"你怎么如此着急？等等，是不是发生了什么事？"

"我能有什么问题呢？你觉得我有问题？"

"当然不是。"

"那么，不好意思，我必须得尽快赶路了。"

警察突然说："麻烦你等等，熄掉你的引擎，请出示你的车牌和驾证。"

玛丽安只能转身，不动声色地从装着 4 万美元的信封下，拿出驾照。警察对车牌进行核对，才放她前行，只是仍一路开着警车跟着她。玛丽安不断地回望着后视镜，越来越紧张。幸好，警车只跟了一会儿，玛丽安松了一大口气。

在另一个小镇上，玛丽安将车驶进一个二手车买卖行。为了防止有人追捕，她明白必须卖掉自己的车，换一辆二手车。不幸的是，不知什么时候那个讨厌的警察又跟了上来，就站在街对面。玛丽安拿着报架上的报纸胡乱地翻着，焦急地等待着车行管事的销售估价，她真害怕翻出一个“女职员携款潜逃”的消息。

车行的伙计闲着没事，向玛丽安提议：“人们常说每天的第一个生意总是不顺的，不知是真是假。你再考虑考虑，要不要试开一下。”

玛丽安急说：“你只要告诉我，拿我的车换的话，我需要补贴多少。试开就免了。”

伙计瞅了瞅玛丽安，不解地问：“为什么这么急啊？莫非有人跟踪你？”

玛丽安瞄了一眼对面的警车，反驳道：“我只是急着用车，哪里有什么人跟踪啊！”

伙计：“700 吧。”

玛丽安随即走进洗手间，从装钱的信封里抽出 700 块钱，爽快地付了账。

玛丽安心不在焉，只顾赶路，差点将行李箱和外套丢在自己原先的车子上，幸亏有个伙计提醒了她。她不敢想象，警察和这伙计会怎么议论她。

“哪里有这么匆忙的顾客，这人不会有问题吧，或者是通缉犯？”

“她居然用现金结账，现在已很少有人这样了。”

天色越来越暗，车子渐行渐远。

玛丽安无时无刻不在想象着星期一的情形。老板、朱莉以及巴布里发现了事情的真相，如何互相争执，然后再去找她，甚至向她妹妹打听自己的去向。

一路狂奔到半夜，突然间暴雨骤起，眼前一片迷糊，什么也看不见。万分焦急之下，“贝兹旅馆”的招牌赫然映入玛丽安的眼帘。

这样的天气已经没法继续前行了，玛丽安只好在旅馆门口将车停住。贝兹旅馆由前后两座房屋构成。前面的平房中设置着一个登记处。玛丽安环顾四周，转来转去也没发现一个人影。后面那座楼里，一个房间还亮着灯。透过白色的薄纱窗帘，可以看见一个走来走去的身影，看上去像是一个老妇人。玛丽安想，索性住下吧。她返回车上按着喇叭，告诉店主有客人来了。

雨越下越大，丝毫没有停止的意思。

一会儿的工夫，有人从后楼赶过来，是一个个子高高的年轻人。年轻人殷勤地帮玛丽安打开车门，并致以歉意：“不好意思啊，我没有听到，雨声太大了。”说话的同时，引玛丽安到登记处登记。

玛丽安询问：“这里还有空余的房间吗？”

青年害羞地笑笑：“我这离公路太远，我的霓虹灯一直亮着，也不见有人来。我们这里的 12 间房子，全部空着。”

“也不知道怎么搞的，我就驶离了主路。”

“恩，除了这样，你怎么可能跑到这里呢？”

玛丽安在登记簿上填上了自己的假名字玛丽·萨姆，地址也是假的，是洛杉矶。

“你就住 1 号房吧，那离管理房最近，需要什么也很方便。”

“我现在只想来点食物，然后赶紧睡觉。”

“大概在 10 里外的辉维镇有间不错的餐厅。”

“辉维镇”三个字让玛丽安心头一阵惊喜：“从这里到辉维镇具体还有多远呢？”

“15 里左右吧。”

年轻的店主帮忙提着玛丽安的行李，把她引进 1 号房。店主始终保持着腼腆的微笑，向玛丽安仔细地介绍屋子里的每一件设施。他向玛丽安逗趣地说：“你若在这里写信回家，信封上还会印着贝兹旅馆的字样，一定会有很多人羡慕收信人的。”

他又不厌其烦地介绍了浴室内的一切，然后才说：“我就住在隔壁，你需要什么只管敲墙就行。”

玛丽安一直紧绷的心情终于得到缓解，经过长途跋涉之后困顿劳累，真难得今天遇到这么好的店主，她不由地向年轻人道谢。

“我叫诺曼·贝兹。你的晚饭怎么解决？要开车出去吗？”

玛丽安摇了摇头。

诺曼又说：“虽然我这里没有豪华的餐厅，但你若是赏脸的话就来随便吃点吧。有牛奶和三明治。”

诺曼店主一片真挚，玛丽安高兴地说：“当然乐意啊，我很荣幸。”

听完这话，诺曼店主显得很激动：“我去准备食物，那你赶紧把身上的湿衣服湿鞋子换掉，我待会儿打着雨伞来接你。”

玛丽安待诺曼店主走后，准备洗澡，可身上的4万块钱让她犯难，该放在哪里才好呢？为找到一个让她心安的地方，玛丽安将屋子里的抽屉及各个角落翻了个遍。现在那叠用二手车行里的报纸包裹着的钱正放在床头。

这时突然传来大声说话的声音——“哼，坚决不行！”玛丽安急急走到窗口，她觉得这该是一个老年妇女的声音，好像是从后楼亮灯的房间里传过来的：“我不允许，哪来的不三不四的女人，你都可以带回来吃饭！一对狗男女，能干出什么好事来！”

只听诺曼苦苦哀求：“妈妈！……”

妇人大吵：“你说是吃饭，其实你们肯定早有预谋。”

“妈妈，她人生地不熟的又逢大雨，还饿着肚子，你就行行好吧。”

“那飞来的野蜂，你当然是求之不得，多么下流。再多说还会弄脏我的嘴巴。”

玛丽安躲在窗里，听得百般生气。

妇人坚决说道：“反正她休想，任何野狗都休想打我儿子和食物的主意。”

玛丽安只听见一片模糊的吵闹声，说什么一点也听不清了。

大约几分钟的时间，诺曼店主满脸失落地过来，端着一些牛奶和食物。

望着他，玛丽安只能表示歉意：“给你惹来这么大的麻烦，很对不起你。”

“没什么，不过，我妈妈……确实今天有点反常。”

“害你为准备这些吃的忙活一阵。我本来就不怎么饿，就少吃点吧。”

“这里没有我的小厅那里暖和，我们到那里吃吧。”

诺曼带着玛丽安来到一个小厅，小厅里到处摆放着各种飞禽的标本，因此显得有些狰狞。诺曼说：“我不怎么饿，你自己赶紧吃吧。”这让玛丽安异常感激：“我不知道怎么感谢你……你真是一个大好人。”

诺曼在昏黄灯光的照射下，显得莫名的异常，但是玛丽安又说不上来哪里异常。看着玛丽安小口小口地吃东西，诺曼打趣地说：“你真像一只雀鸟，胃口那么小。”

玛丽安机智回敬：“你才是名副其实的鸟雀专家啊。”

“哪有啊。我除了做标本，只是单纯的喜欢而已，其他什么都不懂。这些鸟雀不像走兽那么凶狠，它们天性温驯娇嫩，所以做这样的标本我特别喜欢。”

“有你这种嗜好的人现在很少见。”

“恩，我的这种爱好除了需要一些化学药水之外，其余花费很小的。”

“是，任何人都不能没有一丁点的嗜好。”

“对我来说，做标本最重要的是能带给我精神上的寄托，而非仅仅是一个简单的爱好。”

“难道你觉得生活空虚？”

“怎么会呢，除了收拾房子、打理旅馆，还要时时刻刻给我母亲跑腿。”

“难道就没有一个特别贴心的朋友？”

“对于一个男孩来说，母亲才是其最好的朋友。”诺曼店主笑着说道：“说说你吧，你应该不会觉得自己的生活很寂寞吧？”

“会，当然只是偶尔。”

“你最向往去哪里？”

“希望我可以居住在一个清净的小岛上。”

诺曼忽然将自己身体向前倾了倾，凑近玛丽安：“你肯定是在逃避吧？”

玛丽安突然紧张起来：“你怎么会突然有这个想法？”

诺曼神秘地说道：“谁也逃不掉的，纵使你有天大的本领。”

诺曼又瞥了一眼窗外：“我们都困在自己的罗网里，无论天晴天阴，我们都逃不掉的。你越挣扎越看不清现实，寸步难行。怎样碰撞，也只能触到空气。”

玛丽安惊诧不已：“照你这么说，那我们岂不是自投罗网？”

“对，虽然我天生长在罗网里，但我并不介意这些。”

“不，你应该介意的。”

“恩，我只是假装不介意，我介意。”

“我听到她跟你说的话了。”

“或许，你认为我该回嘴反击，一点不甘示弱，甚至掉头一去不返。但那是我患病在床的妈妈啊。”

“但是她很精神啊。”

“你不清楚，她真的患病了。父亲去世时我才 5 岁，是她独自辛苦地把我养大，虽然父亲还留了点钱可以不用出去做工。几年前，她接受了另外一个男人，她什么都听他的。在那个男人的建议下，盖了这个小旅馆。后来，那个男人也不幸死了，死得很惨，母亲备受打击，差点崩溃。”

玛丽安细细地咬着三明治，仔细地聆听着。

诺曼反倒害羞起来：“你看我只顾自己使劲地说啊说的……你在吃东西呢。可无论怎样，母亲觉得失去了他，便一无所有，精神上的巨大创痛是无法抚平的。”

玛丽安急忙说道：“可你也是她的巨大财富啊，她怎么会一无所有呢？”

“情人的位置是儿子不可能替代的。”

“那你为什么还苦苦守在她身边呢？”

“一走了之吗？像你一样去找个清净的小岛吗？我怎么能走呢，母亲一个人在家那么孤独，我走了还有谁会照顾她？无论是我爱的人还是我恨的人，我都不会一走了之的。我走了，屋子里又冷又湿的，没有人生火取暖，岂不是一座坟墓了？况且，我又不是恨她，我恨的是她变了，我恨的是她病了。”

“那你有没有想过比较合适的其他方法？比如送她到别处去。”

诺曼听到这些话，显得异常激动，他坐直了身子：“你说的是什么意思？难道让我把自己的母亲送到精神病院去吗？你所谓的别处，是指这些所谓的公立机构吗？”

“别误会，我并没有叫你放弃一个儿子应尽的责任。”

诺曼冷笑：“送自己的亲生母亲去精神病院？让她像那些标本一样，遭人取笑、白眼。这样的想法是多么的恶毒！”

玛丽安觉得自己太过分了，她向被激怒的诺曼道歉：“对不起啊，我只是为你好，她一直在伤你的心。”

诺曼冷漠地说道：“每个人都觉得自己是一番好意，觉得对你的处境格外同情。我能一走了之吗！她并不像人们想象的那么疯狂，只是偶尔精神失常，谁敢拍着胸脯说自己从来没有失常的时候？既然她需要我，我便无法离开。”

“你说的没错，谁都会有。我也有过，不过只是一次就够了。非常感谢你！”

“请叫我诺曼。”

玛丽安突然站了起来，说：“明天还要赶回凤凰城去，今天比较累了。”

“累了吗？”

玛丽安静静地说：“我自投罗网去。但愿能够脱身，希望还不算迟。”

诺曼坐在那里一动不动，磨蹭着想挽留玛丽安多聊一会儿，但被她婉言谢绝了。

诺曼一副绅士的神态：“那早些休息。明早几时吃早餐呢？”

看着玛丽安的背影渐渐远去，诺曼轻轻移开了墙壁上的挂画，墙上现出一个小洞。通过这个小洞，他可以清楚地观察到 1 号房中玛丽安的一举一动。玛丽安缓缓地褪去衣服，露出了雪白的肌体，随后穿上宽大的浴袍准备洗澡……

诺曼将挂画摆回原位，离开了小厅，轻轻地向后楼走去。

1 号客房。玛丽安在纸上算计着 4 万块钱已在不知不觉间花去不少，结果让她懊恼不已。她一边叹着气一边将纸条撕碎扔进了抽水马桶。

浴室。玛丽安拉上了浴帘，将睡衣脱下，打开了水喷头，淋浴的感觉让她彻底放松了。对于一个身心疲惫的人来说，水流打在身上，俨然是一种及时的抚慰。玛丽安觉得自己累了，她不想再过这东躲西藏的日子了。她决定将钱退还，让自己回到正常人的生活中去。担惊受怕已使她两天来没有了一丝轻松的心情。

做了这个决定，玛丽安显得轻松极了，她甚至有些陶醉在对未来的憧憬里。此时，突然一个黑影推开了门，声息全无地走了进来。这个妇人打扮的黑影小心翼翼地朝浴室靠近。可怜的玛丽安只顾洗澡，没有一点察觉。只见黑影一把将浴帘拉开，紧握匕首抬手就用力猛刺！

一刀接着一刀，玛丽安的尖叫声并没有让刺杀者有所停顿……一摊血水沿着浴帘淌下，悄无声息地流进了下水道。玛丽安猝然倒在浴缸里，再也没有起来。

玛丽安死了。她看不见自己的明天了。

倘若你站在 1 号房的窗口，后楼传来的声音清晰可闻。

只听诺曼惊叫 ：“妈妈！妈妈不得了了，血，到处是血！”

诺曼像是意识到了什么，迅速地跑进了玛丽安的 1 号房。浴室中的状况惨不忍睹，诺曼被吓呆了，他转身冲了出去。在屋外夜晚冰凉的空气中镇静了一会儿，诺曼拿着拖把折回房间。

关掉水龙头之后，诺曼小心地用浴帘裹着玛丽安的尸体。浴帘是玛丽安挣扎时拽下来的，到处沾满了血。诺曼显得极为谨慎，一遍又一遍地清洗着浴缸里和墙上的血迹，直到客房恢复成原来的样子。

玛丽安的尸体被诺曼抱出去装进了她的汽车，之后他返回把玛丽安的行李收拾干净，一起放进了玛丽安的车子。很不幸的是，诺曼并没有注意那笔用报纸包裹的 4 万美元巨款，他看也没看，一并扔进了车里。一切准备妥当，诺曼便离开自己的旅馆，开车到不远处的湖边，把所有的东西沉进水里。

玛丽安带着她偷走的钞票，连同她的汽车神不知鬼不觉地渐渐沉入湖底……

3. 倒霉的侦探

午后的辉维镇，又充斥着无尽的燥热。

这个女孩显得格外漂亮，她风一般的走进了“萨姆 · 卢米斯五金店”。她就是玛丽安的妹妹莱拉 · 克兰。

莱拉冷冷地对萨姆说 ：“玛丽安自星期五一走，杳无音讯。”

萨姆一脸茫然，只听莱拉抱怨 ：“你们是不是事先串通好了？如果是这样，我只想听她一句话，然后转身就走。”

萨姆听罢，赶紧支开旁边的店员，回头焦急地问道 ：“究竟是怎么一回事啊？我们能串通什么？莫非是玛丽安遇到了麻烦？”

这时，他们的谈话被一个干练的男子打断："哦！麻烦？可否把你们的麻烦告诉我？不妨碍的话我们该一起谈谈。"

萨姆问："你又是哪位？"

"私家侦探柯布加斯。"陌生男子转身问莱拉："你姐姐玛丽安到底在哪里？你究竟知不知道？"

萨姆疑惑："你究竟在调查什么？"

"4 万美元。"

"这到底是怎样一回事呢？4 万美元？"

"你的女朋友玛丽安窃取了 4 万美元！"

萨姆不敢相信自己的耳朵，只能问莱拉："真的吗？"

莱拉肯定："那一天老板派她存钱，谁知她一去不返没有任何消息。"

柯布加斯补充道："一个带着 4 万美金的女人，走到哪里都会引人注意的，一定有人见过她。"

莱拉劝萨姆："你如果见到她，就说还了钱一切都既往不咎的。"

萨姆坚决否认："我说过她不在我这里的，真的不在。"

柯布加斯问莱拉："你凭什么找到这里的？难道是你的直觉，克兰小姐？"

"是仅存的希望，不是什么直觉。"

"在事情没有弄清之前，恕我不能相信你。"

"我现在关心的不是你相不相信我，而是希望尽快找到她，让她早日回头。"

萨姆提醒他们："你们为什么就这么肯定是她偷钱？为什么不去凤凰城的医院找找？也有可能是遇上抢劫或发生其他意外呢。"

柯布加斯固执地坚持己见："我敢肯定，她现在就在镇上。无论你们相信与否，我知道她不在五金店，就在镇上。"

冷静、理智、充满信心的柯布加斯确实是一个很有经验的侦探。他甚至可以挨家挨户地上门打听，问人们是否见过一个金发美女。旅馆作为人口流动最大的公共场所，柯布加斯当然不会放过，无论大小，一路盘问。当然，镇外的"贝兹旅馆"也不会例外。

黄昏。像往常一样，诺曼坐在旅店门口等候招呼客人的到来：“嘿，我们这里有的是房间，空着的就有 12 间。”而没有客人时，他便一天到晚看着报纸嘴里含着糖果。

柯布加斯说：“镇里镇外的旅馆，门口都高悬着霓虹灯，唯独你们这里不挂，害我差点错过。”

“横竖都没人来，开着又有什么用呢！先生是要房子吗？”

“不，不，不。敝人前来只为打听点事情。”

诺曼殷勤依旧，习惯性地把柯布加斯让至登记处，笑问：“难道你是来收购旅馆的？”

“怎么可能！”

“我看你左右打量这旅馆，还以为……能说说是什么事情吗？”

柯布加斯递给诺曼一张名片：“一星期前，有位小姐突然失踪，我作为私家侦探，正积极地帮她亲人寻找她。她的家就在前面不远的凤凰城。她若曾经途经这里，肯定会在你的旅馆里住宿的。”

诺曼淡淡地说：“上一位客人已是很久之前来过的。”

柯布加斯指了指手里的照片：“先别急于回答问题，看看照片再说。”

诺曼渐渐警惕起来：“直觉告诉我你好像是个警察。”他接过玛丽安的照片，毫无表情地瞅了一眼，便摇头：“从未见过。”

柯布加斯：“如果她用假名呢？她的真名叫玛丽安·克兰。你确定没见过？”

诺曼强忍着心中的不满：“不信，你自己看，现在我连住客都懒得登记了。”

柯布加斯：“哦，这样啊！那我可否看看你的登记簿呢？”

诺曼无奈地把登记簿递过去，此时他没法拒绝。

柯布加斯的判断没错，登记簿上记载着最近确实有人来住过。

诺曼慌忙解释：“这绝对不可能是你要找的那个人！”他不断嚼动口里的糖，按捺着紧张的心情。

柯布加斯从兜里掏出一张纸片，轻松地说：“我这里有她的字迹样本……瞧瞧，‘玛丽·萨姆’，多么别致的化名！”

诺曼竭力表现得漫不经心："是你找的人吗？"

"没错，的确是她。她的男友叫萨姆，她叫玛丽安。你要不再看看照片，或许她化了妆呢？"

诺曼只能接过照片又瞅了瞅："像，我好像记起来了。有天晚上大雨瓢泼，她的头发湿漉漉的，所以才可能和这张照片有些区别。"

"哦，不错。那能不能告诉我当时的详细情况呢？"

"因为是深夜来的，她来之后便上床休息了。第二天老早就走了。"

"有多早？天刚亮？"

"很早。"

"具体是哪天你还记得吗？"

"恩，应该是星期天吧。"

"有其他人见到吗？"

"没有。"

"她一个人吗？"

"恩，就她自己。"

"她有没有给什么人打过电话？"

"没有。"

"是你陪她过夜的？"

"当然不是。"

"既然不是，那你怎么确定她没有打过电话呢？"

诺曼一时语塞，说话也结巴起来："恩……这个嘛我记不清了……她当时很累……又有点印象了，我想起来了。"

柯布加斯精明地说："慢慢说，不用着急。"

诺曼的话漏洞百出，语无伦次："她坐在那里，吃着三明治……不，不，是站在那里的……她很饿，还说她要赶路，所以急着上床休息……"

"站着还是坐着？是哪里？"

"就在我的小厅里。看她的样子很饿，我就给她弄了份三明治。吃完，她便睡觉了。"

柯布加斯显然觉察到了诺曼在撒谎，他对他失去了信任，于是信口问道：“第二天一走，就没有再回来吗？”

“回……回来？她回来干吗？……不……不好意思，我还有点事，失陪了，希望不要介意。”

“实话告诉你，你说的这些话前后矛盾重重，所以我很介意。”

“反正她已经走了，这里人来人往的。抱歉。”

“这样啊，可我现在想要逐间查看，不知需不需要申请手令？”

“没关系，我现在正好要换床单，你还能帮帮忙。”

两人出门之后，柯布加斯眼睛丝毫不放松诺曼的一举一动。诺曼抱着干净的床单在1号房门口愣了下神便往前走向2号房间。这一幕让柯布加斯心里顿生疑窦。他走到旅馆门口，忽然发现后楼有一间房还亮着灯，窗口映出一个坐着的人影。

柯布加斯回头向诺曼大声问道：“家里其他人呢？”

诺曼闻声走来：“没有，家里没有其他人。”

“那后楼窗口的人影是谁呢？刚才我看得真真切切。”

“你说她？那是我母亲，落有残疾……所以，我经常感觉像自己独处一样。”

柯布加斯半信半疑：“那人不会是玛丽安吧？她被你藏了起来？或者是她利用了你？你肯定被她骗了。”

“谁也骗不了我，我又不是傻子。哪怕是女人！”

“我知道的，知道你是个标准的男子汉。”

诺曼开始激动起来：“谁也别想骗我，即使骗过我，她也休想骗过我妈妈。”

“我现在想找你妈妈谈一谈，可以吗？”

“她有病，不行的，不行。”

“可能她比你记得更加清楚，只几分钟。”

诺曼怒道：“能解释的我都已经解释过了，对不起，希望你马上离开。”

柯布加斯无计可施，只能说：“我只需要跟她谈一小会儿，就能为你省去很多麻烦……看来我只能去申请手令了……无论如何，谢谢你的配合。”

诺曼看着柯布加斯转身开车离去，脸上露出阴森的笑意。

其实，柯布加斯并未走远。他找了一个电话亭停车，然后通过电话告诉莱拉和萨姆："星期六的晚上，玛丽安就住在贝兹旅馆的 1 号房。听店主说只住了一晚，第二天大早便走了。这话谁相信呢！店主有位患病的母亲，可是这个年轻人死活不让我跟她见面。我想她母亲一定和玛丽安见过面或谈过话，现在我打算再折回去查查看，一小时内我去你们那里。"

柯布加斯挂了电话，只身返回贝兹旅馆。他在旅馆登记处没有见到诺曼，按了好几次门铃也始终无人应答，于是他直接走进后楼。楼中的气氛洋溢着某种很不吉祥的征兆，虽然里面的陈设古朴、干净、整洁。一个人影也看不到，柯布加斯只能小心地向楼上走去。这是死亡的禁地，可是柯布加斯并不知道自己将大祸临头。在他完全没有防备的情况下，楼上的一扇小门正在悄然打开。忽然，一个鬼魅一般的人影冲了出来，挥舞着锋利的尖刀朝着柯布加斯猛烈刺去。看不清凶手的面目，只隐约是一个老妇人的打扮。

柯布加斯丝毫没有抗争的机会，便沿着楼梯跌落至地板。只见老妇人手起刀落，一刀又一刀地刺向这个倒霉的侦探。

4. 瞧！他变成母亲

柯布加斯死了，守在五金店的萨姆和莱拉却还在焦急地等待着他回来。一个小时，两个小时，三个小时，时间在漫长的等待中过去了。莱拉的耐心一点点消失，萨姆则劝她再等等看，他相信柯布加斯。最终莱拉忍无可忍，坚持要两人一块去贝兹旅馆看看。

萨姆觉得有失礼貌："万一吓着老太太怎么办呢？"

莱拉执意要去："不好意思，我们一家人都没什么耐心的！"

萨姆犹豫不决。

莱拉大声嚷嚷起来："现在已经三个小时了，柯布加斯说的可是一个小时内回来。"

萨姆正在琢磨该打电话给谁问问，莱拉拔腿就走。无奈，萨姆只能拿起外套，拦住莱拉："还是我一个人去吧，你留在这里等柯布加斯回来！"

萨姆出门。

莱拉很不情愿地留下来，时间一点一点流逝，还不见他们回来，她显得急躁不安。

夜已经深了。恐惧如黑色的天际一般蔓延开来。

萨姆终于回来了。讲起贝兹旅馆的事，萨姆自己觉得也很迷惑："我一边叫着柯布加斯的名字，一边左右查找，却始终没人答应。整个旅馆除了一个老婆婆，似乎根本就没有人。老婆婆好像生病了，她没有为我开门。

"柯布加斯到底去哪里了？"

"他是不是有了其他线索？"

"不可能，如果是的话，他一定会打电话来的。"

"或者是他时间匆忙，没来得及打。"

"萨姆，先前一有头绪，他都会打来的，若有了进一步的发现，他也一定会打来的！"

萨姆认为莱拉的话很有道理，于是带着她去找镇上的堪布瑞斯警长。

堪布瑞斯警长已上了年纪，此时出来接待他们，和太太穿的还是睡衣，显然他们已经休息了。

萨姆将玛丽安携款潜逃后失踪的事件和柯布加斯侦探在贝兹旅馆莫名失踪的事情从头到尾讲了一遍。

萨姆："柯布加斯最后与我们联系，是他在电话里说要去贝兹旅馆再查查，顺便和诺曼太太谈谈……"

熟悉此地的警长太太突然插话："是诺曼的妻子吗？"

萨姆说："应该是他妈妈，是个老女人。"

堪布瑞斯若有所思地"哦"了一声，随即问莱拉："你姐姐什么时候失踪的？"

"一个星期前吧……"

"那我能帮你们做些什么呢？"

“柯布加斯只说和诺曼太太谈谈就回来的，可……那个旅馆肯定有什么问题！”

“按你们的说法，我倒觉得柯布加斯打电话只是为了稳住你们，而他自己则一路追捕玛丽安并掌握了她想将那4万美金占为己有的证据。很有可能是你们的侦探有问题。”

“不可能，他只是去旅馆调查此事的。”

堪布瑞斯太太提议：“那我们现在就打电话过去，问问那个旅馆老板诺曼。”

萨姆：“不用了，他不在，我刚从那里回来的。”

警长道：“不会的，不会的。因为10年前一次痛苦的经历，他一直喜欢一个人独居。他应该在家的，可能只是不愿开门而已。”

莱拉不愿放过一丝寻找姐姐的希望，她央求警长太太拨通了贝兹旅馆的电话。

警长对诺曼说：“你那里今晚是不是去过一个私家侦探？我们这里有人找他。”

只听诺曼说：“早走了，他问完之后就走了。”

莱拉在旁边说：“他不是返回找你的母亲谈话了吗？”

堪布瑞斯警长一脸严肃地反问：“你确定侦探柯布加斯回去是为了找诺曼太太谈话？”

“是！”

警长一口否定：“不可能的，我告诉你——你们说的诺曼太太葬在绿茵坟场，她去世已10个年头了。”

萨姆和莱拉闻言大惊！“可那个老妇人又怎么解释呢？”

警长太太在旁边给予肯定：“确实如此，她那浅紫色的寿衣还是我帮着挑选的。”

警长：“那是辉维镇唯一的自杀兼谋杀案，是10年前一件相当轰动的事情。贝兹太太毒死了自己的情人，然后自杀了。因为她发现情人是有老婆的。”

萨姆：“那个老婆婆不是他母亲又是谁？我明明在后楼窗口看到的。”

警长：“那个老婆婆是你亲眼所见？”

“是的！她对我的敲门不闻不问。先前柯布加斯也说见过。”

“这就奇怪了！如果那个老婆婆是诺曼的妈妈，那葬在绿茵坟场的又是谁呢？”

转眼又到了周日。警长堪布瑞斯刚刚在教堂做完礼拜出来，就看到了莱拉和萨姆。

警长说 ："我已经去贝兹旅馆查过，什么也没看到，既没有玛丽安和侦探，更没有你们所说的老婆婆。"

萨姆对莱拉说 ："难道是我产生了幻觉？哎，我先送你回去休息吧！" 莱拉却怎样也不肯。

商量之下，莱拉和萨姆决定以身试险，去贝兹旅馆探个究竟。他们扮成夫妻，打算去投宿。

他们一路准备，来到贝兹旅馆。萨姆只信口说要去三藩市，考虑到天气，所以决定在这里住一晚。

诺曼像往常一样拿了一串钥匙，并给他们指了指房间。双方都感觉到不好的气氛，心里暗暗警惕。

关上房门，莱拉就对萨姆说 ："你说这家店靠什么维持呢？你看根本就没什么生意，说不定可怜的玛丽安已在这里遭遇不测了。"

萨姆 ："我们只是需要证据。"

莱拉 ："如果真的发生了什么，肯定会留下什么蛛丝马迹的。4 万块钱不是一个小数目，而且柯布加斯也是在这里失踪的。"

莱拉和萨姆商量之下，决定先去查查柯布加斯说的 1 号房。

诺曼不在，二人偷偷进入 1 号房，逐处搜查。每一个抽屉都空无一物，卧室没有一点异常。最后在浴室里，萨姆意识到"怎么没有浴帘呢"，此时，莱拉在抽水马桶里发现了玛丽安用过的纸屑，上面的大部分字迹清晰可见，还能看到 4 万美金加减的数目。这些证据充分说明玛丽安确曾在这里住过。

萨姆 ："可这并没有什么用啊，诺曼并没有否认玛丽安曾投宿这里。他一定知道那些钱的下落。"

莱拉 ："不，我们可以从老婆婆着手，她一定给柯布加斯说了些什么。"

萨姆 ："这样太危险，我不让你去。"

莱拉 ："一个患病的老婆婆，有什么好怕的！你负责引开诺曼，我去见老婆婆。"

萨姆只能表示赞同 ："也好！不过你一定要注意安全，一旦掌握线索，立刻离开。"

登记处。诺曼似乎在那里已经恭候萨姆多时了。他笑问 :“有什么事可以帮忙吗?”

萨姆 :“怕吵着我太太睡觉，自己出来走走。怎么样，我们聊聊?”

诺曼无奈，只能将他让进屋里。

莱拉见萨姆已经拖住了诺曼，于是迅速向后楼跑去。午后遍洒的阳光，仍然不能将小楼阴森恐怖的气息驱散。莱拉一步步靠近那座四处长满荒草的小楼，大门紧闭，既像是召唤着她的到来，又像是拒绝着她的接近。

莱拉的心跳在加快。她推开紧闭的大门，屏息向楼上走去，心似乎跳到了嗓子眼。她小心翼翼地呼唤了两声，无人回答。径直进去，她不由大吃一惊……各式各样的外套、睡衣，洗脸池上一应俱全的洁具。这个妇人居住的地方，显然它的主人还在，床上还有人睡过的印痕。

离开这间房间的莱拉，期望能在别处有新的收获。在旁边的一间屋子里，她还发现了许多孩童的玩具，这些大概是诺曼儿时的玩伴吧。

萨姆和诺曼前言不搭后语地聊着，为了打探到有价值的消息，萨姆忍不住数次小心刺探。这让诺曼警觉心大增，他甚至意识到眼前这个人找自己聊天不过是调虎离山之计。乘萨姆不备，他顺手拿起桌上的金属装饰品猛然砸向萨姆的头部，将他打晕!

莱拉毫无头绪地搜寻着，抬眼突然从窗口发现诺曼正飞一般朝小楼奔来。她慌忙之间，只能赶紧躲进地下室……

“啊……”莱拉大叫。当她推开地下室的门，映入眼帘的居然是一个一动不动的银发妇人背对着门坐在摇椅上。莱拉告诉自己镇定。

莱拉试探地喊道 :“贝兹太太。”可是这个妇人没有任何反应。

等莱拉扶着椅子的靠背将摇椅转过来时，她差点没吓昏 :一个带着干瘪面皮的骷髅，天哪!这哪里是一张活人的脸。

身后一声巨响，惊魂未定的莱拉转身，只见一个通身女人装扮的人高举着一把尖刀向自己冲来。莱拉不由尖叫，几乎魂飞魄散。

就在刀尖逼向莱拉的关键时刻，萨姆突然闪出，他一把牢牢抓住了这个人的肩膀，此人假发掉落。“诺曼，果然是诺曼！”

警察局里。莱拉和萨姆疲惫地坐着，案件的结果还没有出来。天网恢恢，诺曼被捕，却对谁也不说一句话。

警察局的心理专家为大家解释着这一切：“其实，诺曼本人已经不存在了。只有一半是他自己，而另一半则不是了。他不肯告诉我们真相，但从他母亲那里我却得知了一切。也许，他永远回不到自己的位置了。”

莱拉：“我姐姐是他杀的？”

“也是，也不是。从事实来讲，他不但杀害了你姐姐玛丽安和那个侦探柯布加斯，以前还害过其他人。只可惜这些案子多年没能破获。从人的意识角度来看，他的母亲也是凶手。在他的精神体系里，母亲占据了一半。十几年前，诺曼的父亲离世，他几乎因此疯狂，他母亲由此变得专横成性，此后，母子二人各自活在自己的世界里。直到十多年前，他的母亲有了一个新的男人，诺曼认为自己被母亲抛弃了。于是，不堪刺激的诺曼亲手杀死了自己的母亲和母亲的那个情人。为了消除心中的罪孽感，诺曼将母亲已经下葬的尸体偷偷弄了回去，放在地下室，并做了化学防腐处理。可是，尸体毕竟是尸体，为了营造母亲还在的气氛，他就将自己放了进去。诺曼疯了，他自己就是两个人，一半是自己，一半是母亲，可以对话。偶尔，诺曼完全成为他的母亲。诺曼在心理上妒忌母亲的感情，并且坚持认为母亲也妒忌他。他认为只要自己对别的女人产生欲望，母亲就会因忌恨而发狂。那天，诺曼见到你姐姐玛丽安，便想得到她。他的‘母亲’因此异常气恼，因此玛丽安才遭他母亲的毒手！然后，诺曼又变回了自己，并且极力替母亲掩盖罪行。”

萨姆问：“那他穿成那样又作何解释？是易装癖吗？”

“男扮女装，本属心理变态。但诺曼不一定是，无论是情欲还是逼真的现实或危机，这些即将洞穿假象的时候，他就借此幻想着母亲一直守在自己身边，从未离开过。戴上假发，穿上女装，学母亲的声音说话，坐在母亲的摇椅上，这无疑都是他变成母亲的方式……这些都是他‘母亲’告诉我的，你们瞧，现在他又变成了他的‘母亲’。”

Marnie

神秘贼美人

——探究女性犯罪心理的悬疑大片

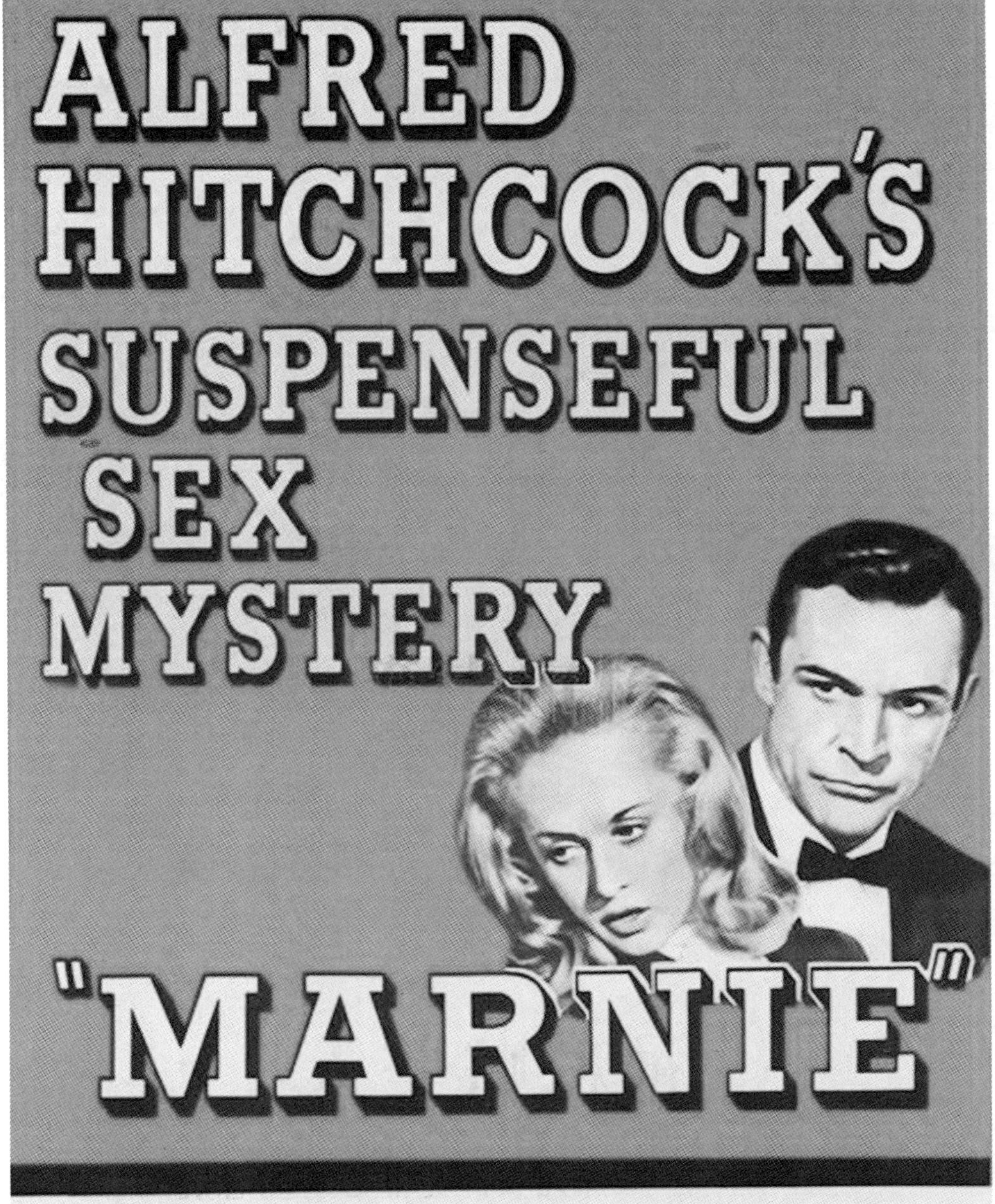
ALFRED
HITCHCOCK'S
SUSPENSEFUL
SEX
MYSTERY
"MARNIE"
Starring
'TIPPI' HEDREN · SEAN CONNERY

电影赏析

外 文 名：Marnie（1964 年）
中 文 名：红颜心影、大情人、艳贼、玛尔妮
导　　演：阿尔弗雷德·希区柯克
编　　剧：文森特·格雷厄姆
　　　　　杰伊·普莱森·艾伦
领衔主演：蒂比·海德莉 饰 玛尔妮·埃德加
　　　　　肖恩·康纳利 饰 马克·拉特兰

如果你只看这部影片的内容简介，或许会认为这部片子拍得很肤浅：一个漂亮的金发美女、一个富有的多情老板，一个灰姑娘变公主的俗套故事而已。千万不要轻易下这样的结论，因为——它的导演是希区柯克，这个名字就是影片品质的保障。

《神秘贼美人》是希区柯克的又一经典，它有着迎合社会审美需求的所有流行元素：美女与帅男，金钱与爱情，欺骗与忠诚，等等。不过，所有的元素在希区柯克的魔幻之手的调配下，只成为了表达导演意图的道具，收起了浅薄，显露出思考与探索。尤其是那句经典的台词“妈妈，你为何不爱我？我总是奇怪，妈妈你为何不爱我？”，一句简单的质问抖出一个深不见底的悬念，也使影片有了人性与心理探索的意味。

影片开始不久，主人公玛尔妮便一展身手，大施盗行。她容貌秀美、气质高雅，她工作勤恳、眼明手快，却为何行窃？这是希区柯克给观众抖的第一个悬念包袱。对于玛尔妮，除了目睹她的行窃，观众对她一无所知。希区柯克知道，这样的神秘必然会给那些对自己的想象力充满自信的观众提供无数种可能。在有了马克·拉特兰这样多金又多情的丈夫之后，玛尔妮依然不能抛弃自己偷盗的恶习，这又是为什么？疑问如同泉水般在观众的心里汩汩而出，执着于视觉享受的观众甚至来不及做过多的思考便已成为希区柯克镜头下的俘虏。

今天，几乎所有的电影学校都会将玛尔妮偷盗拉特兰保险柜的片段作为其教材。在这个几分钟的片段中，希区柯克在一个简单的场景中营造出了一种跌宕起伏、妙趣横生的奇异感觉。清洁工的出现、与黑人的擦肩而过、兜里高跟鞋的掉落等，无一不刺激着观众的心理，让观众的心悬在危险与侥幸之间徘徊起落。实际上，与其说希区柯克玩的是观众的心理，还不如说他操纵了银幕上的空间。

当然，扣人心扉的还有影片的配乐，它对整部影片的氛围营造功不可没。适时响起的每一个音符都不是闲笔，恰到好处的节奏无时无刻不挑逗观众的好奇、增加着观众的疑惑。另外，观众在享受影片剧情的同时，最好还能留意一下主人公的着装。选择这样的着装，不仅直观地向后人们展现了上世纪60年代美国费城职业女性的面貌，还从侧面反映了希区柯克与众不同的审美趣味。

与希区柯克其他影片中的女主人公一样，蒂比·海德莉在该片中利用本身的气质——一种优雅端庄的女性魅力，一种不食人间烟火的安澜，一种难以琢磨的神秘感，几乎每一位希女郎都具备的不流于尘俗的性感，将玛尔妮演绎得淋漓尽致。毫无疑问，希区柯克不只是一个善于制造悬念的怪才导演，他还是一个懂得欣赏女性的风流爵士。

最后，从影片的性质来讲，这是一部典型的心理重建影片。希区柯克以浅显的弗洛伊德心理学理论为支点，以玛尔妮的心理疾病为主线，同时添加了惊险曲折和风趣幽默的双重光彩，自然的，它的吸引力毋庸置疑。影片中显示，自从发现玛尔妮的病症之后，马克便开始学习女性犯罪心理、人性分析等方面的专业知识。认识玛尔妮之前，马克曾经非常出色地训练过美洲豹，所以，当他“训练”玛尔妮，帮助她摆脱对红色、暴风雨、男人的恐惧的时候，马克的拯救心理无疑也是一个弗洛伊德式的背景。当电影业的发展走到今天，各色各样渗透着弗洛伊德意识的作品早已泛滥成灾。但不难发现，在绝大多数的影片中，哲学意识和影视技巧的结合充斥着做作的牵强，甚至显得“弱智”。而回忆几十年前希区柯克的这部电影，仍不失为一种学习和对经典的怀念。

一个简单的场景，希区柯克只短短几分钟便营造出跌宕起伏、妙趣横生的奇异感觉。清洁工的出现、与黑人的擦肩而过、兜里高跟鞋的掉落等，无一不刺激着观众的心理，让观众的心悬在危险与侥幸之间徘徊起落。

1. 她扯了扯裙子!

纽约火车站。人影稀疏。

一位褐发少女不紧不慢地走过来。她身材娇小，淡蓝的眼睛和绛朱般的红唇，镶嵌在细白的皮肤上，再化上一点淡妆，真可谓绝代美人。她叫玛尔妮·埃德加，今年25岁。她神情严肃地走着自己的路，目不斜视，从容不迫。从表面上看出，她颇有主见和自信。不过，她表现出的这种绝对孤独者的气质似乎与年龄并不相符。

开往宾夕法尼亚的火车进站。玛尔妮快速地登上火车。

宾夕法尼亚。玛尔妮随意找了个小旅馆，稍作休息后，便出去做了一次疯狂的采购。她在一家高档百货公司选了几套衣服，每一件都有着上乘的材质、典雅的色泽和大方的样式。再加上几双高级皮鞋，丝袜和围巾，上好皮料制成的皮包，这些足以让别人另眼相看。

玛尔妮提着大包小包出了店门，身后还跟随着一个替她抱了一摞各式盒子的小厮。

“出租车！”玛尔妮拦了一辆出租，临关门时，给了那个伙计一笔不薄的小费，那伙计赶紧双手接住，乐得一个劲地点头哈腰，鞠躬道谢。

汽车只转了两个弯便到了旅店。看门人帮她把这些东西一次次搬到房间。当终于关上房门，玛尔妮长长地舒了一口气。她顾不得休息，找出那套最珍贵的鹅黄色的新装挂在衣柜里。接着打开从纽约带过来的行李箱，把那些小件的内衣统统扔掉，剩下的外衣则一股脑塞进去。衣服的标签无一例外地被撕掉，并扔到烟灰盒里烧掉。新买来的衣服被她从盒子里取出来，细心地折叠好，放在新的行李箱里，上锁！

她做事的方式显得细致而有条不紊，一看就知道是个经常出门的人，心机肯定不是一般人能比得上的。

她打开了那只沉重的黄色坤包，从钱包里拿出一张社会保险卡，卡上的名字叫玛里恩·霍兰。她望了最后一眼，便把它撕掉，并扔进烟灰缸未尽的火焰中让它化成灰烬。她随手又拿出一个粉盒，轻轻地掀开粉盒上的镜子，取出几张印有不同名字的社保卡。是的，她扔掉旧的，便需要一个新的“身份”。

玛尔妮一手拿着盛满烟头的烟灰缸，一手抱着新买的染发水，静静地走进浴室。烟灰缸里的东西自然是入了抽水马桶。接下来的工作便是染发。

为了配合新的身份，玛尔妮决定将头发染成金黄色。只见她利落地拧开洗脸池的水龙头，一丝不苟地将染发水涂在褐色的秀发上。不消几分钟，大功告成！她直直地望着镜子，脸上没有一丝喜悦，她冷静得没有一点妙龄女郎们自怜自爱的神色。

玛尔妮一边擦着湿漉漉的秀发，一边返回卧室。再次打开黄色坤包，从里面取出一大沓现钞。“又一次得手！”看到这笔不小的现款，她那张不苟言笑的俏脸蛋儿上终于掠过一丝不易察觉的微笑。想着那个胖胖的斯特拉特先生发现真相之后的惊恐和恼怒，玛尔妮的笑容变得有些得意。

星期一。斯特拉特税务顾问公司。

挺着一个啤酒肚的西德尼·斯特拉特按照往常的时间早早赶到自己的公司。公司规模不大，办公的地方只不过是一个稍大点的套间。办公室内陈设简单，除了几个办公桌椅，就只剩几个文件柜。

“早安，克罗夫特小姐。”他进门便向外室负责接待的克罗夫特小姐问好。

“早安！”克罗夫特小姐微笑着答道。

斯特拉特永远穿着深灰色套装，不修边幅是克罗夫特小姐最大的特点，这样看来，倒是浑然一体。只可惜与这个税务公司的业务一点不般配。

斯特拉特径直走进自己的办公室。推门的一刹那，他只觉得眼前一黑，仿佛五雷轰顶。安在墙上的保险柜柜门大开着，里面的钱不翼而飞。他稍作镇定，下意识地回头一看：为什么一向准时上班的玛里恩·霍兰没有来？

“一定是她！”他顿时火冒三丈，气血冲顶，深灰色的外套跟着身体一起颤抖起来。

“就是她，这个冷面美人，平时假装正经，装着只顾埋头工作不理其他，我还说她枉长了那么标致的身材和脸蛋，没想到原来是个贼！”

斯特拉特先生搬出厚厚的账本，不算不知道，一算他更是痛上加痛：“天哪，整整9967美元哪，即使我现在接上十桩生意，也不见得能补偿这损失。这个人面兽心的害人精，若是抓到她，定要让她尝尝蹲十年二十年监狱的滋味。”

他颤抖着手打电话给警察局：“这里是斯特拉特税务公司，你们赶快派人来啊……快点……什么事……公司里的职员偷了我差不多1万美元逃跑啦……”放下话筒，他便在不到20平米的屋子里走来走去，长吁短叹。

便衣警察杰克和汤姆到来。

克罗夫特小姐带领他们见了斯特拉特先生。在互相介绍后，气得头昏脑涨的斯特拉特用手指着门口：“是她！就是她偷走了我的钱。”

汤姆看了看门口的克罗夫特小姐，吃惊地问道：“斯特拉特先生，你说的可是她？”

“哦，不是，不是，这是克罗夫特小姐，偷钱的那个是我在电话里给你们说的那位玛里恩·霍兰！偷钱的就是她。我记得上星期是自己亲手锁好保险柜才离开的，而且我确信是最后一个离开的。只可惜今天一大早，我就发现我的钱不翼而飞，足足有9967美元！”

“斯特拉特先生，还有谁掌管保险柜的钥匙吗，除了你之外？”

“没有第二把钥匙，唯一的一把在我手里，我自己保管保险箱。”

杰克在笔记本上记录着现场情况，他问道：“斯特拉特先生，请你描述一下那位玛里恩·霍兰的外貌特征好吗？”

怒不可遏的斯特拉特几乎丧失了理智，高声嚷道：“没问题，当然可以。她 25 岁，身高 5 英尺 5 英寸，体重 110 磅，穿的衣服是 8 号，蓝眼珠白皮肤，深褐色的头发……有大波浪，身材不错，牙齿很好……”

杰克听着这些话，忍住笑做着笔录。

斯特拉特差点被激怒了：“杰克先生，这事有那么好笑吗？我讲的可都是作重大盗窃案的前提。”

“先生，是的。你刚才所说的深褐色头发，大波浪，身材不错，一口好牙……她在这里工作有多长时间了？”

“4 个月。”

杰克又问了一个很常规的问题：“斯特拉特先生，请问这里有她的介绍材料吗？”

斯特拉特这下犯了难，他一改刚才的口若悬河，不免吞吞吐吐地支吾起来：“事实上，她来的时候……应该是……有的……”可惜这时后悔早已来不及了。

在门口望了好大一会儿的克罗夫特小姐终于找到一个插嘴的机会：“斯特拉特先生，你忘啦？她根本就没有什么推荐材料！”

克罗夫特小姐的一片殷勤之心反倒戳到斯特拉特的痛处，他又气又恼，铁青着脸向汤姆说道：“哦，是这样的。我本来只让她做做复印、打字之类的简单工作，不让她涉及什么机密之类的事，所以嘛……”汤姆和杰克瞬间明白了，他们会意地点点头。

一阵尴尬的沉默。

斯特拉特突然像是换了一个人，眉开眼笑地说道：“啊，拉特兰先生！我不知道你进来了。不幸我刚遭遇大祸啦！”说着，他便迎上去，握住拉特兰先生的双手。随后向杰克和汤姆介绍：“这位是我的大客户。”接着又交代道：“我这里的失窃情况就这么多了，希望二位能尽力查办，有情况随时联系。”汤姆和杰克二话没说便走了。

拉特兰先生浑身上下都是名牌，浅灰色细条纹的套装、衬衣、领带、手表、皮鞋、呢帽，甚至连腕口处的袖口纽扣都是名牌。他出身上层社会，有着不同寻常的美德和教养，是一位气宇轩昂、颇有气派的美国人。他说话的嗓门不高，既不容否定，也不乏傲气，富有幽默感，嘴角常常挂着谦和的笑意。在他的世界里没有贫穷，也不会因为备受现实的挫折而苦恼。在他看来，自己最大的苦恼无非是被迫放弃了自己最喜欢的事情——研究动物，而接受了家庭的安排，继承了父亲的产业。他的好奇心和对任何事物的敏锐直觉抚平了他放弃爱好的遗憾。可是说这些有什么用呢？最让他倍感不幸的就是，他中年丧妻。

拉特兰先生说："以我推测，你的1万美元是被一个没有推荐材料的美人给偷了！"事实上，他在门外已经听到了屋内的一切谈话。

斯特拉特还以为自己遇到了知己，连忙答道："哦，先生应该还记得她吧？上次你来时我给你介绍过，你当时还说我们的房子应该如何装修一下。"

拉特兰先生："算啦，我今天不要做生意啦，你也没心情，还要忙于处理……"

"哪里！哪里！和拉特兰先生做生意我怎么可能没有时间呢！你是知道的。哦，你费城那边的生意怎么样？……唉，这个小妖精，要是抓到她，一定让她好看！我就知道她渴望加班都是装出来的，虚情假意，不过干活倒是从来没有什么差错……哼，别看她老是把裙子扯到膝盖下，好像要保护什么宝贝似的！装得那么正派、那么能干……"

拉特兰忍不住笑了笑："还有那么善于应付，是吗？"

斯特拉特："可是，她到底跑到哪里去了呢？"说着，不由地低下头来。

玛尔妮并没有走得太远，尽管美国也是一个幅员辽阔的国家。她只不过是到了宾夕法尼亚。

火车站。

玛尔妮穿着新买的鹅黄色套装，金发披肩，手里拎着一新一旧两个行李箱。

一排出租的小柜子。她从容地把一枚硬币投进投币口，柜门自动打开，她把那个旧行李箱扔进去，砰的一声锁上了门。接着提着新的继续前行，到一个下水道井盖时，她一松手，手里的那枚钥匙吧嗒一声便掉了下去。没有人会注意到这个，因为所有的行人只自顾自地匆忙赶路。

她登上火车，来到了郊区，这里是她经常光临的地方。她容光焕发地登上了站台，心里荡起许多温暖。

“埃德加小姐，让我给你提行李吧！”小客车车夫拉尔夫认出了她，并主动前来帮忙。

“你好啊，谢谢你拉尔夫。我怎么先前没有看见你。”玛尔妮友好地回答，同时她还塞给拉尔夫一份不薄的小费。

她的行李被放到一个小型客车的后备箱里。拉尔夫讨好地笑着说了一句：“哦，你知道我会在这里接你的。”

拉尔夫本想搀扶着玛尔妮坐在车的后座上，但玛尔妮顽皮地说：“拉尔夫，你不介意的话，我想坐在前面。”此时的玛尔妮与先前判若两人，她显得那么活泼、友善，那么容易与人相处，一看就知道是个受过良好教育的女孩。

小客车在乡间大道上飞驰而过。红狐旅店门口。

拉尔夫先下车，到另一侧给玛尔妮开了车门，帮她把行李拎进旅店。旅店的门厅不大，天花板上的吊灯发出柔和的光。壁炉边摆着几把椅子，小桌上有几本杂志。木地板上铺着讲究的地毯，一角还摆着一个小巧的登记台。

店主梅特兰太太笑脸相迎：“埃德加小姐，你能回来我真是高兴！你一定还是喜欢原来你住的那间屋子吧，放心，我一直给你留着呢。”

拉尔夫听到这里，便会意地主动将行李送上楼去。

“谢谢你，梅特兰太太。请问，现在还有谁能送我到马场吗？”玛尔妮一边登记一边笑着问。

“当然，没有问题。我尽快给你准备妥当，随时恭候。”

“非常棒！我现在就换衣服去。”玛尔妮登上楼梯后又回头笑着说：“回到这里真是好极了！”

在客房门口，玛尔妮把拉尔夫打发了。

不多时候，玛尔妮一身干练的装束出现在旅馆门口：深棕色羊毛运动衣，浅黄色软皮裤和黑色的长筒马靴。

玛尔妮又投身到明媚的阳光中。她跳上一辆专门为她准备的马车，直奔马厩。马厩的负责人加罗德及时地从马厩的拐角向玛尔妮走去，笑盈盈地问候道："埃德加小姐，能看到你，真好！"

"加罗德先生，你好！我的宝贝儿在哪里？"

这话逗得加罗德大笑不止："你的宝贝？你那个宝贝儿在后面呢……它知道你今天要来，兴奋地只想咬我。"

玛尔妮听到这话，喜上眉梢，赶紧随着加罗德走到马厩后面，一匹高大的黑马映入眼帘。

身材娇小的玛尔妮面对着强壮有力的马儿，显得异常激动。他们本已混得很熟了，现在那马一见到她，便发出了细而柔的嘶鸣，前蹄轻轻地踢踏着地面，有力的尾巴甩动着，急不可待地把乌亮的脑袋伸进玛尔妮的怀里。他们的脸颊紧紧地贴在一起，依偎着。它弄乱了玛尔妮的秀发，玛尔妮却一点不在乎，只笑着乐道："哦，我的福利奥，你若是想咬什么人，还是咬我好了！"

玛尔妮身轻如燕地跨上福利奥宽阔的脊背，他们在微风中欢跃地在马场上奔跑驰骋。玛尔妮被风扬起的丝丝长发，福利奥光亮的鬃毛，一切都显得那么相配，他们合二为一了，快乐飞舞在偌大的马场。那个平日里层层包裹的玛尔妮不见了。

可惜这样的生活太过短暂，玛尔妮必须尽快回到老家探亲。

巴尔的摩有一处再普通不过的居民区，因为与海湾相邻，因此站在狭窄的街道上便能够看见船只的桅杆。常年积水的街巷是这里的孩子们唯一的天堂，他们在这里嬉戏，成长。

玛尔妮穿着一套时髦的银灰色衣裙，刚下出租汽车，便成为街道上最亮丽的一道风景，吸引了玩耍的孩子们好奇的目光。孩子们看着看着便继续他们的游戏，小巧的嘴巴里唱着："……找医生，找护士，还找来了带鳄鱼皮包的女士。医生说腮腺炎，护士说猩红热，带鳄鱼皮包的女士说不碍事……"玛尔妮走在稚嫩的童谣声中有些感动，这样的游戏已离她太远了。

范·布伦街116号。门铃丁零零地响起。

七八岁的小姑娘杰西，闪着一头熠熠发亮的金发，蹦蹦跳跳地开了门。她们早已相识，此刻见面却没有丝毫重逢的热情。杰西瞪着玛尔妮，露出一丝敌意。

玛尔妮 ：“哦，是你。我妈妈在哪里？”

“她在厨房给我做核桃饼。”

玛尔妮从她身边走过，放下行李，冷冷地说了句 ：“哼，在给你做好吃的呀。”

玛尔妮的母亲伯尼斯听见说话的声音，便在厨房喊问 ：“杰西，是谁啊？”

随着这熟悉的口音，她拄着拐杖从厨房走向起居室。这个女人四十多岁，体型消瘦，神情憔悴，稀疏的褐色头发，看起来一副老态龙钟的神态。不过，她很会打扮自己。深色上衣，光鲜的花布裙。她一看见玛尔妮，顿时显得神采飞扬。

“哦，妈妈，你还好吗？”玛尔妮迎了上去。

伯尼斯太太眼睛放着亮光，仔细地打量着眼前的女儿 ：“亲爱的，谁还有你漂亮呢！”

玛尔妮快速地走上去，准备拥抱她。

伯尼斯却很快地把玛尔妮推开 ：“我就是不能忍受你的黏糊劲，玛尔妮。你总是在我的周围跑来跑去的，这会儿在波士顿，下一刻就在马萨诸塞、伊丽莎白或者新泽西，从来就不能安定下来。”

这时，玛尔妮无意看见桌上的花瓶里插着一大束的红色剑兰，花朵很艳，在阳光的照射下，散发着若隐若现的红光，玛尔妮突然感到一阵莫名的恐惧。她赶紧把带来的菊花递给妈妈 ：“妈妈，我给你带了些菊花。我一向最不喜欢剑兰，把它扔了吧。”说着顺手拔起花瓶里的剑兰，把菊花插了进去。

“可是我们喜欢剑兰，就是喜欢剑兰！”一直没有吭声的杰西突然抗议。

“别把水弄到地上！”伯尼斯很不满玛尔妮的举动，严厉地说道。

玛尔妮 ：“杰西卡，你既然喜欢，那就拿回你家去吧，给你的妈妈吧。”

杰西 ：“告诉你，我叫杰西，不叫杰西卡。我要在这里待到 6 点，因为我妈妈 6 点以后才下班回家。”

玛尔妮 ：“那也好，你赶紧把你的剑兰拿到厨房里去吧，我不想看见它。”

伯尼斯见势不好，赶紧打圆场 ：“哦，宝贝杰西，把这些花拿到厨房去，可不能滴得到处都是水啊。”她的口气比刚才柔和得多。

杰西听罢，嘟起小嘴拿着她的剑兰去了厨房。

玛尔妮：“妈妈，你总认为这个孩子没有家。我又不是没有给你足够的钱，为什么还要给别人家看孩子呢？”

伯尼斯脸上的线条变得柔和了许多：“孩子，我并没有说我必须给人家看孩子，这是我自己乐意做的。杰西这个小家伙可伶俐了。哦，你要是能听她说有些话……”

玛尔妮不能自制地尖刻反击：“啊，我早听过了，我已经听得够多了。有哪次回家，不是你在讲杰西这就是杰西那，或者就是看见她在这里……”

“玛尔妮，你的头发怎么变成这个色了？”伯尼斯看见杰西从厨房回来，就顺势改变了话题。

“是改了改。颜色浅了点，怎么啦？你不喜欢？”

“不是不喜欢。只是，金色头发看上去就像是一个女人想勾引男人的感觉，和男人鬼混怎么可能有个好名声呢。”

“妈妈，我给你带了一点东西，希望你喜欢。”玛尔妮不想继续谈论这些话题。说着，她从行李箱里拿出一只系着漂亮丝带的盒子，递给伯尼斯。

“哎呀，你何必花那么多钱呢！你不该把钱花在我身上。”伯尼斯看见礼物笑逐颜开，随手接过玛尔妮手中的盒子。

“挣钱不就是为了花的嘛！连上帝也说‘金钱可以回答所有问题’。”

“哎呀，这么昂贵的东西，我哪里用得着啊？玛尔妮，你花钱手也太重了，买这么奢侈的东西……”伯尼斯满心喜悦地拆开包装盒，里面是一条闪着银光的貂皮毛围领，奢华富丽，相当气派，她忍不住用手抚摸着那浓密厚实的皮毛。

玛尔妮被母亲的心情感染了，顺势把围领搭在伯尼斯的脖子上：“对，这样把它围在下巴底下。”说着，退后一步，还欣赏着：“妈妈，告诉你一个好消息，彭斯顿先生又给我加薪了。”

“啊，我敢说，这个人就像你的亲生父亲那样对你好！”

“伯尼斯太太，你能不能在我回家之前把我的头发梳好？”蜷缩在一旁的杰西早就等得不耐烦了，想找借口离开。

“哦，当然，你上楼去拿梳子吧。”伯尼斯此时正兴致勃勃，转身对杰西宠爱有加地笑道。

杰西很高兴自己又夺回了伯尼斯的注意，得意地奔上楼梯。

“这孩子，让我想起你小时候也是这样一头金黄。”伯尼斯太太看着杰西的身影，不由地叹道。

“每天下午，路的这边就没有阳光，这稍微一阴点，我的腰和腿就疼得厉害。”伯尼斯太太腿脚不好，站了半天，有些撑不住了，只好坐进摇椅里。

玛尔妮激动地跑到母亲面前跪下，把头孩子般地靠在母亲腿上。

“留神我的腿！”没想到伯尼斯皱着眉头，一边躲开一边粗暴地说。

杰西拿着梳子从楼上下来，看到了这一幕，她得意地冲着玛尔妮投去一种胜利的喜悦。

“伯尼斯太太，请给我梳头吧，我把梳子拿下来了。”伯尼斯不由分说让杰西坐在自己的腿前。

玛尔妮心里涌起许多失落，一个邻家女孩就能取代自己在母亲心中的位置。她无奈地站起来，看着母亲一遍一遍地给杰西梳理着那金色的头发。自己曾经也享受过，可惜现在不会了。

“小心肝儿，可以回家了！来，带上你妈妈她最喜欢的东西。现在已经 6 点零 5 分了。”伯尼斯对杰西就是这么地疼爱，一边梳理头发还一边温柔地说。

杰西借机撒娇：“伯尼斯太太，可是我的核桃饼呢？你不是答应我的吗？”

“小宝贝，别急，会有的。等晚上我一做好就给你送过去。赶紧回家吧，路上小心，半路别贪玩。”

“好的，伯尼斯太太！再见……”杰西压根就无视玛尔妮的存在，径自回家去了。

杰西一走，玛尔妮觉得妈妈又属于自己了：“妈妈，我送你的围领你真的喜欢吗？那是真正的上好貂皮。看啊！真漂亮，你满可以当一个老头子的情人！”

“这么贵重的东西，我可从来没有在哪个男人那里得到过。做一个体面的女人，本就不需要男人。我曾一直对杰西的妈妈讲，我的女儿绝对不会和臭男人鬼混在一起的，她绝对不会。”

“妈妈，你说得对。没错，我们根本不需要男人，自己也能过得很好。”

伯尼斯对女儿的回答很是满意。她取下貂皮围领放在沙发上，蹒跚着进了厨房。好久都没有和母亲喝过下午茶了，玛尔妮坐在桌边想象着母女俩一起享受天伦之乐的情形。

“玛尔妮，我考虑再三，还是决定让杰西娘俩搬到我们这里来，我们住在一起。她是个正派而勤快的人，非常好……命苦，一个人独自养活一个孩子……不容易！”伯尼斯边准备着边说着，玛尔妮觉得好不容易甩掉的东西仿佛又骑在了自己的头顶，心里无法忍受。

玛尔妮立刻反驳道：“妈妈啊，算了吧，你其实就是想和杰西在一起，这才是你的真正想法吧！”她抬眼望着伯尼斯，接着把长期以来结在心头的那个疙瘩说出来，她控制着自己的情绪：“妈妈，你到底为什么不爱我！我为什么就比不上杰西？你能告诉我这是什么原因吗？”玛尔妮缓缓地伸手想抚摸妈妈的脸，伯尼斯冷冷地躲开。

“为什么你要这样对我？我什么地方做错了吗？为什么？”伯尼斯的举动让玛尔妮近乎绝望，她不禁尖声叫道。

伯尼斯语气淡漠地答道：“没有为什么！你什么过错也没有。”

“天哪！我这些年想方设法让你爱我，无论做什么……我的所作所为……只为让你爱着我！你以为我在外面干了什么事？是吗？妈妈。你想知道我到底做了些什么不体面的事情？你以为我就是靠着那些事来养活你的吗？”

玛尔妮错了，也许伯尼斯根本就不是因为什么无端的猜测。她挨了伯尼斯太太的一个耳光。清脆的声音，让她惊呆了。

玛尔妮看着面色苍白的母亲，不禁带着哭腔低声说：“妈妈，对不起。我不知道自己是怎么啦，竟然说出这些邪门的话。我知道你还爱我，我知道你从来没有怀疑过我所做的一切。”

“我从来没想过。”

“对不起，妈妈，真的对不起！请你不要介意，我上楼去平静一会儿吧，有点累了。”

“去吧。”

玛尔妮慌忙离去，不小心又打翻了桌上的点心，她想收拾，被妈妈阻止了。为什么？玛尔妮的精神近乎崩溃。跟母亲的关系一直这样，类似的事情曾经也有。但是这次不同了，这次要远远比昔日的摩擦激烈。为什么回家呢？不就是希望得到母亲的爱意吗？不就是为家的温暖吗？怎么会这样？玛尔妮深知人世间的人情是多么淡薄，因此，母亲的爱才显得那么重要。然而得到母亲的爱，却那么艰难！如果说这一切都是因为小姑娘杰西，没法说通啊！疑惑和困境永远没有尽头，不过这时，一切也许都比不上一张整洁柔软的床了。

卧室。

傍晚的海风吹拂着窗帘。窗外的橡树不断地敲打着窗棂。玛尔妮睡着了。她太累了，和衣躺下，连门也没有关。

又开始做梦了。多年来一直困扰着自己的那个噩梦又出现了。玛尔妮喃喃不清地说着梦话。前面的非常模糊，只有后面几个字显得真实些：“妈妈……别……妈妈，不要……”

伯尼斯上楼了。她来到床前叫醒玛尔妮：“玛尔妮，醒醒吧！玛尔妮，我们该吃晚饭了。”

玛尔妮醒了。可是睁开的眼睛里除了一片泛动的红光，什么也看不见，她还没醒，只是睁开了眼：“别走……妈妈……不要走，太冷了……”

“醒醒吧，玛尔妮。你还在做梦呢？我们该吃晚饭了。”

玛尔妮浑身开始打起哆嗦，终于清醒：“哦，又是这个噩梦，做了无数遍的梦……先是听到拍打声……总是在你走到门口的时候我感到全身莫名的寒冷……”

伯尼斯见惯了女儿的这种毛病，她无动于衷地离开了。转身的时候，只说了句：“晚饭做好了，我再说一遍。”接着楼梯上传来沉重的脚步声。

在这样的气氛中，玛尔妮只有窒息的感觉。除了再次上路，她没有别的选择。

2. 四下无人……

费城。火车站。

玛尔妮在这里出现的时候，头发的颜色已经变成了浅棕色。她画着淡妆，一身标准的中灰色职业套装，一条素花的围巾，一个瘪瘪的皮包。

玛尔妮神情凝重地站在车站的门口，似乎在琢磨着该朝哪一个方向走。定了定神后，她潇洒地伸手，叫了一声："出租车。"

上了车，她让司机按照《费城向询报》上标出的地址把她送到拉特兰印刷公司。

大片的办公楼和厂房。这家公司在最鼎盛的时期曾拥有千余名员工。

停车场上有不少名牌轿车。玛尔妮穿过停车场朝着办公楼走去，等候着和事先约好的主管面谈。

办公室被大玻璃隔成内外两间，里面是一个套间，中间有一扇门。办公室内的两张办公桌一张闲置着，一张是一个年轻妇女苏珊 · 克拉本的办公桌。她三十出头，既不美也不丑，除了偶尔抬眼看一下沃德先生的办公室，便一直低头处理着自己手头的文件。沃德先生正在里面的办公室里面试。大办公室里的众多职员来回穿梭，十分繁忙。

马克 · 拉特兰先生来了。他大模大样地走进外间的办公室，无意间朝玛尔妮这边看了一眼。玛尔妮抬眼望了拉特兰先生一眼，立即端庄地垂下眼睑，下意识地把裙子往膝盖以下扯了扯。这个动作让马克的脑海中忽然闪出一丝模糊的记忆，他眯着眼看着玛尔妮。

"克拉本小姐，你好。"拉特兰先生打着招呼。接着问："沃德先生在办公室吗？"

苏珊抬头答道："是的，沃德先生正在里面面试新的办公室助理呢。"

门开了，最先走出来的是一位看似胸有成竹的中年妇女。沃德先生随后而出。看到拉特兰先生，他便高兴地介绍："哦，拉特兰先生，这位是布莱克利小姐……这位是拉特兰先生。"

布莱克利小姐："谢谢你，沃德先生，再见！再见，拉特兰先生！静候你们的佳音。"

沃德先生情绪极好，这么久了，终于找到一个有工作经验的办公室助理了。他没有注意到外间还坐着一个面试者——玛尔妮。他让拉特兰先生进了屋，正想着请上司做最后的拍板呢，却听见拉特兰先生说道：“沃德先生，门外还有一个人呢。看上去年轻，应该不错。既然你们已经约好，就去谈谈吧！”沃德先生打开门探出头扫了一眼，又关上门。

“拉特兰先生，这位显得太年轻了吧？我觉得还是找一位年龄稍长、工作经验比较丰富的人，而且看她的资料……”沃德先生手里拿着一封资料，阐述着自己的观点，可一考虑到拉特兰先生的倔脾气，他不得不改口说道：“不过也是，既然约好，我们谈谈也无妨！”

拉特兰先生悠闲地坐在长椅上，玛尔妮不慌不忙地随沃德先生走进办公室。他看着二人，突然涌起一种奇怪的好奇心。

玛尔妮坐在沃德指给她的位子上。她的背后是一只印着“拉特兰公司”字样的双开门保险箱。正好，拉特兰先生可以从侧面观察到一切。

沃德边看材料边说：“嗯，泰勒太太，我看过你在匹斯堡的肯德尔公司的介绍材料。你只有这唯一的材料吗？”

“哦，沃德先生，我受过良好的训练，只是我的实际经验不多，肯德尔公司是我第一个真正的职务。毕业之后，我便结婚。我的丈夫是一位出色的会计师，我从他那里继续接受培训，学到很多东西，比如成本价格、会计，甚至电脑……”

沃德：“哦，原来是这样。”显然，他的态度告诉玛尔妮他对她的说辞不是很满意。

玛尔妮恳切地解释着：“去年 11 月，我丈夫突然去世……他给我留了一点钱。但是，我始终觉得我需要一份工作……一份合适的、可以历练我的工作，我希望挑战有难度的工作……在肯德尔的那份工作，并不是一件费劲的事儿，可是在那里没有别的机会。我并非只看重工资，薪水对我来说不是最重要的。沃德先生，我更喜欢有趣的或者有挑战性的工作，可以让我为之用尽力量的工作，工作时间的长短我并不计较。”

沃德回头看了拉特兰先生一眼，后者没有反应。沃德叹了口气，回头问道：“泰勒太太，那你能告诉我为什么要离开匹斯堡吗？”

“我丈夫死了之后，我万念俱灰，我不想活在过去的阴影里，离开那里只是为换一个生活环境。”玛尔妮为自己重新找到表演机会倍感高兴，她耸耸肩，试图表达丧夫之后那种别人无法体会的细腻感情。

沃德："那是当然的。但是，泰勒太太，我们的职业需要一个相当可靠的人……"

"哦，沃德先生，能否给我一个足以证明自己的机会呢？"玛尔妮立刻接上话题。

沃德皱着眉头，显然对眼前的这位泰勒太太不甚满意。他再次用目光征询拉特兰先生的意见，得到的却是颔首肯定。真出人意料，但是出于对老板的尊重，沃德先生只能站起来有气无力地向玛尔妮宣布："泰勒太太，很好。我认为……你下周星期一就可以来上班了。"

"谢谢，谢谢沃德先生！"玛尔妮喜出望外，站起来连连称谢。

沃德送走玛尔妮之后，转身关上门对拉特兰先生有些不满："拉特兰先生，我不明白我们为什么要雇佣一个没有任何可靠的正规材料的人？你原来不是这样……"

"这么样说吧，沃德，我只是对这位女士的过去很感兴趣。听她炫耀，我是个不错的观众。"拉特兰先生含笑打断沃德先生的怨言。

"当然，你是老板，你说了算。不过我还是不明白。"

"哦，我本没打算让你明白……"拉特兰今天心情不错，他看了看保险柜，颇为神秘地说道。

沃德无奈地走出办公室，正碰上一个年轻姑娘风风火火地冲了进来。此人是拉特兰先生的小姨子，看上去不到20岁，栗色短发，一张可爱的小脸很讨人喜欢。她向沃德友好地一笑，又好奇地看了一眼玛尔妮。

"你好，克拉本小姐。"

"你好，萨姆先生。近来生意怎么样啊？"

沃德先生受宠若惊地连忙回声："梅因沃林小姐，很高兴见到你，有什么事可以为你效劳吗？"

"马克在吗？我这次来，有两件事。第一是想找个人请我吃饭，第二呢，找个人帮我兑一张支票。请我吃饭自然是马克啦，兑支票的事儿，只能拜托给你了。"

沃德："拉特兰先生在，请直接进去吧。兑支票的事儿就交给我了，很乐意为你效劳。"

利尔走过沃德身边时，调皮地拍拍他的肩膀。接着冲着玛尔妮迷惑地笑了笑。

“外面那个漂亮小姐是谁啊？”利尔一见拉特兰先生便急迫地追问。

“她啊，是新来的办公室助理！”拉特兰先生关上门后回答。

克拉本小姐是个很好相处的人，心眼不多，突然多个可以唠叨的人，倒觉得很好。沃德先生在她的办公桌前来来回回晃悠了好几回，一会到克拉本的抽屉里看看，一会又回到自己的办公室去瞅瞅。习惯了这一切的克拉本小姐不以为然。

“那位是拉特兰先生的小姨子，她的姐姐也就是拉特兰先生的妻子一年前因心脏病去世了，还不到30岁。真可惜！但是不管怎么说，她总算把唯一的妹妹拉扯大了。利尔一直和他们住在一起……老拉特兰先生住在威科温，我觉得利尔是打算永久性地留在那里，你明白吗？”跟前没人的时候，克拉本小姐以为初来乍到的玛尔妮肯定也会对这些八卦新闻感兴趣，就饶有兴致地讲起拉特兰家族的旧事。

玛尔妮只顾做着手头的事情，她有自己明确的目的和所关注的事情，对克拉本小姐神秘兮兮的热情只报之一笑。

每天一大早，玛尔妮便坐在克拉本小姐面前的办公桌前，着手处理手头的业务，时时刻刻都表现得谦逊、好学、勤奋和稳重，处处礼貌周全，又从不主动打听什么闲言碎语。沃德先生虽然心里对玛尔妮有些芥蒂，但因为她的工作从来不会有什么失误或不当，所以说不出什么。日子一天天就这样过去了。

玛尔妮慢慢地注意到，拉特兰先生总是在里面的办公室里有一搭没一搭地和其他职员说着什么，时不时地总要朝自己看上一眼。每当这个时候，玛尔妮总是下意识地将裙子往膝盖以下扯一扯。当然，玛尔妮最关注的应该是沃德先生和克拉本小姐的工作规律。

办公室。克拉本小姐去了沃德先生的办公室，没有关门便打开了保险柜。玛尔妮看见露出的现钞，心里不禁一阵窃喜。看来，克拉本小姐是知道密码的。

玛尔妮谨慎地观察着办公室里的一切。她的手指从来不会离开键盘，更不会将目光从面前的文件上挪开。她对待自己的工作一丝不苟，这里的每一个人都看在眼里。

办公室内一片安静。拉特兰先生和沃德先生在各自的办公室里忙于事务。

玛尔妮的红墨水用完了，无奈只能求助克拉本小姐：“苏珊，你那儿有没有备用的红墨水？”

“有的，你就用我这瓶吧。”

“谢谢。”玛尔妮客气地道谢。她拧开了瓶盖蘸墨水，不小心把墨水滴到了白衬衫的袖口上。她呆呆地望着，脑海中又泛起那束令她心里发寒的红光。她圆瞪着眼，大喊着冲出了办公室，奔向卫生间。周围的同事们都吓傻了，纷纷为之让道。

她脱下自己的衬衣，打开自来水，使劲地搓洗那片红色污渍，直到洗净为止。

克拉本小姐追进来：“泰勒太太，你没事吧？拉特兰先生见你这样，以为你受伤了，特意叫我来看看你。他就站在门口等你呢！”

玛尔妮淡淡说道：“能有什么事呢！你看我不是好好的吗？不过是洒了一点墨水，我讨厌穿脏衣服。你看，这下干净如初了！”她平静地掩饰着一切，弄干衬衫上的水重新穿上，非常自然地回到办公桌前。

等在门口的拉特兰先生远远地看见她没事，便放心回去了。

又一个工作日。沃德又在自己办公室和克拉本小姐的桌子之间来回走动。玛尔妮非常好奇他玩的是什么把戏。

“沃德先生为什么老是来回打开你办公桌下面的抽屉啊？他这是什么把戏？”玛尔妮忍不住偷偷向克拉本小姐打听。

“这完全因为他健忘！他这人总是记不住保险柜的密码。密码在我这个抽屉下面，为以防万一，我和拉特兰先生各有一把钥匙。密码虽只有 5 位数，可是他总记不住。”听到克拉本小姐的这番唠叨，玛尔妮暗自欢喜起来。她明白了，怪不得沃德先生来回走动时总是皱着眉头，一副苦恼的样子，原来是为了那不争气的记忆力。

过了一会儿，沃德先生站在门口冲着玛尔妮说：“泰勒太太，记得你好像曾说过不在乎工作时间的，刚才拉特兰先生打电话过来，他说这个星期六需要你帮他做点事，怎么样？没问题吧？”

“星期六？沃德先生，哦，当然可以！星期六的什么时间呢？”

“下午两点半。好，我这就打电话告诉拉特兰先生说你没问题。”沃德先生心里嘀咕着，他一点也不喜欢老板动用自己的手下，只可惜连他自己也是拉特兰先生的手下。

克拉本小姐终于又找到闲话的资本了：“你难道没有注意过，电影里那些冷若冰霜的性感女郎最容易成为贵妇了？”

玛尔妮没有作答，她一如既往地专注于自己的工作。除此之外，心里考虑的便是星期六需要帮拉特兰先生做什么事。

拉特兰公司砖砌的褐色大楼。星期六下午。天气多云而闷热。

停车场空空荡荡，除了拉特兰先生那辆浅灰色的高级轿车。

玛尔妮身穿浅蓝色套装，独自一人穿过一间又一间的办公室。她急急忙忙来到马克·拉特兰先生的门口，立住定了定神，才伸手敲门。

“请进，门开着呢，泰勒太太。”拉特兰先生听声应道。

“下午好，拉特兰先生。”玛尔妮恭敬地问好，她细细地打量着老板的办公室。一排落地窗与门相对，绸窗帘微微透明，阳光映在窗帘上，屋子里的光线盈亮而柔和。拉特兰先生正坐在背靠窗户的大办公桌前。

“泰勒太太，你对艺术品感兴趣吗？”拉特兰先生看玛尔妮把目光停留在一些前哥伦比亚时期的艺术品上，便随口问道。“这些也是我妻子留给我的唯一的东西。”

玛尔妮谨慎地背过脸，直视着临门的墙上的一幅美洲虎的照片。拉特兰先生自豪地介绍道：“它叫索菲亚，生在南美。我曾经训练过它。”

“啊？你怎么会想到去训练它？”

“我要让它信任我。”

“只是为了这个？这对这只美洲虎来说可不是件小事。”玛尔妮对索菲亚凝视了片刻便转身对拉特兰先生说：“我们应该工作了吧！”

“你可以使用那台打字机。我需要一份原件和一份复印件，要是哪些地方看不清，尽管问我就行，我对这个可是极富创造性。”拉特兰先生随手拿起桌上的一沓纸递给玛尔妮，一边交代着任务，一边嘲笑自己。

玛尔妮来到办公桌不远处的一张专放打字机的小桌前坐下，下意识地将裙子往膝盖以下扯了扯，便埋头阅读文件。文件标题是《巴西雨林中栖息在树上的食肉动物》，这使玛尔妮的好奇心陡起。

“你对食肉动物很有了解？”

“泰勒太太，你知道吗？在进入拉特兰公司之前，我的志向是当一名出色的动物学家。虽然现在还没有实现，但我从来没有想过要离开这个领域。”

“拉特兰先生，动物学的研究对象也包括人类吗？”

“从某方面讲，这包括所有动物的祖先，连男人的本能也是由此而衍生出来的。”

“那女人的本能呢？”

“这些文件专门讲解食肉动物的本能，你可以叫它为动物世界的犯罪阶级。”拉特兰先生对玛尔妮露出试探性的微笑。玛尔妮自觉对这些陌生的领域没有什么发言权，因此，只顾低头打字，也不想对拉特兰先生提供什么相左的意见。

打字机的按键声和钟表的滴答声成为办公室里所有的声响。天色渐暗，窗外渐渐起风。骤然间，窗前电光闪烁，紧接着便是一声惊天动地的霹雷。

“你怕打雷？是不是把你吓着啦？”拉特兰先生发现玛尔妮焦虑地望着窗口，还急促地长吸了一口气，便关心地问道。

玛尔妮没有回答，只见她慌忙从椅子上站起来，跌跌撞撞地伸手开灯。随后双手紧紧捂着耳朵，贴在门上的身子筛糠似的哆嗦着。

窗外风雨交加，雷电轰鸣。

“泰勒太太，坐下吧……雷雨很快会过去的。”拉特兰先生见了玛尔妮的情形，大惑不解，只能用同情心给以宽慰。

“看，把你吓成这样了，我给你弄点饮料喝吧。”拉特兰先生刚要转身，突然天空里又是一个闪电。

玛尔妮仿佛又看到了那常常出现的一场噩梦，被吓得连喊叫的力气都没了。拉特兰先生轻轻地把她从门边拉开，并扶到沙发上坐下。

“泰勒太太，你在这里很安全的，这座房子非常结实，闪电也奈何不了它。”

“不！我讨厌这个颜色！我不要看见这个颜色……”玛尔妮清醒之后向拉特兰先生表达着脑海中的火光形象。

不等玛尔妮解释完，又是一道猛烈的雷电划破长空。窗外的树杈被劈成几截，错落着插进落地窗户。

玛尔妮从沙发上跳起来，磕磕碰碰地走过来，一下子伏在拉特兰先生的肩上哭泣起来。拉特兰先生被这突如其来的遭遇搞得十分慌乱。他下意识地将手放在玛尔妮的肩膀上轻轻地拍着，俨然在哄着一个受惊的孩子或宠物。窗外的雷鸣电闪仍在继续。拉特兰先生闭上眼睛，想以结实的身躯为玛尔妮挡住雷鸣闪电，他的脸贴着她柔软的秀发……

拉特兰突然醒悟时，只见地上到处散落着他妻子的珍藏品。看着怀里不断颤抖的玛尔妮，审视着她苍白的面孔，拉特兰止不住地轻柔地亲着她的前额，她的双眼，她的脸颊，她的嘴唇。

外面的一切静止了。玛尔妮终于慢慢地睁开了眼，眼前的一切让她震惊不已。

“一切都过去了，雷电风雨都过去了，不会再有事了。”拉特兰先生低声安慰道。

玛尔妮忽然清醒地意识到自己是伏在拉特兰先生的怀里的，受惊似的移开了身子。

“现在没关系了吧？你想喝点什么吗？白兰地？”拉特兰先生心有余悸地问道。

“不了，谢谢！我非常……非常抱歉！”

“请别放在心上，这些什么也不算，究竟是什么颜色让你那样惶恐不安？”

“颜色？”

“刚才你似乎是被什么颜色给吓着了。”

“哦，可能是雷电吧，那种轰鸣爆炸挺吓人的。”

“哦，我一直以为你是天不怕地不怕的女战士呢！”拉特兰先生又变得像往常一样幽默。

玛尔妮想极力地回避这个问题，她款款走到那些被砸碎的艺术品前，转身向拉特兰先生表示深深的歉意。

“哎呀，这些没有什么！迟早有一天它们也会结束的。”拉特兰先生却把这事一点都不放在心上。

“你看，这里经历了一场灾难，大家也都没有心情工作了。我先送你回去吧，要解决的事情以后再找时间吧。”

“谢谢，拉特兰先生，我想我还能继续……”

“走吧，小姐，以后会有时间的，赶紧拿着你的东西。”拉特兰先生帮着玛尔妮找到她的钱包手套之类的东西，把桌子上的文件整理好放进办公桌的抽屉里。

拉特兰先生的车里。

车载收音机里播放着赛马的消息，拉特兰先生伸手准备调台。玛尔妮的精神似乎已经恢复过来，她连忙反对："哦，别调，我喜欢听这个。"

"你喜欢赛马？"

"当然，我对马有一种特别的感情，只要有机会我就去看比赛。"

"你的丈夫泰勒先生也喜欢？"

"啊！是的……他也喜欢。"

"你现在会自己去看赛马吗？"

玛尔妮的心情已经完全沉浸在赛马的消息之中："是的。"

"这个月底，大西洋城那里要举办一场赛马活动。你如果乐意的话，星期六我们一起开车去。"

玛尔妮迟疑着，终于还是挡不住赛马的诱惑："嗯，好吧，你不喜欢马嘛？"

"哦，是的……一点也不喜欢。"

玛尔妮不好意思地笑笑。

大西洋城。

大晴天。风和日丽，赛马场上彩旗飘飘，喜气洋洋，俨然一场欢乐的盛会。

玛尔妮身穿一套鲜亮的杏黄色套裙，随着拉特兰先生来到预定的雅座。他们一边喝着冷饮，一边热烈地对赛马进行评论。前三轮的比赛看完，拉特兰先生便看出玛尔妮对这种活动很在行，因此，在购买赌票时还特意征询了她的意见。

"你是这里的行家，前几轮你都买中了，接下来你想买什么？"

玛尔妮看了看拉特兰先生手中的那张表，随口便说："买'柠檬布丁'吧。它虽然已经跑了前三轮，但是今天它有个很棒的骑师。买它，不会错的。"

拉特兰先生看了看时间和积分表，发现时间快到了，便抓紧去买了马票。

玛尔妮举着双筒望远镜迫不及待地观察着已经披挂整齐的那群马。这群骏马无一不是皮光毛亮，它们不停地踢踏着铁蹄，抖动着肌腱，打着响鼻，急不可耐地准备冲锋。

"哦，我看见了，你这个漂亮的'柠檬布丁'，我看见你这个家伙了。你今天肯定会赢的！肯定的！”玛尔妮终于看见那匹四蹄雪白的栗色马，不禁兴奋地喊道。

“柠檬布丁”没有让玛尔妮失望，在比赛的最后一圈，它已经明显地超出其他赛马。玛尔妮激动地跳起来：“啊，你太棒了！”

“泰勒太太，你真是个赛马的天才。一天时间，竟然能连中三元！你赢了 200 美元哦。”

“你说我？”

“是啊，我们应该每人一半呀。”

“哦，不，那是你买的赌票。我讨厌赌，虽然我喜欢让弱者几分，可是不喜欢玩赌。现在不会，以后也不会。”

“为什么？”

“没有为什么，也许是怕输吧……带我去马场看看好吗？我太爱它了！”

拉特兰先生欣然同意。

马场。玛尔妮满面荣光，蓝色眼睛里放射着喜悦的光芒。她不断地向拉特兰先生炫耀着自己中意的赛马。

“瞧瞧，它肯定在想，如果能让它挪动栏杆的话，它准会假装摔倒，把那骑师的腿压折。”

“你为什么不喜欢马？”

拉特兰先生故作深沉地说：“我太过了解它们的心思了。”玛尔妮虽然不明白拉特兰先生话里的含义，但仍被他的诙谐逗得哈哈大笑。

“瞧瞧这 8 号，它肯定就是你的老朋友‘心灵感应’。”拉特兰先生走到一匹浅棕色的骏马前，看了看手中的详单，回头对玛尔妮说道。

玛尔妮注视着那匹马，突然，脑海中闪出一片红光，她怔住了，慌忙转过脸去。原来她看见了马背上的骑师穿着一身红装。

“怎么啦？你不是要找它吗？”

“不要押它的注。”

“为什么？”

“它可能患有散开性斜视症。我不想看了，我们回去吧。”玛尔妮说完掉头就走，拉特兰先生只能紧随其后。回到雅间，两人各喝了一些冷饮，拉特兰先生这时才看到玛尔妮的神情恢复了自然。

“你不抽烟，不喝酒，也不赌钱，可真是个模范女性。”拉特兰先生毫不掩饰他的赞美，说话间，他又从上衣里掏出一些票子。“再买一回，行不行？看看运气？”

“我不相信运气。”

“那你信什么？”

“我什么也不相信！要说相信，可能还是相信马吧，它们是那样的美丽……这世上没有什么比人更丑恶的。”

“哦，是的，人类是一群坏家伙。”

“你说得没错！”

“泰勒太太，你的童年过得好吗？”

“不，不好。”

“嗯，我想也是这样。你一定是经历了许多磨难，在艰难困苦中学会了挣扎。不过，你很机灵，言语谈吐、体态礼仪都显得很有修养，这些是从哪里学的呢？”

“从上司那里学的。拉特兰先生，你那不愉快的童年又是怎样度过的呢？”

“我？嗯，老一套的悲哀的故事——一腔热血的大好青年，被金钱和世俗的地位困住了手脚。当初我来到公司的时候，公司几乎快要倒闭。一千多个员工，面临着下岗失业。”

“那拉特兰家族呢？”

“哦，你说我们的家族？家族能有什么问题！拉特兰家族的人隔一代便和一个有钱的女继承人结婚，这是我们家族的惯例。”

“那么你属于哪一代呢？”

“我？我简直倒霉透顶！爸爸娶了妈妈。”

“你的意思是因为金钱？”

“那还用说！”

你一言我一语，谈话之间，玛尔妮所说的那匹有散开型斜视症的马赢了……足足领先了 4 个马身。

“我们走吧，没什么意思了。”玛尔妮面色平静。

“没问题，走了！你如果喜欢的话，我们以后可以时常来这里看比赛。”

玛尔妮笑着站了起来，犹豫不决地听拉特兰先生继续说道：“你要是一直这么吉星高照，下个月可有一笔横财等着我哦。”

周末下午，气候凉爽宜人。

拉特兰先生开车带着玛尔妮来到他父亲老拉特兰的乡间府宅。这栋18世纪便建成的石砌大厦，整体气势富丽堂皇，极具欧洲风格，既有砾石铺成的弧形车道，又有美国乡间那种爽目的园林。

“我们到了威科温了。”拉特兰先生打开车门迅速下车，绕到另一侧为玛尔妮开车门。

老拉特兰先生是一位年近七旬的老人，他什么事也不管，只喜欢每天过着愉快的生活。今天突然看见宅子里多了一张美丽的新面孔，他还没开口说话，便已高兴三分。

“爸爸，你好！”

“这位是谁呀？”

“她是玛丽·泰勒。玛丽，这位是我的父亲。”

“你好啊，拉特兰先生。”玛尔妮莞尔一笑。

老拉特兰好奇地瞅了瞅玛尔妮，问儿子：“她是你的女朋友？”

“爸爸，她不是我的女朋友，实际上只是一个特别爱马的朋友。”

“哦。”

“现在，赛马结束了，我就带她回来看看你的马。”

“好极了，好极了，我正准备喝茶呢，一起来。”老拉特兰先生友好地对玛尔妮说道，和蔼地挽着她的胳膊走向书房。

书房里的利尔·梅因沃林意外地看见有人走进书房，慌忙从沙发上起来，瞪大了棕色的眼睛看着玛尔妮。

“玛丽，这是我的小姨子利尔·梅因沃林，这是我的朋友玛丽·泰勒。”拉特兰先生高兴地介绍着。

利尔：“你好啊，我们在公司已经见过面了。”

玛尔妮微笑着点头，她优雅地伸出手同利尔握了握。

老拉特兰先生 ："不管你们是谁，好像总能在拉特兰公司找到事做。真是搞不明白！现在我可要开始喝茶了。"

老先生喝了一口茶，清了清嗓子 ："泰勒小姐，你会骑马？"

"会一点。"

"这个世界上，一匹马的外表足以比得上无论男人或女人的最佳内心世界。马克是个没意思的家伙，不会打猎，不会骑马。虽然在纽约哥伦比亚大学读过书，可现在他纯粹就是装模作样，一点都不有趣！"

"是吗？"

马克 · 拉特兰赶紧插话 ："哦，求你了，爸爸，别把我说得这么惨。我会作自我介绍的，我只是带她来看看你的马。"他索性站起来，拉起玛尔妮端着茶水要去马厩。

"马克千方百计地表示泰勒小姐的到来只是为了欣赏我的马，其实，我知道是带她来见我这个父亲的。"老拉特兰先生跟利尔开着玩笑，直说得玛尔妮满脸绯红。

"哎，我还要一块蛋糕。"老先生兴起，边吃边捉弄儿子。

"利尔，我敢肯定你那只结实的小手给爸爸切一块蛋糕是没有任何问题的。"拉特兰先生乘机绅士地对利尔说。看来，他并不愿让她跟到马厩去。

"讨厌鬼！"利尔气得嘟起小嘴，骂了一句。

拉特兰家的马厩。马厩有好多排，每一排都有 10 多匹马。玛尔妮兴奋地随着马克一排排地参观着这些骏马。他们在马厩里拐来拐去，到最后一个马厩时，玛尔妮终于有些困了。她不由自主地将头靠在马栏上休息。拉特兰先生见势情不自禁地吻了吻玛尔妮。玛尔妮恐慌地掉头躲开。拉特兰深情地望着她，用手温柔地抚摸着她的一缕秀发。

"下一个周末，你愿意出来和我们一起度过吗？"

玛尔妮没有做声，不过那一吻一望在她的心中已掀起莫名的涟漪。她无法习惯这些，无法不避开他的眼睛。玛尔妮就是玛尔妮，她永远不能像别人一样失去镇静，可是此时却为此痛苦。拉特兰先生一言不发地舔尝着自己心中的苦恼 ：为什么还不能了解她？走进她的心中为什么比驯服美洲虎索菲亚还要难？

拉特兰公司。玛尔妮在表面上一如既往，仍是公司里最勤奋的一员。然而在内心里，拉特兰先生的吻让她倍感恐慌和危险。她必须行动，尽快离开。

星期五下午。沃德先生外出办事未归。下班的钟声响起，克拉本小姐收拾好自己的东西准备回家，她穿好皮衣戴上手套走到门边，回头对玛尔妮说了声："星期一再见！我要回家了！"

"拜拜，星期一见。"玛尔妮和往常一样收拾着桌上的文件，慢条斯理地披上外套，看着玻璃外大办公室里的职员匆匆下班离去。她用余光观察着办公室里的一切动静。只剩几位女士在叽叽喳喳交流着各自的周末计划了。她索性躲进一间厕所，侧耳倾听着门外的声音。等确定所有的同事都已走光了，她悄悄地推开厕所门，谨慎地走进沃德的办公室。

凭着从克拉本小姐处获得的密码和钥匙的情况，她轻松地打开了保险柜的门。她把里面的现金席卷一空，装进一个大号皮包里。她一手提着手提包，一手提着装满现钞的皮包，躲过了办公楼里的清洁员和守门人，扬长而去。

3. 不许碰我！

玛尔妮故伎重演，急急逃离费城。

此时，她的头发又恢复了金黄色。旧的服饰已被统统扔掉，从头到脚焕然一新。

换一张新的社会保险卡，带着她的全部寄托，她去看望她的爱马福利奥。福利奥是玛尔妮所有的享受，只有和它在一起，她才会觉得安全。

她穿着浅色皮马裤，一件奶白色薄羊毛衣，与福利奥纵情驰骋在风中，一圈又一圈。金发被吹散绕在额上，贴在眼睛上，她只顾在狂呼中庆祝着又一次作案的成功，别的什么也不去理会。

突然，马克·拉特兰突兀地出现在她的前面，他凝神注视着马上的玛尔妮。玛尔妮只惊得魂飞魄散。

"下马，你走着，我来骑，回马厩去！"拉特兰先生毫不客气地命令道。玛尔妮此时只有服从的分儿，哪里还有一点平时的傲慢。

“你是住在哪家旅店呢，还是有同党？我的汽车停在加罗德农场。”拉特兰先生用冷酷的调子说。

玛尔妮怯生生地望着马上的拉特兰，满心疑惑：他是怎么找到这里的？我下手时哪里留下漏洞了？此时她只想拖延时间，不开口交代又不行。于是打岔道：

“你说过你不相信马。”

“对，我不相信它们，可是它们相信我。这个事实直接成就了我们的关系，埃德加小姐。”

“天哪！他怎么连我的真名都知道了，编瞎话肯定是应付不了的。”玛尔妮一边暗自叫苦，一边说出旅店的名字，并强调自己绝对没有同伙，只是单枪匹马干的。

红狐旅店。拉特兰先生三步并作两步走到服务台前，向店主梅特兰太太解释道：

“很抱歉，太太。劳驾您退一下埃德加小姐的房间，麻烦你结一下账好吗……哦，是这样的，她是我的秘书，来这里度假的，但现在公司需要她赶紧回去报到。”

“没问题，欢迎再次光临本店！”通情达理的梅特兰太太笑容满面地结了账，说着客套话，并给了拉特兰先生玛尔妮房间的钥匙。

玛尔妮想方设法编了众多谎言，想求拉特兰先生放了她。不过拉特兰先生好像早有主张。

“你曾经用过玛格丽特这个名字吗？”拉特兰先生认真地问。

“用的是玛尔妮，而不是玛格丽特。好啦，我已经把一切能说的都说了，你还要怎样？我发誓，如果你不把我送进监狱……”

“难道我向你暗示会不把你交给警方吗？”马克·拉特兰的头脑始终保持着清醒状态。

“好啦，无论你怎样，我都不在乎了。”无计可施的玛尔妮耍起无赖。

“玛尔妮，我必须清楚自己现在所处的位置，我如果不把你送进监狱，就必须对你负责。”

“哦，天哪……你要放我一马，我发誓，以后不会……”

“不，不，我不能放走你，不能简单地放你走了事。必须有一个人帮助你并照应你。若放走你，无论在法律上还是道义上，我都有罪。”

“那还有什么办法？”玛尔妮觉得除了逃跑便没有其他的出路了。

“我有一个办法，你要照办。我们一起回费城，一起回家。明天你仍回拉特兰公司上班。至于克拉本的钥匙你不用担心，自会回到她的皮包里的……”

“啊，你让我回到拉特兰公司？这怎么行得通啊？”

“这样对你说吧。昨天我去接你的时候，你的不告而别让我意识到出事了。等我回公司检查了沃德的保险柜，果然不出所料。不过，我已经算出损失，并把钱垫进去，然后才四处找你的。”

“你好像是从地底下冒出来的！”

“我从上次令你倾心的那匹马开始入手，你说从它两岁开始，你就观察它的受训情况。我为了找它，就打电话给训练过它的马基顿上校。马基顿上校告诉我三个地方可以找到供出租的马。我先是去了普莱恩斯查马厩，可是没有。后来有人提醒我为什么不到米德尔伯格的加罗德农场试试看呢。于是，我就走运地发现了你。”

“你为什么非得带我回威科温呢？”

“因为我相信你绝对会跑掉。”

“我怎么跑啊，收据和邮局的钥匙，还有那些名字都给了你，怎么跑啊！”

“对了，玛尔妮，你用过的所有名字都在这里吗？没有忘记自己在什么地方还遇到一两个丈夫吧？”

“我跟你说过，我从来没有结过婚。”

“那么，还有其他……什么亲近的人吗？”

“一个也没有。没有情侣，没有情人，没有亲近的朋友，没有男朋友，没有男客人，什么都没有。”听到这些彻底的交代，拉特兰先生突然生出许多怜悯之心。

汽车飞驰在高速公路上。

拉特兰先生用犀利的眼光瞥了一眼玛尔妮，后者只能不自然地躲开。玛尔妮明白，这又是一段审讯的开始。果然，不消片刻，拉特兰先生便开始了：

“玛尔妮，我对你现在没有什么信任感。我想一定有很多男人对你特别感兴趣。”

“我说的只是我对男人们没兴趣，并没说男人对我没兴趣。”

“从来就没有？”

“没有。”玛尔妮回答得十分干脆，但意识到拉特兰话里的其他意思，她抬了抬眼又不由地垂下眼睑。

“玛尔妮，你明白吗？我真怀疑你是个相当不谙世故的人……别担心，我们回到家之后，我会解释给他们听的。我会告诉他们我们只是两个情人之间小吵了一架，把你气跑了。我去找你，然后就把你带回来了。我爸爸听见这话一定高兴。我还会宣布我们在一周内要结婚，你将很快成为威科温的女主人。哦，我爸爸也崇尚身心健康的欲望……我不想让你离开我的视线……在法律允许的进度下我们早点结婚，然后一起登上开往国外的轮船度蜜月！哦，玛尔妮，你想去哪里？海上怎么样？一群妇女被男人们放在岛上，然后一群海龟被从海里吆喝出来……”

“等等，你究竟想干什么？”玛尔妮被这一席话吓得目瞪口呆，好像突然遇上了一个危险的疯子。拉特兰越描述，她越害怕。

“该怎样跟你说呢？算是我向你求婚吧。标准一点的说法是‘你愿意嫁给我吗’？”

“不，你疯了！你简直没有理智！”

“可能吧。顺便说一下，我以后就叫你玛尔妮，这样才算是爱称嘛！”

“听我说，我只是个惯偷，你知道我是个什么样的人！我只是个贼，一个爱撒谎……”

“看来爱上一个撒谎和盗窃不用眨眼的人是我人生的最大不幸啦！”

“爱上？马克，你要真爱上我，一定会放我走的……求你了，我和别人不一样！我知道我是个什么样的人。”看来玛尔妮想紧紧抓住这根“爱”的稻草。

“我不相信你真的知道自己是什么样的人……玛尔妮，我爱你，可能你觉得不可思议，但我是……真的。”

“你只不过把我当做被你抓获的猎物，根本不是爱我……在你看来，我只是你的掌中之物。”

“也许你说对了。你就是一个真正桀骜不驯的猎物……你要逃跑，我就追踪你抓住你，并且向上帝保证要留住你……哦，玛尔妮，我可要把话说在前面，回家之后，你可不能生了什么邪念顺手拿走威科温的银器之类的。稍微忍耐几天，你就是那些东西的合法主人了。”

“就像，你现在要充当我的主人一样？”

“你这样解释，我也无话可说。玛尔妮，以后必须有人照顾你，我和警察，两者之间，聪明的姑娘，你选择吧！”

精明的玛尔妮当然不会把自己交给警察了，果然一个礼拜之后，他们在威科温的家里结婚了。婚礼由圣公会教长主持，除了几位近亲，并无他人参与。在这些参加婚礼的人中，有一个人老心不老的单身汉，也就是掌握着拉特兰银行业务的堂兄鲍勃。婚礼完毕之后，他从口袋里拿出两个信封交给拉特兰先生，里面装着不菲的旅行支票和信用保证书。随后，新人双双离开了府第去度蜜月。

4. 马克成了“驯兽师”

玛尔妮和马克住进了一套特级船舱。起居室里摆满鲜花，还有一个精美的花篮，花间插着一张折叠贺卡和一对小银铃。

舷窗外碧波荡漾，脱掉外套的马克显得喜气洋洋。

他亲自调酒，端着酒杯到卧室门口低声问道：“亲爱的，喝点什么吗？给你兑杯酒好吗？”没有听到回话，他又重复说：“给你来点威士忌漱漱口吧？”

“不要，谢谢。”

马克在小心翼翼地当他的“驯兽师”，为了把她牢牢拴在身边，他在取得合法丈夫的身份后，立即把她带上船。表面上他得到了她，实际上还远远没有得到她的心，肉体上……他也没有把握，当然不能耍横，不过他要得到的是她的全部。

“我再说一遍，现实生活和电影或《妇女家庭》杂志相反，婚姻的真正战场不是卧室，而是浴室，夫妻应在浴室里为对方立下规矩，每人不得超过 15 分钟。亲爱的，你已经在浴室里待了整整47分钟了。”

玛尔妮也确实在浴室待够了，终于打开了浴室门，平静地站在门边。她穿着一身洁白的高领长袍，纽扣一直系到颈部，不施粉黛的脸苍白如大理石，更没半点笑容。她淡淡地说：“现在你可以用浴室了。”

马克望着她笑着回答：“谢谢，亲爱的，你洗尽脂粉后显得非常性感。”

他放下手中酒杯，轻柔地对还没决定往哪个方向躲开他的新娘子说：“玛尔妮，上这边来。”

她驯服地慢慢走到床前，垂手而立。他缓缓扶她坐下，体贴地说：“我们会好起来的，玛尔妮，相信我，我们会成功的。”马克用一只手拨过她的脸，探过身子去吻她，才碰到一点，她便狂暴地推开她，嘶哑地嚷起来：

“我不能！我不能！我不能！我忍受不了这个！我会死的！要是你再碰我，我会死的！”马克跟到起居室门口，看到火冒三丈的她在一直打着哆嗦。他仍保持着冷静，但无法隐藏内心深处的真切关怀。他再次感到他们目前没有丝毫可以互相沟通的可能性，便小心地走到一个他可以坐下来望见她，又碰不着她，甚至低声说话也不至于会吓着她的地方。他连声说：

“好，好，我不碰你。我答应不碰你，只是别再缩进这个旮旯里哆嗦好吗，求你了。”玛尔妮不吭声，过了好一会儿才鼓起勇气直起身子坐正，并摆出一副随时可以紧急逃跑的姿势。

马克柔声问道：“你至少可以告诉我一个理由吧，是不是你发现我不是个有魅力的人？”

“我对你说过不要娶我！我说过不止一次！噢，天啊，你为什么不能放我走掉就拉倒了呢？”

“玛尔妮……”看到他站起来往前挪，她立即戒备地缩起来。

“别过来，求你……求你别！”

“我只不过想给你调杯酒，白兰地怎么样？”

“我不想喝酒，别管我！”她近乎蛮横地再次拒绝。

“不，在我知道你到底是怎么回事并且帮助你找到解决办法之前，我不能不管你。”

语调恳切，而且坚定不移。

“你能帮助我的唯一办法就是别管我。你能理解吗？难道我说得不够明白吗？我忍受不了被人控制。”

“不能忍受任何人的控制还是只受不了我的控制？”

“你们，男人！”

“真的吗？起初，我在办公室和马既里吻你的时候，你看上去不那么在意嘛，上个星期在威克温家里，我已经‘控制’了你，我也吻过你好多次，那时你为什么没有出一身冷汗跑开，然后缩到角落里呢？”

“我那时想……我忍受得了，而且我不得不忍受……”

“是这样。你的感觉总是这样吗？”

“总是这样，是的！”她烦躁起来了。

“为什么？你受到过什么伤害吗？”

“伤害？没有。从来没有出过什么事。我只不过从来不要任何人碰我。”

“你试没试过同其他人谈过这件事，比如说，对医生，对其他能够帮助你的人？”

“没有。干吗要这样？我不要结婚，我按照自己的路子过得很好。”

“我可不那么认为。如果我没逮住你，玛尔妮，你会不断地偷。”

“不，不，我不会……”

“会的，你会一而再，再而三地偷。你这个爱冒险的小家伙，总有一天会被什么人抓住，也许是被一个富有、性感的专门敲诈勒索的人逮住。你碰到我是你的幸运。老实说，像我这样能纵容窃贼的人是很少的。你迟早会被送进监狱，或者被某个怒发冲冠的强壮商人逼到某个办公室的角落里，索取他垂涎的东西，你可能吃了亏还得进监狱。所以我不能说你干得很好，我宁肯说你需要得到帮助。”

“我不需要你的帮助！”

“我认为你没有能力进行理性判断，也不知道你自己需要什么，应当从什么人那里得到帮助。你的确需要帮助，一名心理医生的帮助。”

“我不需要什么心理医生，相信他们，我会很快变成傻瓜！”

“玛尔妮，我看今天晚上我们俩不管怎么谈也谈不出个所以然来。我们休息会儿，明天再细谈吧。”

“没什么可谈的了！我已经对你说过我的感受，明天，明天的明天，我的感受不会改变。”她坚决采取“关门主义”，同时出于逃避的强烈冲动。

马克很委婉地说："玛尔妮，听我说，除非你愿意，我们不再谈这件事，可是我们作为新婚夫妇得在这条船上待够八天八夜。我们能不能把它放在一边，设法度过这个蜜月旅行，尽可能做到大面上过得去，至少应该做到彼此友爱吧。”

“友爱？”她用拳头使劲地捶打沙发扶手，发泄着满腔恼怒。

“有一个问题。我们还必须要在这条船上待多久？我们要多久才能回去？”

“你是指这段蜜月的美好日夜，只有我们俩单独在一起的生活应当从此结束了吗？”听到这怀着敌意的讽刺，玛尔妮狠狠地瞪了他一眼，扭身关上门。

马克猝然闯进去。玛尔妮正脱下睡袍，她警觉地背转身说道：

“我要睡，起居室的灯光妨碍……”

“我们当然不能让任何东西妨碍，是吧？”他伸手关掉起居室的主灯。

“请出去。”

“可是我也想睡觉，玛尔妮，我非常想上床……“

“不！”警惕的玛尔妮抬起双手挡住他。她的声音高而脆弱。

5. 她杀了水手

他们的蜜月旅行不得不提前结束了。浑身劳累、精神紧张的马克和玛尔妮回到威科温家里。

老拉特兰正和利尔在书房看电视。利尔急匆匆地投进马克的怀抱，连声喊：“马克！”

马克让她吻过后轻轻推开她。老拉特兰先生吻吻玛尔妮的面颊表示欢迎。利尔的注意力还在马克身上："噢！你回来我真高兴。斐济可怕吗？”

“我们没有去，我们在檀香山……打出租车回来的。”

“你们这两个小可怜。”还是老拉特兰先生有长者风度。

马克转身向父亲打过招呼后说：“爸，我们上楼洗洗，明天早上和你一起吃早饭的时候再说旅行吧，行吗？晚安，利尔。”他提着轻便旅行箱上楼，一只胳臂一直紧紧夹住玛尔妮，这些都没逃过利尔好奇的眼光，她站在楼梯脚下发愣。

把玛尔妮送进房后，马克放开了她并认真地说：

“我们目前已经做到了维持表面上的礼仪，我们只能这样过日子。爸爸每天 8 点半在楼下吃饭，我总是和他在一起吃的。你自然要尽可能地和我待在一起。”

这是作为拉特兰夫人的玛尔妮第一次在这个房间里过夜。新买的全套高档家具。

第二天早晨，新婚夫妇陪着老拉特兰先生吃早餐。

“你是到办公室去吗？”玛尔妮问。

马克不无嘲讽地说：“蜜月回来的第一天就去上班？多不够体贴呀！我只是去办一点小事……回头见。”

玛尔妮生硬地拦住他，低头红着脸说：

“马克……我，我身上没有一点钱了。”

“你也知道，我负担了一笔好大的开支。我付清了斯特拉特那笔近万元的钱，当然是匿名的。”这一番坦诚的话并没有打动玛尔妮，她反而有点幸灾乐祸地说：

“这一切不是都过去了吗？你白白扔了 1 万块钱！你是个大傻瓜！哈哈！”

马克从外面回来，一进门便大步流星地边走边问：“家里有人吗？”

利尔拿着报纸从书房应声而来。马克急忙问：“玛尔妮在哪儿？”

“她和爸爸还在外面骑马。他带她去狩猎，她打算有朝一日能和狩猎队一起骑马。这可是件大事！”

“很好。我在等一个长途电话。有电话来过吗？”

“没。”说话之间，电话铃响起。

“我去接。”他把利尔留在客厅，自己进书房去接。

打电话来的是私人侦探博伊尔，他受马克之托探查玛尔妮的身世。他告诉马克，玛尔妮有个母亲，名叫伯尼斯·埃德加，住在范·布伦街116号。

当天夜里，马克被玛尔妮的阵阵梦呓惊醒。他披衣敲了敲她的房门，听不到回声便推门而入，利尔也被惊醒，也披上睡袍走过去。

马克弯下腰向玛尔妮："醒醒……玛尔妮……"

"不要，别！别哭，请你别哭……我，我不喜欢这样……别打我妈妈……你别打我妈妈……"

"她怎么啦？"利尔问马克。

"她在做噩梦。"

利尔走近，轻轻地摇晃玛尔妮："没事的，只不过是梦，醒醒吧。"

留在玛尔妮床边的马克关切地望着仍哆嗦不已的她。她把被子紧紧裹在肩上。他低声问道：

"给你倒点白兰地吧？"

"我不喝酒。"还是一句硬邦邦的话。

马克注意到床头柜上有瓶装的药，又问道："你从哪儿弄到这些药的？"随手把药放进睡袍口袋。

"拿走了，我随时都可以买到。"马克只得掏出那瓶药还给她。

"你当然能买到。这个世界到处都有可供选择的东西。"

"现在我想睡觉了。"

"为什么想睡？看来你睡着的时候不比清醒的时候愉快嘛。那个梦……它是某件你确实遭遇过的事吗？"

"我不知道它是什么，什么也不是。"她一想到这个梦便浑身发冷。

新婚夫妇必须在新家设宴款待亲朋好友。老拉特兰正想利用这个机会向他的猎友们介绍这位善骑的儿媳。所以玛尔妮得多练，至于宴会的其他种种，利尔都会尽力，她答应过要当好马克的"战斗员"的。

“你和追猎队一起骑马的时候感到兴奋吗？”

“兴奋，可是也非常害怕。”

“害怕什么呀？”

“我也说不清，可能是想到活生生的……动物被杀掉。”

利尔刻意在宴请宾客的名单中加上斯特拉特，这可是个毒招。她认为这一招对玛尔妮会是致命的，可以“除掉”她。但结局对她本人的前途是凶是吉则尚难预料。

宾客络绎，客厅里聚满了穿晚礼服的男女，他们分开好几个圈子交际，穿制服的侍者们托着香槟酒穿梭于贵宾之间。玛尔妮穿一袭洁白的曳地长裙，别有情趣品味。她紧随马克，笑脸盈盈地在首次会面的客人前周旋。

利尔的眼睛在人群中搜索，忽然兴奋地喊道：“斯特拉特太太，斯特拉特先生，我是马克的小姨子。你们大老远地赶来真是太好了。里边请。”

目光敏锐的玛尔妮隔着好几对宾客看到利尔把斯特拉特夫妇引到老拉特兰先生的面前。

玛尔妮使劲甩开马克，转回到壁炉前没好气地问：“为什么？为什么？”马克不明白，顺着她的目光，一眼便认出斯特拉特，他低声辩解：“我不知道，我发誓我不知道……没有邀请他到这里来过！从来没有！”

“肯定是利尔。”

“利尔？她根本不认识斯特拉特。”

“肯定是利尔，把我带出去吧！求你啦。”

望着福利奥背上的玛尔妮，拉特兰思索着即将面对的与斯特拉特的谈判。

二三十条训练有素的猎狗一经放出，就立即争前恐后地吠叫着奔向猎物，它们的兴奋之情比猎手们有过之而无不及。

猎犬胜利的叫声中夹杂着狐狸的哀鸣。玛尔妮两侧的骑手哈哈大笑起来。玛尔妮则笑不出来，她不知道为什么忽然把自己与被围困的狐狸等同起来，突然感到一种近在咫尺的包围而惊慌失措。她下意识地掉转马，决定离开骑手们。利尔掉转马头跟踪着玛尔妮。玛尔妮从慢跑变成飞奔，也许是由于她技高一筹，或者是不安的心情已达疯狂，领会她情绪的福利奥也愈跑愈快。她跑飞了帽子，自己也不明白到底要往哪儿去。

玛尔妮骑着福利奥越过一条沟，飞跑了一程后才突然发现前面是一所农舍，她想躲开可是已经来不及了，她拉紧缰绳，也控制不住跑野了的福利奥。它的前腿跨过了矮墙，但后腿却被绊在墙头致使身体轰然倒地，落到墙的另一面。玛尔妮摔进一片灌木丛，待她昏头昏脑地从树丛中爬出来，顺着福利奥凄厉的嘶鸣声望去，马已经倒在鲜红的血泊中。

她不禁惊叫起来，不顾一切地跑到农舍，使劲敲门。

玛尔妮气喘吁吁地说："枪，给我一支枪，我的马不行了，快给我一支枪！"

"你要杀你的马？"

农舍里的女人拦住她，并说："嗨，嗨，我不知道你是谁，我不能把枪给你。我的主人不在，我不知道他会不会……"

话没说完就被玛尔妮推搡到一旁。那女人说："你肯定是疯了！"

此时，紧追不舍的利尔也赶到了矮墙前，她看到哀鸣的福利奥，并循着女人的吵嚷声赶到农舍前，上前打招呼："平特太太。"

平特太太看到是利尔，便抱屈说："梅因沃林小姐，这个女人大喊大叫的，一定要我给她一支枪……"

玛尔妮说："利尔，叫这个傻瓜给我一支枪，福利奥受伤了。"

"噢，玛尔妮，我看到福利奥了，我去叫个兽医吧！"

"它伤得太重，兽医不管用！"

利尔无可奈何地同意平特太太去取枪，同时出于好意对玛尔妮说："玛尔妮，让我来吧，你待在屋里。"

玛尔妮却恶狠狠地说："你还保持着杀戮的心情吗？"

"求你别去，玛尔妮！"

"别挡我的道！"玛尔妮一把夺过平特太太从屋里拿出来的自动手枪返身走出农舍，跑向受伤的福利奥。利尔骑马跟着她，边走边说："求你了，玛尔妮，如果你不让我动手，让我回去叫一个男人来干吧，太可怕了。”

玛尔妮跑到发出撕心裂肺哀鸣的福利奥跟前，毫不犹豫地举枪射击，砰一声响，一切都平静下来了。她恍惚地说：“好了，现在好了。”

玛尔妮骑着利尔的马回到家，悄悄关好大门后便蹑手蹑脚快步登楼，顾不上换下猎装便直奔进马克的房间，从他的抽屉中找到所要的钥匙揣进口袋，然后急急下楼溜出去，毫不费劲地开出马克的轿车，直奔拉特兰公司。

休息日的楼内空无一人，她轻车熟路地直奔沃德办公室，先把手枪放在办公室桌上，然后走到双开门的保险柜前，屏息静气地转动密码锁，听到咔啦一声响，她心满意足地吸了口气，随即打开柜门。

突然响起马克冷静的声音：“亲爱的，我送你回家吧。”玛尔妮猛然转过头去，看到几步外仿佛从天而降的马克，登时沮丧得浑身瘫软。

马克先她一步小心翼翼地把手枪放进了口袋，还是用温和的语气对她说：“玛尔妮，现在没事了，你只不过是累垮了。不用惊慌，我已经同斯特拉特谈过了，我想我能够说服他。”

玛尔妮再次转身盯住敞开门的保险柜，仿佛那只冷冰冰的柜子是她生命中唯一重要的东西。她眼睛发直，汗水直往下流。

马克怜惜地望着她，用不容置疑的口气对她说：“我想是我们去巴尔的摩的时候了，你说呢？我要见你的母亲，不过我首先要你把记忆中的事告诉我。”

“我的母亲……我的母亲已经死了。”

“不对。你的母亲生龙活虎地住在马里兰州，巴尔的摩市，范·布伦街116号。我刚才问你，你知不知道你母亲的腿是怎样受的伤？”

“她被汽车撞了。”

“不，玛尔妮，那是个虚构的故事，我要知道实际发生的事。”

“那就是实际发生过的事！她被汽车撞了。”

“你记得这起车祸吗？你记得吗？”

“不……我还小，我怎么能记得？她出了车祸！我不知道在说什么。”她觉得说了真话也没人信，歇斯底里的劲又上来了。

马克叹了口气说：“我认为不是。我们去巴尔的摩见你的母亲，玛尔妮。”

“不！”

“要去，我们现在就去。”

他把口袋里的手枪放进保险柜，砰的一声关上柜门。然后挽起玛尔妮的胳膊，把她领出办公室。他抓得那么紧，表明他的决定没有任何商量的余地。

伯尼斯一打开门，玛尔妮便磕磕绊绊地冲进屋里，扑倒在楼梯下哆嗦不停。差点儿没被女儿撞倒的伯尼斯大惑不解。她看到一个陌生男子走过去安慰她女儿，便转身走进起居室，一一拉严所有的布窗帘。

伯尼斯扯起大嗓门说：“这个大千世界是怎么啦……”

马克立即转身对着她说：“很抱歉，这样冒昧地闯了进来。埃德加太太，我想你知道，玛尔妮受不了狂风暴雨的惊吓。”

伯尼斯苛刻地呵斥道：“玛尔妮！别装得像个傻瓜！”

这话、这语调使马克惶惑不解。他赶紧站在玛尔妮和伯尼斯之间，显然是要保护玛尔妮。

伯尼斯不客气地问：“你是什么人，先生？你不是彭伯顿先生！”

“不，我不是。彭伯顿先生是谁？”

“那你和玛尔妮有什么关系？”

马克伸出手臂护住把脸贴在他肩上的玛尔妮，单刀直入地对伯尼斯说：

“我是马克·拉特兰，是玛尔妮的丈夫，埃德加太太。玛尔妮过得不顺利，我想是自你出了车祸之后。她过得并不顺利。”

“我出了什么？”

“就是你常常提起的你出的那次车祸。”

“你以为你是谁呀，无端地闯进我家，还要议论我的车祸！你没有娶我的女儿玛尔妮，我不相信你。玛尔妮……”

马克对这个不大讲理的老太太并不示弱，他开门见山地说：“你的女儿需要帮助，埃德加太太，你必须把真相告诉她，她对那天晚上出的事失去了记忆。她需要回忆一切，你必须帮助你的女儿。”

“你肯定是疯了，先生！”

“如果你不肯帮助她，我会帮助她的。我已经知道所发生的一切，我会告诉她全部内情。”

“不，你不能，先生……你不知道全部内情，除了我，没人知道。”

“哦？你如此有见识，埃德加太太，你可曾知道你的女儿，你那美丽年轻的女儿，不能忍受男人碰她，任何男人。她不知道为什么，可是你知道。难道你不认为现在应当帮助她明白是什么事才使她这样？”

“什么事使她这样有什么关系。她运气好，她感到这样是她的好运气，完全是好运气。”

“你说这话很有意思，埃德加太太。我这里有一个调查员在进行调查，我看了副本，关于你的谋杀案件的判决记录副本。这个记录说得相当清楚，埃德加太太，你以出卖皮肉为生，那天晚上你杀的，是你的一个‘顾客’……”窗外再次打雷，玛尔妮又吓得大叫起来。

马克对伯尼斯说：“那天晚上是不是也有暴风雨，埃德加太太？这是否就是玛尔妮那么怕风雨交加的原因？”伯尼斯怒火中烧，她对马克破口大骂：“滚出我的房子！滚蛋！我再也不要任何肮脏的男人走进我的房子！你听见我的话了吗？你滚蛋，滚出我的房子！”伯尼斯用尽全身力气朝马克撞过去，马克挡开她挥过来的拳头。

“你放开我的妈妈，不要伤害我的妈妈，你放开我的妈妈！”浑身瘫软的玛尔妮终于开了口，拖着哭腔，语调就像个小女孩。

马克关切地问：“那你说我是谁呀？玛尔妮，我为什么要伤害你的妈妈呀？”

“你是他们中的一个！穿白制服中的一个……”伯尼斯听到此言，害怕玛尔妮把事情全抖出来，大声喝道：“闭嘴，玛尔妮！”

马克却不肯罢休，他必须引导玛尔妮回忆旧事，这是帮助她恢复正常的关键，于是他更温柔地问：“玛尔妮，接着回忆，把全部事实告诉我。”他灵机一动，在身后的墙上拍三下。

玛尔妮立即皱起眉头，抽抽搭搭地哭起来，委屈地说："总是在晚上，他们拍门表示要进来，穿白色制服的，可能是水手吧……妈妈就会让我从温暖的被窝里起来。我不喜欢那样，我不要睡到外屋的沙发上，那里冷，又没有妈妈……可是他们总是催着，妈妈总是连哄带推地把我弄到沙发上……下大雨，打雷，我害怕……那些人常常带着臭烘烘的烟味、酒味，我不喜欢……有一回，一个人穿着内衣就走到我身边，味儿怪怪的，伸出胳膊要搂我，要吻我，我不要，我哭着喊着：'不，不，妈妈，我要我的妈妈，你走，你走'……我妈妈出来了，不许他碰我。后来，我妈妈气极了，打他，他生了气，也打我妈妈……我求他别伤害我的妈妈……后来，他们打成了一团滚在地上……"

"你妈妈受伤了吗？玛尔妮，怎么伤的？伤成什么样？"

"他全身压在她身上。妈妈疼得那么厉害，叫我帮助她，可是我害怕，不知道怎么办才好……后来，我抓起一根拨火棍打他，使劲打，只求他能放开我妈妈……我把他打疼了，疼得叫了起来，我看见他的白内衣上有血……血……红的血……"

听到这里，马克理解了红色、电闪雷鸣对她刺激的根源，他抱住哭泣不止的玛尔妮，把她扶到椅子上坐稳，不停地说："现在没事了，亲爱的，没事了，事情都过去了。没事了。"

伯尼斯跌坐在摇椅上，脸上一副恼恨交织的神色，等到玛尔妮平静后，她终于开了腔："我认为玛尔妮对那天晚上的失忆是上帝的恩典，我本以为我得到了另一个机会去改变一切，使一切对她有利。"

"我对此事很遗憾，真的，你母亲对警方说她出于自卫打死了那个水手。"

伯尼斯接着说："他们看到我伤得很厉害，而且她只是个小女孩，所以相信了我。我从来没有对人说出过真相，从来没有，甚至连他们想从我身边把她带走时，我也不说真话，玛尔妮。"

玛尔妮回过神来转向伯尼斯："你一定曾经爱过我，很爱。"

"那当然，你是我在这个世界上唯一真正心爱的……可是我那时太年轻，又一无所有。你知道我是怎么生你的吗？那是我上中学的时候，才 15 岁，我很想要比利的篮球运动衣。比利说，如果我依了他，就可以把那件旧运动衣给我。我依了他。之后，他跑掉了。至今我还留着那件运动衣。我生下了你，人们劝我把你过继出去，可是我没同意。出了那件可怕的事后，我在医院里养伤，他们又想说服我把你过继出去，我坚决不同意。我向上帝许愿，如果我把你留下来，就不能让你记得那个晚上的事，我要把你培养成一个和我不一样的人，要体面，要正派。”

这番发自肺腑的话打动了玛尔妮，她体会到了母亲的爱。她走到母亲跟前跪下，头靠到她的腿上。伯尼斯轻轻拍拍女儿的肩膀。然后又习惯性地说：“起来，玛尔妮，你弄痛了我的腿。”

马克当机立断地搀起玛尔妮，掏出手帕为她拭脸：“起来吧，亲爱的。”她一点儿也不反抗。

马克对伯尼斯说：“我要带玛尔妮回去了，埃德加太太，她非常累了。”

伯尼斯：“再见吧，小心肝。”便不再说别的。

玛尔妮低声说了句：“再见，妈妈。”便随马克走出大门。

雨过天晴，孩子们又冲到街上玩着玩不够的跳绳游戏。

“马克，我该怎么办？会发生什么事吗？”玛尔妮顾不得看一眼她儿时也曾热衷过的游戏，倚在马克身上低声地说道。

“你以为会发生什么事呢？”

“我想，我该理清所有的事……我会蹲监狱吗？”

“我会支持你的，在我力所能及的范围内。”

“马克，我不要进监狱，我愿意和你待在一起。”马克绽出的笑容是那么幸福和甜美。

希区柯克
电影作品名录

英国风格作品

1925–The Pleasure Garden《快乐之园》（又译《欢乐园》）（个人处女作品）

1926–The Mountain Eagle《山鹰》

1926–The Lodger《房客》（又译）《寄宿人》

1927–The Ring《指环》（又译《手镯》《拳击场》）

1927–Downhill《下坡路》（又译《下山》）

1927–Easy Virtue《轻浮的德行》（又译《水性杨花》）

1928–The Farmer's Wife《农夫的妻子》（又译《农家妇》）

1928–Champagne《香槟》

1929–Blackmail《讹诈》（又译《骗局》）

1929–The Manxman《孟克斯人》（又译《男人岛的居民》《恐吓》《马恩岛人》）

1930–Murder！《凶手》（又译《谋杀者》）

1930–Elstree Calling《埃尔斯屈里的职业》（又译《埃尔斯屈里的呼唤》）

1930–Juno and the Paycock《朱诺与孔雀》

1931–The Skin Game《骗局》（又译《欺诈》）

1932–Rich and Strange《奇怪富翁》（又译《陌生国度的夫人》《怪癖的富翁》）

1932–Number Seventeen《十七号》

1933–Waltzes from Vienna《维也纳的华尔兹》（又译《维也纳之舞》《斯特劳斯的华尔兹》）

1934–The ManWho Knew Too Much《暗杀者之家》（又译《擒凶记》《知情太多的人》）

193我 –The 39 Steps《三十九级台阶》（又译《三十九夜》《国防大机密》）

1936–Secret Agent《特务》（又译《密使》《间谍末日》）

1936–Sabotage《破坏》（又译《怠工》《炸弹风波》）

1937–Young and Innocent《年轻与无知》（又译《年轻少女》《无知的年轻人》）

1938–The Lady Vanishes《失踪的女人》（又译《贵妇失踪案》）

1939–Jamaica Inn《牙买加旅店》

美国风格作品

1940–Rebecca《蝴蝶梦》（又译《丽贝卡》）

1940–Foreign Correspondent《海外特派员》（又译《外国记者》）

1941–Mr.& Mrs.Smith《史密斯夫妇》（又译《谍网情鸳》）

1941–Suspicion《深闺疑云》

1942–Saboteur《破坏分子》（又译《海角擒凶》《海角惊魂》《颠覆》）

1943–Shadow of a Doubt《疑影》又译《心声疑影》《辣手摧花》

1944–Lifeboat《救生船》（又译《战海惊魂》）

1944–Bon Voyage《一路平安》（又译《旅途愉快》法语短片）

1944–Aventure Malgache《马达加斯加历险记》（又译《历险记》法语短片）

1945–Spellbound《意乱情迷》（又译）《爱德华大夫》

1946–Notorious《美人计》（又译《声名狼藉》《污名》）

1947–The Paradine Case《帕拉亭案件》（又译《凄绝断肠花》）

1948–Rope《绳索》（又译《夺魂索》）

1949–Under Capricorn《在摩羯星下》（又译《风流夜合花》《历劫佳人》）

1950–Stage Fright《怯场》（又译《欲海惊魂》）

1951—Strangers on a Train《火车怪客》(又译《火车上的陌生人》)

1953—I Confess《我忏悔》(又译《忏情记》)

1954—Dial M for Murder《电话谋杀案》(又译《完美罪行》)

1954—Rear Window《后窗》

1955—To Catch a Thief《捉贼记》

1955—The Trouble with Harry《哈里的烦恼》(又译《怪尸记》《哈里的麻烦》)

1956—The Man Who Knew Too Much《知道太多的人》(《擒凶记》重拍)

1956—The Wrong Man《冤枉的人》(又译《申冤记》《不是他》)

1958—Vertigo《眩晕》(又译《迷魂记》)

1959—North by Northwest《西北偏北》(又译《北西北》《夺魄惊魂》《谍影疑云》)

1960—Psycho《精神病患者》(又译《惊魂记》《触目惊心》)

1963—The Birds《群鸟》(又译《鸟祸》)

1964—Marnie《神秘贼美人》(又译《艳贼》《玛尔尼》)

1967—Torn Curtain《破幕》(又译《冲破铁幕》《谍海大追击》《破碎的幕布》)

1969—Topaz《黄宝石》(又译《黄玉》《谍魂》)

1972—Frenzy《狂凶记》(又译《丧心病狂》《夺命狂凶》)

1976—Family Plot《家庭阴谋》(又译《大巧局》《奇案》)

完美
罪行

Alfred Hitchcock

创美工厂出品

出 品 人：许　永
责任编辑：周亚灵
封面设计：海　云
责任印制：梁建国　潘雪玲
发行总监：田峰峥

投稿信箱：cmsdbj@163.com
发　　行：北京创美汇品图书有限公司
发行热线：010-53017389　59799930

创美工厂
微信公众平台

创美工厂
官方微博